Y5512 Réserve.
H B.
(N° 98 de Picot.)

Yf 3037

OEVVRES
DE
CORNEILLE.
Premiere partie.

Imprimé à Roüen, & se vend
A PARIS,

Chez { Antoine de Somma-
ville, en la Gallerie
des Merciers, à l'Escu
de France.
Et
Avgvstin Covrbé,
en la mesme Gallerie,
à la Palme. } Au Palais

M. DC. XLIV.

PIECES CONTENVES EN
cette premiere Partie.

MELITE Comedie.

CLITANDRE Tragi-Comedie.

LA VEFVE Comedie.

LA GALERIE DV PALAIS
Comedie.

LA SVIVANTE Comedie.

LA PLACE ROYALLE Comedie.

MEDEE Tragedie.

L'ILLVSION COMIQVE
Comedie.

AV LECTEVR.

C'Eſt contre mon inclination que mes Libraires vous font ce preſent, & i'au-rois eſté plus aiſe de la ſuppreſſion entiere de la plus grande partie de ces Poëmes, que d'en voir renouueler la memoire par ce recueil. Ce n'eſt pas qu'ils n'ayent tous eu des ſuccés aſſez heureux pour ne me repentir point de les auoir faits: mais il y a vne ſi notable difference d'eux à ceux qui les ont ſuiuis, que ie ne puis voir cette inégalité ſans quelque ſorte de confuſion. Et certes, i'aurois laiſſé perir entierement ceux cy, ſi ie n'euſſe recognu que le bruit qu'ont fait les derniers obligeoit deſià quelques curieux à la recherche des autres, & pourroit eſtre cauſe qu'vn Imprimeur, faiſant ſans mon adueu ce que ie ne voulois pas conſentir, adiouſteroit mille fautes aux miennes. I'ay donc creu qu'il valoit mieux, & pour voſtre contentement & pour ma reputation, y ietter vn coup d'œil, non pas pour les corriger exactement (il euſt eſté beſoin de les refaire preſque entiers) mais du moins pour en oſter ce qu'il y a de plus inſupportable. Ie vous les donne dans l'ordre que ie les ay compoſés, & vous adouërray franchement que pour les vers,

AV LECTEVR.

outre la foiblesse d'vn homme qui commençoit à en faire, il est mal-aisé qu'ils ne sentent la Prouince où ie suis né. Comme Dieu m'a fait naistre mauuais Courtisan, i'ay trouué dans la Cour plus de loüanges que de bien-faits, & plus d'estime que d'establissement. Ainsi estant demeuré Prouincial, ce n'est pas merueille si mon elocution en conserue quelquefois le caractere. Pour la conduite, ie me desdirois de peu de chose si i'auois à les refaire. Ie ne m'estendray point à vous specifier quelles regles i'y ay obseruées, ceux qui s'y cognoissent s'en apperceuront aisément, & de pareils discours ne font qu'importuner les sçauants, embarasser les foibles, & estourdir les ignorants.

MELITE,
COMEDIE.

MELITE

COMEDIE

A MONSIEVR DE LIANCOVR.

ONSIEVR,

Melite seroit trop ingrate de rechercher vne autre protection que la vostre, elle vous doibt cét hommage & cette le-

EPISTRE.

gere recognoissance de tant d'obligations qu'elle vous a, non qu'elle presume par là s'en acquitter en quelque sorte, mais seulement pour les publier à toute la France. Quand ie considere le peu de bruict qu'elle fit à son arriuée à Paris, venant d'vn homme qui ne pouuoit sentir que la rudesse de son pays, & tellement incognu qu'il estoit aduantageux d'en taire le nom; quand ie me souuiens, dis-ie, que ses trois premieres representations ensemble n'eurent point tant d'affluence que la moindre de celles qui les suiuirent dans le mesme hyuer: ie ne puis rapporter de si foibles commencements qu'au loisir qu'il falloit au monde pour apprendre que vous en faisiez estat, ny des progrez si peu attendus qu'à vostre approbation, que chacun se croyoit obligé de suiure apres l'auoir sçeuë. C'est de là, MONSIEVR, qu'est venu tout le bon-heur de Melite, & quelques hauts effets qu'elle ayt produit depuis, celuy dont ie me tiens le plus glorieux, c'est

EPISTRE.

l'honneur d'estre cogneu de vous, & de vous pouuoir souuent asseurer de bouche que ie seray toute ma vie,

MONSIEVR,

Vostre tres-humble & tres-
obeyssant seruiteur,
CORNEILLE.

ACTEVRS.

ERASTE amoureux de Melite.
TIRSIS amy d'Eraste, & son riual.
PHILANDRE amant de Cloris.
MELITE maistresse d'Eraste & de Tirsis.
CLORIS sœur de Tirsis.
LISIS amy de Tirsis.
LA NOVRRICE de Melite.
CLITON voisin de Melite.

La Scene est à Paris.

MELITE,
COMEDIE.

ACTE I.

SCENE PREMIERE.

ERASTE, TIRSIS.

ERASTE.

ARMY tant de rigueurs n'est-ce pas
chose estrange
Que rien n'est assez fort pour me resou-
dre au change?
Iamais vn pauure amant ne fut si mal traicté,
Et iamais vn amant n'eut tant de fermeté :
Melite a sur mes sens vne entiere puissance,
Si sa rigueur m'aigrit, ce n'est qu'en son absence,
Et i'ay beau mesnager dans vn esloignement
Vn peu de liberté pour mon ressentiment,
Vn seul de ses regards l'estouffe & le dissipe.

A iiij

Vn seul de ses regards me seduit & me pipe,
Et par vn si doux charme aueugle ma raison,
Que ie cherche mon mal, & fuy ma guerison.
Son œil agit sur moy d'vne vertu si forte
Qu'il r'anime soudain mon esperance morte,
Combat les desplaisirs de mon cœur irrité,
Et souftient mon amour contre sa cruauté :
Mais ce flateur espoir qu'il reiette en mon ame,
N'est rien qu'vn imposteur qui r'allume ma flame,
Et reculant tousiours ce qu'il semble m'offrir
Me fait plaire en ma peine, & m'obstine à souffrir.

TIRSIS.

Que ie te trouue, amy, d'vne humeur admirable !
Pour paroistre eloquent tu te feins miserable,
Est-ce à dessein de voir auec quelles couleurs
Ie sçaurois adoucir les traits de tes malheurs ?
Ne t'imagine pas que dessus ta parole
D'vne fausse douleur vn amy te console,
Ce que chacun en dit ne m'a que trop appris
Que Melite pour toy n'eut iamais de mespris.

ERASTE.

Son gracieux accueil & ma perseuerance
Font naistre ce faux bruit d'vne vaine apparence,
Ses desdains sont cachez, bien que continuels,
Et moins ils sont connus, & plus ils sont cruels.

TIRSIS.

En estant bien receu du reste que t'importe?
C'est tout ce que tu veux des filles de sa sorte.

ERASTE.

Cét accez fauorable, ouuert & libre à tous,
Ne me fait pas trouuer mon martyre plus doux,
Sa hantise me perd, mon mal en deuient pire,
Veu que loin d'obtenir le bon heur où i'aspire,
Parler de mariage à ce cœur de rocher
C'est l'vnique moyen de n'en plus approcher.

TIRSIS.

Ne dissimulons point, tu regles mieux ta flame,
Et tu n'es pas si foû que d'en faire ta femme.

COMEDIE.
ERASTE.
Quoy ? tu sembles douter de mes intentions ?
TIRSIS.
Ie croy malaisément que tes affections
Arrestent en vn lieu si peu considerable
D'vne chaste moitié le choix inuariable.
Tu serois inciuil de la voir chaque iour
Et ne luy tenir pas quelques propos d'amour,
Mais d'vn vain compliment ta passion bornée
Laisse aller tes desseins ailleurs pour l'Hymenée,
Tu sçais qu'on te souhaitte aux plus riches maisōs,
Ou de meilleurs partis...
ERASTE.
Trêue de ces raisons,
Mon amour s'en offence, & tiendroit pour supplice
D'auoir à prendre aduis d'vne sale auarice :
Ie ne sçache point d'or capable de mes vœux
Que celuy dont Nature a paré ses cheueux.
TIRSIS.
Si c'est là le chemin qu'en aymant tu veux suiure,
Tu ne sçays guere encor ce que c'est que de viure.
Ces visages d'esclat sont bons à cajoler,
C'est-là qu'vn ieune oyseau doit s'apprendre à
parler,
I'ayme à remplir de feux ma bouche en leur presence,
La mode nous oblige à cette complaisance,
Tous ces discours de liure alors sont de saison,
Il faut feindre du mal, demander guerison,
Donner sur le Phœbus, promettre des miracles,
Iurer qu'on brisera toutes sortes d'obstacles,
Mais du vent & cela doiuent estre tout vn.
ERASTE.
Passe pour des beautez qui soient dans le commun,
C'est ainsi qu'autresfois i'amusay Crisolite,
Mais c'est d'autre façon qu'on doit seruir Melite.
Malgré tes sentimens il me faut accorder
Que le souuerain bien gist à la posseder,

Le iour qu'elle nasquit, Venus quoy qu'immortelle
Pensa mourir de honte en la voyant si belle,
Les Graces aussi tost descendirent des Cieux
Pour se donner l'honneur d'accompagner ses yeux,
Et l'Amour, qui ne pût entrer dans son courage,
Voulut à tout le moins loger sur son visage.
TIRSIS.
Te voyla bien en train, si ie veux t'escouter
Sur ce mesme ton là tu m'en vas bien conter.
Pauure amant, ie te plains, qui ne sçais pas encore
Que bien qu'vne beauté merite qu'on l'adore,
Pour en perdre le goust on n'a qu'à l'espouser.
Vn bien qui nous est deu se fait si peu priser,
Qu'vne femme fust-elle entre toutes choisie,
On en voit en six mois passer la fantaisie.
Tel au bout de ce temps la souhaite bien loing,
La beauté n'y sert plus que d'vn fantasque soing
A troubler le repos de qui se scandalise
S'il aduient qu'à ses yeux quelqu'vn la galantise:
Ce n'est plus lors qu'vn ayde à faire vn fauory,
Vn charme pour tout autre, & non pour vn mary.
ERASTE.
Ces caprices honteux, & ces chimeres vaines
Ne sçauroient esbranler des ceruelles bien saines,
Et quiconque a sçeu prendre vne fille d'honneur
N'a point à redouter l'appas d'vn suborneur.
TIRSIS.
Peut estre dis-tu vray, mais ce choix difficile
Assez & trop souuent trompe le plus habile,
Et l'Hymen de soy mesme est vn si lourd fardeau
Qu'il faut l'apprehender à l'esgal du tombeau.
S'attacher pour iamais au costé d'vne femme!
Perdre pour des enfans le repos de son ame
Quand leur nombre importun accable la maison!
Ah! qu'on ayme ce ioug auec peu de raison!
ERASTE.
Mais il y faut venir, c'est en vain qu'on recule,

COMEDIE.

C'est en vain que l'ô fuit, tost ou tard on s'y brûle,
Pour libertin qu'on soit, on s'y trouue attrapé;
Toy mesme qui fais tant le cheual eschapé,
Vn iour nous te verrons songer au mariage.

TIRSIS.

Alors ne pense pas que i'espouse vn visage,
Ie regle mes desirs suiuant mon interest ;
Si Doris me vouloit, toute laide qu'elle est,
Ie l'estimerois plus qu'Aminthe, & qu'Hypolite,
Son reuenu chez moy tiendroit lieu de merite,
C'est comme il faut aymer, l'abondance des biens
Pour l'amour conjugal a de puissans liens,
La beauté, les attraits, l'esprit, la bonne mine,
Eschauffent bien le cœur, mais non pas la cuisine,
Et l'Hymen qui succede à ces folles amours
Pour quelques bonnes nuits, a bien de mauuais
    iours,
Vne amitié si longue est fort mal asseurée
Dessus des fondements de si peu de durée:
L'argent dans le mesnage a certaine splendeur
Qui donne vn teint d'esclat à la mesme laideur,
Et tu ne peux trouuer de si douces caresses,
Dont le goust dure autant que celuy des richesses.

ERASTE.

Auprez de ce bel œil qui tient mes sens rauis
A peine pourrois-tu conseruer ton aduis.

TIRSIS.

La raison en tous lieux est également forte.

ERASTE.

L'essay n'en couste rien, Melite est à sa porte,
Allons, & tu verras dans ses aymables traits
Tant de charmans appas, tant de diuins attraits,
Que tu seras forcé toy-mesme à recognoistre,
Que si ie suis vn fou i'ay bien raison de l'estre.

TIRSIS.

Allons, & tu verras que toute sa beauté
Ne me sçaura tourner contre la verité.

SCENE II.

ERASTE, MELITE, TIRSIS.

ERASTE.

Av peril de vous faire vne Histoire importune
Ie viens vous raconter ma mauuaise fortune:
Ce ieune Caualier autant qu'il m'est amy,
Autant est-il d'amour implacable ennemy,
Et pour moy, qui depuis que ie vous ay seruie
Ne l'ay pas moins prisé qu'vne seconde vie,
Iugez si nos esprits se rapportans si peu
Pouuoient tomber d'accord, & parler de son feu,
Ie me suis donc picqué contre sa mesdisance
Auec tant de malheur, ou tant d'insuffisance,
Que les droits de l'amour bien que pleins d'equité.
N'ont peu se garantir de sa subtilité,
Et ie l'amène icy n'ayant plus que respondre,
Asseuré que vos yeux le sçaurôt mieux confondre

MELITE.

Vous deuiez l'asseurer plustost qu'il trouueroit
En ce mespris d'amour qui le seconderoit.

TIRSIS.

Si le cœur ne desdit ce que la bouche exprime
Et ne fait de l'amour vne meilleure estime,
Ie plains les malheureux à qui vous en donnez
Comme à d'estranges maux par leur sort destinez.

MELITE.

Ce reproche sans cause inopiné m'estonne,
Ie ne reçoy d'amour, & n'en donne à personne,
Les moyens de donner ce que n'eus iamais?

ERASTE.

Il vous sont trop aisez, & par vous desormais
La nature pour moy monstre son injustice
A peruertir son cours pour croistre mon supplice.

MELITE.

COMEDIE.

MELITE.
Supplice imaginaire & qui sent son mocqueur.
ERASTE.
Supplice qui deschire & mon ame & mon cœur.
MELITE.
D'ordinaire on n'a pas auec si bon visage
Ny l'ame ny le cœur en si triste équipage.
ERASTE.
Vostre diuin aspect suspendant mes douleurs,
Mon visage du vostre emprunte les couleurs.
MELITE.
Faites mieux, pour finir vos maux & vostre flame
Empruntez tout d'vn temps les froideurs de mon
　　ame.
ERASTE.
Vous voyant, les froideurs perdent tout leur pou-　(uoir,
Et vous n'en conseruez qu'à faute de vous voir.
MELITE.
Et quoy! tous les miroirs ont ils de fausses glaces?
ERASTE.
Penseriez-vous y voir la moindre de vos graces?
De si fresles sujets ne sçauroient exprimer　(mer,
Ce qu'amour dans les cœurs peut luy seul impri-
Et quád vous en voudrez croire leur impuissance,
Encor cette legere & foible cognoissance
Que vous aurez par eux de tant de raretez
Vous mettra hors du pair de toutes les beautez.
MELITE.
Voila trop vous tenir dans vne complaisance
Que vous deussiez quitter du moins en ma presêce,
Et ne dementir pas le rapport de vos yeux
Afin d'auoir sujet de m'entreprendre mieux.
ERASTE.
Le rapport de mes yeux aux despens de mes larmes
Ne m'a que trop appris le pouuoir de vos charmes.
TIRSIS.
Sur peine d'estre ingrate il faut de vostre part
Recognoistre les dons que le Ciel vous depart.

B

MELITE

ERASTE.
Voyez que d'vn second mon droit se fortifie.

MELITE.
Mais plustost son secours fait voir qu'il s'en deffie.

TIRSIS.
Ie me range tousiours auec la verité.

MELITE.
Si vous la voulez suiure, elle est de mon costé.

TIRSIS.
Ouy sur vostre visage, & non en vos paroles :
Mais cesses de chercher ces refuires friuoles,
Et prenant desormais des sentimens plus doux
Ne soyez plus de glace à qui brusle pour vous.

MELITE.
Vn ennemy d'amour me tenir ce langage !
Accordez vostre bouche auec vostre courage,
Pratiquez vos conseils, ou ne m'en donnez pas.

TIRSIS.
I'ay cognu mon erreur aupres de vos appas.
Il vous l'auoit bien dit.

ERASTE.
               Ainsi ma prophetie
Est, à ce que ie voy, de tout point reüssie.

TIRSIS.
Si tu pouuois produire en elle vn mesme effet,
Croy moy, que ton bõheur seroit bien-tost parfait.

MELITE.
Pour voir si peu de chose aussi-tost vous desdire
Me donne à vos despens de beaux sujets de rire,
Mais outre qu'il m'est doux de m'entendre flatter,
Ma mere qui m'attend m'oblige à vous quitter,
Excusez ma retraicte.

ERASTE.
           Adieu, belle inhumaine,
De qui seule despend & mon aise & ma peine.

MELITE.
Plus sage à l'aduenir quittez ces vains propos,
Et laissez vostre esprit & le mien en repos.

COMEDIE.

SCENE III.
ERASTE, TIRSIS.

ERASTE.

Maintenant suis-je vn foû? meritay-je du blasme?
Que dis-tu de l'object, que dis-tu de ma flame?
TIRSIS.
Que veux-tu que i'en die? elle a ie ne sçay quoy
Qui ne peut consentir que l'on demeure à soy,
Mon cœur iusqu'à present à l'amour inuincible
Ne se maintiet qu'à force aux termes d'insensible,
Tout autre que Tirsis mourroit pour la seruir.
ERASTE.
Confesse franchement qu'elle a sçeu te rauir,
Mais que tu ne veux pas prendre pour cette belle
Auec le nom d'amant le tiltre d'infidelle,
Bien que nostre amitié ne t'en peut destourner,
Mais ta Muse du moins s'en laira suborner,
N'est-il pas vray, Tirsis? desia tu la disposes
A de puissans efforts pour de si belles choses?
TIRSIS.
En effect ayant veu tant & de tels apas,
Que ie ne rime point, ie ne le promets pas.
ERASTE.
Garde aussi que tes feux n'outrepassent la rime.
TIRSIS.
Si ie brusle iamais, ie veux brusler sans crime.
ERASTE.
Mais si sans y penser tu te trouuois surpris?
TIRSIS.
Quitte pour descharger mon cœur dâs mes escrits.
I'ayme bien ces discours de plaintes, & d'alarmes,

B ij

De souspirs, de sanglots, de tourmens & de larmes,
C'est dequoy fort souuent ie bastis ma chanson,
Mais i'en cognoy, sans plus, la cadence & le son.
Souffre qu'en vn Sonnet ie m'efforce à despeindre
Cét agreable feu que tu ne peux esteindre,
Tu le pourras donner comme venant de toy.
ERASTE.
Ainsi ce cœur d'acier qui me tient sous sa loy
Verra ma passion pour le moins en peinture :
Ie doute neantmoins qu'en cette portraicture
Tu ne suiues plustost tes propres sentimens.
TIRSIS.
Me prepare le Ciel de nouueaux chastimens
Si iamais ce penser entre dans mon courage.
ERASTE.
Adieu, ie suis content, i'ay ta parolle en gage,
Et sçay trop que l'honneur t'en fera souuenir.
TIRSIS seul.
En matiere d'amour rien n'oblige à tenir,
Et les meilleurs amis lors que son feu les presse
Font bien-tost vanité d'oublier leur promesse.

SCENE IV.
PHILANDRE, CLORIS.
PHILANDRE.

IE meurs, mon soucy, tu dois bien me haïr,
Tous mes soings depuis peu ne vont qu'à te
CLORIS. (trahir,
Ne m'espouuente point, à ta mine ie pense
Que le pardon suiura de fort prés cette offence
Si tost que i'auray sçeu quel est ce mauuais tour.
PHILANDRE.
Sçache donc qu'il ne vient sinon de trop d'amour

COMEDIE.

CLORIS.
I'eusse osé le gager qu'ainsi par quelque ruse
Ton crime officieux porteroit son excuse,
Mais n'importe, sçachons.

PHILANDRE.
     Ton bel œil mon vainqueur
Fait naistre châque iour tãt de feux en mon cœur,
Que leur excez m'accable, & que pour m'en def-
 faire
Ie recherche par où tu me pourras desplaire;
I'examine ton teint dont l'esclat me surprit,
Les traits de ton visage, & ceux de ton esprit,
Mais ie n'en puis trouuer vn seul qui ne me plaise.

CLORIS.
Et moy dans mes deffauts encor suis-ie bien ayse
Qu'ainsi tes sens trompez te forcent desormais
A cherir ta Cloris, & ne changer iamais.

PHILANDRE.
Ta beauté te respond de ma perseuerance,
Et ma foy qui t'en donne vne entiere asseurance.

CLORIS.
Voyla fort doucement dire que sans ta foy
Ma beauté ne pourroit te conseruer à moy.

PHILANDRE.
Ie traittetois trop mal vne telle maistresse
De l'aymer seulement pour tenir ma promesse,
Ma passion en est la cause, & non l'effet,
Outre que tu n'as rien qui ne soit si parfaict,
Qu'on ne peut te seruir sans voir sur ton visage
Dequoy rendre constant l'homme le plus volage.

CLORIS.
Tu m'en vas tant conter de ma perfection,
Qu'à la fin i'en auray trop de presomption.

PHILANDRE.
S'il est permis d'en prendre à l'esgal du merite,
Tu n'en sçaurois auoir qui ne soit trop petite.

CLORIS.
Mon merite est si peu...

B iij

PHILANDRE.

Tout beau, mon cher soucy,
C'est me desobliger que de parler ainsy,
Nous deuons viure ensemble auec plus de fran-
Ce refus obstiné d'vne loüange acquise   (chise:
M'accuseroit enfin de peu de iugement,
D'auoir tant pris de peine, & souffert de tourment,
Pour qui ne valoit pas l'offre de mon seruice.

CLORIS.

A trauers tes discours si remplis d'artifice
Ie descouure le but de ton intention,
C'est que te deffiant de mon affection
Tu la veux acquerir par vne flatterie:
Philandre, ces propos sentent la mocquerie,
Vne fausse loüange est vn blâme secret,
Espargne moy, de grace, & songe plus discret
Qu'estant belle à tes yeux plus outre ie n'aspire.

PHILANDRE.

Que tu sçais dextrement adoucir mon martyre!
Mais parmy, les plaisirs qu'auec toy ie ressens
A peine mon esprit ose croire à mes sens,
Tousiours entre la crainte, & l'espoir en balance,
Car s'il faut que l'amour naisse de ressemblance,
Mes imperfections nous esloignant si fort
Qu'oserois-ie pretendre en ce peu de rapport?

CLORIS.

Du moins ne pretens pas qu'à present ie te loüe,
Et qu'vn mespris rusé que ton cœur desaduoüe
Me mette sur la langue vn babil affeté
Pour te rendre à mon tour ce que tu m'as presté:
Au contraire, ie veux que tout le monde sçache
Que ie cognois en toy des deffauts que ie cache,
Quiconque auec raison peut estre negligé
A qui le veut aymer est bien plus obligé.

PHILANDRE.

Quant à toy tu te crois de beaucoup plus aymable?

CLORIS.

Sãs doute, & qu'aurois tu qui me fust comparable?

COMEDIE.

PHILANDRE.
Regarde dans mes yeux, & recognoy qu'en moy
On peut voir quelque chose aussi beau comme toy.

CLORIS.
C'est sans difficulté m'y voyant exprimée.

PHILANDRE.
Quitte ce vain orgueil dont ta veuë est charmée,
Tu n'y vois que mõ cœur qui n'a plus vn seul trait
Que ceux qu'il a receus de ton diuin portrait,
Et qui tout aussi tost que tu t'és fait paroistre
Afin de te mieux voir s'est mis à la fenestre.

CLORIS.
Dois-je prendre cecy pour de l'argent comptant?
Ouy, Philandre, & mes yeux t'en vont monstrer
　　autant;
Nos brasiers tous pareils ont mesmes estincelles.

PHILANDRE.
Ainsi, chere Cloris, nos ardeurs mutuelles
Dedans cette vnion prenant vn mesme cours
Nous preparent vn heur qui durera tousiours,
Cependant vn baiser accordé par aduance
Soulageroit beaucoup ma penible souffrance,
Le pourray ie obtenir?

CLORIS.
　　　　　　Pour si peu qu'vn baiser
Crois tu que ta Cloris te voulust refuser?

SCENE V.

TIRSIS, PHILANDRE, CLORIS.

TIRSIS.
Voyla traiter l'amour iustement bouche à bou-
　che,
C'est par où vous alliez cõmencer l'escarmouche?

MELITE
Encore n'est-ce pas trop mal passé son temps.
PHILANDRE.
Que t'en semble Tirsis?
TIRSIS.
Ie vous voy si contens,
Qu'à ne vous rien celer touchāt ce qu'il me semble
Du diuertissement que vous preniés ensemble,
De moins sorciers que moy pourroient bien deuiner
Qu'vn troisiesme ne fait que vous importuner.
CLORIS.
Dy ce que tu voudras, nos feux n'ont point de crimes,
Et pour t'apprehender ils sont trop legitimes,
Puis qu'vn Hymen sacré promis ces iours passez
Sous ton consentement les authorise assez.
TIRSIS.
Ou ie te cognois mal, ou son heure tardiue
Te desoblige fort de ce qu'elle n'arriue.
CLORIS.
Ta belle humeur te tient, mon frere,
TIRSIS.
Asseurément.
CLORIS.
Le subject?
TIRSIS.
I'en ay trop dans ton contentement.
CLORIS.
Le cœur t'en dit d'ailleurs.
TIRSIS.
Il est vray, ie te iure,
I'ay veu ie ne sçay quoy....
CLORIS.
Dy-le, ie t'en coniure.
TIRSIS.
Ma foy, si ton Philandre auoit veu de mes yeux,
Tes affaires, ma sœur, n'en iroient gueres mieux.
CLORIS.
I'ay trop de vanité pour croire que Philandre

COMEDIE.

Trouue encor apres moy qui puisse le surprendre.
TIRSIS.
Tes vanitez à part repose-t'en sur moy,
Que celle que i'ay veuë est bien autre que toy.
PHILANDRE.
Parle mieux de l'object dont mon ame est rauie,
Ce blaspheme à tout autre auroit cousté la vie.
TIRSIS.
Nous tomberons d'accord sans nous mettre en
   pourpoint.
CLORIS.
Encor cette beauté ne la nomme-t'on point?
TIRSIS.
Non pas si tost, Adieu, ma presence importune
Te laisse à la mercy d'amour, & de la brune,
Continuez les ieux que i'ay....
CLORIS.
                Tout beau, gausseur,
Ne t'imagine point de contraindre vne sœur,
N'importe qui l'esclaire en ces chastes caresses,
Et pour te faire voir des preuues plus expresses
Qu'elle ne craint icy ta langue, ny tes yeux,
Philandre, d'vn baiser scelle encor tes Adieux.
PHILANDRE.
Ainsi vienne bien-tost cette heureuse iournée
Qui nous donne le reste en faueur d'Hymenée.
TIRSIS.
Sa nuit est bien plustost ce que vous attendez,
Pour vous recompēser du temps que vous perdez.

Fin du premier Acte.

MELITE

ACTE II.

SCENE I.

ERASTE.

I E l'auois bien preueu que cette ame infidelle
Ne se deffendroit point des yeux de ma cruelle,
Qui traitte mille amās auec mille mespris, (pris,
Et n'a point de faueurs que pour le dernier
Mesmes dés leur abord ie leus sur son visage
De sa desloyauté l'infaillible presage,
Vn incognu frisson dans mon corps espandu
Me donna les aduis de ce que i'ay perdu:
Mais il faut que chacun suiue sa Destinée,
Son immuable loy dans le Ciel burinée
Nous fait si bien courir apres nostre malheur
Que i'ay donné moy-mesme accez à ce voleur,
Le perfide qu'il est me doit sa cognoissance,
C'est moy qui l'ay conduit & mis en sa puissance,
C'est moy qui l'engageant à ce froid compliment
Ay jetté de mes maux le premier fondement.
Depuis cette volage euite ma rencontre,
Où si malgré ses soings le hazard me la monstre,
Si ie puis l'aborder, son discours se confond,
Son esprit en desordre à peine me respond,
Vne reflection vers le traistre qu'elle ayme
Presques à tous momens le raméne en luy-mesme,

COMEDIE.

Et tout resueur qu'il est, il n'a point de soucis
Qu'vn souspir ne trahisse au seul nom de Tirsis:
Lors par le prompt effect d'vn changement estrange
Son silence rompu se desborde en loüange,
Elle remarque en luy tant de perfections
Que les moins aduisez verroient ses passions,
Sa bouche ne se plaist qu'en cette flatterie,
Et tout autre propos luy rend sa resuerie.
Cependant chaque iour au babil attachez
Ils ne retiennent plus leurs sentimens cachez,
Ils ont des rendez-vous où l'amour les assemble,
Encor hier sur le soir ie les surpris ensemble,
Encor tout de nouueau ie la voy, qui l'attend.
Que cét œil asseuré marque vn esprit content!
Sus donc, perds tout respect, & tout soing de luy plaire,
Et rends dessus le champ ta vengeance exemplaire;
Non il vaut mieux s'en rire, & pour dernier effort
Luy monstrer en raillant combien elle a de tort.

SCENE II.

ERASTE, MELITE.

ERASTE.

Quoy? seule & sans Tirsis? vrayment c'est vn prodige,
Et ce nouuel amant desia troy vous neglige
Laissant ainsi couler la belle occasion
De vous conter l'excez de son affection.

MELITE.

Vous sçauez que son ame en est fort despourueuë.

ERASTE.

Toutesfois, ce dit-on depuis qu'il vous a veuë,

Ses chemins par icy s'adressent tous les iours,
Et ses plus grands plaisirs ne sont qu'en vos dis-
　　cours.
　　　　　MELITE.
Et ce n'est pas aussi sans cause qu'il les prise,
Puis qu'outre que l'amour comme luy ie mesprise,
Sa froideur que redouble vn si lourd entretien
Le resout d'autant mieux à n'aymer iamais rien.
　　　　　ERASTE.
Dites à n'aymer rien que la belle Melite.
　　　　　MELITE.
Pour tant de vanité i'ay trop peu de merite.
　　　　　ERASTE.
En faut-il tant auoir pour ce nouueau venu?
　　　　　MELITE.
Vn peu plus que pour vous.
　　　　　　　　　　De vray, i'ay recognu,
Vous ayant peu seruir deux ans, & dauantage,
Qu'il faut si peu que rien à toucher mon courage.
　　　　　MELITE.
Encor si peu que c'est vous estant refusé,
Presumez comme ailleurs vous serez mesprisé.
　　　　　ERASTE.
Vos mespris ne sont pas de grande consequence,
Et ne vaudront iamais la peine que i'y pense,
Sçachant qu'il vous voyoit, ie m'estois bien douté
Que ie ne serois plus que fort mal escouté.
　　　　　MELITE.
Sans que mes actions de plus prés i'examine,
A la meilleure humeur ie fay meilleure mine,
Et s'il m'osoit tenir de semblables discours,
Nous romprions ensemble auant qu'il fust deux
　iours.　　　ERASTE.
Si chaque object nouueau de mesme vous engage,
Il ne tardera guere à changer de langage,
Caressé maintenant aussi tost qu'apperceu
Qu'auroit il à se plaindre estant si bien receu?
　　　　　　　　　MELITE.

COMEDIE.
MELITE.
Eraste, voyez-vous, trefue de ialousie,
Purgez vostre cerueau de cette frenaisie,
Laissez en liberté mes inclinations,
Qui vous a fait censeur de mes affections?
Vrayment c'est bien à vous que i'en dois rendre (conte?
ERASTE.
Aussi i'ay seulement pour vous vn peu de honte
Qu'on murmure par tout du trop de priuauté
Que desia vous souffrez à sa temerité.
MELITE.
Ne soyez en soucy que de ce qui vous touche
ERASTE.
Le moyen sans regret de vous voir si farouche
Aux legitimes vœux de tant de gens d'honneur,
Et d'ailleurs si facile à ceux d'vn suborneur?
MELITE.
Ce n'est pas contre luy qu'il faut en ma presence
Lascher les traits ialoux de vostre médisance:
Adieu, souuenez-vous que ces mots insensez
L'aduanceront chés moy plus que vous ne pensez.

SCENE III.
ERASTE.

C'Est là donc ce qu'en fin me gardoit ta malice!
C'est ce que i'ay gagné par deux ans de ser-
uice!
C'est ainsi que mon feu s'estant trop abaissé
D'vn outrageux mespris se voit recompensé!
Tu me preferes donc vn traistre qui te flatte!
Inconstante beauté, lasche, perfide, ingratte,
De qui le choix brutal se porte au plus mal fait,
Tu l'estimes à faux, tu verras à l'effect

C

Par le peu de rapport que nous auons enſemble
Qu'vn honneſte homme & luy n'ont rien qui ſe
 reſſemble.
Que dis-je, tu verras ? il vaut autant que mort,
Ma valeur, mon deſpit, ma flame en ſont d'accord,
Il ſuffit, les deſtins bandez à me deſplaire
Ne l'arracheroient pas à ma iuſte colere.
Tu demorderas parjure, & ta deſloyauté
Maudira mille fois ſa fatale beauté,
Si tu peux te reſoudre à mourir en braue homme,
Dés demain vn cartel, l'heure, & le lieu te nomme.
Inſenſé que ie ſuis ! helas, où me reduit
Ce mouuement boüillant dont l'ardeur me ſeduit!
Quel tranſport déreglé ! quelle eſtrange eſchappée!
Auec vn affronteur meſurer mon eſpée!
C'eſt bien cõtre vn brigand qu'il me faut haſarder,
Contre vn traiſtre qu'à peine on deuroit regarder,
Luy faiſant trop d'hõneur moy-meſme ie m'abuſe,
C'eſt contre luy qu'il faut n'employer que la ruſe,
Il fut touſiours permis de tirer ſa raiſon
D'vne infidelité par vne trahiſon.
Vy doncques, deſloyal, vy, mais en aſſeurance
Que tout va deſormais tromper ton eſperance,
Que tes meilleurs amis s'armeront contre toy,
Et te rendront encor plus malheureux que moy.
I'en ſçay l'inuention qu'vn voiſin de Melite
Executera trop auſſi toſt que preſcrite,
pour n'eſtre qu'vn maraut, il eſt aſſez ſubtil.

SCENE IV.

ERASTE, CLITON.

ERASTE.

Holà hau, vieil amy.

COMEDIE. 27
CLITON.
Monsieur, que vous plaist-il?
ERASTE.
Me voudrois-tu seruir en quelque bonne affaire?
CLITON.
Dans vn empeschement fort extraordinaire,
Ie ne puis m'esloigner vn seul moment d'icy.
ERASTE.
Va tu n'y perdras rien, & d'auance voicy
Vne part des effects qui suyuent mes paroles.
CLITON.
Allons, malaisément gagne-t'on dix pistoles.

SCENE V.
TIRSIS, CLORIS.
TIRSIS.
MA sœur, vn mot d'aduis sur vn meschant Sonnet
Que ie viens de broüiller dedans mon cabinet.
CLORIS.
C'est à quelque beauté que ta Muse l'adresse?
TIRSIS.
En faueur d'vn amy ie flatte sa maistresse,
Voy si tu le cognois, & si parlant pour luy
I'ay sçeu m'accommoder aux passions d'autruy.

SONNET.

APres l'œil de Melite il n'est rien d'admirable.
CLORIS.
Ha frere, il n'en faut plus.

C ij

MELITE
TIRSIS.
Tu n'es pas supportable
De me rompre si tost.
CLORIS.
C'estoit sans y penser,
Acheue.
TIRSIS.
Tay-toy donc, ie vay recommencer.

SONNET.

Apres l'œil de Melite il n'est rien d'admirable,
Il n'est rien de solide apres ma loyauté,
Mon feu comme son teint se rend incomparable,
Et ie suis en amour ce qu'elle est en beauté.

Quoy que puisse à mes sens offrir la nouueauté,
Mon cœur à tous ses traits demeure invulnerable,
Et bien qu'elle ait au sien la mesme cruauté,
Ma foy pour ses rigueurs n'en est pas moins durable.

C'est donc auec raison que mon extréme ardeur
Trouue chez cette belle vne extréme froideur,
Et que sans estre aymé ie brusle pour Melite:

Car de ce que les Dieux nous enuoyant au iour
Donnerent pour nous deux d'amour, & de merite,
Elle a tout le merite, & moy i'ay tout l'amour.

CLORIS.
Tu l'as faict pour Eraste?
TIRSIS.
Ouy, i'ay dépeint sa flame.
CLORIS.
Comme tu la ressens peut-estre dans ton ame?

COMEDIE.

TIRSIS.

Tu sçais mieux qui ie suis, & que ma libre humeur
N'a de part en mes vers que celle de rimeur.

CLORIS.

Pauure frere, vois-tu, ton silence t'abuse,
De la langue, ou des yeux, n'importe qui t'accuse,
Les tiens m'auoient bien dit malgré toy que ton cœur (queur,
Souspiroit sous les loix de quelque objet vain-
Mais i'ignorois encor qui tenoit ta franchise,
Et le nom de Melite a causé ma surprise,
Si tost qu'au premier vers ton Sonnet m'a fait voir
Ce que depuis huict iours ie bruslois de sçauoir.

TIRSIS.

Tu crois donc que i'en tiens?

CLORIS.

Fort auant.

TIRSIS.

Pour Melite?

CLORIS.

Pour Melite, & de plus que ta flame n'excite
Dedans cette maistresse aucun embrasement.

TIRSIS.

Qui t'en a tant appris? mon Sonnet?

CLORIS.

Iustement.

TIRSIS.

Et c'est ce qui te trompe auec tes coniectures,
Et par où ta finesse a mal pris ses mesures,
Vn visage iamais ne m'auroit arresté
S'il falloit que l'amour fust tout de mon costé.
Ma rime seulement est vn portrait fidelle
De ce qu'Eraste souffre en seruant cette belle,
Mais quand ie l'entretiens de mon affection
I'en ay tousiours assez de satisfaction.

CLORIS.

Monstre, si tu dis vray, quelque peu plus de ioye,
Et rends-toy moins resueur afin que ie te croye.

C iij

TIRSIS.

Ie refuse, & mon esprit ne s'en peut exempter,
Car si tost que ie viens à me representer
Qu'vne vieille amitié de mon amour s'irrite,
Qu'Eraste s'en offence, & s'oppose à Melite,
Tantost ie suis amy, tantost ie suis riual,
Et tousiours balancé d'vn contrepoids esgal
I'ay honte de me voir insensible, ou perfide,
Si l'amour m'enhardit, l'amitié m'intimide,
Entre ces mouuemens mon esprit partagé
Ne sçait duquel des deux il doit prendre congé.

CLORIS.

Voyla bien des destours pour dire au bout du côte
Que c'est contre ton gré que l'amour te surmonte;
Tu presumes par là me le persuader,
Mais ce n'est pas ainsi qu'on m'en baille à garder.
A la mode du temps, quand nous seruons quel-
    qu'autre,
C'est seulement alors qu'il n'y va rien du nostre,
Vn chacun à soy-mesme est son meilleur amy,
Et tout autre interest ne touche qu'à demy.

TIRSIS.

Que du foudre à tes yeux i'esprouue la furie,
Si rien que ce riual cause ma resuerie.

CLORIS.

C'est donc asseurément son bien qui t'est suspect,
Son bien te fait resuer, & non pas son respect,
Et toute amitié bas, tu crains que sa richesse
En despit de tes feux n'obtienne ta maistresse.

TIRSIS.

Tu deuines, ma sœur, cela me fait mourir.

CLORIS.

Vaine frayeur pourtant dont ie veux te guerir.

TIRSIS.

M'en guerir!

CLORIS.

    Laisse faire, Eraste sert Melite,
Non pas, mais depuis quand?

COMEDIE.

TIRSIS.
                    Depuis qu'il la visite
Deux ans se sont passez.
　　　CLORIS.
                    Mais dedans ses discours
Parle-t'il d'espouser ?
　　　TIRSIS.
        Oüy, presque tous les iours.
　　　CLORIS.
Donc sans l'apprehender poursuy ton entreprise,
Auecque tout son bien Melite le mesprise,
Puis qu'on voit sans effet deux ans d'affection,
Tu ne dois plus douter de son auersion,
Le temps ne la rendra que plus grāde & plus forte,
On prend au premier bond les hommes de sa sorte,
De peur qu'auec le temps ils n'esteignent leur feu.
　　　TIRSIS.
Mais il faut redouter vne mere.
　　　CLORIS.
                        Aussi peu.
　　　TIRSIS.
Sa puissance pourtant sur elle est absoluë.
　　　CLORIS.
Ouy, mais desia l'affaire en seroit resoluë,
Et ton riual auroit dequoy se contenter
Si sa mere estoit femme à la violenter.
　　　TIRSIS.
Ma crainte diminuë & ma douleur s'appaise,
Mais si ie t'abandonne, excuse mon trop d'aise,
Auec cette lumiere & ma dexterité
I'en veux aller sçauoir toute la verité.
Adieu.
　　　CLORIS.
        Moy, ie m'en vay dans le logis attendre
Le retour desiré du paresseux Philandre,
Vn baiser refusé luy fera souuenir
Qu'il faut vne autrefois tarder moins à venir.

SCENE VI.

ERASTE, CLITON.

ERASTE *luy donnant vne lettre.*

Cours viste chez Philandre, & dy luy que Melite
A dedans ce papier sa passion descrite;
Dy luy que sa pudeur ne sçauroit plus cacher
Vn feu qui la consume & qu'elle tient si cher:
Mais prens garde sur tout à bien ioüer ton roolle,
Remarque sa couleur, son maintien, sa parolle,
Voy si dans la lecture vn peu d'esmotion
Ne te monstrera rien de son intention.

CLITON.

Cela vaut fait, Monsieur.

ERASTE.

Mais auec ton message
Tasche si dextrement de tourner son courage
Que tu viennes à bout de sa fidelité.

CLITON.

Monsieur, reposez vous sur ma subtilité,
Il faudra malgré luy qu'il donne dans le piege,
Ma teste sur ce point vous seruira de pleige,
Mais aussi, vous sçauez....

ERASTE.

Oüy, va, sois diligent.
Ces ames du commun font tout pour de l'argent,
Et sans prendre interest au dessein de personne
Leur seruice & leur foy sont à qui plus leur donne,
Quand ils sont éblouys de ce traistre metal
Ils ne distinguent plus le bien d'auec le mal,
Le seul espoir du gain regle leur conscience.
Mais tu reuiens bien tost, est ce faict?

CLITON.

Patience,

COMEDIE.

Monsieur, en vous donnant vn moment de loisir
Il ne tiendra qu'à vous d'en auoir le plaisir.
ERASTE.
Comment?
CLITON.
De ce carfour i'ay veu venir Philandre,
Cachez vous en ce coing, & de là sçachez prendre
L'occasion commode à seconder mes coups,
Par là nous le tenons, le voicy, saluez vous.

SCENE VII.
PHILANDRE, ERASTE, CLITON.

PHILANDRE.
Qvelle reception me fera ma maistresse?
Le moyen d'excuser vne telle paresse?
CLITON.
Monsieur, tout à propos ie vous rencontre icy
Expressement chargé de vous rendre cecy.
PHILANDRE.
Qu'est-ce?
CLITON.
Vous allez voir en lisant cette lettre
Ce qu'vn homme iamais ne s'oseroit promettre,
Ouurez la seulement.
PHILANDRE.
Tu n'es rien qu'vn conteur.
CLITON.
Ie veux mourir au cas qu'on me trouue menteur.

LETTRE SVPPOSE'E de Melite à Philandre.

Malgré le deuoir & la bien-seance du sexe, celle-cy m'eschappe en faueur de vos merites, pour vous apprendre que c'est Melite qui vous escrit & qui vous ayme. Si elle est assez heureuse pour receuoir de vous vne reciproque affection, contentez-vous de cét entretien par lettres, iusques à ce qu'elle ait osté de l'esprit de sa mere quelques personnes qui n'y sont que trop bien pour son contentement.

ERASTE *feignant d'auoir leu la lettre par dessus son espaule.*

C'est donc la verité que la belle Melite
Fait du braue Philandre vne loüable élite,
Et qu'il obtient ainsi de sa seule vertu
Ce qu'Eraste & Tirsis ont en vain debatu!
Vrayment dans vn tel choix mon regret diminuë,
Outre qu'vne froideur depuis peu suruenuë
Portoit nos deux esprits à s'entrenegliger,
Si bien que ie cherchois par où m'en desgager.

PHILANDRE.
Me dis-tu que Tirsis brusle pour cette belle?

ERASTE.
Il en meurt.

COMEDIE.
PHILANDRE.
Ce courage à l'amour si rebelle?
ERASTE.
Luy-mesme.
PHILANDRE.
Si ton feu commence à te lasser,
Pour vn si bon amy tu peux y renoncer,
Sinon, pour mon regard ne cesse de pretendre,
Estant pris vne fois ie ne suis plus à prendre,
Tout ce que ie puis faire à son brasier naissant
C'est de le retrancher par vn zele impuissant,
Et ma Cloris la prie afin de s'en distraire
De tourner ce qu'elle a de flame vers son frere.
ERASTE.
Auprés de sa beauté qu'est-ce que ta Cloris?
PHILANDRE.
Vn peu plus de respect pour ce que ie cheris.
ERASTE.
Ie veux qu'elle ayt en soy quelque chose d'aimable,
Mais la peux tu iuger à l'autre comparable?
PHILANDRE.
Soit comparable, ou non, ie n'examine pas (pas,
Si des deux l'vne ou l'autre a plus ou moins d'ap-
I'ay promis d'aymer l'vne, & c'est où ie m'arreste.
ERASTE.
Aduise toutefois, le pretexte est honneste.
PHILANDRE.
I'en serois mal voulu des hommes & des Dieux.
ERASTE.
On pardonne aisément à qui trouue son mieux.
PHILANDRE.
Mais en quoy gist ce mieux.
ERASTE.
Ce mieux gist en richesse.
PHILANDRE.
O le sale motif à changer de maistresse!
ERASTE.
En amour.

PHILANDRE.

Ma Cloris m'ayme si cherement
Qu'vn plus parfaict amour ne se void nullement.

ERASTE.

Tu le verras assez, si tu veux prendre garde
A ce, qu'à ton subject l'vne & l'autre hasarde.
L'vne en t'aymant s'expose au peril d'vn mespris,
L'autre ne t'ayme point que tu n'en sois espris:
L'vne t'ayme engagé vers vne autre moins belle,
L'autre se rend sensible à qui n'ayme rien qu'elle:
L'vne au desceu des siens te monstre son ardeur,
Et l'autre apres leur choix quitte vn peu sa froi-
L'vne ...   (deur:

PHILANDRE.

Adieu, des raisons de si peu d'importance
Ne pourroient en vn siecle esbranler ma con-
stance.   *à Cliton tout bas.*
Dans deux heures d'icy tu viendras me reuoir.

CLITON.

Disposez librement de mon petit pouuoir.

ERASTE *seul.*

Il a beau desguiser, il a gousté l'amorce,
Cloris desia sur luy n'a presque plus de force,
Ainsi ie suis deux fois vangé du rauisseur,
Ruinant tout ensemble & le frere & la sœur.

SCENE VIII.

TIRSIS, ERASTE, MELITE.

TIRSIS.

ERaste, arreste vn peu.

ERASTE.

Que me veux tu?

TIRSIS.

COMEDIE. 37
TIRSIS.
      Te rendre (dre.
Ce Sonnet que pour toy ie promis d'entrepren-
MELITE *au trauers d'une ialousie cependant*
qu'Eraste lit le Sonnet.
Que font-ils là tous deux ? qu'ont ils à demesler ?
Ce ialoux à la fin le pourra quereller, (iouënt
Du moins les complimens dont peut estre ils se
Sont des ciuilitez qu'en l'ame ils desaduouënt.
TIRSIS.
I'y donne vne raison de ton sort inhumain,
Allons, ie le veux voir presenter de ta main
A ce diuin objet dont ton ame est blessée.
ERASTE *luy rendant son Sonnet.*
Vne autre fois, Tirsis, quelque affaire pressée
Fait que ie ne sçaurois pour l'heure m'en charger,
Tu trouueras ailleurs vn meilleur messager.
TIRSIS *seul.* (sonna ge!
La belle humeur de l'homme ! ô Dieux, quel per-
Quel amy l'auois fait de ce plaisant visage!
Vne mine froncée, vn regard de trauers,
C'est le remerciment que i'auray de mes vers.
Ie manque à son aduis d'asseurance, ou d'adresse
Pour les donner moy-mesme à sa ieune maistresse,
Et prendre ainsi le temps de dire à sa beauté
L'empire que ses yeux ont sur ma liberté.
Ie pense l'entreuoir par cette ialousie:
Ouy, mon ame de ioye en est toute saisie.
Helas ! & le moyen de luy pouuoir parler
Si mon premier aspect l'oblige à s'en aller?
Que d'vn petit coup d'œil l'aise m'est cher venduë
Toutesfois tout va bien, la voyla descenduë.
Ses regards pleins de feux s'entendent auec moy,
Que dis-je, en s'auançant elle m'appelle à soy.
MELITE. (pagnie?
Hé bien qu'auez-vous vous faict de vostre com-
TIRSIS.
Ie ne puis rien iuger de ce qui l'a bannie,
       D

A peine ay-ie eu loisir de luy dire deux mots,
Qu'aussi-tost le fantasque en me tournant le dos
S'est eschappé de moy.
MELITE.
Sans doute il m'aura veuë,
Et c'est de là que vient cette fuite impreueuë.
TIRSIS.
Vous aymant comme il fait, qui l'eust iamais pen- (sé?
MELITE.
Vous ne sçauez donc rien de ce qui s'est passé?
TIRSIS.
I'aymerois beaucoup mieux sçauoir ce qui se pas-
Et la part qu'a Tirsis en vostre bonne grace. (se,
MELITE.
Meilleure aucunement qu'Eraste ne voudroit,
Ie n'ay iamais cognu d'amant si maladroit, (che,
Il ne sçauroit souffrir qu'autre que luy m'appro-
Dieux! qu'à vostre sujet il m'a fait de reproche!
Vous ne sçauriez me voir sans le desobliger.
TIRSIS.
Et de tous mes soucis c'est la le plus leger,
Toute vne legion de riuaux de sa sorte
Ne diuertiroit pas l'amour que ie vous porte,
Qui ne craindra iamais les humeurs d'vn ialoux.
MELITE.
Aussi le croit-il bien, ou ie me trompe.
TIRSIS.
Et vous?
MELITE.
Bien que ce soit vn heur où pretendre ie n'ose,
Pour luy faire despit i'en croiray quelque chose.
TIRSIS.
Mais afin qu'il receust vn entier desplaisir,
Il faudroit que nos cœurs n'eussent plus qu'vn de- (sir,
Et quitter ces discours de volontez subjetes.
Qui ne sont point de mise en l'estat où vous estes,
Consultez seulement auecques vos appas,
Songez à leurs effets, & ne presumez pas

COMEDIE.

Auoir sur tout le monde vn pouuoir si supresme
Sans qu'il vous soit permis d'en vser sur vous-mes-
Vn si digne subjet ne reçoit point de loy, (me:
De regle, ny d'aduis d'vn autre que de soy.

MELITE.

Ton merite plus fort que ta raison flatteuse
Me rend, ie le confesse, vn peu moins scrupuleuse,
Ie dois tout à ma mere, & pour tout autre amant
Ie m'en voudrois remettre à son commandement:
Mais attendre pour toy l'effect de sa puissance
Sans te rien tesmoigner que par obeissance,
Tirsis, ce seroit trop, tes rares qualitez
Dispensent mon deuoir de ces formalitez.

TIRSIS.

Souffre donc qu'vn baiser cueilly dessus ta bouche
M'asseure entierement que mon amour te touche.

MELITE.

Ma parole suffit.

TIRSIS.

    Ha! i'entends bien que c'est,
Vn peu de violence en t'excusant te plaist.

MELITE.

Folastre, i'ayme mieux abandonner la place,
Car tu sçays desrober auec si bonne grace,
Que bien que ton larcin me fasche infiniment
Ie ne puis rien donner à mon ressentiment.

TIRSIS.

Auparauant l'Adieu reçoy de ma constance
Dedans ce peu de vers l'eternelle asseurance.

MELITE.

Garde bien ton papier, & pense qu'auiourd'huy
Melite veut te croire autant & plus que luy.

TIRSIS. *luy coulant le Sonnet dans le bras.*

Par ce refus mignard qui porte vn sens contraire
Ton feu m'instruit assez de ce que ie doy faire.
O Ciel, ie ne croy pas que sous ton large tour
Vn mortel eut iamais tant d'heur, ny tant d'amour.

Fin du second Acte.

ACTE III.

SCENE I.

PHILANDRE.

TV l'as gaigné, Melite, il ne m'est plus
  possible
D'estre à tant de faueurs desormais in-
  sensible,
Tes lettres où sans fard tu dépeins ton
  esprit,
Tes lettres où ton cœur est si bien par escrit,
Ont charmé tous mes sens de leurs douces pro-
  messes,
Leur attente vaut mieux, Cloris, que tes caresses:
Ha Melite, pardon, ie t'offence à nommer
Celle qui m'empescha si long temps de t'aymer.
Souuenirs importuns d'vne amante laissée
Qui venez malgré moy remettre en ma pensée
Vn portrait que i'en veux tellement effacer
Que le sommeil ait peine à me le retracer,
Hastez vous de sortir sans plus troubler ma ioye,
Et retournant trouuer celle qui vous enuoye,
Dites-luy de ma part pour la derniere fois
Qu'elle est en liberté de faire vn autre choix,
Que ma fidelité n'entretient plus ma flame,
Ou que s'il m'en demeure encor vn peu dans l'ame
Ie souhaite en faueur de ce reste de foy

COMEDIE

Qu'elle puisse gaigner au change autant que moy:
Dites luy que Melite ainsi qu'vne Deesse
Est de tous nos desirs souueraine maistresse,
Dispose de nos cœurs, force nos volontez,
Et que par son pouuoir nos destins surmontez
Se tiennēt trop heureux de prendre l'ordre d'elle,
Enfin que tous mes vœux....

SCENE II.

TIRSIS, PHILANDRE.

TIRSIS.

Philandre.

PHILANDRE.

Qui m'appelle?

TIRSIS.

Tirsis dont le bon-heur au plus haut point monté
Ne peut estre parfait sans te l'auoir conté.

PHILANDRE.

Tu me fais trop d'honneur en cette confidence.

TIRSIS.

I'vserois enuers toy d'vne sotte prudence
Si ie faisois dessein de te dissimuler
Ce qu'aussi bien mes yeux ne sçauroient te celer.

PHILANDRE.

En effect, si l'on peut te iuger au visage,
Si l'on peut par tes yeux lire dans ton courage,
Ie ne croiray iamais qu'à force de resuer
Au subject de ta ioye on le puisse trouuer,
Rien n'atteint ce me semble aux signes qu'ils en
    donnent.

TIRSIS.

Que sera le subject si les signes t'estonnent?

D iij

MELITE

Mon bon heur est plus grand qu'on ne peut soup-
  çonner,
C'est quand tu l'auras sçeu qu'il faudra t'estonner.
PHILANDRE.
Ie ne le sçauray pas sans marque plus expresse.
TIRSIS.
Possesseur autant vaut....
PHILANDRE.
Dequoy?
TIRSIS.
D'vne maistresse,
Belle, honneste, gentille, & dont l'esprit charmant
De son seul entretien peut rauir vn amant,
En vn mot de Melite.
PHILANDRE.
Il est vray qu'elle est belle,
Tu n'as pas mal choisi, mais....
TIRSIS.
Quoy mais?
PHILANDRE.
T'ayme-t'elle?
TIRSIS.
Cela n'est plus en doute.
PHILANDRE.
Et de cœur?
TIRSIS.
Et de cœur,
Ie t'en responds.
PHILANDRE.
Souuent vn visage mocqueur
N'a que le beau semblant d'vne mine hipocrite.
TIRSIS.
Ie ne crains pas cela du costé de Melite.
PHILANDRE.
Escoute, i'en ay veu de toutes les façons.
I'en ay veu qui sembloient n'estre que des glaçons
Dont le feu retenu par vne adroite feinte
S'alumoit d'autant plus qu'il souffroit de côtrain-(tes

COMEDIE.

I'en ay veu, mais beaucoup, qui sous le faux appas
Des preuues d'vn amour qui ne les touchoit pas
Prenoient du passe-temps d'vne folle ieunesse
Qui se laisse affiner à ces traits de soupleffe,
Et pratiquoient sous main d'autres affections.
Mais i'en ay veu fort peu de qui les passions
Fussent d'intelligence auecques le visage.

TIRSIS.
Et de ce petit nombre est celle qui m'engage,
De sa possession ie me tiens aussi seur
Que tu te peux tenir de celle de ma sœur.

PHILANDRE.
Doncques si ta raison ne se trouue deceuë
Ces deux amours auront vne pareille issuë?

TIRSIS.
Si cela n'arriuoit ie me tromperois fort.

PHILANDRE.
Pour te faire plaisir, i'en veux estre d'accord,
Cependant apprends-moy comment elle te traite,
Et qui te fait iuger son amour si parfaite.

TIRSIS.
Vne parfaite amour a trop de truchemens
Par qui se faire entendre aux esprits des amans:
Vn coup d'œil, vn soufpir....

PHILANDRE.
     Ces choses ridicules
Ne seruent qu'à piper des ames trop credules.
N'as tu rien que cela?

TIRSIS.
     Sa parole, & sa foy.

PHILANDRE.
Encor c'est quelque chose, acheue, & conte moy
Les douceurs que la belle à toute autre farouche
T'a laissé desrobber sur ses yeux, sur sa bouche,
Sur sa gorge, où, que sçay-ie?

TIRSIS.
     Ah, ne presume pas
Que ma temerité profane ses appas,

Et quand bien i'aurois eu tant d'heur, ou d'inſo-
lence,
Ce ſecret eſtouffé dans la nuit du ſilence
N'eſchapperoit iamais à ma diſcretion.
PHILANDRE.
Quelques lettres du moins pleines d'affection
Teſmoignent ſon ardeur.
TIRSIS.
      Ces foibles teſmoignages
D'vne vraye amitié ſont d'inutiles gages,
Ie n'en veux, & n'en ay point d'autres que ſa foy.
PHILANDRE.
Ie ſçay donc bien quelqu'vn plus aduancé que toy.
TIRSIS.
Plus aduancé que moy! i'entends qui tu veux dire,
Mais il n'a garde d'eſtre en eſtat de me nuire,
Ce n'eſt pas d'auiourd'huy qu'Eraſte a ſon congé.
PHILANDRE.
Celuy dont ie te parle eſt bien mieux partagé.
TIRSIS.
Ie ne ſçache que luy qui ſouſpire pour elle.
PHILANDRE.
Ie ne te tiendray point plus long-temps en cer-
uelle,
Pendant qu'elle t'amuſe auec ſes beaux diſcours
Vn riual incognu poſſede ſes amours,
Et la diſſimulée, au meſpris de ta flame,
Par lettres chaque iour luy fait don de ſon ame.
TIRSIS.
De telles trahiſons luy ſont trop en horreur.
PHILANDRE.
Ie te veux par pitié tirer de cette erreur,
Tantoſt, ſans y penſer, i'ay trouué ceſte lettre,
Tiens, vois ce que tu peux deſormais t'en promet-
tre.

COMEDIE. 45

LETTRE SVPPOSEE
de Melite à Philandre.

IE commence à m'estimer quelque chose puis que ie vous plais, & mon miroir m'offence tous les iours ne me representant pas assez belle comme ie m'imagine qu'il faut estre pour meriter vostre affection. Aussi la pauure Melite ne la croit posseder que par faueur, ou comme vne recompense extraordinaire d'vn excez d'amour, dont elle tasche de suppléer au defaut des graces que le Ciel luy a refusées.

PHILANDRE.
Maintenant qu'en dis-tu? n'est-ce pas t'affronter?
TIRSIS.
Cette lettre en tes mains ne peut m'espouuanter.
PHILANDRE.
La raison?
TIRSIS.
  Le porteur a sçeu combien ie t'ayme,
Et par vn gentil traict il t'a pris pour moy mesme.
D'autant que ce n'est qu'vn de deux parfaits amis.
PHILANDRE.
Voilà bien te flatter plus qu'il ne t'est permis,
Et pour ton interest dextrement te mesprendre.
TIRSIS.
On t'en aura donné quelqu'autre pour me rendre,
Afin qu'encor vn coup ie sois ainsi deçeu.

PHILANDRE.
C'est par là qu'il t'en plaist? ouy dà i'en ay receu
Encor vne qu'il faut que ie te restituë.
TIRSIS.
Depesche, ta longueur importune me tuë.

AVTRE LETTRE
supposée de Melite a Philandre.

Vous n'auez plus affaire qu'à Tirsis, ie le souffre encor, afin que par sa hantise ie remarque plus exactement ses deffauts, & les face mieux gouster à ma mere. Apres cela Philandre & Melite auront tout loisir de rire ensemble des belles imaginations dont le frere & la sœur ont repeu leurs esperances.

PHILANDRE.
Te voila tout resueur, cher amy, par ta foy
Crois-tu que celle-là s'adresse encor à toy?
TIRSIS.
Traistre, c'est donc ainsi que ma sœur mesprisée
Sert à ton changement d'vn subiet de risée,
Qu'à tes suasions Melite osant manquer
A ce qu'elle a promis, ne s'en faict que mocquer,
Qu'oubliant tes sermens, desloyal, tu subornes
Vn amour qui pour moy deuoit estre sans bornes?
Aduise à te deffendre, vn affront si cruel
Ne se peut reparer à moins que d'vn duel,
Il faut que pour tous deux ta teste me responde.
PHILANDRE.
Si pour te voir trompé, tu te desplais au monde

COMEDIE. 47

Cherche en ce desespoir qui t'en veuille arracher,
Quant à moy, ton trespas me cousteroit trop cher,
Il me faudroit apres par vne prompte fuite
Esloigner trop long-temps les beaux yeux de Me-

TIRSIS. (lite:
Ce discours de bouffon ne me satisfait pas,
Nous sommes seuls icy, despeschons, pourpoint

PHILANDRE. (bas.
Viuons plustost amis, & parlons d'autre chose.

TIRSIS.
Tu n'oserois, ie pense,

PHILANDRE.
Il est tout vray, ie n'ose
Ny mon sang, ny ma vie en peril exposer,
Ils ne sont plus à moy, ie n'en puis disposer,
Adieu, celle qui veut qu'à present ie la serue
Merite que pour elle ainsi ie me conserue.

SCENE III.

TIRSIS.

Quoy? tu t'enfuis, perfide, & ta legereté
T'ayant fait criminel te met en seureté?
Reuien, reuien deffendre vne place vsurpée,
Celle qui te cherit vaut bien vn coup d'espée,
Fay voir que l'infidelle en se donnant à toy
A fait choix d'vn amant qui valoit mieux que moy,
Soustien son iugement, & sauue ainsi de blasme
Celle qui pour la tienne a negligé ma flame,
Crois-tu qu'on la merite à force de courir?
Peux-tu m'abandonner ses faueurs sans mourir?
O lettres, ô faueurs indignement placées,
A ma discretion honteusement laissées,

O gages qu'il neglige ainsi que superflus,
Ie ne sçay qui des trois vous diffamez le plus,
De moy, de ce perfide, ou bien de sa maistresse,
Car vous nous apprenez qu'elle est vne traistresse,
Son amant vn poltron, & moy sans iugement
De n'auoir rien preueu de son déguisement.
Fuy donc, homme sans cœur, va dire à ta volage
Combien sur ton riual ta fuitte a d'auantage,
Et que ton pied leger ne laisse à ma valeur
Que les vains mouuemens d'vne iuste douleur,
Ce lâsche naturel qu'elle fait recognoistre
Ne t'aymera par moins estant poltron que traistre.
Traistre, & poltron ! voyla les belles qualitez
Qui retiennent les sens de Melite enchantez.
Aussi le falloit-il que cette ame infidelle
Changeant d'affection, prist vn traistre côme elle,
Et cette humeur legere a bien sceu rechercher
Vn qui n'eust sur ce point rien à luy reprocher.
Cependant ie croyois à sa mine embrasée,
A ces petits larcins pris d'vne force aisée,
Helas ! & se peut-il que ces marques d'amour
Fussent de la partie en vn si lasche tour ?
Auroit-on iamais veu tant de supercherie
Que tout l'exterieur ne fut que piperie ?
Non non, il n'en est rien, vne telle beauté
Ne fut iamais sujette à la desloyauté.
Foibles & seuls tesmoins du malheur qui me touche,
Vous estes trop hardis de démentir sa bouche,
Melite me cherit, elle me l'a iuré,
Son oracle receu ie m'en tiens asseuré,
Que dites vous là contre? estes vous plus croyables?
Caracteres trompeurs vous me contez des fables,
Vous voulez me trahir, vous voulez m'abuser,
I'ay sa parole en gage, & de plus vn baiser.
A ce doux souuenir ma flame se r'allume,
Ie ne sçay plus qui croire ou d'elle, ou de sa plume,
L'vn & l'autre en effet n'ont rien que de leger,
Mais du plus, ou du moins, ie n'en puis que iuger.
C'est en

COMEDIE.

C'est en vain que mon feu ces doutes me suggere,
Ie voy trop clairement qu'elle est la plus legere,
Les sermens que i'en ay s'en vont au vent iettez,
Et ces traits de sa plume icy me sont restez,
Qui dépeignant au vif son perfide courage
Remplissent de bon-heur Philandre, & moy de rage.
Oüy i'enrage, ie meurs, & tous mes sens troublez
D'vn excez de douleur succombent accablez,
Vn si cruel tourment me gesne, & me déchire,
Que ie ne puis plus viure auec vn tel martyre,
Mon ame par despit tasche d'abandonner
Vn corps que sa raison sçeut si mal gouuerner,
Mes yeux iusqu'à present couuerts de mille nuës,
S'en vont les distiler en larmes continuës,
Larmes qui donneront pour iuste chastiment
A leur aueugle erreur vn autre aueuglement:
Et mes pieds qui sçauoient sans eux, sans leur conduite
Comme insensiblement me porter chez Melite,
Me porteront sans eux en quelque lieu desert,
En quelque lieu sauuage à peine descouuert,
Où ma main d'vn poignard acheuera de reste,
Où pour suyure l'arrest de mon Destin funeste
Ie respandray mon sang, & i'auray pour le moins
Ce foible & vain soulas en mourant sans témoins,
Que mon trespas secret fera que l'infidelle
Ne pourra se vanter que ie sois mort pour elle.

SCENE IV.
TIRSIS, CLORIS.

CLORIS.

Mon frere, en ma faueur retourne sur tes pas,
Dy moy la verité, tu ne me cherchois pas.

E

Et quoy? tu fais semblant de ne me pas cognoistre?
O Dieux! en quel estat, te vois-ie icy paroistre!
Tu pallis tout à coup, & tes louches regards
S'eslancent incertains presque de toutes parts,
Tu manques à la fois de poulmon & d'haleine,
Ton pied mal affermy ne te souftient qu'à peine,
Quel accident nouueau te broüille ainsi les sens?

TIRSIS.

Puis que tu veux sçauoir le mal que ie ressens,
Auant que d'assouuir l'inexorable enuie
De mon sort rigoureux qui demande ma vie,
Ie vay t'assassiner d'vn fatal entretien,
Et te dire en deux mots mon malheur & le tien.
En nos chastes amours de nous deux on se mocque,
Philandre, ah la douleur m'estouffe & me suffoque:
Adieu, ma sœur, Adieu, ie ne puis plus parler,
Ly, puis si tu le peux, tasche à te consoler.

CLORIS.

Ne m'eschappe donc pas.

TIRSIS.

     Ma sœur, ie te supplie...

CLORIS.

Quoy? que ie t'abandonne à ta melancholie?
Non, non, quand i'auray sceu ce qui te fait mourir,
Si bon me semble alors, ie te lairray courir.

TIRSIS.

Helas! quelle iniustice!

CLORIS *apres auoir leu les lettres qu'il luy a données.*

     Est-ce là tout fantasque?
Quoy? si la desloyalle enfin leue le masque,
Oses-tu te fascher d'estre desabusé?
Aprends qu'il te faut estre en amour plus rusé,
Aprends que les discours des filles mieux sensées
Descouurent rarement le fonds de leurs pensées,
Et que les yeux aidans à ce desguisement
Nostre sexe a le don de tromper finement.
Aprends aussi de moy que ta raison s'egare,

COMEDIE.

Que Melite n'est pas vne piece si rare,
Qu'elle soit seule icy qui vaille la seruir:
Tant d'autres te sçauront en sa place rauir,
Auec trop plus d'attraits que cette écerueléé,
Qui n'a d'ambition que d'estre cajolée
Par les premiers venus qui flattans ses beautez
Ont assez de malheur pour en estre escoutez.
Ainsi Damon luy plût, Aristandre, & Geronte,
Eraste apres deux ans n'en a pas meilleur conte,
Elle t'a trouué bon seulement pour huict iours,
Philandre est auiourd'huy l'object de ses amours,
Et peut-estre demain (tant elle ayme le change)
Quelque autre noüueauté le supplante & nous
   vange.
Ce n'est qu'vne coquette, vne teste à l'esuent,
Dont la langue & le cœur s'accordent peu souuent,
A qui les trahisons deuiennent ordinaires,
Et dont tous les appas sont tellement vulgaires
Qu'en elle homme d'esprit n'admira iamais rien
Que le suiect pourquoy tu luy voulois du bien.

TIRSIS.

Penses-tu m'amusant auecques des sottises
Par tes detractions rompre mes entreprises?
Non, non, ces traits de langue espandus vainement
Ne m'arresteroient pas encor vn seul moment.

SCENE V.

CLORIS.

MOn frere, il s'est sauué, son desespoir l'emporte,
Me preserue le Ciel d'en vser de la sorte,
Vn volage me quitte, & ie le quitte aussi,

MELITE

Ie l'obligerois trop de m'en mettre en soucy,
Pour perdre des amans celles qui s'en affligent
Donnent trop d'auantage à ceux qui les negligent,
Il n'est lors que la ioye, elle nous vange mieux,
Et là fist-on à faux esclatter par les yeux, (stance
C'est tousiours témoigner que leur vaine incon-
Est pour nous émouuoir de trop peu d'importance.
Aussi ne veux-ie pas le retenir d'aller,
Et si d'autres que moy ne le vont r'appeller
Il vsera ses iours à courtiser Melite,
Outre que l'infidelle a si peu de merite
Que l'amour qui pour luy m'esprit si follement
M'auoit faict bonne part de son aueuglement.
On encherit pourtant sur ma faute passée,
Dans la mesme sottise vne autre embarassée
Le rend encor parjure, & sans ame, & sans foy
Pour se donner l'honneur de faillir apres moy.
Ie meure s'il n'est vray que la moitié du monde
Sur l'exemple d'autruy se conduit & se fonde,
A cause qu'il parut quelque temps m'enflamer
La pauure fille a creu qu'il valoit bien l'aimer,
Et sur cette croyance elle en a pris enuie ;
Luy peust-elle durer iusqu'au bout de sa vie,
Si Melite a failly me l'ayant desbauché,
Dieux, par là seulement punissez son peché.
Elle verra bien tost, quoy qu'elle se propose,
Qu'elle n'a pas gaigné, ny moy perdu grand chose,
Ma perte me console, & m'esgaye à l'instant.
Ah! si mon fou de frere en pouuoit faire autant,
Qu'en ce plaisant malheur ie serois satisfaite!
Si ie puis descouurir le lieu de sa retraite,
Et qu'il me veuille croire, esteignant tous ses feux
Nous passerons le temps à ne rire que d'eux.
Ie la feray rougir, cette ieune esuentée,
Lors que son escriture à ses yeux presentée
Mettant au iour vn crime estimé si secret,
Elle recognoistra qu'elle ayme vn indiscret.
Ie luy veux dire alors pour aggrauer l'offence,

COMEDIE.   53

Que Philandre auec moy touſiours d'intelligence
Me fait des contes d'elle, & de tous les diſcours
Qui ſeruent d'aliment à ſes vaines amours,
Si bien qu'il en reçoit à grand peine vne lettre
Qu'il ne vienne en mes mains auſſi-toſt la remettre,
La preuue captieuſe & faite en meſme temps
Produira ſur le champ l'effect que i'en attends.

SCENE VI.

PHILANDRE.

DOnc pour l'auoir tenu ſi long-tẽps en haleine
Il me faudra ſouffrir vne eternelle peine,
Et payer deſormais auecque tant d'ennuy
Le plaiſir que i'ay pris à me ioüer de luy?
Vit-on iamais amant, dont la ieune inſolence
Malmenaſt vn riual auec tant d'imprudence?
Vit on iamais amant, dont l'indiſcretion
Fuſt de tel preiudice à ſon affection?
Les lettres de Melite en ſes mains demeurées,
En ſes mains, autant vaut, à iamais eſgarées,
Ruinent à la fois ma gloire, mon honneur,
Mes deſſeins, mon eſpoir, mon repos, & mon heur.
Mon trop de vanité tout au rebours ſuccede,
I'ay receu des faueurs, & Tirſis les poſſede,
Et cét amant trahy conuaincra ſa beauté
Par des ſignes ſi clairs de ſa deſloyauté.
C'eſt mal auec Melite eſtre d'intelligence
D'armer ſon ennemy, d'inſtruire ſa vengeance,
Me pourra-t'elle apres regarder de bon œil?
M'oſeray-je en promettre vn gracieux accueil?
Mon iuſte deſeſpoir des neiges de ce branſche,
Et laueray cette honteuſe tache,
De force, ou d'amitié, i'en auray la raiſon.

E iij

MELITE

Ie le vay quereller iusques dans sa maison,
Et si si ie le trouue, il faudra que sur l'heure,
En despit qu'il en ayes il les rende, ou qu'il meure.

SCENE VII.

PHILANDRE, CLORIS.

PHILANDRE *frappant à la porte de Tirsis.*

Tirsis.

CLORIS.
Que luy veux-tu?

PHILANDRE.
Cloris, pardonne-moy
Si ie cherche pluftost à luy parler qu'à toy,
Nous auons entre nous quelque affaire qui presse.

CLORIS.
Le crois-tu rencontrer hors de chez sa maistresse?

PHILANDRE.
Sçais-tu bien qu'il y soit?

CLORIS.
Non pas asseurément,
Mais i'ose presumer que l'aymant cherement,
Le plus qu'il peut de temps il le passe chez elle.

PHILANDRE.
Ie m'en vay de ce pas le voir chez cette belle,
Adieu, iusqu'au reuoir. Ie meurs de desplaisir.

CLORIS.
Vn mot, Philandre, vn mot, n'aurois tu point loisir
De voir quelques papiers que ie viens de surpren-
PHILANDRE.   (dre?
Qu'est-ce que par leur veuë ils me pourroient ap-
CLORIS.   (prendre?
Peut-estre leurs secrets, regarde si tu veux
Perdre vn demy-quart d'heure a les lire nous deux.

COMEDIE.

PHILANDRE.
Hazard, voyons que c'est, mais viste, & sans de-(meure,
Ma curiosité pour vn demy-quart-d'heure
Se pourra dispenser.

CLORIS.
Mais aussi garde bien
Qu'en discourant ensemble il n'en descouure rien,
Promets le moy, sinon...

PHILANDRE *recognoissant les lettres.*
Cela s'en va sans dire.
Donne, donne les moy, tu ne les sçaurois lire,
Et nous aurions ainsi besoin de trop de temps.

CLORIS *resserrant les lettres.*
Philandre, tu n'és pas encore où tu pretends,
Asseure, asseure-toy que Cloris te despite
De les rauoir iamais que des mains de Melite,
A qui ie veux monstrer auant qu'il soit huict iours
La façon dont tu tiens secrettes ses amours.

SCENE VIII.
PHILANDRE.

Confus, desesperé, que faut-il que ie face?
J'ay malheur sur malheur, disgrace sur disgra-(ce,
On diroit que le Ciel amy de l'equité
Prend le soing de punir mon infidelité.
Si faut-il neantmoins en despit de sa haine
Que Tirsis retrouué me tire hors de peine,
Il faut qu'il me les rende, il le faut, & ie veux
Qu'vn duel accepté les mette entre nous deux,
Et si ie suis alors encore ce Philandre
Par vn destour subtil qu'il ne pourra comprendre,
Elles demeureront, le laissant abusé,
Sinon au plus vaillant, du moins au plus rusé.

Fin du troisieme Acte.

ACTE IV.

SCENE PREMIERE.

MELITE, LA NOVRRICE.

LA NOVRRICE.

Ette obstinarion à faire la secrette
M'accuse iniustement d'estre trop peu
discrette.
MELITE.
Vrayment tu me poursuis auec trop de rigueur,
Que te puis-ie conter, n'ayant rien sur le cœur?
LA NOVRRICE.
Vn chacun faict à l'œil des remarques aisées
Qu'Eraste abandonnant ses premieres brisées
Pour te mieux tesmoigner son refroidissement
Cherche sa guerison dans vn bannissement,
Tu m'en veux cependant oster la cognoissance,
Mais si iamais sur toy i'eus aucune puissance,
Par ce que tous les iours en tes affections
Tu reçois de profit de mes instructions,
Apprends-moy ce que c'est.
MELITE.
Et que sçay ie, Nourrice,
Des fantasques ressorts qui meuuent son caprice?
Ennuyé d'vn esprit si grossier que le mien,
Il cherche ailleurs peut-estre vn meilleur entretien.

COMEDIE.
LA NOVRRICE.

Ce n'est pas bien ainsi qu'vn amant perd l'enuie
D'vne chose deux ans ardemment poursuyuie:
D'asseurance vn mespris l'oblige à se picquer,
Mais ce n'est pas vn traict qu'il faille pratiquer.
Vne fille qui voit, & que voit la ieunesse,
Ne s'y doit gouuerner qu'auec beaucoup d'adresse,
Le desdain luy messied, ou quand elle s'en sert,
Que ce soit pour reprendre vn amant qu'elle perd:
Vne heure de froideur à propos mesnagée
R'embrase assez souuent vne ame dégagée, (pris
Qu'vn traittement trop doux dispense à des mes-
D'vn bien dont vn desdain fait mieux sçauoir le
　　prix.
Hors ce cas il luy faut complaire à tout le monde,
Faire qu'aux vœux de tous son visage responde,
Et sans embarasser son cœur de leurs amours
Leur faire bonne mine & souffrir leur discours:
Qu'à part ils pensent tous auoir la preference
Et paroissent ensemble entrer en concurence
Ainsi lors que plusieurs te parlent à la fois,
En respondant à l'vn serre à l'autre les doigts,
Et si l'vn te desrobbe vn baiser par surprise,
Qu'à l'autre incontinent il soit en belle prise,
Que l'vn & l'autre iuge à ton visage esgal
Que tu caches ta flame aux yeux de son riual,
Partage bien les tiens, & sur tout sçache feindre
De sorte que pas vn n'ayt subjet de se plaindre,
Qu'ils viuent tous d'espoir iusqu'au choix d'vn
　　mary,
Mais qu'aucun cependant ne soit le plus chery,
Tien bon, & cede enfin, puisqu'il faut que tu cedes,
A qui payera le mieux le bien que tu possedes.
Si tu n'eusses iamais quitté cette leçon,
Ton Eraste auec toy viuroit d'autre façon.

MELITE.

Ce n'est pas son humeur de souffrir ce partage,
Il croit que mes regards soiët son propre heritage,

MELITE

Et prend ceux que ie donne à tout autre qu'à luy
Pour autant de larcins faicts sur le bien d'autruy.
LA NOVRRICE.
I'entends à demy mot, acheue, & m'expedie
Promptement le motif de cette maladie.
MELITE.
Tirsis est ce motif.   LA NOVRRICE.
Ce ieune Caualier!
Son amy plus intime, & son plus familier!
N'a-ce pas esté luy qui te l'a fait cognoistre?
MELITE.
Il voudroit que le iour en fust encor à naistre,
Et si dans ce iourd'huy ie l'auois escarté,
Tu verrois dés demain Eraste à mon costé.
LA NOVRRICE.
I'ay regret que tu sois la pomme de discorde,
Mais puisque leur humeur ensemble ne s'accorde,
Eraste n'est pas homme à laisser eschapper,
Vn semblable pigeon ne se peut rattrapper,
Il a deux fois le bien de l'autre, & dauantage.
MELITE.
Le bien ne touche point vn genereux courage.
LA NOVRRICE.
Tout le monde l'adore, & tasche d'en iouyr.
MELITE.
Il suit vn faux esclat qui ne peut m'esbloüir.
LA NOVRRICE.
Aupres de sa splendeur toute autre est trop petite.
MELITE.
Tu le places au rang qui n'est deu qu'au merite.
LA NOVRRICE.
On a trop de merite estant riche à ce point.
MELITE.
Les biens en donnent-il à ceux qui n'en ont point?
LA NOVRRICE.
Ouy, ce n'est que par là qu'on est considerable.
MELITE.
Mais ce n'est que par là qu'on deuient mesprisable.

COMEDIE.

Vn homme dont les biens font toutes les vertus,
Ne peut estre estimé que des cœurs abbatus.
LA NOVRRICE.
Est-il quelques deffauts que les biens ne reparent?
MELITE.
Mais plustost en est-il où les biens ne preparent?
Estant riche on mesprise assez communément
Des belles qualitez le solide ornement,
Et d'vn luxe honteux la richesse suyuie
Souuent par l'abondance aux vices nous conuie.
LA NOVRRICE.
Enfin ie recognois....
MELITE.
            Qu'auecque tout son bien
Vn ialoux dessus moy n'obtiendra iamais rien.
LA NOVRRICE.
Et que d'vn caioleur la nouuelle conqueste
T'imprime à mon regret ces erreurs dans la teste.
Si ta mere le sçait...
MELITE.
            Laisse-moy ces soucys,
Et r'entre que ie parle à la sœur de Tirsis,
Ie la voy qui de loing me faict signe & m'appelle.
LA NOVRRICE.
Peut-estre elle t'en veut dire quelque nouuelle?
MELITE.
Rentre sans t'informer de ce qu'elle pretend,
Vn meilleur entretien auec elle m'attend.

SCENE II.
CLORIS, MELITE.
CLORIS.
IE cheris tellement celles de vostre sorte,
Et prends tant d'interest en ce qui leur import,

Qu'aux fourbes qu'on leur faict ie ne puis con-
   sentir,
Ny mesme en rien sçauoir sans les en aduertir.
Ainsi donc au hasard d'estre la mal venuë,
Encor que ie vous sois, peu s'en faut, inconnuë,
Ie viens vous faire voir que vostre affection
N'a pas esté fort iuste en son eslection.
       MELITE.   (fice
Vous pourriez sous couleur de rendre vn bon of-
Mettre quelqu'autre en peine auec cét artifice,
Mais pour m'en repentir i'ay fait vn trop beau
   choix,
Ie renonce à choisir vne seconde fois,
Et mon affection ne s'est point arrestée
Que chez vn Caualier qui l'a trop meritée.
       CLORIS.
Vous me pardonnerez, i'en ay de bons témoins,
C'est l'homme qui de tous la merite le moins.
       MELITE.
Si ie n'auois de luy qu'vne foible asseurance,
Vous me feriez entrer en quelque deffiance,
Mais ie m'estonne fort que vous l'osez blasmer,
Veu que pour vostre honneur vous deuez l'esti-
       CLORIS.   (mer.
Ie l'estimay iadis, & ie l'ayme, & l'estime
Plus que ie ne faisois auparauant son crime,
Ce n'est qu'en ma faueur qu'il ose vous trahir,
Iugez apres cela si ie le puis haïr,
Puisque sa trahison m'est vn grand tesmoignage
Du pouuoir absolu que i'ay sur son courage.
       MELITE.   (mal,
Vrayment c'est vn pouuoir dont vous vsez fort
Le poussant à me faire vn tour si desloyal.
       CLORIS.
Me le faut-il pousser où son deuoir l'oblige?
C'est son deuoir qu'il suit alors qu'il vous neglige.
       MELITE.
Quoy? son deuoir l'oblige à l'infidelité?
       CLORIS

COMEDIE.

CLORIS.
N'allons point rechercher tant de subtilité,
La parolle donnée, il faut que l'on la tienne.
MELITE.
Cela faict contre vous, il m'a donné la sienne.
CLORIS.
Ouy, mais ayant desia receu mon amitié
Sur vn serment commun d'estre vn iour sa moitié,
Peut-il s'en departir pour accepter la vostre?
MELITE.
De grace excusez-moy, ie vous prends pour vne
Et c'estoit à Cloris que ie croyois parler.
CLORIS.
Vous ne vous trompez pas.
MELITE.
Doncques pour me railler
La sœur de mon amant contrefait ma riuale?
CLORIS.
Doncques pour m'esbloüir vne ame desloyale
Contrefait la fidelle? ah Melite, sçachez
Que ie ne sçay que trop ce que vous me cachez,
Philandre m'a toüt dit, vous pensez qu'il vous ayme,
Mais sortant d'auec vous il me conte luy-mesme
Iusqu'aux moindres discours dont vostre passion
Tasche de suborner son inclination.
MELITE.
Moy, suborner Philandre! Ah, que m'osez-vous (dire?
CLORIS.
La pure verité.
MELITE.
Vrayment, en voulant rire
Vous passez trop auant, brisons la, s'il vous plaist,
Ie ne voy point Philandre, & ne sçay quel il est.
CLORIS.
Vous en voulez bien croire, au moins, vostre es- (criture,
Tenez, voyez, lisez.
MELITE.
Ah Dieux? quelle imposture!

F

Iamais vn de ces traits ne partit de ma main.
CLORIS.
Nous pourrions demeurer icy iusqu'à demain
Que vous persisteriez dans la mescognoissance,
Ie les vous laisse, Adieu.
MELITE.
     Tout-beau, mon innocence
Veut sçauoir parauant le nom de l'imposteur,
Afin que cet affront retombe sur l'autheur.
CLORIS.
Vous voulez m'affiner, mais c'est peine perduë,
Melite, que vous sert de faire l'entenduë?
La chose estant si claire, à quoy bon la nier?
MELITE.
Ne vous obstinez point à me calomnier,
Ie veux que si iamais i'ay dit mot à Philandre…
CLORIS.
Remettons ce discours, quelqu'vn vient nous sur-(prendre,
C'est le braue Lisis, qui tout triste & pensif,
A ce qu'on peut iuger, monstre vn deüil excessif.

SCENE III.
LISIS, MELITE, CLORIS.
LISIS à CLORIS.

Pouuez-vous demeurer auprés d'vne personne
Digne pour ses forfaits que chacun l'aban-
Quittez cette infidelle, & venez auec moy (donne?
Plaindre vn frere au cercueil par son manque de
MELITE.   (foy.
Quoy? son frere au cercueil!
LISIS.
     Oüy, Tirsis plein de rage

COMEDIE.

De voir que vostre change indignement l'outrage,
Maudissant mille fois le detestable iour
Que vostre bon accueil luy donna de l'amour,
Dedans ce desespoir a rendu sa belle ame.
MELITE.
Helas, soustenez-moy, ie n'en puis plus, ie pasme.
CLORIS.
Au secours, au secours.

SCENE IV.
CLITON, LA NOVRRICE, MELITE, LISIS, CLORIS.

CLITON.

D'Où prouient cette voix?
LA NOVRRICE.
Qu'auez-vous, mes enfans?
CLORIS.
Melite que tu vois.
LA NOVRRICE.
Helas, elle se meurt, son teint vermeil s'efface,
Sa chaleur se dissipe, elle n'est plus que glace.
LISIS à CLITON.
Va querir vn peu d'eau, mais il faut te haster.
CLITON.
Si proches du logis, il vaut mieux l'y porter.
CLORIS à LISIS.
Aydez mes foibles pas, les forces me defaillent,
Et ie vay succomber aux douleurs qui m'assaillent.

F ij

SCENE V.

ERASTE.

A La fin ie triomphe, & les destins amis
M'ont donné le succez que ie m'allois promis,
Me voyla trop heureux, puisque par mon adresse
Melite est sans amant, & Tirsis sans maistresse,
Et comme si c'estoit trop peu pour me vanger,
Philandre & sa Cloris courent mesme danger.
Mais à quelle raison leurs ames desvnies
Pour les crimes d'autruy seront-elles punies?
Que m'ont-il fait tous deux pour troubler leurs accords?
Fuyez de mon penser inutiles remords,
I'en ay trop de subject de leur estre contraire,
Cloris m'offence trop estant sœur d'vn tel frere,
Et Philandre si prompt à l'infidelité
N'a que la peine deuë à sa credulité.
Allons donc sans scrupule, allons voir cette belle,
Faisons tous nos efforts à nous rapprocher d'elle,
Et taschons de rentrer en son affection,
Auant qu'elle ait rien sçeu de nostre inuention.
Cliton sort de chez elle.

SCENE VI.

ERASTE, CLITON.

ERASTE.

E T bien, que fait Melite?
CLITON.
Monsieur, tout est perdu, vostre fourbe maudite,

COMEDIE.

Dont ie fus à regret le damnable inſtrument,
A couché de douleur Tirſis au monument.
ERASTE.
Courage, tout va bien, le traiſtre m'a faict place,
Le ſeul qui me rendoit ſon courage de glace,
D'vn fauorable coup la mort me l'a rauy.
CLITON.
Monſieur, ce n'eſt pas tout, Melite l'a ſuiuy.
ERASTE.
Melite l'a ſuiuy ! que dis-tu, miſerable?
CLITON.
Monſieur, il eſt tout vray, le moment déplorable
Qu'elle a ſceu ſon treſpas, a terminé ſes iours.
ERASTE.
Ha Ciel ! s'il eſt ainſi....
CLITON.
Laiſſez là ces diſcours,
Et vantez vous pluſtoſt que par voſtre impoſture
Ce pair d'amans ſans pair eſt ſous la ſepulture,
Et que voſtre artifice a mis dans le tombeau
Ce que le monde auoit de parfaict & de beau.
ERASTE.
Tu m'oſes donc flatter, & ta ſottiſe eſtime
M'obliger en taiſant la moitié de mon crime?
Eſt-ce ainſi qu'il te faut n'en parler qu'à demy?
Acheue tout d'vn trait, dy que maiſtreſſe, amy,
Tout ce que ie cheris, tout ce qui dans mon ame
Sçeut iamais allumer vne pudique flame,
Tout ce que l'amitié me rendit precieux,
Par ma fraude a perdu la lumiere des Cieux:
Dy que i'ay violé les deux loix les plus ſainctes
Qui nous rendent heureux par leurs douces con-
    traintes,
Dy que i'ay corrompu, dy que i'ay ſuborné,
Falſifié, trahy, ſeduit, aſſaſſiné,
Que i'ay toute vne ville en larmes conuertie,
Tu n'en diras encor que la moindre partie.
Mais quel reſſentiment ! quel puiſſant deſplaiſir

F iij

Grands Dieux, & peuuent-ils iufque-là nous faifir
Qu'vn pauure amant en meure, & qu'vne afpre trifteffe
Reduife au mefme point apres luy fa maiftreffe?
CLITON.
Tous ces difcours ne font....
ERASTE.
Laiffe agir ma douleur,
Traiftre, fi tu ne veux attirer ton malheur,
Interrompre fon cours, c'eft n'aymer pas ta vie.
La mort de fon Tirfis me l'a doncques rauie!
Ie ne l'auois pas fceu, Parques, iufqu'à ce iour
Que vous releuaffiez de l'empire d'amour,
I'ignorois qu'auffi-toft qu'il affemble deux ames
Il vous peuft commander d'vnir auffi leurs trames,
I'ignorois que pour eftre exemptes de fes coups
Vous fouffriffiez qu'il prift vn tel pouuoir fur vous,
Vous en releuez donc, & vos cizeaux barbares
Tranchent comme il luy plaift les chofes les plus rares?
Vous en releuez donc, & pour le flatter mieux
Vous voulez côme luy ne vous feruir point d'yeux?
Mais ie m'en prends à vous, & ma funefte rufe
Vous imputant ces maux fe baftit vne excufe,
I'ofe vous en charger, & i'en fuis l'inuenteur,
Et feul de ces malheurs le deteftable autheur.
Mon courage au befoin fe trouuant trop timide
Pour attaquer Tirfis autrement qu'en perfide
Ie fis à mon deffaut combattre fon ennuy,
Son deüil, fon defefpoir, fa rage contre luy.
Helas! & falloit-il que ma fupercherie
Tournaft fi lafchement fon amour en furie?
Inutiles regrets, repentirs fuperflus,
Vous ne me rendez pas Melite qui n'eft plus,
Vos mouuemens tardifs ne la font pas reuiure,
Elle a fuiuy Tirfis, & moy ie la veux fuiure,
Auançons donc, allons fur cet aymable corps
Efprouuer, s'il fe peut, à la fois mille morts.

COMEDIE. 67

D'où vient qu'au premier pas ie tremble, ie chan-
  celle?
Mon pied qui me desdit contre moy se rebelle,
Quel murmure confus? & qu'entends-ie hurler?
Que de pointes de feu se perdent parmy l'air?
Les Dieux à mes forfaits ont denoncé la guerre,
Leur foudre decoché vient de fendre la terre,
Et pour leur obeyr son sein me receuant
M'engloutit, & me plonge aux Enfers tout viuant.
Ie vous entends, grands Dieux, c'est là bas que leurs (ames
Aux cháps Eliziens eternisent leurs flames,
C'est là bas qu'à leurs pieds il faut verser mon
  sang:
La terre à ce dessein m'ouure son large flanc,
Et iusqu'aux bords du Styx me fait libre passage,
Ie l'apperçoy desià, ie suis sur son riuage. (Dieux,
Fleuue, dont le sainct nom est redoutable aux
Et dont les neuf remplis ceignent ces tristes lieux,
Ne te colere point contre mon insolence
Si i'ose auec mes cris violer ton silence,
Ce n'est pas que ie veuille, en beuuant de ton eau,
Auec mon souuenir estouffer mon bourreau,
Non, ie ne pretends pas vne faueur si grande,
Responds-moy seulement, respōds à ma demande,
As-tu veu ces amans? Tirsis est-il passé?
Melite est-elle icy? mais que disie, insensé?
Le pere de l'oubly dessous cette onde noire
Pourroit-il conseruer tant soit peu de memoire?
Mais derechef que disie? imprudent, ie confonds
Le Lethé pesle-mesle, & ces gouffres profonds,
Le Styx de qui l'oubly ne prit iamais naissance
De tout ce qui se passe à tant de cognoissance,
Que les Dieux n'oseroient vers luy s'estre mespris,
Mais le traistre se tait, & tenant ces esprits
Pour le plus grand thresor de son funeste Empire,
De crainte de les perdre, il n'en ose rien dire.
Vous donc esprits legers, qui faute de tombeaux
Tournoyez vagabonds à l'entour de ces eaux,

A qui Caron cent ans refuse sa nacelle, (nouuelle?
Ne m'en pourriez-vous point donner quelque
Dites, & ie promets d'employer mon credit
A vous faciliter ce passage interdit.
CLITON.
Monsieur, que faites-vous? vostre raison s'esgare,
Voyez qu'il n'est icy de Styx, ny de Tenare,
Reuenez à vous mesme.
ERASTE.
Ah! te voyla Caron.
Depesche promptement, & d'vn coup d'auiron
Passe-moy, si tu peux, iusqu'à l'autre riuage.
CLITON. (sage,
Monsieur, rentrez en vous, contemplez mon vi-
Recognoissez Cliton.
ERASTE.
Depesche, vieux nocher,
Auant que ces esprits nous puissent approcher,
Ton bateau de leur poids fondroit dãs les abismes,
Il n'en aura que trop d'Eraste, & de ses crimes.
CLITON.
Il vaut mieux se tirer, car auecque des fous
Souuent on ne rencontre à gaigner que des coups.
Si iamais vn amant fut dans l'extrauagance
Il s'en peut bien vanter auec toute asseurance.
ERASTE *se iettant sur ses espaules.*
Tu veux donc eschapper à l'autre bord sans moy,
Si faut-il qu'à ton col ie passe malgré toy.

SCENE VII.
PHILANDRE.

Riual iniurieux dont l'absence importune
Retarde le succez de ma bonne fortune,

COMEDIE.

As-tu si-tôst perdu cette ombre de valeur
Que te prestoit tantost l'effort de ta douleur?
Que deuient à present cette bouillante enuie
De punir ta volage aux despens de ma vie?
Il ne tient plus qu'à toy que tu ne sois content,
Ton ennemy t'appelle, & ton riual t'attend,
Ie te cherche en tous lieux, & cependant ta fuite
Se rit impunément de ma vaine poursuite. (sœur
Crois-tu laissant mon bien dans les mains de ta
En demeurer tousiours l'iniuste possesseur,
Ou que ma patience à la fin eschappée
(Puisque tu ne veux pas le debatre à l'espée)
Oubliant le respect du sexe, & tout deuoir,
Ne laisse point sur elle agir mon desespoir?

SCENE VIII.

ERASTE, PHILANDRE.

ERASTE.

Destacher Ixion pour me mettre en sa place!
Megeres, c'est à vous vne indiscrete audace,
Ay-ie, prenant le front de cét audacieux,
Attenté sur le lit du Monarque des Cieux?
Vous trauaillez en vain, bourrelles Eumenides,
Non, ce n'est pas ainsi qu'on punit les perfides.
Quoy, me presser encor! sus, de pieds & de mains
Essayons d'escarter ces monstres inhumains.
A mon secours, esprits, vangez-vous de vos peines,
Escrasons leurs serpents, chargeons-les de vos
  chaisnes,
Pour ces filles d'Enfer nous sommes trop puissans.

PHILANDRE.

Il semble à ces discours qu'il ayt perdu le sens,
Eraste, cher amy, quelle melancholie

MELITE
Te met dans le cerueau cét exez de folie?
ERASTE.
Equitable Minos, grand iuge des Enfers,
Voyez qu'iniustement on m'appreste des fers.
Faire vn tour d'amoureux, supposer vne lettre,
Ce n'est pas vn forfait qu'on ne puisse remettre,
Il est vray que Tirsis en est mort de douleur,
Que Melite apres luy redouble ce malheur,
Que Cloris sans amant ne sçait à qui s'en prendre,
Mais la faute n'en est qu'au credule Philandre,
Luy seul en est la cause, & son esprit leger
Qui trop facilement resolut de changer,
Car des lettres qu'il a de la part de Melite
Autre que cette main n'en a pas vne escrite.
PHILANDRE.
Ie te laisse impuny, traistre, car tes remords
Te donnent des tourmens pires que mille morts,
Ie t'obligerois trop de t'arracher la vie,
Et ma iuste vengeance est bien mieux assouuie
Par les folles horreurs de cette illusion.
Ah, grands Dieux! que ie suis plein de confusion!

SCENE IX.
ERASTE.

TV t'enfuis donc, barbare, & me laissant en
  proye
A ces cruelles sœurs, tu les combles de ioye?
Non, non, retirez vous, Tisiphone, Alecton,
Et tout ce que ie voy d'officiers de Pluton,
Vous me cognoissez mal, dans le corps d'vn perfide
Ie porte le courage & les forces d'Alcide,
Ie vay tout renuerser dans ces Royaumes noirs,
Ensaccager moy seul ces tenebreux manoirs,

COMEDIE. 71

Vne seconde fois le triple chien Cerbere
Vomira l'aconit en voyant la lumiere,
J'iray du fonds d'Enfer desgager les Titans,
Et si Pluton s'oppose à ce que ie pretends,
Passant dessus le ventre à sa trouppe mutine
J'iray d'entre ses bras enleuer Proserpine.

SCENE X.
LISIS, CLORIS.

LISIS.

N'En doute aucunement, ton frere n'est point mort,
Mais ayant sceu de luy son deplorable sort
Ie voulois esprouuer par cette triste feinte
Si celle qu'il adore aucunement atteinte
Deuiendroit plus sensible aux traits de la pitié
Qu'aux sinceres ardeurs d'vne sainte amitié.
Maintenant que ie voy qu'il faut qu'on nous abuse
Affin que nous puissions découurir cette ruse,
Et que Tirsis en soit de tout point esclaircy,
Sois seure que dans peu ie te le rends icy.
Ma parole sera d'vn prompt effet suyuie,
Tu reuerras bien-tost ce frere plein de vie,
C'est assez que ie passe vne fois pour trompeur.

CLORIS.

Si bien qu'au lieu du mal nous n'aurons que la peur?
Le cœur me le disoit, ie sentois que mes larmes
Refusoient de couler pour de fausses alarmes,
Dont les plus furieux, & plus rudes assaux
Auoient bien de la peine à m'esmouuoir à faux,
Et ie n'estudiay cette douleur menteuse
Qu'à cause que i'estois parfaitement honteuse
Qu'vne autre en tesmoignast plus de ressentiment.

MELITE.

LISIS.
Mais auec tout cela, confesse franchement
Qu'vne fille en ces lieux qui perd vn frere vnique
Iusques au desespoir fort rarement se picque.
Ce beau nom d'heritiere a de telles douceurs,
Qu'il deuient souuerain à consoler des sœurs.

CLORIS.
Adieu railleur, adieu, son interest me presse,
D'aller vitte d'vn mot ranimer sa maistresse,
Autrement ie sçaurois te rendre ton pacquet.

LISIS.
Et moy pareillement rabatre ton caquet.

Fin du quatriéme Acte.

COMEDIE

ACTE V.

SCENE PREMIERE.
CLITON, LA NOVRRICE.

CLITON.

Je ne t'ay rien celé, tu sçais toute l'af-
    LA NOVRRICE.   (faire.
Tu m'en as bien conté, mais se pour-
    roit-il faire   (pressans
Qu'Eraste eust des remords si vifs & si
Que de violenter sa raison & ses sens?
CLITON.
Eust-il pû, sans en perdre entierement l'vsage,
Se figurer Charon des traits de mon visage,
Et de plus me prenant pour ce vieux Nautonnier
Me payer à bons coups des droits de son denier?
    LA NOVRRICE.
Plaisante illusion!
    CLITON.
            Mais funeste à ma teste,
Sur qui se deschargeoit vne telle tempeste,
Que je tiens maintenant à miracle euident
Qu'il me soit demeuré dans la bouche vne dent.
    LA NOVRRICE.
C'estoit mal recognoistre vn si rare seruice.
    ERASTE *derriere la tapisserie*.
Arrestez, arrestez, poltrons.

G

MELITE

CLITON.
Adieu, Nourrice,
Voicy ce fou qui vient, ie l'entends à la voix,
Croy que ce n'est pas moy qu'il attrappe deux fois.
LA NOVRRICE.
Et moy, quand ie deurois passer pour Proserpine,
Ie veux voir à quel point sa fureur le domine.
CLITON.
Adieu, saoule à ton dam ton curieux desir.
LA NOVRRICE.
Quoy qu'il puisse arriuer, i'en auray le plaisir.

SCENE II.

ERASTE, LA NOVRRICE.

ERASTE l'espée au poing.

EN vain ie les r'appelle, en vain pour se deffendre
La honte & le deuoir leur parlent de m'attendre,
Ces lasches escadrons de fantosmes affreux
Cherchent leur asseurance aux cachots les plus creux,
Et se fiant à peine à la nuict qui les couure
Souhaittent sous l'Enfer qu'vn autre Enfer s'entrouure.
La peur renuerse tout, & dans ce desarroy
Elle saisit si bien les ombres & leur Roy,
Que se précipitant à de promptes retraittes
Tous leurs soucis ne vont qu'à les rendre secrettes.
Le bouillant Phlegeton parmy ses flots pierreux
Pour les fauoriser ne roule plus de feux:
Tisiphone tremblante, Alecton, & Megere,
De leurs flambeaux puants ont esteint la lumiere,
Et tiré de leur chef les serpents d'alentour.

COMEDIE. 75

De crainte que leurs yeux fissent quelque faux
　iour
Dont la foible lueur esclairant ma poursuite
A trauers ces horreurs me peust trahir leur fuite:
Æaque espouuanté se croit trop en danger,
Et fuit son criminel au lieu de le iuger:
Cloton mesme & ses sœurs à l'aspect de ma lame
De peur de tarder trop n'osant couper ma trame,
A peine ont eu loisir d'emporter leurs fuseaux,
Si bien qu'en ce desordre oubliant leurs ciseaux,
Charon les bras croisez dans sa barque s'estonne
D'où vient qu'apres Eraste il n'a passé perfonne.
Trop heureux accident, s'il auoit preuenu
Le deplorable coup du malheur aduenu,
Trop heureux accident si la terre entr'ouuerte
Auant ce iour fatal eust consenty ma perte,
Et si ce que le Ciel me donne icy d'accez
Eust de ma trahison deuancé le succez.　　(dre!
Dieux, que vous sçauez mal gouuerner vostre fou-
N'estoit-ce pas assez pour me réduire en poudre
Que le simple dessein d'vn si lasche forfait?
Iniustes, deuiez-vous en attendre l'effet?
Ah Melite, ah Tirsis! leur cruelle iustice
Aux despens de vos iours aggraue mon supplice,
Ils doutoient que l'Enfer eust dequoy me punir
Sans le triste secours de ce dur souuenir, (chaisnes,
Oüy, ce qu'ont les Enfers, de feux, de foüets, de
Ne sont aupres de luy que de legeres peines,
On reçoit d'Alecton vn plus doux traittement.
Souuenir rigoureux, trefue, trefue vn moment,
Qu'au moins auant ma mort dans ces demeures
　　sombres
Ie puisse rencontrer ces bien-heureuses ombres;
Vse apres, si tu veux, de toute ta rigueur,
Et si pour m'acheuer tu manques de vigueur,
Voicy qui t'aydera, mais derechef, de grace,
Cesse de me gesner durant ce peu d'espace.
Ie voy desia Melite, ah! belle ombre voicy
　　　　　　　　　　　G ij

MELITE

L'ennemy de vostre heur qui vous cherchoit icy,
C'est Eraste, c'est luy, qui n'a plus d'autre enuie
Que d'espandre à vos pieds son sang auec sa vie,
Ainsi le veut le sort, & tout exprés les Dieux
L'ont abismé viuant en ces funestes lieux.

LA NOVRRICE.

Pourquoy permettez-vous que cette frenesie
Regne si puissamment sur vostre fantaisie?
L'Enfer voit-il iamais vne telle clarté?

ERASTE.

Aussi ne la tient-il que de vostre beauté,
Ce n'est que de vos yeux que part cette lumiere.

LA NOVRRICE.

Ce n'est que de mes yeux! déssillez la paupiere,
Et d'vn sens plus rassis iugez de leur esclat.

ERASTE.

Ils ont de verité ie ne sçay quoy de plat,
Et plus ie vous contemple, & plus sur ce visage
Ie m'estonne de voir vn autre air, vn autre âge,
Ie ne recognoy plus aucun de vos attraits,
Iadis vostre Nourrice auoit ainsi les traits,
Le front ainsi ridé, la couleur ainsi blesme,
Le poil ainsi grison, ô Dieux! c'est elle mesme.
Nourrice, & qui t'améne en ces lieux pleins d'ef-
Y viens-tu rechercher Melite comme moy? (froy?

LA NOVRRICE.

Cliton la vit pasmer, & se broüilla de sorte
Que la voyant si pasle il la creut estre morte,
Cét estourdy trompé vous trompa comme luy,
Au reste elle est viuante, & peut-estre auiourd'huy
Tirsis, de qui la mort n'estoit qu'imaginaire,
De sa fidelité receura le salaire.

ERASTE.

Desormais donc en vain ie les cherche icy bas,
En vain pour les trouuer ie rends tant de combats.

LA NOVRRICE.

Vostre douleur vous trouble & forme des nuages
Qui seduisent vos sens par de fausses images,

COMEDIE. 77

Cet Enfer, ces combats ne sont qu'illusion.
ERASTE.
Ie ne m'abuse point, i'ay veu sans fiction
Ces monstres terrassez se sauuer à la fuite,
Et Pluton de frayeur en quitter la conduite.
LA NOVRRICE.
Peut-estre que chacun s'enfuyoit deuant vous
Craignant vostre fureur & le poids de vos coups:
Mais voyez si l'Enfer ressemble à cette place,
Ces murs, ces bastimens ont-il la mesme face?
Le logis de Melite & celuy de Cliton
Ont-il quelque rapport à celuy de Pluton?
Quoy? n'y remarquez-vous aucune difference?
ERASTE.
De vray ce que tu dis a beaucoup d'apparence,
Depuis ce que i'ay sçeu de Melite & Tirsis,
Ie sens que tout à coup mes regrets adoucis
Laissent en liberté les ressorts de mon ame:
Ma raison par ta bouche a receu son Dictame,
Nourrice, pren le soin d'vn esprit esgaré,
Qui s'est d'auecques moy si long-temps separé,
Ma guerison dépend de parler à Melite.
LA NOVRRICE.
Differez pour le mieux vn peu cette visite,
Tant que maistre absolu de vostre iugement
Vous soyez en estat de faire vn compliment.
Vostre teint & vos yeux n'ont rien d'vn homme sage,
Donnez vous le loisir de changer de visage,
Nous pouruoirons aprés au reste en sa saison.
ERASTE.
Vien donc m'accompagner iusques en ma maison,
Car si ie te perdois vn seul moment de veuë,
Ma raison aussi-tost de guide despourueuë
M'eschapperoit encor.
LA NOVRRICE.
     Allons, ie ne veux pas
Pour vn si bon subject vous espargner mes pas.

G iij

SCENE III.

CLORIS, PHILANDRE.

CLORIS.

NE m'importune plus, Philandre, ie t'en prie,
Me rappaiser iamais passe ton industrie,
Ton meilleur, ie t'asseure, est de n'y plus penser,
Tes protestations ne font que m'offencer,
Sçauante à mes despens de leur peu de durée
Ie ne veux point en gage vne foy pariurée,
Vn cœur que d'autres yeux peuuent si-tost brusler,
Qu'vn billet supposé peut si-tost esbransler.

PHILANDRE.

Ah, ne remettez plus dedans vostre memoire
L'indigne souuenir d'vne action si noire,
Et pour rendre à iamais nos premiers vœux con-
Estouffés l'ennemy du pardon que i'attends: (tens
Ma maistresse, mon heur, mon soucy, ma chere
                                              (ame.
CLORIS.

Laisse-là desormais ces petits mots de flame,
Et par ces faux tesmoings d'vn feu mal allumé
Ne me reproche plus que ie t'ay trop aymé.

PHILANDRE.

De grace redonnez à l'amitié passée
Le rang que ie tenois dedans vostre pensée:
Derechef, ma Cloris, par ces doux entretiens,
Par ces feux qui voloient de vos yeux dans les
Par mes flames iadis si bien recompensées, (miens,
Par ces mains si souuent dans les miennes pressées,
Par ces chastes baisers qu'vn amour vertueux
Accordoit aux desirs d'vn cœur respectueux,
Par ce que vostre foy me permettoit d'attendre,

COMEDIE.
CLORIS.
C'est où doresnauant tu ne dois plus pretendre,
Ta sottise m'instruit, & par là ie voy bien
Qu'vn visage commun & fait comme le mien
N'a point assez d'appas ny de chaisne assez forte
Pour tenir en deuoir vn homme de ta sorte,
Melite a des attraits qui sçauent tout dompter,
Mais elle ne pourroit qu'à peine t'arrester,
Il te faut vn subjet qui la passe, ou l'esgale,
C'est en vain que vers moy ton amour se rauale,
Fay luy, si tu m'en crois, agréer tes ardeurs,
Ie ne veux point deuoir mon bien à ses froideurs.
PHILANDRE.
Ne me déguisez rien, vn autre a pris ma place,
Vne autre affection vous rend pour moy de glace.
CLORIS.
Aucun iusqu'à ce point n'est encor paruenu,
Mais ie te changeray pour le premier venu.
PHILANDRE.
Tes desdains outrageux espuisent ma souffrance,
Adieu, ie ne veux plus auoir d'autre esperance
Sinon qu'vn iour le Ciel te fera ressentir
De tant de cruautez le iuste repentir.
CLORIS.
Adieu, Melite & moy nous aurons dequoy rire
De tous les beaux discours que tu me viés de dire,
Que luy veux-tu mander?
PHILANDRE.
Va, dy luy de ma part
Qu'elle, ton frere, & toy recognoistrez trop tard
Ce que c'est que d'aigrir vn homme de courage.
CLORIS.
Sois seur de ton costé que ta fougue & ta rage
Et tout ce que iamais nous entendrons de toy
Fournira de risée, elle, mon frere, & moy.

MELITE

SCENE IV.
TIRSIS, MELITE.

TIRSIS.

Maintenant que le sort attendry par nos plaintes
Comble nostre esperance, & dissipe nos craintes,
Que nos contentemens ne sont plus trauersez,
Que par le souuenir de nos trauaux passez,
Chassons-le, ma chere ame, à force de caresses,
Ne parlons plus d'ennuys, de tourmés, de tristesses,
Et changeons en baisers ces traits d'œil langou-
Qui ne font qu'irriter nos desirs amoureux. (reux
Adorables regards, fidelles interpretes,
Par qui nous expliquions nos passions secrettes,
Ie ne puis plus cherir vostre foible entretien,
Plus heureux ie souspire apres vn plus grand bien,
Vous estiez bons iadis quand nos flames naissantes
Prisoyent, faute de mieux, vos douceurs impuis-
    santes,
Mais au point où ie suis ce ne sont que resueurs
Qui vous peuuent tenir pour exquises faueurs,
Il faut vn aliment plus solide à nos flames,
Par où nous vnissions nos bouches & nos ames.
Mais tu ne me dis mot, ma vie, & quels soucis
T'obligent à te taire aupres de ton Tirsis?

MELITE.
Tu parles à mes yeux, & mes yeux te respondent.

TIRSIS.
Ah! mon heur, il est vray, si tes desirs secondent
Cét amour qui paroit & brille dans tes yeux,
Ie n'ay rien desormais à demander aux Dieux.

COMEDIE.

MELITE.
Tu t'en peux asseurer, mes yeux si plains de flame
Suyuent l'instruction des mouuemens de l'ame,
On en a veu l'effect, lors que ta fausse mort
Fit dessus tous mes sens vn veritable effort,
On en a veu l'effect quand te sçachant en vie
De reuiure auec toy ie pris aussi l'enuie,
On en a veu l'effect lors qu'à force de pleurs
Mon amour & mes soings aidez de mes douleurs
Ont fleschy la rigueur d'vne mere obstinée
Luy faisant consentir nostre heureux Hymenée,
Si bien qu'à ton retour ta chaste affection
Nous trouue toutes deux à sa deuotion:
Et cependant l'abord des lettres d'vn faussaire
Te sçeut persuader tellement le contraire,
Que sans vouloir m'entendre & sans me dire adieu,
Furieux, enragé, tu partis de ce lieu.

TIRSIS.
Mon cœur, i'en suis honteux, mais songe que possi-
Si i'eusse moins aymé, i'eusse esté moins sensible,
Qu'vn iuste desplaisir ne sçauroit escouter
La voix de la raison qui vient pour le dompter,
Et qu'après des transports de telle promptitude
Ma flame ne te laisse aucune incertitude.

MELITE.
Foible excuse pourtant, n'estoit que ma bonté
T'en accorde vn oubly sans l'auoir merité,
Et que tout criminel tu m'és encor aymable.

TIRSIS.
Ie me tiens donc heureux d'auoir esté coupable,
Puis que l'on me rapelle au lieu de me bannir,
Et qu'on me recompense au lieu de me punir.

MELITE.
Mais apprends-moy l'autheur de cette perfidie.

TIRSIS.
Ie ne sçay quelle main pût estre assez hardie

SCENE V.

CLORIS, TIRSIS, MELITE.

CLORIS.

IL vous fait fort bon voir, mon frere, à caioller
Cependant qu'vne sœur ne se peut consoler,
Et que le triste ennuy d'vne attente incertaine
Touchant vostre retour la tient encor en peine.

TIRSIS.

L'amour a fait au sang vn peu de trahison,
Mais deux ou trois baisers t'en feront la raison.
Que ce soit toutesfois, mon cœur, sans te desplaire.

CLORIS.

Les baisers d'vne sœur satisfont mal vn frere.

TIRSIS.

Autant que ceux d'vn frere vne sœur, & ie croy
Que tu baiserois mieux ton Philandre que moy.

CLORIS.

Mon Philandre! il se trouue assez loin de son conte.

TIRSIS.

Vn change si soudain luy donne vn peu de honte.

CLORIS.

L'infidelle m'a fait tant de nouueaux sermens,
Tant d'offres, tant de vœux, & tant de complimens
Meslez de repentirs….

MELITE.

     Qu'à la fin exorable
Vous l'auez regardé d'vn œil plus fauorable.

CLORIS.

Vous deuinez fort mal.

TIRSIS.

     Quoy? tu l'as desdaigné?

CLORIS.

Au moins tous ses discours n'ont encor rien gagné.

COMEDIE. 83

MELITE.
Si bien qu'à n'aymer plus voſtre dépit s'obſtine?
CLORIS.
Non pas cela du tout, mais ie ſuis aſſez fine,
Pour la premiere fois il me dupe qui veut,
Mais pour vne ſeconde il m'attrape qui peut.
MELITE.
Qu'inferez-vous par là?
CLORIS.
Que ſon humeur volage
Ne me tient pas deux fois en vn meſme paſſage,
En vain deſſous mes loix il reuient ſe ranger,
Il m'eſt auantageux de l'auoir veu changer
Auant que de l'Hymen le joug inſeparable
Me ſouſmettant à luy me rendiſt miſerable:
Qu'il cherche femme ailleurs, & pour moy de ma part
J'attendray du deſtin quelque meilleur hazard.
MELITE.
Mais le peu qu'il voulut me rendre de ſeruice
Ne luy doit pas porter vn ſi grand preiudice.
CLORIS.
Apres vn tel faux-bond, vn change ſi ſoudain,
A volage, volage, & deſdain pour deſdain.
MELITE,
Ma ſœur, ce fut pour moy qu'il oſa s'en deſdire.
CLORIS,
Et pour l'amour de vous ie n'en feray que rire.
MELITE.
Et pour l'amour de moy vous luy pardonnerez.
CLORIS.
Et pour l'amour de moy vous m'en diſpenſerez.
MELITE.
Que vous eſtes mauuaiſe!
CLORIS.
Vn peu plus qu'il ne ſemble.
MELITE.
Si vous veux-ie pourtant remettre bien enſemble.

MELITE

CLORIS.

Ne l'entreprenez-pas, possible qu'apres tout
Vostre dexterité n'en viendroit pas à bout.

SCENE VI.

TIRSIS, NOVRRICE, ERASTE, MELITE, CLORIS.

TIRSIS.

DE grace, mon soucy, laissons cette causeuse,
Qu'elle soit à son choix facile, ou rigoureuse,
L'excez de mon ardeur ne sçauroit consentir
Que ces friuoles soings te viennent diuertir:
Tous nos pensers sont deubs à ces chastes delices
Dont le Ciel se prepare à borner nos supplices,
Le terme en est si proche, il n'attend que la nuit,
Voy qu'en nostre faueur desia le iour s'enfuit,
Que desia le Soleil en cedant à la brune
Desrobbe tant qu'il peut sa lumiere importune,
Et que pour luy donner mesmes contentemens
Thetis court au deuant de ses embrassemens.

LA NOVRRICE *monstrant Eraste.*

Voy toy mesme vn riual qui la main à l'espée
Vient quereller sa place à faux tiltre occupée,
Et ne peut endurer qu'on enleue son bien
Sans l'acheter au prix de son sang, ou du tien.

MELITE.

Retirons-nous, mon cœur.

TIRSIS.

Es-tu lasse de viure?

CLORIS.

Mon frere, arrestez-vous.

TIRSIS.

Voicy qui t'en deliure,

Parle

COMEDIE.

Parle, tu n'as qu'à dire.
ERASTE à Melite.
Vn pauure criminel
A qui l'aspre rigueur d'vn remords eternel
Rend le iour odieux, & fait naistre l'enuie
De sortir de torture en sortant de la vie,
Vous apporte auiourd'huy sa teste à l'abandon,
Souhaitant le trespas à l'esgal du pardon.
Tenez donc, vengez-vous de ce traistre aduersaire,
Vangez-vous de celuy dont la plume faussaire
Desvnit d'vn seul trait Melite de Tirsis,
Cloris d'auec Philandre.
MELITE à Tirsis.
A ce conte esclaircis
Du principal subjet qui nous mettoit en doute,
Qu'és-tu d'aduis, mon cœur, de luy respondre?
TIRSIS.
Escoute
Quatre mots à quartier.
ERASTE.
Que vous auez de tort
De prolonger ma peine en differant ma mort!
De grace, hastés-vous d'abreger mon suplice,
Ou ma main preuiendra vostre lente iustice.
MELITE.
Voyez comme le Ciel a de secrets ressorts
Pour se faire obeyr malgré nos vains efforts,
Vostre fourbe inuentée à dessein de nous nuire
Auance nos amours au lieu de les destruire,
De son fascheux succez dont nous deuions perir
Le sort tire vn remede afin de nous guerir.
Donc pour nous reuancher de la faueur receuë
Nous en aymons l'autheur à cause de l'issuë,
Obligez desormais de ce que tour à tour
Nous nous sommes rendus tant de preuues d'a-
Et de ce que l'excez de ma douleur amere (mour,
A mis tant de pitié dans le cœur de ma mere,
Que cette occasion prise comme aux cheueux,

H

Tirsis n'a rien trouué de contraire à ses vœux,
Outre qu'en fait d'amour la fraude est legitime :
Mais puisque vous voulez la prendre pour vn cri-
Regardez acceptant le pardon, ou l'oubly, (me,
Par où vostre repos sera mieux estably.

ERASTE.

Tout confus & honteux de tant de courtoisie
Ie veux doresnauant cherir ma ialousie,
Et puisque c'est de là que vos felicitez…

LA NOVRRICE à Eraste.

Quittez ces complimens qu'ils n'ont pas meritez,
Ils ont tous deux leur conte, & sur cette asseurance
Ils tiennent le passé dedans l'indifference,
N'osant se hazarder à des ressentimens
Qui donneroient du trouble à leurs contentemens.
Mais Cloris qui s'en taist vous la gardera bonne,
Et seule interessée, à ce que ie soupçonne,
Sçaura bien se vanger sur vous à l'aduenir
D'vn amant eschappé qu'elle pensoit tenir.

ERASTE à Cloris.

Si vous pouuiez souffrir qu'en vostre bonne grace
Celuy qui l'en tira peust entrer en sa place,
Eraste qu'vn pardon purge de tous forfaits
Est prest de reparer les torts qu'il vous a faits.
Melite respondra de sa perseuerance,
Il ne l'a pû quitter qu'en perdant l'esperance,
Encor auez vous veu son amour irrité
Faire d'estranges coups en cette extremité,
Et c'est auec raison que sa flame contrainte
De reduire ses feux dans vne amitié sainte,
Ses amoureux desirs vers elle superflus
Tournent vers la beauté qu'elle cherit le plus.

TIRSIS.

Que t'en semble, ma sœur ?

CLORIS.

Mais toy-mesme, mon frere ?

TIRSIS.

Tu sçais bien que iamais ie ne te fus contraire.

COMEDIE.

CLORIS.
Tu ſçais qu'en tel ſubiect ce fut touſiours de toy
Que mon affection voulut prendre la loy.

TIRSIS.
Bien que dedans tes yeux tes ſentimens ſe liſent,
Tu veux qu'auparauant les miens les autoriſent,
Excuſable pudeur, ſoit donc, ie le conſens
Trop ſeur que mon aduis s'accommode à ton ſens.
Facent les puiſſans Dieux que par cette alliance
Il ne reſte entre nous aucune deffiance, (ſœur,
Et que m'aymant en frere, & ma maiſtreſſe en
Nos ans puiſſent couler auec plus de douceur.

ERASTE.
Heureux dans mon malheur, c'eſt dont ie les ſup-
Mais ma felicité ne peut eſtre accomplie (plie,
Iuſqu'à ce que ma belle apres vous m'ait permis
D'aſpirer à ce bien que vous m'auez promis.

CLORIS.
Aymez moy ſeulement, & pour la recompenſe
On me donnera bien le loiſir que i'y penſe.

TIRSIS.
Oüy iuſqu'à cette nuit, qu'enſemble ainſi que nous
Vous gouſterez d'Hymé les plaiſirs les plus doux.

CLORIS.
Ne le preſumez pas, ie veux apres Philandre (dre.
L'eſprouuer tout du long de peur de me meſpren-

LA NOVRRICE.
Mais de peur qu'il n'en face autant que l'autre a
faict,
Attache-le d'vn nœud qui iamais ne deffaict.

CLORIS.
Vous prodiguez en vain vos foibles artifices,
Ie n'ay receu de luy, ny deuoirs, ny ſeruices.

MELITE. (dus
C'eſt bien quelque raiſon, mais ceux qu'il m'a ren-
Il ne les faut pas mettre au rang des pas perdus.
Ma ſœur, acquite-moy d'vne recognoiſſance
Dont vn deſtin meilleur m'a miſe en impuiſſance,

H ij

Accorde cette grace à nos iustes desirs.
LA NOVRRICE.
Tu ferois mieux de dire à ses propres plaisirs.
ERASTE.
Donnez à leurs souhaits, donnez à leurs prieres,
Donnez à leurs raisons ces faueurs singulieres,
Et dans vn point où gist tout mon contentement
Comme par tout ailleurs suiuez leur iugement.
CLORIS.
En vain en ta faueur chacun me sollicite,
I'en croiray seulement la mere de Melite,
Ayant eu son aduis sans craindre vn repentir,
Ton merite & ta foy m'y feront consentir.
TIRSIS.
Entrons donc, & tandis que nous irons le prendre,
Nourrice, va t'offrir pour maistresse à Philandre.
LA NOVRRICE.
Là là, n'en riez point, autresfois en mon temps
D'aussi beaux fils que vous estoient assez contents,
Et croyoient de leur peine auoir trop de salaire
Quand ie quittois vn peu mon desdain ordinaire.
A leur conte mes yeux estoient de vrays Soleils
Qui respandoient par tout des rayons nompareils,
Ie n'auois rien en moy qui ne fust vn miracle,
Vn seul mot de ma part leur estoit vn oracle.
Mais ie parle à moy seule, amoureux, qu'est-ce-cy?
Vous estes bien pressez de me laisser ainsi,
Allez, ie vay vous faire à ce soir telle niche
Qu'au lieu de labourer, vous lairrez tout en friche.

Fin du cinquiéme & dernier Acte.

CLITANDRE

TRAGI-COMEDIE.

A
MONSEIGNEVR
LE DVC
DE LONGVEVILLE.

MONSEIGNEVR,

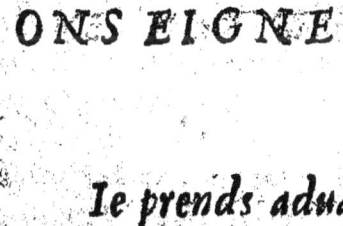Ie prends aduantage de ma temerité, & quelque desfiance que i'aye de Clitandre, ie ne puis croire qu'on s'en promette rien de mauuais, apres auoir veu la hardiesse que i'ay de vous l'offrir. Il est impoßible qu'on s'imagine qu'à des personnes de vostre

rang, & à des esprits de l'excellence du vostre, on presente rien qui ne soit de mise, puisqu'il est tout vray que vous auez vn tel dégoust des mauuaises choses, & les sçauez si nettement desmesler d'auec les bonnes, qu'on fait paroistre plus de manque de iugement à vous les presenter, qu'à les produire. Cette verité est si generalement reconnuë, qu'il faudroit n'estre pas du monde pour ignorer que vostre condition vous releue encor moins par dessus le reste des hommes que vostre esprit, & que les belles parties qui ont accompagné la splendeur de vostre naissance n'ont receu d'elle que ce qui leur estoit deu. C'est ce qui fait dire aux plus honnestes gens de nostre siecle, qu'il semble que le Ciel ne vous a fait naistre Prince, qu'afin d'oster au Roy la gloire de choisir vostre personne, & d'establir vostre grandeur sur la seule reconnoissance de vos vertus. Aussi, MONSEIGNEVR, ces considerations m'auroient intimidé, & ce Caualier n'eust iamais osé vous aller entretenir, si vostre permission ne l'en eust authorisé, & comme asseuré que vous l'auiez en qu'elque sorte d'estime, veu qu'il ne vous estoit

EPISTRE.

pas tout à fait inconnu. C'est le mesme qui par vos commandements vous fut conter il y a quelque temps vne partie de ses aduantures, autant qu'en pouuoient contenir deux actes de ce Poëme encor tous informes, & qui n'estoient qu'à peine esbauchez. Le malheur ne persecutoit point encor son innocence, & ses contentements deuoient estre en vn haut degré, puisque l'affection, la promesse, & l'authorité de son Prince luy rendoient la possession de sa maistresse presque infaillible : ses faueurs toutefois ne luy estoient point si cheres que celles qu'il receuoit de vous, & iamais il ne se fust plaint de sa prison, s'il y eust trouué autant de douceur qu'en vostre cabinet. Il a couru de grands perils durant sa vie, & n'en court pas de moindres à present que ie tasche à le faire reuiure. Son Prince le preserua des premiers, il espere que vous le garantirez des autres, & que comme il l'arracha du supplice qui l'alloit perdre, vous le defendrez de l'enuie qui a desia fait vne partie de ses efforts à l'estouffer. C'est, MONSEIGNEVR,

EPISTRE. 93

dont vous supplie tres humblement celuy qui n'est pas moins par la force de son inclination, que par les obligations de son deuoir,

MONSEIGNEVR,

Vostre tres-humble & tres-obeyssant seruiteur,
CORNEILLE.

ACTEVRS.

LE ROY d'Escosse.

LE PRINCE fils du Roy.

ROSIDOR fauory du Roy, & amant de Caliste.

CLITANDRE fauory du Prince, & amoureux aussi de Caliste, mais desdaigné.

PYMANTE amoureux de Dorise, & desdaigné.

CALISTE maistresse de Rosidor, & de Clitandre.

DORISE maistresse de Pymante.

LYSARQVE Escuyer de Rosidor.

GERONTE Escuyer de Clitandre.

CLEON Gentil-homme suiuant la Cour.

LYCASTE Page de Clitandre.

LE GEOLIER.

TROIS ARCHERS.

TROIS VENEVRS.

La Scene est en vn Chasteau du Roy, proche d'vne forest.

CLITANDRE
TRAGI-COMEDIE.

ACTE I.

SCENE PREMIERE.

CALISTE.

E ne suis point suiuie, & sans estre en-
tendue   (m'a renduë,
Mon pas lent & craintif en ces lieux
Tout le monde au chasteau plongé
            dans le sommeil,
Loing de sçauoir ma fuite, ignore mon réueil,
Vn silence profond mon dessein fauorise,
Heureuse entierement si i'auois ma Dorise,
Ma fidelle compagne, en qui seule auiourd'huy
Mon amour qu'on trahit rencôtre quelque appuy.
C'est d'elle que i'ay sceu qu'vn amant hypocrite
Feignant de m'adorer brusle pour Hypolite,
D'elle i'ay sceu les lieux où l'amour qui les ioint
Ce matin doit passer iusques au dernier point,
Et pour les y surprendre, elle m'y doit conduire
Si tost que le Soleil commencera de luire.

Mais qu'elle est paresseuse à me venir trouuer!
La dormeuse m'oublie & ne se peut leuer;
Toutesfois sans raison i'accuse sa paresse,
La nuict qui dure encor fait que rien ne la presse,
Ma jalouse fureur, mon dépit, mon amour
Ont troublé mon repos auant le point du iour,
Mais elle qui n'en fait aucune experience,
Estant sans interest, est sans impatience.
Toy, que l'œil qui te blesse attend pour te guerir,
Esueille-toy, brigand, haste-toy d'acquerir
Sur l'honneur d'Hyppolite vne infame victoire,
Et de m'auoir trompée vne honteuse gloire,
Haste-toy, desloyal, de me fausser ta foy,
Le iour s'en va paroistre, affronteur, haste-toy.
Mais helas! cher ingrat, adorable pariure,
Ma timide voix tremble à te dire vne iniure,
Si i'escoute l'amour, il deuient si puissant
Qu'en despit de Dorise il te fait innocent,
Ie ne sçay lequel croire, & i'ayme tant ce doute,
Que i'ay peur d'en sortir entrant dans cette route,
Ie crains ce que ie cherche, & ie ne cognois pas
De plus grand heur pour moy que d'y perdre mes
Ah, mes yeux, si iamais vos fonctiōs propices (pas.
A mon cœur amoureux firent de bons seruices,
Apprenez auiourd'huy quel est vostre denoir,
Le moyen de me plaire est de me deceuoir:
Si vous ne m'abusez, si vous n'estes faussaires,
Vous estes de mon heur les cruels aduersaires,
Vn infidele encor regnant sur mon penser,
Vostre fidelité ne peut que m'offencer,
Apprenez, apprenez par le traistre que i'ayme
Qu'il vous faut me trahir pour estre aymez de
    mesme.
Et toy, Pere du iour, dont le flambeau naissant
Va chasser mon erreur auecque le Croissant,
S'il est vray que Thetis te reçoit dans sa couche,
Prends, Soleil, prends encor deux baisers sur sa
    bouche,

Ton

TRAGI-COMEDIE.   97

Ton retour me va perdre, & retrancher ton bien,
Prolonge en l'arrestant mon bon-heur & le tien;
Puisqu'il faut qu'auec toy ce que ie crains éclate
Souffre qu'encor vn peu l'ignorance me flate.
Las! il ne m'entend point, & l'Aube de ses rai
A desia reblanchy le haut de ces forests.
Si ie me puis fier à sa lumiere sombre
Dont l'esclat impuissant dispute auecque l'ombre,
I'entreuoy le sujet de mon ialoux ennuy,
Et quelqu'vn de ses gens qui conteste auec luy.
Rentre, pauure Caliste, & te cache de sorte
Que tu puisses l'entendre à trauers cette porte.

SCENE II.

ROSIDOR, LYSARQUE.

ROSIDOR.

CE deuoir, ou plustost cette importunité,
Au lieu de m'asseurer de ta fidelité,
Me prouue éuidemment ta desobeïssance:
Laisse moy seul, Lysarque, vne heure en ma puissance,
Que retiré du monde & du bruit de la Cour
Ie puisse dans ces bois consulter mon amour,
Que là Caliste seule occupe mes pensées,
Et par le souuenir de ses faueurs passées
Asseure mon espoir de celles que i'attends,
Qu'vn entretien resueur durant ce peu de temps
M'instruise des moyens de plaire à cette belle,
Allume dans mon cœur de nouueaux feux pour elle,
En fin sans persister dans l'obstination
Laisse-moy suiure icy mon inclination.

LISARQVE.

Cette inclination secrette qui vous méne
A me la desguiser vous donne trop de peine,

I

CLITANDRE

Il ne faut point, Monsieur, beaucoup l'examiner,
L'heure & le lieu suspects font assez deuiner
Qu'en mesme temps que vous s'eschappe quelque
 Dame.
Vous m'entendez assez.
   ROSIDOR.
     Iuge mieux de ma flame,
On ne verra iamais que ie manque de foy
A celle que i'adore, & qui n'ayme que moy.
   LYSARQVE.
Bien que vous en ayez vne entiere asseurance,
Vous pouuez vous lasser de viure d'esperance,
Et tandis que l'attente amuse vos desirs
Prendre ailleurs quelquefois de solides plaisirs.
   ROSIDOR.
Purge, purge d'erreur ton ame curieuse
Qui par ces faux soupçons m'est trop iniurieuse,
Tant s'en faut que le change ait pour moy des ap-
Tant s'en faut qu'en ces bois il attire mes pas, (pas,
I'y vay, mais pourrois-tu le sçauoir & le taire?
   LYSARQVE.
Monsieur, pour en douter que vous ay-ie pû faire?
   ROSIDOR.
Tu vas apprendre tout, mais aussi l'ayant sceu
Auise a ta retraite. Hier vn cartel receu
De la part d'vn riual,...
   LYSARQVE.
     Vous le nommez?
   ROSIDOR.
      Clitandre.
   LYSARQVE.
Et ce cartel contient?
   ROSIDOR.
     Que seul il doit m'attendre
Prés du chesne sacré, pour voir qui de nous deux
Merite d'embraser Caliste de ses feux.
   LYSARQVE.
De sorte qu'vn second....

TRAGI-COMEDIE. 99

ROSIDOR.
                   Sans me faire vne offence
Ne peut se presenter à prendre ma défence,
Nous deuons seul à seul vuider nostre debat.
LYSARQVE.
Ne pensez pas sans moy terminer ce combat,
L'Escuyer de Clitandre est homme de courage,
Il sera trop heureux que mon deffy l'engage
A s'acquitter vers luy d'vn semblable deuoir,
Et ie vay de ce pas y faire mon pouuoir.
ROSIDOR.
Ta volonté suffit, va t'en donc, & desiste
De plus m'offrir vne ayde à meriter Caliste.
LYSARQVE *seul*.
Vous obeir icy me cousteroit trop cher,
Et ie serois honteux qu'on me peust reprocher
D'auoir sceu le sujet d'vne telle sortie,
Sans trouuer les moyens d'estre de la partie.

SCENE III.

CALISTE.

Qv'il s'en est bien deffait! qu'auec dexterité
  Le fourbe se preuaut de son authorité!
Qu'il treuue vn beau pretexte en ses flames estein-
Et que mon nom luy sert à colorer ses feintes! (tes,
Il y va cependant, le perfide qu'il est,
Hyppolite le charme, Hyppolite luy plaist,
Et ses traistres desirs l'emportent où l'appelle
Le cartel amoureux d'vne beauté nouuelle.

I ij

SCENE IV.

CALISTE, DORISE.

CALISTE.

IE n'en puis plus douter, mon feu desabusé
Ne tient plus le party de ce cœur deiguisé.
Allons, ma chere sœur, allons à la vengeance,
Allons de ses douceurs tirer quelque allegeance,
Allons, & sans te mettre en peine de m'ayder,
Ne prends aucun soucy que de me regarder,
Pour en venir à bout il suffit de ma rage,
D'elle i'auray la force ainsi que le courage,
Et desia dépoüillant tout naturel humain
Ie laisse à ses transports à gouuerner ma main.
Vois-tu comme fuiuant de si furieux guides
Elle cherche desia les yeux de ces perfides,
Et comme de fureur tous mes sens animez.
Menacent les appas qui les auoient charmez?

DORISE.

Modere ces boüillons d'vne ame colerée,
Ils sont trop violents pour estre de durée,
Pour faire quelque mal c'est frapper de trop loing,
Reserue ton courroux tout entier au besoing,
Sa plus forte chaleur se dissipe en paroles,
Ses resolutions en deuiennent plus molles,
En luy donnant de l'air son ardeur s'alentit.

CALISTE.

Mais c'est à faute d'air que le feu s'amortit,
Allons, & tu verras qu'ainsi le mien s'allume,
Que par là ma douleur accroist son amertume,
Et qu'ainsi mon esprit ne fait que s'exciter
Aux desseins enragez qu'il veut executer.

TRAGI-COMEDIE.

DORISE seule.

Si ma ruse est enfin de son effect suiuie,
Ces desseins enragez te vont couster la vie:
Vn fer caché me donne en ces lieux sans secours
La fin de mes malheurs dans celle de tes iours;
Et lors ce Rosidor qui possede mon ame,
Cét ingrat qui t'adore & neglige ma flame,
Que mes affections n'ont encor sçeu gaigner,
Toy morte, n'aura plus pour qui me desdaigner.

SCENE V.

PYMANTE, GERONTE
sortants d'vne cauerne desguisez en paysans.

GERONTE.

EN ce déguisement on ne peut nous cognoistre,
Et sans doute bien tost le iour qui vient de naistre,
Améne Rosidor seduit d'vn faux cartel
Aux lieux où cette main luy garde vn coup mortel.
Vos vœux si mal receus de l'ingrate Dorise,
Qui l'idolatre autant comme elle vous mesprise,
Ne rencontreront plus aucun empeschement.
Mais ie m'estonne fort de son aueuglement,
Et ne puis deuiner par quel charme surprise
Elle fuit qui l'adore & suit qui la mesprise,
Veu que vostre merite..

PYMANTE.

Au lieu de me flatter
Parlons du principal. Ne peut-il euenter
Nostre supercherie?

GERONTE.

Elle est si bien tissuë

I iij

CLITANDRE

Qu'il faut manquer de sens pour douter de l'issuë.
Clitandre ayme Caliste, & comme son riual
Il a trop de sujet de luy vouloir du mal,
Moy que depuis dix ans il tient à son seruice,
I'ay contrefait son seing, & par cét artifice
I'ay fait que ce cartel par vn des siens porté,
A nul autre qu'à luy ne peut estre imputé.

PYMANTE.
Que ton subtil esprit a de grands auantages!
Mais le nom du porteur?

GERONTE.
Lycaste, vn de ses Pages.

PYMANTE.
Celuy qui fait le guet auprés du rendez-vous?

GERONTE.
Luy-mesme, & le voicy qui s'auance vers nous
A force de courir il s'est mis hors d'aleine.

SCENE VI.
PYMANTE, GERONTE, LYCASTE aussi desguisé en paysan.

PYMANTE.
ET bien, est-il venu?

LYCASTE
N'en soyez plus en peine,
Il est où vous sçauez, & tout bouffy d'orgueil
Ne s'attend à rien moins qu'à son proche cercueil.

PYMANTE.
N'vsons plus de discours, nos masques, nos espées.
Qu'il me tarde desia que dans son sang trempées
Elles ne me font voir à mes pieds estendu (deuil
Le seul qui sert d'obstacle au bonheur qui m'est
Ah! qu'il va biē treuuer d'autres gés que Clitādre!

TRAGI-COMEDIE 103

Mais pourquoy ces habits? qui te les fait reprēdre?
LYCASTE, *en leur baillant chacun un masque &*
une espée, & portant leurs habits.
Pour noſtre ſeureté portons les auec nous,
De peur que cependant que nous ſerons aux coups
Quelque maraut conduit par ſa bonne aduenture
Les prenant ne nous mette en mauuaiſe poſture,
Quand il faudra donner, ſans les perdre des yeux
Au pied du premier arbre ils feront beaucoup
PYMANTE.   (mieux.
Prends-en donc meſme ſoing apres la choſe faite.
LYCASTE.
Ie n'ay garde ſans eux de faire ma retraite.
PYMANTE.
Sus donc, chacun deſia deuroit eſtre maſqué,
Allons, qu'il tombe mort auſſi toſt qu'attaqué.

SCENE VII.

CLEON, LYSARQVE.

CLEON.

Reſerue à d'autrefois cette ardeur de courage
Qui rend de ta valeur vn ſi grād teſmoignage,
Ce duel que tu dis ne ſe peut conceuoir,
Tu parles de Clitandre, & ie le viens de voir
Que noſtre ieune Prince amenoit à la chaſſe.
LYSARQVE.
Tu les as veus paſſer?
CLEON.
            Par cette meſme place,
Sans doute que ton maiſtre a quelque occaſion
Qui le fait t'esblouyr par cette illuſion.
LYSARQVE.
Non, il parloit du cœur, ie cognois ſa franchiſe,

CLITANDRE

CLEON.

S'il est ainsi, ie crains que par quelque surprise
Ce valeureux Seigneur sous le nombre abatu
Ne cede aux enuieux que luy fait sa vertu.

LYSARQVE.

A present il n'a point d'ennemis que ie sçache,
Mais quelque euenemét que le Destin nous cache,
Si tu veux m'obliger, vien de grace auec moy,
Que nous donnions ensemble aduis de tout au
   Roy.

SCENE VIII.

CALISTE, DORISE.

CALISTE *cependant que Dorise s'arreste à chercher derriere un buisson.*

Ma sœur, l'heure s'auance, & nous ferons
   à peine,
Si nous ne retournons, au leuer de la Reyne,
Ie ne voy point mon traistre, Hyppolite non plus.

DORISE *tirant une espée de derriere ce buisson, & saisissant Caliste.*

Voicy qui va trancher tes soucis superflus,
Voicy dont ie vay rendre, en te priuant de vie,
Ma flame bien-heureuse & ma haine assouuie.

CALISTE.

Tout-beau, tout-beau, ma sœur, tu veux m'espou-
               (uanter,
DORISE.

Dy qu'auecque ta mort ie me veux contenter.

CALISTE.

Laisse, laisse la feinte, & mettons ie te prie
A les trouuer bien-tost toute nostre industrie.

DORISE.

Va, va, ne songe plus à leurs fausses amours,

TRAGI-COMEDIE

Dont le recit n'estoit qu'vne embusche à tes iours,
Rosidor t'est fidelle, & cette feinte amante
Brusle aussi peu pour luy que ie fais pour Pymante.
CALISTE.
Desloyalle, ainsi donc ton courage inhumain...
DORISE.
Ces iniures en l'air n'arrestent point ma main.
CALISTE.
Le reproche eternel d'vne action si lasche...
DORISE.
Agreable tousiours n'aura rien qui me fasche.
CALISTE.
T'ay-ie donc peu, ma sœur, desplaire en quelque point?   DORISE.
Oüy, puisque Rosidor t'ayme, & ne m'ayme point,
C'est assez m'offencer que d'estre ma riuale.

SCENE IX.
ROSIDOR, PYMANTE, GERONTE, LYCASTE, CALISTE, DORISE.

Comme Dorise est preste de tuer Caliste, vn bruit entendu luy fait releuer son espée, & Rosidor paroist tout en sang poursuiuy par ces trois assassins masquez. En entrant il tuë Lycaste, & retirant son espée elle se rompt contre la branche d'vn arbre. En cette extremité il voit celle que tient Dorise, & sans la recognoistre il s'en saisit, & passe tout d'vn temps le tronçon qui luy restoit de la sienne en la main gauche, & se defend ainsi contre Pymante & Geronte, dont il tuë le dernier, & met l'autre en fuite.

CLITANDRE

ROSIDOR.

Meurs brigand, ah malheur! cette branche fatale
A rompu mon espée, assassins. Toutefois
I'ay dequoy me defendre vne seconde fois.

DORISE s'enfuyant.

N'est-ce pas Rosidor qui m'arrache les armes?
Las! qu'il me va causer de perils & de larmes!
Fuy Dorise, & fuyant laisse-toy reprocher
Que tu fuis auiourd'huy ce qui t'est le plus cher.

CALISTE.

C'est luy-mesme de vray. Rosidor, ah! ie pâme,
Et la peur de sa mort ne me laisse point d'ame.
Adieu, mon cher espoir.

ROSIDOR *apres auoir tué Geronte*.

Cestuy-cy dépesché
C'est de toy maintenant que i'auray bon marché,
Nous sommes seul à seul. Quoy! ton peu d'asseurance
Ne met plus qu'en tes pieds la derniere esperance?
Marche, sans emprunter d'aisles de ton effroy,
Ie ne cours point apres de tels coquins que toy,
Il suffit de ces deux. Mais qui pourroient-ils estre?
Ah Ciel, le masque osté me les fait trop cognoistre,
Le seul Clitandre arma contre moy ces voleurs,
Cestuy-cy fut tousiours vestu de ses couleurs,
Voila son Escuyer, dont la paleur exprime
Moins de traits de la mort que d'horreurs de son (crime,
Et i'ose presumer auec iuste raison
Que le tiers est sans doute encor de sa maison.
Traistre, traistre riual, crois-tu que ton absence
Donne à tes laschetez quelque ombre d'innocence,
Et qu'apres auoir veu renuerser ton dessein
Vn desadueu desmente & tes gens & ton seing?
Ne le presume pas, sans autre coniecture
Ie te rends conuaincu de ta seule escriture,
Si tost que i'auray peu faire ma plainte au Roy.
Mais quel piteux objet se vient offrir à moy?

TRAGI-COMEDIE. 107

Traistres, auriez-vous fait sur vn si beau visage,
Attendant Rosidor, l'essay de vostre rage?
C'est ma chere Caliste, ah Dieux! iniustes Dieux!
Ainsi donc pour monstrer ce spectacle à mes yeux
Vostre faueur cruelle a conserué ma vie?
Ie n'en veux point chercher d'autheurs que vo-
    stre enuie,
La nature qui perd ce qu'elle a de parfait,
Sur tout autre que vous eust vangé ce forfait,
Et vous eust accablez si vous n'estiez ses maistres.
Vous m'enuoyés en vain ce fer contre des traistres,
Sçachez que Rosidor maudit vostre secours,
Tous ne meritez pas qu'il vous doiue ses iours.
Vnique Deïté qu'à present ie reclame,
Belle ame, viens ayder à sortir à mon ame,
Reçoy-la sur les bords de ce passe coral, (mal
Fay qu'en despit des Dieux qui nous traittent si
Nos esprits r'assemblez hors de leur tyrannie
Goustent là bas vn bien qu'icy l'on nous dénie.
Tristes embrassemens, baisers mal respondus,
Pour la premiere fois donnez & non rendus,
Helas! quand mes douleurs me l'ont presque rauie,
Tous glacez & tous morts vous me rendez la vie,
Cruels, n'abusez plus de l'absolu pouuoir
Que dessus tous mes sens l'amour vous fait auoir,
N'employez qu'à ma mort ce souuerain empire,
Ou bien me refusant le trespas où i'aspire,
Laissez faire à mes maux, ils me viennent l'offrir,
Ne me redonnez plus de force à les souffrir.
Caliste, auprés de toy la mort m'est interdite,
Si ie te veux reioindre, il faut que ie te quitte,
Adieu, pour vn moment consens à ce depart.
Sus, ma douleur, acheue, icy que de sa part
Ie n'ay plus de secours, ny toy plus de contraintes,
Porte-moy dans le cœur tes plus viues atteintes,
Et pour la bien punir de m'auoir ranimé
Deschire son portrait que i'y tiens enfermé.
Et vous qui me restez d'vne troupe ennemie,

Pour marques de ma gloire, & de son infamie,
Blessures, hastés-vous d'eslargir vos canaux,
Par où mon sang emporte & ma vie & mes maux.
Ha! pour l'estre trop peu, blessures trop cruelles,
De peur de m'obliger vous n'estes pas mortelles.
Hé quoy? ce bel objet, mon aymable vainqueur
Auoit il seul le droit de me blesser au cœur?
Et d'où vient que la mort, à qui tout fait hommage
L'ayant si mal traitté respecte son image?
Noires diuinitez, qui tournez mon fuseau,
Vous faut-il tant prier pour vn coup de ciseau?
Insensé que ie suis! en ce malheur extréme
Ie demande la mort à d'autres qu'à moy-mesme,
Aueugle, ie m'arreste à supplier en vain,
Et pour me contenter i'ay dequoy dans la main.
Il faut rendre ma vie au fer qui l'a sauuée,
C'est à luy qu'elle est deuë, il se l'est reseruée,
Et l'honneur, quel qu'il soit, de finir mes malheurs
C'est pour me le donner qu'il l'oste à des voleurs.
Poussons donc hardiment. Mais helas! cette espée
Coulant entre mes doigts laisse ma main trompée,
Et sa lame timide à procurer mon bien,
Au sang des assassins n'ose mesler le mien,
Ma foiblesse importune à mon trespas s'oppose,
En vain ie m'y resous, en vain ie m'y dispose,
Mon reste de vigueur ne peut l'effectuer,
I'en ay trop pour mourir, trop peu pour me tuer,
L'vn me manque au besoin, & l'autre me resiste.
Mais insensiblement ie retrouue Caliste, (blants
Ma langueur m'y reporte, & mes genoux trem-
Y conduisent l'erreur de mes pas chancelants.
Adorable sujet de mes flames pudiques,
Dont ie trouue en mourant les aimables reliques,
Cesse de me prester vn secours inhumain,
Ou ne donne du moins des forces qu'à ma main
Qui m'arrache aux tourments que ton malheur
   me liure,
Donne-m'en pour mourir côme tu fais pour viure
                                                Quel

TRAGI-COMEDIE. 109

Quel miracle succede à mes tristes clameurs?
Caliste se ranime à mesme que ie meurs.
Voyez, Dieux inhumains, que malgré vostre enuie
L'amour luy sçait donner la moitié de ma vie,
Qu'vne ame desormais suffit à deux amants.

CALISTE.
Helas! qui me rappelle à de nouueaux tourments?
Si Rosidor n'est plus, pourquoy reuiens-ie au monde?

ROSIDOR.
O merueilleux effet d'vne amour sans seconde!

CALISTE.
Execrable assassin qui rougis de son sang,
Despesche comme à luy de me percer le flanc,
Prends de luy ce qui reste, acheue.

ROSIDOR.
Quoy! ma belle,
Contrefais-tu l'aueugle afin d'estre cruelle?

CALISTE.
Pardonne moy, mon cœur, encor pleine d'effroy
Ie ne t'ay mescognu qu'en songeant trop à toy,
I'auois si bien logé là dedans ton image,
Qu'elle ne vouloit pas ceder à ton visage,
Mon esprit glorieux, & ialoux de l'auoir
Enuioit à mes yeux le bon-heur de te voir.

ROSIDOR.
Puisqu'vn si doux appas se trouue en tes rudesses,
Que feront tes faueurs, que feront tes caresses?
Tu me fais vn outrage à force de m'aymer
Dont la douce rigueur ne sert qu'à m'enflamer.
Mais si tu peux souffrir qu'auec toy, ma chere ame,
Ie tienne des discours autres que de ma flame,
Permets que t'ayant veuë en cette extremité
Mon amour laisse agir ma curiosité,
Pour sçauoir quel malheur te met en ce bocage.

CALISTE.
Allons premierement iusqu'au prochain village
Où ces bouillons de sang se puissent estancher,

K

CLITANTRE

Et là ie te promets de ne te rien cacher,
Aux charges qu'à mon tour aussi l'on m'entre-
tienne.
ROSIDOR.
Allons, ma volonté n'a de loy que la tienne,
Et l'amour par tes yeux deuenu tout-puissant
Rend desia la vigueur à mon corps languissant.
CALISTE.
Il forme tout d'vn temps vn ayde à ta foiblesse,
Puisqu'il fait que la mienne auprés de toy me
laisse,
Si bien que la brauant, ta maistresse auiourd'huy
N'aura que trop de force à te seruir d'appuy.

Fin du premier Acte.

TRAGI-COMEDIE. 111

ACTE II.

SCENE PREMIERE.
PYMANTE *masqué*.

DEstins qui reglez tout au gré de vos ca-
   prices, (iniustices,
Sur moy donc tout à coup fondent vos
Et trouuent à leurs traits si long-temps
   retenus,
Afin de mieux frapper, des chemins inconnus?
Dites, que vous ont fait Rosidor, ou Pymante?
Fournissez de raison, Destins, qui me desmente,
Dites ce qu'ils ont fait qui vous peut esmouuoir
A partager si mal entr'eux vostre pouuoir?
Luy rendre contre moy l'impossible possible,
C'est le fauoriser par miracle visible,
Tandis que vostre haine a pour moy tant d'excez
Qu'vn dessein infaillible auorte sans succez.
Rosidor nous a veus, & n'a pas pris la fuite,
A grand peine en fuyant moy-mesme ie l'euite,
Loing de laisser la vie il a sceu l'arracher,
Loing de ceder au nombre, il l'a sceu retrancher,
Toute vostre faueur à son ayde occupée
Trouue à le mieux armer en rompant son espée,
Et ressaisit ses mains par celles du hazard,
L'vne d'vne autre espée, & l'autre d'vn poignard.
O honte! ô creue-cœur! ô desespoir! ô rage!

K ij

CLITANDRE

Ainsi donc vn riual pris à mon auantage
Ne tombe dans mes rets que pour les deschirer,
Son bonheur qui me braue ose l'en retirer,
Luy donne sur mes gens vne prompte victoire,
Et fait de son peril vn sujet de sa gloire.
Retournons animez d'vn courage plus fort,
Retournons, & du moins perdons nous dans sa (mort.
Sortez de vos cachots infernales Furies,
Apportez à m'aider toutes vos barbaries,
Qu'auec vous tout l'Enfer m'assiste en ce dessein
Qu'vn sanglant desespoir me verse dans le sein,
I'auois de point en point l'entreprise tramée
Comme dans mon esprit vous me l'auiez formée,
Mais contre Rosidor tout le pouuoir humain
N'a que de la foiblesse, il y faut vostre main.
En vain, cruelles sœurs, ma fureur vous appelle,
La terre vous defend d'embrasser ma querelle,
Et son flanc vous refuse vn passage à sortir.
Terre, creue toy donc afin de m'engloutir,
N'attends pas que Mercure auec son Caducée
Me face de ton sein l'ouuerture forcée,
N'attends pas qu'vn supplice auec ses cruautez
Adiouste l'infamie à tant de laschetez,
Destourne de mon chef ce comble de misere,
Rends-moy le preuenant vn office de mere.
Mes cris s'en vont en l'air, & s'y perdent sans fruit,
Dedans mon desespoir tout me fuit, ou me nuit,
La terre n'entend point la douleur qui me presse,
Le Ciel me persecute, & l'Enfer me delaisse.
Affronte-les, Pymante, & malgré leurs complots
Conserue ton vaisseau dans la rage des flots,
Accablé de malheurs, & reduit à l'extreme
Si quelque espoir te reste, il n'est plus qu'en toy-(mesme,
Passe pour villageois dedans ce lieu fatal,
Et reseruant ailleurs la mort de ton riual
Fay que d'vn mesme habit la trompeuse apparence
Qui le mit en peril, te mette en asseurance.
Mais ce masque l'empesche, & me vient reprocher

TRAGI-COMEDIE.

Vn crime qu'il defcouure au lieu de me cacher,
Ce damnable inftrument de mon traiftre artifice
Apres mon coup manqué n'en eft plus que l'indi-
Et ce fer qui tantoft inutile en ma main   (ce,
Que ma fureur jaloufe auoit armée en vain,
Sçeut fi mal attaquer, & plus mal me defendre,
N'eft propre deformais qu'à me faire furprendre.
Allez, tefmoins honteux de mes lafches forfaits,
N'en produifez non plus de foupçons que d'effets,
Ceffez de m'accufer, vous doit-il pas fuffire
De m'auoir mal feruy ? c'eft trop que de me nuire,
Allez, retirez vous dans ces obfcuritez,

Il iette fon mafque & fon efpée dans la cauerne.

Ainfi ie pourray voir le iour que vous quittez,
Ainfi n'ayant plus rien qui defmente ma feinte,
Dedans cette foreft ie marcheray fans crainte,
Tant que....

SCENE II.
LYSARQVE, Troupe d'Archers, PYMANTE.

LYSARQVE.

Mon grand amy.

PYMANTE.
Monfieur.

LYSARQVE.
Vien ça, dy nous,
N'as-tu point icy veu deux Caualiers aux coups?

PYMANTE.
Non, Monfieur.

LYSARQVE.
Ou l'vn d'eux fe fauuer à la fuite?

PYMANTE.
Non, Monfieur.

CLITANDRE
LYSARQVE.
Ny passer dedans ces bois sans suite?
PYMANTE.
Attendez, il y peut auoir quelques huict iours...
LYSARQVE.
Ie parle d'auiourd'huy, laisse-là ces discours,
Respons precisément.
PYMANTE.
J'arriue tout à l'heure,
Et de peur que ma femme en son trauail ne meure,
Ie cherche.... 1. ARCHER.
Allons, Monsieur, donnons iusques au lieu,
Nous perdons nostre temps.
LYSARQVE.
Adieu, compere, adieu.
PYMANTE *seul.*
Cét adieu fauorable en fin me rend la vie
Que tant de questions m'auoient presque rauie:
Cette troupe d'Archers aueugles en ce point,
Treuue ce qu'elle cherche, & ne s'en saisit point,
Bien que leur conducteur donne assez à cognoistre
Qu'ils vont pour arrester l'ennemy de son maistre,
I'eschappe neantmoins en ce pas hazardeux,
D'aussi prés de la mort comme ie l'estois d'eux.
Que i'ayme ce peril dont la vaine menace
Promettoit vn orage & se tourne en bonace,
Ce peril qui ne veut que me faire trembler,
Ou plustost qui se monstre, & n'ose m'accabler!
Qu'à bonne heure deffait d'vn masque & d'vne es-
I'ay leur credulité sous ces habits trompée, (pée,
De sorte qu'à present deux corps desanimez
Termineront l'exploit de tant de gens armez!
Corps, qui gardent tous deux vn naturel si traistre,
Qu'encor apres leur mort ils vont trahir leur mai-
Et le faire l'autheur de cette laschete (tre,
Pour mettre à ses despens Pymante en seureté.
Ie n'ay dans mes forfaits rien à craindre, & Ly-
sarque

TRAGI-COMEDIE.

Sás trouuer mes habits n'en peut auoir de marque,
Que s'il ne les voit pas, lors sans aucun effroy
Ie n'ay qu'à me ranger promptement chez le Roy,
Où ie verray tantost auec effronterie
Clitandre conuaincu de ma supercherie.

SCENE III.

LYSARQVE, Troupe d'Archers.

LYSARQVE regardant les corps de Geronte & de Lycaste.

CEla ne suffit pas, il faut chercher encor,
Et trouuer, s'il se peut, Clitandre, ou Rosidor.
Amis, sa Majesté par ma bouche auertie
Des soupçons que n'auois touchant cette partie
Voudra sçauoir au vray ce qu'ils sont deuenus.

1. ARCHER.

Pourroit-elle en douter ? ces deux corps reconnus
Font trop voir le succés de toute l'entreprise.

LYSARQVE.

Et qu'en presumes-tu ?

1. ARCHER.

Que malgré leur surprise,
Leur nombre auantageux, & leur desguisement,
Rosidor de leurs mains se tire heureusement.

LYSARQVE.

Ce n'est qu'en me flattant que tu te le figures,
Pour moy ie n'en conçoy que de mauuais augures.

1. ARCHER.

Et quels ?

LYSARQVE.

Qu'auant mourir par vn vaillant effort
Il en aura fait deux compagnons de sa mort.

116 CLITANDRE

1. ARCHER.
Mais où seroit son corps?
LYSARQVE.
Au creux de quelque roche,
Où les traistres voyant nostre troupe si proche,
N'auront pas eu loisir de mettre encor ceux-cy,
De qui l'aspect nous rend tout le crime esclaircy.

2. ARCHER *luy presentant les deux pieces de l'espée rompuë de Rosidor.*
Monsieur, cognoissez-vous ce fer & cette garde?
LYSARQVE.
Donne moy que ie voye: ouy, plus ie les regarde,
Plus i'ay par eux d'aduis du déplorable sort
D'vn maistre qui n'a pû s'en dessaisir que mort.

2. ARCHER.
Monsieur, auec cela i'ay veu dans cette route
Des pas meslez de sang distilé goute à goute,
Dont les traces vont loing.
LYSARQVE.
Suiuons à tous hazards,
Vous autres, enleuez les corps de ces pendards.

Lysarque & cét Archer rentrent dans le bois, & le reste des Archers reportent à la Cour les corps de Geronte, & de Lycaste.

SCENE IV.
LE PRINCE, CLITANDRE
PAGE *du Prince.*

LE PRINCE *parlant à son Page.*

CE cheual trop fougueux m'incommode à la chasse,
Tien-m'en vn autre prest, tandis qu'en cette place

TRAGICOMEDIE.

A l'ombre des ormeaux l'vn dans l'autre enlacez
Clitandre m'entretient de ses trauaux passez.
Qu'au reste les veneurs allant sur leurs brisées
Ne forcent pas le cerf s'il est aux reposées,
Qu'ils prennent cognoissance, & pressent molle-
    ment, (ment.
Sans le donner aux chiens qu'à mon commande-
Acheue maintentenaut l'histoire commencée
De ton affection si mal recompensée.

CLITANDRE.

Ce recit ennuyeux de ma triste langueur,
Mon Prince, ne vaut pas le tirer en longueur,
I'ay tout dit en vn mot, cette fiere Caliste
Dans ses cruels mespris incessamment persiste,
C'est tousiours elle-mesme, & sous sa dure loy
Tout ce qu'elle a d'orgueil se reserue pour moy,
Cependant qu'vn riual, ses plus cheres delices,
Redouble ses plaisirs en voyant mes supplices.

LE PRINCE.

Ou tu te plains à faux, ou puissamment épris
Ton courage demeure insensible aux mespris,
Et ie m'estonne fort comme ils n'ont dans ton ame
Restably ta raison, ou dissipé ta flame.

CLITANDRE.

Quelques charmes secrets meslez dans ses rigueurs
Estouffent en naissant la reuolte des cœurs,
Et le mien auprés d'elle, à quoy qu'il se dispose,
Murmurant de son mal en adore la cause.

LE PRINCE.

Mais puisque son desdain au lieu de te guerir
R'anime tes ardeurs qu'il deust faire mourir,
Sers-toy de mon pouuoir, en ma faueur la Reine
Tient, & tiendra tousiours Rosidor en haleine,
Mais son commandement dans peu, si tu le veux,
Te met à ma priere au comble de tes vœux.
Auise donc, tu sçais qu'vn fils peut tout sur elle.

CLITANDRE.

Malgré tous les mespris de cette ame cruelle

Dont vn autre a charmé les inclinations,
Le respect que ie porte à ses perfections
M'empesche d'employer aucune violence.
LE PRINCE.
L'amour sur le respect emporte la balance.
CLITANDRE.
Ie brusle, & le bonheur de vaincre ses froideurs
Ie ne le veux deuoir qu'à mes chastes ardeurs,
Ie ne la veux gaigner qu'à force de seruices.
LE PRINCE.
Tandis tu veux donc viure en d'eternels supplices?
CLITANDRE.
Tandis ce m'est assez qu'vn riual preferé
N'obtient non plus que moy le succés esperé;
A la longue ennuyez, la moindre negligence
Pourra de leurs esprits rompre l'intelligence,
Vn temps bien pris alors me donne en vn moment
Ce que depuis trois ans ie poursuy vainement.
Mon Prince, trouuez bon...
LE PRINCE.
N'en dy pas dauantage,
Cettui-cy qui me vient faire quelque message
Apprendroit malgré toy l'estat de tes amours.

SCENE V.
LE PRINCE, CLITANDRE, CLEON.

CLEON.
Pardonnez, Monseigneur, si ie romps vos discours,
C'est en obeissant au Roy qui me l'ordonne,
Et rappelle Clitandre auprés de sa personne.

TRAGI-COMEDIE.

LE PRINCE.
Clitandre!

CLEON.
Ouy, Monseigneur.

LE PRINCE.
Et que luy veut le Roy?

CLEON.
De semblables secrets ne s'ouurent pas à moy.

LE PRINCE.
Ie n'en sçay que penser, & la cause incertaine
De ce commandement tient mon esprit en peine,
Le moyen, cher amy, que ie te laisse aller
Sans sçauoir les motifs qui te font r'appeller?

CLITANDRE.
C'est à mon iugement quelque prôpte entreprise,
Dont l'execution à moy seul est remise,
Mais quoy que là dessus i'ose m'imaginer,
C'est à moy d'obeyr sans rien examiner.

LE PRINCE.
I'y consens à regret, va, mais qu'il te souuienne
Combien ton Prince t'aime, & quoy qu'il te suruienne,
Que i'en sçache aussi-tost toute la verité,
Iusques-là mon esprit n'est qu'en perplexité.
Ce cor m'appelle, Adieu, toute la chasse preste
N'attend que ma presence à relancer la beste.

SCENE VI.

DORISE *acheuant de vestir l'habit de Geronte qu'elle auoit trouué dans le bois.*

Acheue, malheureuse, acheue de vestir
Ce que ton mauuais sort laisse à te garantir,
Si de tes trahisons la ialouse impuissance
Sceut donner vn faux crime à la mesme innocence,

Recherche maintenant par vn plus iuste effet
Vne fausse innocence à cacher ton forfait.
Quelle honte importune au visage te monte
Pour vn sexe quitté dont tu n'es que la honte?
Il t'abhorre luy-mesme, & ce desguisement
En le desaduoüant l'oblige infiniment:
Apres auoir perdu sa douceur naturelle,
Despoüille sa pudeur qui te messied sans elle,
Desrobe tout d'vn temps par ce crime nouueau
Et l'autre aux yeux du monde, & ta teste au bourreau.
Si tu veux empescher ta perte ineuitable,
Deuien plus criminelle, & paroy moins coulpable,
Par vne faussete tu tombes en danger,
Par vne faussete sçache t'en desgager.
Faussete detestable, où me viens-tu reduire!
Honteux desguisement, où me vas-tu conduire?
Icy de tous costez l'effroy suit mon erreur,
Et ie suis à moy-mesme vne nouuelle horreur!
Cet insolent objet de Caliste eschappee
Tient & brauetousiours ma memoire occupée.
Encor si son trespas secondant mon desir
Mesloit à mes douleurs l'ombre d'vn faux plaisir,
Mais helas! dans l'excés du malheur qui m'oppri-
  me
Il ne m'est pas permis de iouyr de mon crime,
Mon ialoux aiguillon de sa rage seduit
En merite la peine, & n'en a pas le fruit,
Le Ciel qui contre moy soustient mon ennemie
Augmente son honneur dedans mon infamie,
N'importe, Rosidor de mon dessein manqué
A de quoy malmener ceux qui l'ont attaqué,
Sa valeur inutile en sa main desarmée
Sans moy ne viuroit plus que chez la renommée:
Ainsi rien desormais ne pourroit m'enflamer,
N'ayant plus que hayr, ie n'aurois plus qu'aimer.
Fascheuse loy du sort qui s'obstine à ma peine!
Ie sauue mon amour, & ie manque à ma haine,
Ces contraires succés demeurant sans effet

Font

TRAGI-COMEDIE.

Font naistre mon malheur de mon heur imparfait.
Toutésfois l'orgueilleux pour qui mon cœur soû-
　　pire
D'vn autre que de moy ne tient l'air qu'il respire,
Il m'en est redeuable, & peut-estre qu'vn iour
Cette obligation produira quelque amour.
Dorise, à quels pensers ton espoir se rauale?
S'il vit par ton moyen, c'est pour vne riuale,
N'attends plus, n'attends plus que haine de sa part,
L'offence vint de toy, le secours du hazard,
Malgré les vains efforts de ta ruse traistresse
Le hazard par tes mains le rend à sa maistresse,
Ce peril mutuel qui conserue leurs iours
D'vn contrecoup egal va croistre leurs amours,
Heureux couple d'amants, que le Destin assemble,
Qu'il expose en peril, qu'il en retire ensemble.

SCENE VII.

PYMANTE, DORISE.

PYMANTE la prenant pour Geronte &
l'embrassant.

O Dieux! voicy Geronte, & ie le croyois mort,
Malheureux cōpagnon de mō funeste sort....
　　DORISE croyant qu'il la prend pour Rosidor,
　　　& qu'en l'embrassant il la poignarde.
Ton œil t'abuse, helas! miserable, regarde
Qu'au lieu de Rosidor ton erreur me poignarde.
　　　　　PYMANTE.
Ne crains pas, cher amy, ce funeste accident,
Ie te cognois assez, ie suis... Mais imprudent,
Où m'alloit engager mon erreur indiscrete?
Monsieur pardonnez-moy la faute que i'ay faite,
　　　　　　　　　　　　　L

Vn berger d'icy prés a quitté ses brebis
Pour s'en aller au camp presqu'en pareils habits,
Et d'abord vous prenant pour ce mien camarade
Mes sens d'aise aueuglez ont fait cette escapade.
Ne craignés point au reste vn pauure villageois
Qui seul, & desarmé cherche dedans ces bois
Vn bœuf piqué du taon, qui brisant nos closages
Hier sur le chaud du iour s'enfuit des pasturages:
M'en apprendrez vous rien, Monsieur? i'ose penser
Que par quelque hazard vous l'aurez veu passer.

DORISE.
Non, ie ne te sçaurois rien dire de ta beste.

PYMANTE.
Monsieur, excusez donc mon inciuile enqueste,
Ie vay d'autre costé tascher à la reuoir,
Disposez librement de mon petit pouuoir.

DORISE.
Amy, qui que tu sois, si ton ame sensible
A la compassion se peut rendre accessible,
Vn ieune Gentilhomme implore ton secours,
Prends pitié de mes maux, & durāt quelques iours
Tien moy dans ta cabane, où bornant ma retraite
Ie rencontre vn azile à ma fuite secrete.

PYMANTE.
Tout lourdaut que ie suis en ma rusticité
Ie voy bien quand on rit de ma simplicité,
Ie vay chercher mō bœuf, laissés-moy, ie vous prie,
Et ne vous mocquez plus de mon peu d'industrie

DORISE.
Helas! & pleust aux Dieux que mon affliction
Fust seulement l'effet de quelque fiction,
Mon grand amy, de grace, accorde ma priere.

PYMANTE.
Il faudroit donc vn peu vous cacher là derriere,
Quelques mugissemens entendus de là bas
Me font en ce vallon hazarder quelques pas,
I'y cours, & vous rejoints.

DORISE. Souffre que ie te suiue

TRAGI-COMEDIE.

PYMANTE.
Vous me retarderiez, Monsieur, homme qui viue
Ne peut à mon égal broſſer dans ces buiſſons.
DORISE.
Non non, ie courray trop.
PYMANTE.
Que voilà de façons!
Monſieur, reſolués vous, choiſiſſés l'vn ou l'autre,
Ou faites ma demande, ou i'eſconduy la voſtre.
DORISE.
Bien donc, ie t'attendray.
PYMANTE.
Cette touffe d'ormeaux
Aiſément vous pourra couurir de ſes rameaux.

SCENE VIII.
PYMANTE.

EN fin, graces au Ciel, ayant ſçeu m'en deffaire
Ie puis ſeul auiſer à ce que ie dois faire.
Qui qu'il ſoit, il a veu Roſidor attaqué,
Et ſçait aſſeurément que nous l'auons manqué:
N'en eſtant point cognu, ie n'en ay rien à craindre,
Puiſqu'ainſi deſguiſé tout ce que ie veux feindre
Sur ſon eſprit credule obtient vn tel pouuoir,
Toutesfois plus i'y ſonge, & plus ie penſe voir
Par quelque grand effet de vengeance diuine
En ce foible teſmoin l'autheur de ma ruine,
Son indice douteux, pour peu qu'il ait de iour,
N'eſclaircira que trop mon forfait à la Cour.
Simple, i'ay peur encor que ce malheur m'aduiẽne,
Et ie puis éuiter ma perte par la ſienne,
Et meſmes on diroit qu'vn antre tout exprés
Me garde mon eſpée au fond de ces forests,

L ij

C'est en ce lieu fatal qu'il me le faut conduire,
C'est là qu'vn heureux coup l'empesche de me nui-
Ie ne m'y puis resoudre, vn reste de pitié (re.
Violente mon cœur à des traits d'amitié,
En vain ie luy resiste, & tasche à me defendre
D'vn secret mouuemét que ie ne puis comprendre,
Son âge, sa beauté, sa grace, son maintien
Forcent mes sentimens à luy vouloir du bien,
Et l'air de son visage a quelque mignardise
Qui ne tire pas mal à celle de Dorise.
Ah! que tant de malheurs m'auroient fauorisé
Si c'estoit elle-mesme en habit desguisé!
I'en pasme desia d'aise, & mon ame rauie
Abandonne le soin du reste de ma vie,
Ie ne suis plus à moy quand ie viens à penser
A quoy l'occasion me pourroit dispenser ;
Quoy qu'il en soit, voyant tant de ses traits ensem-
Ie porte du respect à ce qui luy ressemble. (ble
Miserable Pymante, ainsi donc tu te perds?
Encor qu'il tienne vn peu de celle que tu sers,
Estouffe ce tesmoin pour asseurer ta teste :
S'il est, comme il le dit, battu d'vne tempeste,
Au lieu qu'en ta cabane il cherche quelque port,
Fay qu'en cette cauerne il rencontre sa mort.
Modere toy, Pymante, & plustost examine
Sa parole, son teint, & sa taille, & sa mine,
Si c'est Dorise, alors reuoque cét arrest,
Sinon, que la pitié cede à ton interest.

Fin du second Acte.

TRAGI-COMEDIE. 125

ACTE III.

SCENE PREMIERE.
LE ROY, ROSIDOR, CALISTE, VN PREVOST.

LE ROY.

'Admirable rencontre à mõ ame rauie,
De voir que deux amants s'entredoi-
uent la vie,
De voir que ton peril la tire de dãger,
Que le sien te fournit dequoy t'en
desgager,
Qu'en deux desseins diuers pareille jalousie
Mesme lieu contre vous, & mesme heure a choisie,
Et que l'heureux malheur qui vous a menacez
Auec tant de iustesse a ses temps compassez.

ROSIDOR.
Sire, adioustez du Ciel l'occulte prouidence,
Sur deux amants il verse vne mesme influence,
Et comme l'vn par l'autre il a sceu nous sauuer,
Il semble l'vn pour l'autre exprés nous conseruer.

LE ROY.
Ie t'entends, Rosidor, par là tu me veux dire
Qu'il faut qu'auec le Ciel ma volonté conspire,
Et ne s'oppose pas à ses iustes decrets
Qu'il vient de témoigner par tant d'auis secrets.

L iij

Et bien, ie veux moy-mesme en parler à la Reine,
Elle se fléchira, ne t'en mets pas en peine,
Acheue seulement de me rendre raison
De ce qui t'arriua depuis sa pasmoison.

ROSIDOR.

Sire, vn mot desormais suffit pour ce qui reste.
Lysarque & vos Archers depuis ce lieu funeste
Se laisserent conduire aux traces de mon sang
Qui durant le chemin me degouttoit du flanc,
Et me trouuant enfin dessous vn toit rustique
Ranimé par les soins de son amour pudique,
Leurs bras officieux m'ont icy rapporté
Pour en faire ma plainte à vostre Majesté.
Non pas que ie souspire apres vne vangeance
Qui ne me peut donner qu'vne fausse allegeance,
Le Prince ayme Clitandre, & mon respect consent
Que son affection le declare innocent :
Mais si quelque pitié d'vne telle infortune
Peut souffrir auiourd'huy que ie vous importune,
Ostant par vn Hymen l'espoir à mes riuaux,
Sire, vous taririez la source de nos maux.

LE ROY.

Tu fuis à te vanger, l'objet de ta maistresse
Fait qu'vn tel desir cede à l'amour qui te presse,
Aussi n'est-ce qu'à moy de punir ces forfaits,
Et de monstrer à tous par de puissants effets
Qu'attaquer Rosidor c'est se prédre à moy-mesme,
Tant ie veux que chacun respecte ce que i'ayme,
Ie le feray bien voir. Quand ce perfide tour
Auroit eu pour objet le moindre de ma Cour,
Ie deurois au public par vn honteux supplice
De telles trahisons l'exemplaire iustice ;
Mais Rosidor surpris, & blessé comme il est
A mon deuoir de Roy ioint mon propre interest.
Ie luy feray sentir à ce traistre Clitandre,
Quelque part que mon fils y puisse, ou veuille (prendre,
Combien mal à propos sa sotte vanité
Croyoit dans sa faueur trouuer l'impunité.

TRAGI-COMEDIE

Ie tiens cét assassin, vn soupçon veritable,
Que m'ont donné les corps d'vn couple detestable
M'auoit si bien instruit de son perfide tour,
Qu'il s'est veu mis aux fers sitost que de retour.
Toy qu'auec Rosidor le bonheur a sauuée,
Tu te peux asseurer que Dorise trouuée, (morte,
Comme ils auoient choisi mesme heure à vostre
En mesme heure tous deux auront vn mesme sort.

CALISTE.

Sire, ne songez pas à cette miserable, (ble,
Quelque dessein qu'elle eust, ie luy suis redeua-
Et luy voudray du bien le reste de mes iours,
De m'auoir conserué l'objet de mes amours.

LE ROY.

L'vn & l'autre attentat plus que vous deux me (touche,
Vous auez bien de vray la clemence en la bouche,
Mais vostre aspect m'emporte à d'autres sentimēts,
Vous voyant ie ne puis cacher mes mouuements,
Ce teint passe à tous deux me rougit de colere,
Et vouloir m'adoucir ce n'est que me déplaire.

ROSIDOR.

Mais, Sire, que sçait-on? peut-estre ce riual,
Qui m'a fait en tout cas plus de bien que de mal,
Lors qu'en vostre Conseil vous orrez sa defence,
Sçaura de ce forfait purger son innocence.

LE ROY.

Et par où la purger? sa main d'vn trait mortel
A signé son arrest en signant ce cartel,
Enuoyé de sa part & rendu par son Page,
Peut-il desauoüer ce funeste message?
Peut-il desauoüer que ses gens desguisez
De son commandement ne soyent authorisez?
Les deux, tous morts qu'ils sont, qu'on les traisne
    à la boüe,
L'autre aussi-tost que pris se mettra sur la roüe,
Et pour le scelerat que ie tiens prisonnier,
Ce iour que nous voyons luy sera le dernier. (dre
Qu'on l'amene au Conseil, seulement pour enten-

CLITANDRE

Le genre de sa mort, & non pour se defendre.
Toy va te mettre au lit, & croy que pour le mieux
Ie ne veux pas monstrer ce perfide à tes yeux,
Sans doute qu'aussi-tost qu'il se feroit paroistre
Ton sang rejailliroit au visage du traistre.

ROSIDOR.

L'apparence deçoit, & souuent on a veu
Sortir la verité d'vn moyen impreueu,
Bien que la conjecture y fust encor plus forte.
Du moins, Sire, appaisez l'ardeur qui vous trans-
    porte,
Que l'ame plus tranquille, & l'esprit plus remis
Le seul pouuoir des loix perde nos ennemis.

LE ROY.

Sans plus m'importuner ne songe qu'à tes playes,
Non, il ne fut iamais d'apparences si vrayes,
Douter de ce forfait c'est manquer de raison,
Derechef, ne prends soin que de ta guerison.

SCENE II.

ROSIDOR, CALISTE.

ROSIDOR.

AH! que ce grand couroux sensiblement m'af-
            CALISTE.   (flige.
Mon cœur, ainsi le Roy te refusant t'oblige,
Il te donne beaucoup en ce qu'il t'interdit,
Et tu gaignes beaucoup d'y perdre ton credit.
Voy dedans ces refus vne marque certaine
Que contre Rosidor toute priere est vaine,
Ses violents transports sont d'asseurez tesmoins
Qu'il t'écouteroit mieux s'il te cherissoit moins.
Mais vn plus long sejour icy te pourroit nuire,
Vien donc, mon cher soucy, laisse moy te conduire

TRAGI-COMEDIE

Iusques dans l'antichambre où Lysarque t'attend,
Et monstre desormais vn esprit plus content.
ROSIDOR.
Si prés de te quitter...
CALISTE.
N'acheue pas ta plainte,
Tous deux nous ressentons cette cômune atteinte,
Mais d'vn fascheux respect la tyrannique loy
M'appelle chez la Reine, & m'esloigne de toy.
Il me luy faut conter comme l'on m'a surprise,
Excuser mon absence en accusant Dorise,
Et l'informer comment par vn cruel destin
Mon deuoir auprés d'elle a manqué ce matin.
ROSIDOR.
Va donc, & quand son ame apres la chose sceuë
Fera voir la pitié qu'elle en aura conceuë,
Figure luy si bien Clitandre tel qu'il est,
Qu'elle n'ose en ses feux prendre plus d'interest.
CALISTE.
Ne crains pas, mon soucy, que mô amour s'oublie,
Repare seulement ta vigueur affoiblie,
Sçache bien te seruir de la faueur du Roy,
Et tu peux du surplus te reposer sur moy.

SCENE III.
CLITANDRE *en prison.*

Ie ne sçay si ie veille, ou si ma resuerie
A mes sens endormis fait quelque tromperie,
Peu s'en faut dans l'excés de ma confusion
Que ie ne prenne tout pour vne illusion.
Clitandre prisonnier! ie n'en fais pas croyable
Ny l'air sale & puant d'vn cachot effroyable,
Ny de ce foible iour l'incertaine clarté,
Ny le poids de ces fers dont ie suis arresté,
Ie les sens, ie les voy, mais mon ame innocente

Dément tous les objets que mon œil luy presente,
Et le desauoüant défend à ma raison
De me persuader que ie sois en prison.
Doncques aucun forfait, aucun dessein infame
N'a iamais peu soüiller ny ma main, ny mon ame,
Et ie suis retenu dans ces funestes lieux?
Non, cela ne se peut, vous vous trōpez, m'es yeux,
Vous auiez autrefois des ressorts infaillibles
Qui portoient dans mon cœur les especes visibles,
Mais mon cœur en prison vous renuoye à son tour
L'image & le rapport de son triste seiour.
Triste seiour ! que dy-ie ? osay-ie appeller triste
L'adorable prison où me retient Caliste?
En vain doresnauant mon esprit irrité
Se plaindra d'vn cachot qu'il a trop merité,
Puisque d'vn tel blaspheme il s'est rendu capable,
D'innocent que i'entray, i'y demeure coupable.
Folles raisons d'amour, mouuemens esgarez,
Qu'à vous suiure mes sens se trouuent preparez!
Et que vous vous iouëz d'vn esprit en balance,
Qui veut croire plustost la mesme extrauagance
Que de s'imaginer sous vn si iuste Roy
Qu'on peuple les prisons d'innocents comme moy!
M'y voila cependant, & bien que ma pensée
Recherche à la rigueur ma conduite passée,
Mon exacte censure a beau l'examiner,
Le crime qui me perd ne se peut deuiner,
Et quelque grand effort que face ma memoire
Elle ne me fournit que des sujets de gloire.
Ha Prince, c'est quelqu'vn de vos faueurs ialoux
Qui m'impute à forfait d'estre chery de vous,
Le temps qu'on m'en separe on le donne à l'enuie,
Comme vne liberté d'attenter sur ma vie,
Le cœur vous le disoit, & ie ne sçay comment
Mon destin me poussa dans, dans cét aueuglement
De rejeter l'aduis de mon Dieu tutelaire,
C'est là ma seule faute, & c'en est le salaire,
C'en est le chastiment que ie reçois icy,

TRAGI-COMEDIE. 131

On vous vange, mon Prince, en me traittant ainsi,
Mais vous monstrerez bien embrassant ma defêce
Que qui vous vange ainsi luy-mesme vous offence.
Les damnables autheurs de ce complot maudit,
Qu'à me persecuter vostre absence enhardit,
A vostre heureux retour verront que cestempestes,
Clitandre preservé, n'abatront que leurs testes.
Mais on ouure, & quelqu'vn dans cette sombre
    horreur
De son visage affreux redouble ma terreur.

SCENE IV.

CLITANDRE, LE GEOLIER.

CLITANDRE.

Parle, que me veux tu?

LE GEOLIER.
                Vous oster cette chaisne.

CLITANDRE.
Se repent-on desia de m'auoir mis en peine?

LE GEOLIER.
Non pas que l'on m'ait dit.

CLITANDRE.
                Quoy! ta seule bonté
Me destache ces fers?

LE GEOLIER.
                Non, c'est sa Majesté
Que vous mande au Conseil.

CLITANDRE.
                Ne peux-tu rien m'apprendre
Du crime qu'on impose au malheureux Clitandre?

LE GEOLIER.
Descendons, vn Preuost qui vous attend là bas
Vous pourra mieux que moy contenter sur ce cas.

SCENE V.

PYMANTE, DORISE.

PYMANTE *regardant vne aiguille qu'elle auoit laissée par mesgarde dans ses cheueux en se desguisant.*

EN vain pour m'esblouyr vous vsez de la ruse,
Mon esprit quoy que lourd aisémēt ne s'abuse,
Ce que vous me cachez ie le ly dans vos yeux,
Quelque reuers d'amour vous cōduit en ces lieux,
N'est-il pas vray, Monsieur ? & mesmes cette aiguil-
Ressent fort les faueurs de quelque belle fille (le
Qui vous l'aura donnée en gage de sa foy.

DORISE.

O malheureuse aiguille, helas ! c'est fait de moy.

PYMANTE.

Sans doute vostre playe à ce mot s'est rouuerte.
Monsieur, regrettez vous son absence ou sa perte ?
Ou payant vos ardeurs d'vne infidelité
Vous auroit-elle bien pour vn autre quitté ?
Vous ne me dites mot, cette rougeur confuse
Quoy que vous vous taisiez clairemēt vous accuse.
Brisons là, ce discours vous fascheroit en fin,
Et c'estoit pour tromper la longueur du chemin,
Qu'apres plusieurs deuis n'ayant plus où me pren-
J'ay touché par hazard vne chose si tendre, (dre
Dont beaucoup toutesfois aiment bien mieux par-
  ler,
Que de perdre leur temps à des propos en l'air.

DORISE.

Amy, ne porte plus la sonde en mon courage,
Ton entretien commun me charme dauantage,
Il ne me peut lasser indifferent qu'il est,
Et ce n'est pas aussi sans sujet qu'il me plaist.

Ta

TRAGI-COMEDIE. 133

Ta conuersation est tellement ciuile
Que pour vn tel esprit ta naissance est trop vile,
Tu n'as de villageois que l'habit & le rang,
Tes rares qualitez te font d'vn autre sang,
Mesme plus ie te voy, plus en toy ie remarque
Des traits pareils à ceux d'vn Caualier de marque,
Il s'appelle Pymante, & ton air, & ton port
Ont auecque les siens vn merueilleux rapport.
PYMANTE.
I'en suis tout glorieux, & de ma part ie prise
Vostre rencontre autant que celle de Dorise,
Autant que si le Ciel appaisant sa rigueur,
Me faisoit maintenant vn present de son cœur.
DORISE.
Qui nommes-tu Dorise?
PYMANTE.
Vne ieune cruelle
Qui me fuit pour vn autre.
DORISE.
Et ce riual s'appelle?
PYMANTE.
Le Berger Rosidor.
DORISE.
Amy, ce nom si beau
Chez vous donc se profane à garder vn troupeau?
PYMANTE.
Madame, il ne faut plus que mon feu vous desguise
Que sous ces faux habits il recognoist Dorise.
Ce n'est pas sans raison qu'à vos yeux cette fois
Ie passe pour quelqu'vn d'entre nos villageois,
M'ayant traicté tousiours en homme de leur sorte
Vous croyez aysément à l'habit que ie porte
Dont la fausse apparence ayde, & suit vos mespris:
Mais cette erreur vers vous ne m'a iamais surpris,
Ie sçay trop que le Ciel n'a donné l'auantage
De tant de raretez qu'à vostre seul visage,
Si tost que ie l'ay veu, i'ay creu voir en ces lieux,
Dorise desguisée, ou quelqu'vn de nos Dieux;

M

Et si i'ay quelque temps feint de vous mescognoi-
 stre (stre,
En vous prenant pour tel que vous vouliez paroi-
Admirez mon amour dont la discretion
Rendoit à vos desirs cette submission,
Et disposez de moy qui borne mon enuie,
A prodiguer pour vous tout ce que i'ay de vie.
DORISE.
Pymante, & quoy, faut-il qu'en l'estat où ie suis
Tes importunitez augmentent mes ennuis?
Faut-il que dans ce bois ta rencontre funeste
Vienne encor m'arracher le seul bien qui me reste,
Et qu'ainsi mon malheur au dernier point venu
N'ose plus esperer de n'estre pas cognu?
PYMANTE.
Voyez comme le Ciel égale nos fortunes, (nes
Et comme pour les faire entre nous deux commu-
Nous reduisant ensemble à ces desguisemens
Il monstre auoir pour nous de pareils mouuemens.
DORISE. (visages,
Nous changeons bien d'habits, mais non pas de
Nous changeons bien d'habits, mais non pas de
 courages,
Et ces masques trompeurs de nos conditions
Cachent sans les changer nos inclinations.
PYMANTE.
Pardonnez-moy, ma Reine, ils ont changé mon ame,
Puisque mes feux plus vifs y redoublent leur fla-
DORISE. (me.
Aussi font bien les miens, mais c'est pour Rosidor.
PYMANTE.
Trop cruelle beauté, persistez vous encor
A dédaigner mes vœux pour vn qui vous neglige?
DORISE.
Que veux-tu? son mespris plus que ton feu m'o-
 blige,
I'y trouue malgré luy ie ne sçay quel appas
Par où l'ingrat me tuë, & ne m'offence pas.

TRAGI-COMEDIE. 135
PYMANTE.
Qu'esperez-vous en fin de cette amour friuole
Vers vn homme qui n'est peut-estre qu'vne idole?
DORISE.
Qu'vne idole! ah! ce mot me donne de l'effroy,
Rosidor vne idole! ah perfide, c'est toy,
Ce sont tes trahisons qui l'empeschent de viure,
Ie t'ay veu dās ces bois moy-mesme le poursuiure
Auantagé du nombre, & vestu de façon
Que ce rustique habit effaçoit tout soupçon,
Ton embusche a surpris vne valeur si rare.
PYMANTE.
Il est vray, i'ay puny l'orgueil de ce barbare,
De ce tygre iadis si cruel enuers vous,
Qui maintenant par terre & percé de mes coups,
Esprouue par sa mort comme vn amant fidelle
Vange vostre beauté du mespris qu'on fait d'elle.
DORISE.
Monstre de la nature, execrable bourreau,
Apres ce lasche coup qui creuse mon tombeau
D'vn compliment mocqueur ta malice me flate!
Fuy, fuy, que dessus toy ma vengeance n'esclate,
Ces mains, ces foibles mains que vont armer les
  Dieux,
N'auront que trop de force à t'arracher les yeux,
Que trop à t'imprimer sur ce hideux visage
En mille traits de sang les marques de ma rage.
PYMANTE.
L'impetueux boüillon d'vn couroux feminin
Qui s'eschappe sur l'heure & iette son venin,
Comme il est animé de la seule impuissance
A force de grossir se creue en sa naissance,
Ou s'estouffant soy-mesme à la fin ne produit
Que point ou peu d'effet apres beaucoup de bruit.
DORISE.
Traistre, ne pretends pas que le mien s'adoucisse,
Il faut que ma fureur ou l'Enfer te punisse,
Le reste des humains ne sçauroit inuenter

        M ij

De gesne qui te puisse à mon gré tourmenter,
Sus, d'ongles & de dents...
PYMANTE.
Et que voulez vous faire?
Dorise, arrestez-vous.
DORISE.
Ie veux me satisfaire,
Te deschirer le cœur.
PYMANTE *luy prenant les mains*
Vouloir ainsi ma mort!
Il faudroit parauant que i'en fusse d'accord,
Et que ma patience aidast vostre foiblesse.
Que d'heur! ie tiens icy captiue ma maistresse,
Elle reçoit mes loix, & ie puis disposer
De ses mains qu'à mon aise on me laisse baiser.
DORISE.
Cieux cruels, ainsi donc vostre iniustice auoüe
Qu'vn perfide plus fort de ma fureur se ioüe,
Et contre ce brigand vostre inique rigueur
Me donne vn tel courage, & si peu de vigueur?
Ah sort iniurieux! maudite destinée!
Malheurs trop redoublez! detestable iournée!
PYMANTE.
En fin vos cris aigus nous pourroient deceler,
Voicy tout proche vn lieu plus commode à parler,
Belle Dorise, entrons dedans cette cauerne,
Qu'vn peu plus à loisir Pymante vous gouuerne.
DORISE.
Que plustost ce moment puisse acheuer mes iours.
PYMANTE *l'enleuant dans la cauerne.*
Non, non, il faut venir.
DORISE.
A la force, au secours.

SCENE VI.
LYSARQVE, CLEON.

LYSARQVE.

Ie t'ay dit en deux mots ce qu'on fera du traistre,
Et c'est comme le Roy l'a promis à mon maistre,
Dont il prend l'interest extrememẽt à cœur.

CLEON.
Tu me viens de conter des excés de rigueur,
Bien que ce Caualier soit atteint de ce crime,
Ne se souuient-on point que le Prince l'estime?

LYSARQVE.
C'est-là ce qui le perd, de peur de son retour
On haste le supplice auant la fin du iour,
Le Roy qui ne pourroit refuser sa requeste
Luy veut à son desçeu faire couper la teste.
De vray tout le conseil d'vn sentiment plus doux
Essayant d'adoucir l'aigreur de son courroux,
Veu ce tiers eschappé, luy propose d'attendre
Que l'assassin repris ait conuaincu Clitandre,
Mais il ne reçoit point d'autre aduis que le sien.

CLEON.
L'accusé cependant coupable ne dit rien?

LYSARQVE.
En vain le malheureux proteste d'innocence,
Le Roy dans sa colere vse de sa puissance,
Et l'on n'a sceu gaigner qu'auec vn grand effort
Quatre heures qu'il luy donne à songer à la mort,
C'est dont ie vay porter la nouuelle à mõ maistre.

CLEON.
S'il n'est content, au moins il a sujet de l'estre.

M iij

Mais dy-moy si ses coups le mettent en danger.
LYSARQVE.
Il ne s'en trouue aucun qui ne soit fort leger,
Vn seul du genoüil droit offence la iointure,
Dont il faut que le lit facilite la cure,
Le reste ne l'oblige à garder la maison,
Et quelque escharpe au bras en feroit la raison.
Adieu, fay, ie te prie, estat de mon seruice,
Et croy qu'il n'est pour toy chose que ie ne fisse.
CLEON.
Et moy pareillement ie suis ton seruiteur.

SCENE VII.
CLEON.

ME voila de sa mort le veritable autheur,
Sur mes premiers soupçons le Roy mis en
Deuint preoccupé d'vne haine mortelle, (ceruelle
Et depuis sous l'appas d'vn mandement caché
Ie l'ay d'entre les bras de son Prince arraché.
Que sera-ce de moy s'il en a cognoissance?
Rien ne me garantit qu'vne eternelle absence,
Apres qu'il l'aura sceu me monstrer à la Cour,
C'est m'offrir librement à la perte du iour.
Faisons mieux toutesfois, auant que l'heure passe
Allons encor vn coup le trouuer à la chasse,
Et s'il ne vient à temps pour rabatre les coups
Par vne prompte fuite euitons son couroux.

Fin du troisième Acte.

ACTE IV.

SCENE PREMIERE.
PYMANTE, DORISE
dans vne cauerne.

PYMANTE.

Arissez desormais ce deluge de larmes,
Pour rappeller vn mort ce sont de foi-
bles armes ; (ennuy,
Et quoy que vous conseille vn inutile
Vos cris & vos sanglots ne vont point
jusqu'à luy.

DORISE.
Si mes sanglots ne vont où mon cœur les enuoye
Au moins par eux mon ame y trouuera la voye,
S'il luy faut vn passage afin de s'enuoler,
Ils le luy vont ouurir en le fermant à l'air. (ses,
Sus donc, sus, mes sanglots, redoublez vos secouſ-
Pour vn tel desespoir vous les auez trop douces,
Faites pour m'estouffer de plus puissants efforts.

PYMANTE.
Ne songez plus, Dorise, à rejoindre les morts,
Pensez plustost à ceux qui viuants n'ont enuie
Que d'employer pour vous le reste de leur vie;
Pensez plustost à ceux dont le seruice offert
Accepté vous conserue, & refusé vous perd.

CLITANDRE

DORISE.

Crois-tu donc assassin m'acquerir par ton crime?
Qu'innocent mesprisé coupable ie t'estime?
A ce conte tes feux n'ayant peu m'esmouuoir
Ton perfide attentat obtiendroit ce pouuoir?
Ie chercherois en toy la qualité de traistre,
Et mon affection commenceroit à naistre
Lors que tout l'Vniuers a droit de te hayr?

PYMANTE.

Si i'oubliay l'honneur iusques à le trahir,
Si pour vous posseder mon esprit tout de flame
N'a rien creu de hoteux, n'a rien trouué d'infame,
Voyez par là, voyez l'excés de mon ardeur,
Par cét aueuglement iugez de sa grandeur.

DORISE.

Non, non, ta lascheté que i'y vois trop certaine
N'a seruy qu'à donner des raisons à ma haine,
Ainsi ce que i'auois pour toy d'auersion
Vient maintenant d'ailleurs que d'inclination,
C'est la raison, c'est elle à present qui me guide
Aux mespris que ie fais des flames d'vn perfide.

PYMANTE.

Ie ne sçache raison qui s'oppose à mes vœux,
Puisqu'icy la raison n'est que ce que ie veux,
Et ployant dessous moy permet à mon enuie
De recueillir les fruits de vous auoir seruie,
Il me faut vn baiser malgré vos cruautez.

DORISE.

Execrable ainsi donc tes desirs effrontez
Veulent sur ma foiblesse vser de violence?

PYMANTE.

Que sert d'y resister, ie sçay trop la licence
Que me donne l'amour en cette occasion.

DORISE *luy creuant l'œil de son aiguille*
Traistre, ce ne sera qu'à ta confusion.

PYMANTE *portant les mains à son œil crevé*.
Ah cruelle!

TRAGI-COMEDIE. 141

DORISE *en s'échappant de luy.*
    Ah brigand?
PYMANTE.
            Ah que viens-tu de faire?
DORISE *sortie de la cauerne.*
De sauuer mon honneur des efforts d'vn corsaire.
PYMANTE *ramassant son espée.*
Barbare, ie t'auray.
        DORISE *se cachant.*
                Fuyons, il va sortir,
Qu'à propos ce buisson s'offre à me garentir.
        PYMANTE *sorty.*
Ne croy pas m'échaper, quoy que ta ruse fasse,
I'ay ta mort en ma main.
        DORISE *cachée.*
                Dieux! le voila qui passe
PYMANTE *passé de l'autre costé du Theatre.*
Tygresse.

SCENE II.

DORISE, *reuenant sur le Theatre.*

IL est passé, ie suis hors de danger.
 Ainsi doresnauant mō sort puisse changer,
Ainsi d'oresnauant le Ciel plus fauorable
Me preste en ces malheurs vne main secourable.
Pour peine cependant de sa lubricité,
Son œil m'a respondu de ma pudicité,
Et dedans son cristal mon aiguille enfoncée
Attirant ses deux mains m'a desembarassée.
Va donc, monstre bouffi de luxure & d'orgueil,
Vange sur ces rameaux la perte de ton œil,
Fais seruir, si tu veux, dans ta forcenerie
Les fueilles & le vent d'objets à ta furie,
Dorise qui s'en moque, & fuit d'autre costé,
En s'esloignant de toy se met en seureté.

SCENE III.

PYMANTE.

Qv'est-elle deuenuë? ainsi donc l'inhumaine
Apres vn tel affront rend ma poursuite vaine
Ainsi donc la cruelle à guise d'vn éclair
En me frappant les yeux est disparuë en l'air?
Ou plustost l'vn perdu, l'autre m'est inutile,
L'vn s'offusque du sang qui de l'autre distile?
Coule, coule, mon sang, dans de si grands malheurs
Tu dois auec raison me tenir lieu de pleurs,
Ne verser desormais que des larmes communes,
C'est pleurer laschement de telles infortunes.
Ie voy de tous costez mon supplice approcher,
N'osant me descouurir, ie ne me puis cacher,
Mon forfait euident se lit dans ma disgrace,
Et ces goutes de sang me font suiure à la trace.
Miraculeux effet! pour traistre que ie sois
Mon sang l'est encor plus, & sert tout à la fois
De pleurs à ma douleur, d'indices à ma prise,
De peine à mon forfait, de vangeance à Dorise.
O toy, qui secondant son courage inhumain,
Loin d'orner ses cheueux, deshonores sa main,
Execrable instrument de sa brutale rage,
Tu deuois pour le moins respecter son image,
Ce portrait accomply d'vn chef-d'œuure des Cieux
Imprimé dans mon cœur, exprimé dans mes yeux,
Quoy que te commandast son ame courroucée,
Deuoit estre adoré de ta pointe esmoussée,
Quelque secret instinct te deuoit figurer
Que se prendre à mon œil c'estoit le deschirer.
Et toy, belle, reuien, reuien, cruelle ingratte,
Voy comme encor l'amour en ta faueur me flatte,

TRAGI-COMEDIE.

Tu n'as dans ta colere vsé que de tes droits,
Et ma vie, & ma mort dependant de tes loix,
Il t'estoit libre encor de m'estre plus funeste,
Et c'est de ta pitié que i'en tiens ce qui reste.
Reuien, belle, reuien, que i'offre tout blessé
A tes ressentimens ce que tu m'as laissé.
Lasche, & honteux retour de ma flame insensée!
Il semble que desia ma fureur soit passée,
Et tous mes sens broüillez d'vn desordre nouueau
Au lieu de ma maistresse adorent mon bourreau.
Remettez-vous, mes sens, r'asseure-toy, ma rage,
Seule ie te permets d'occuper mon courage,
Tu n'as plus à debatre auec mes passions
L'empire souuerain dessus mes actions,
L'amour vient d'expirer, & ses flames dernieres
S'esteignant ont ietté leurs plus viues lumieres.
Dorise ne tient plus dedans mon souuenir
Que ce qu'il faut de place aux soins de la punir,
Ie n'ay plus de penser qui n'en veüille à sa vie.
Sus donc, qui me la rend? Destins, si vostre enuie
Implacable pour moy s'obstine à mes tourmens,
Si vous me reseruez à d'autres chastimens,
Faites que ie merite en trouuant l'inhumaine
Par vn nouueau forfait vne nouuelle peine,
Et ne me traitez pas auec tant de rigueur. (cœur,
Que mon feu, ny mon fer ne touchent point son
Mais ma fureur se ioüe, & demy-languissante
S'amuse au vain esclat d'vne voix impuissante,
Recourons aux effets, cherchons de toutes parts,
Prenons d'oresnauant pour guides les hazards,
Quiconque rencontré n'en sçaura de nouuelle,
Que son sang aussi-tost me responde pour elle,
Et ne suiuant ainsi qu'vne incertaine erreur
Remplissôs tous ces lieux de carnage & d'horreur.
Vne tempeste suruient.
Mes menaces desia font trembler tout le monde,
Le vent fuit d'espouuâte, & le tonnerre en gronde,
L'œil du Ciel s'en retire, & par vn voile noir

N'y pouuant resister se defend d'en rien voir,
Cent nuages espais se distilans en larmes
A force de pitié veulent m'oster les armes:
L'Vniuers n'ayant pas de force à m'opposer
Me vient offrir Dorise afin de m'appaiser,
Tout est de mon party, le Ciel mesme n'enuoye
Tant d'esclairs redoublés qu'afin que ie la voye,
Quelque part où la peur porte ses pas errants
Il sont entrecoupez de mille gros torrents.
O supréme faueur! ce grand esclat de foudre
Descoché sur son chef le vient de mettre en poudre,
Ce fer, s'il est ainsi, me va tomber des mains,
Ce coup aura sauué le reste des humains,
Satisfait par sa mort mon esprit se modere,
Et va par ce spectacle assouuir sa colere.

SCENE IV.

LE PRINCE.

Que d'heur en ce peril! sans me faire aucun mal
Le tonnerre a sous moy foudroyé mon cheual,
Et consumant sur luy toute sa violence
M'a monstré son respect parmy son insolence.
Hola quelqu'vn, à moy. Tous mes gens escartez
Loing de me secourir suiuent de tous costez
L'effroy de la tempeste, ou l'ardeur de la chasse,
Cette ardeur les emporte, ou la frayeur les glace,
Cependant seul à pied ie pense à tous moments
Voir le dernier débris de tous les elements,
Dont l'obstination à se faire la guerre
Met toute la nature au pouuoir du tonnerre.
Dieux! si vous tesmoignez par là vostre couroux,
De Clitandre, ou de moy lequel menacez vous?

La

TRAGI-COMEDIE.

La perte m'est égale, & la mesme tempeste
Qui l'auroit accablé tomberoit sur ma teste.
Pour le moins, Dieux, s'il court quelque danger
  fatal,
Qu'il en ait comme moy plus de peur que de mal.
I'en découure à la fin quelque meilleur presage,
L'haleine manque aux vents, & la force à l'orage,
Les esclairs indignez d'estre esteints par les eaux
En ont tary la source & seché les ruisseaux,
Et desia le Soleil de ses rayons essuye
Sur ces moites rameaux le reste de la pluye.
Au lieu du bruit affreux des foudres decochez,
Les petits oysillons encor demy cachez
Poussent en tremblottant, & hazardent à peine
Leur voix qui se desrobe à la peur incertaine
Qui tient encor leur ame, & ne leur permet pas
De se croire du tout preseruez du trespas.
I'auray bien tost icy quelques-vns de ma suite,
Ie le iuge à ce bruit.

SCENE V.

LE PRINCE, PYMANTE, DORISE.

PYMANTE *terrassant Dorise.*

EN fin malgré ta fuite
Ie te retiens, barbare.
  DORISE.   Helas!
  PYMANTE.   Songe à mourir,
Tout l'Vniuers icy ne te peut secourir.
  LE PRINCE.
L'esgorger à ma veuë! ô l'indigne spectacle!

N

CLITANDRE

Sus, sus, à ce brigand opposons vn obstacle.
Arreste, scelerat.

PYMANTE.

Temeraire, où vas-tu?

LE PRINCE.

Sauuer ce Gentilhomme à tes pieds abbatu.

DORISE.

C'est le Prince, tout-beau.

PYMANTE *tenant Dorise d'vne main*
& se battant de l'autre.

Prince, ou non, ne m'importe,
Il m'oblige à sa mort m'ayant veu de la sorte.

LE PRINCE.

Est-ce là le respect que tu dois à mon rang?

PYMANTE.

Ie ne cognois icy, ny qualitez, ny sang,
Quelque respect ailleurs que ton grade s'obtienne,
Pour asseurer ma vie il faut perdre la tienne.

DORISE.

S'il me demeure encor quelque peu de vigueur,
Si mon debile bras ne dédit point mon cœur,
I'arresteray le tien.

PYMANTE.

Que fais-tu, miserable?

DORISE *le faisant trébucher.*

Ie destourne le coup d'vn forfait execrable.

PYMANTE.

Auec ces vains efforts crois-tu m'en empescher?

LE PRINCE.

Par vne heureuse adresse il l'a fait trébucher.
Assassin, rends l'espée.

TRAGI-COMEDIE.

SCENE VI.

LE PRINCE, PYMANTE, DORISE, trois Veneurs *portants en leurs mains les vrays habits de Pymante, Lycaste, & Dorise.*

1. VENEVR.

E Scoute, il est fort proche.
C'est sa voix qui resonne au creux de cette roche,
Et c'est luy que tantost nous aurions entendu.
LE PRINCE *à Dorise.*
Prends ce fer en ta main.
PYMANTE.
Ah Cieux! ie suis perdu.
2. VENEVR.
Le voila. Monseigneur, quelle auenture estrange,
Et quel mauuais destin en cét estat vous range!
LE PRINCE.
Garrotez ce maraut, faute d'autres liens
Employez y plustost les couples de vos chiens.
Ie veux qu'à mon retour vne prompte iustice
Luy face ressentir par vn cruel supplice
Sans armer contre luy que les loix de l'Estat,
Que m'attaquer n'est pas vn leger attentat.
Sçachez que s'il eschappe il y va de vos testes.
1. VENEVR.
En ce cas, Monseigneur, les voilà toutes prestes:
Admirez cependant le foudre & ses efforts
Qui dans cette forest ont consumé trois corps,
En voicy les habits, qui sans aucun dommage
Semblent auoir braué la fureur de l'orage.

N ij

CLITANDRE

LE PRINCE.

Tu me montres vrayment de merueilleux effets.

DORISE.

Mais des marques plustost de merueilleux forfaits,
Ces habits que n'a point approché le tonnerre
Sont aux plus criminels qui viuent sur la terre,
Cognoissez les, mon Prince, & voyez deuant vous
Pymante prisonnier, & Dorise à genoux.

LE PRINCE.

Que ce soit là Pymante, & que tu sois Dorise!

DORISE.

Quelques estonnemens qu'vne telle surprise
Iette dans vostre esprit que vos yeux ont deceu,
D'autres le saisiront quand vous aurez tout sceu,
La honte de paroistre en vn tel equipage
Coupe icy ma parole, & l'estouffe au passage,
Souffrez que ie reprenne en vn coin de ces bois
Auec mes vestemens l'vsage de la voix,
Pour vous conter le reste en habit plus sortable.

LE PRINCE.

Cette honte me plaist, ta priere équitable
En faueur de ton sexe & du secours presté
Suspendra iusqu'alors ma curiosité.
Tandis sans m'esloigner beaucoup de cette place,
Ie vay sur ce costau pour descouurir la chasse,
Tu l'y rameneras, toy, s'il ne veut marcher,
Garde-le cependant au pied de ce rocher.

Le Prince sort, & vn des Veneurs s'en va auec Dorise, & l'autre mene Pymante d'vn autre costé.

SCENE VII.

CLEON & vn autre Veneur.

CLEON.

TEs aduis qui n'ont rien que de l'incertitude
N'ostent point mon esprit de son inquietude,
Et ne me font pas voir le Prince en ce besoing.

3. VENEVR.

Asseurez-vous sur moy qu'il ne peut-estre loing,
La mort de son cheual estendu sur la terre
Et tout fumant encor d'vn esclat de tonnerre,
L'ayant reduit à pied ne luy permettra pas
En si peu de loisir d'en esloigner ses pas.

CLEON.

Ta foible conjecture a bien peu d'apparence,
Et flatte vainement ma debile esperance,
Le moyen que le Prince aussi-tost remonté
De ce funeste lieu ne se soit escarté?

3. VENEVR.

Chacun plein de frayeur au bruit de la tempeste,
Qui çà, qui là cherchoit où garantir sa teste,
Si bien que separé possible de son train
Il n'aura pas trouué d'autre cheual en main :
Ioint à cela que l'œil, au sentier où nous sommes,
N'en remarque aucuns pas meslez à ceux des hommes.

CLEON.

Poursuiuons, mais ie croy que pour le rencontrer
Il faudroit quelque Dieu qui nous le vint monstrer.

SCENE VIII.
CLITANDRE *en prison.*
LE GEOLIER.

CLITANDRE.

Dans ces funestes lieux où la seule inclemēce
D'vn rigoureux destin reduit mō innocence
Ie n'attends desormais du reste des humains
Ny faueur, ny secours, si ce n'est par tes mains.

LE GEOLIER.

Ie ne cognois que trop où tend ce preambule,
Vous n'auez pas affaire à quelque homme credule,
Tous dedans ces cachots dont ie porte les clefs
Se disent comme vous du malheur accablez,
Et la iustice à tous est iniuste de sorte
Que la pitié me doit leur faire ouurir la porte,
Mais ie me tiens tousiours ferme dās mon deuoir,
Soyez coupable ou non, ie n'en veux rien sçauoir,
Le Roy, quoy qu'il en soit, vous a mis en ma garde,
Il me suffit, le reste en rien ne me regarde.

CLITANDRE.

Tu iuges mes desseins autres qu'ils ne sont pas,
Ie tiens l'esloignement pire que le trespas,
Et la terre n'a point de si douce Prouince (ce
Où le iour m'agreast loing des yeux de mon Prin-
Helas ! si tu voulois l'enuoyer aduertir
Du peril dont sans luy ie ne sçaurois sortir,
Où qu'il luy fust porté de ma part vne lettre,
De la sienne en ce cas ie t'ose bien promettre
Que son retour soudain des plus riches te rend,
Que cét anneau t'en serue & d'arre & de garant,
Tends la main & l'esprit vers vn bōheur si proche

TRAGI-COMEDIE

LE GEOLIER.

Monsieur, iusqu'à present i'ay vescu sans reproche,
Et pour me suborner, promesses ny presens
N'ont & n'auront iamais de charmes suffisans,
C'est dequoy ie vous donne vne entiere asseurance,
Perdez-en le dessein auecque l'esperance,
Et puisque vous dressez des pieges à ma foy,
Adieu, ce lieu deuient trop dangereux pour moy.

SCENE IX.
CLITANDRE.

VA tygre, va cruel, barbare, impitoyable,
Ce noir cachot n'a rien tant que toy d'effroya- (ble,
Va, porte aux criminels tes regards dont l'horreur
Seule aux cœurs innocents imprime la terreur.
Ton visage desia commençoit mon supplice,
Et mon iniuste sort dont tu te fais complice
Ne t'enuoyoit icy que pour m'espouuanter,
Ne t'enuoyoit icy que pour me tourmenter.
Cependant, malheureux, à qui me dois-ie prendre
D'vne accusation que ie ne puis comprendre?
A-t'on rien veu iamais, a-t'on rien veu de tel?
Mes gens assassinez me rendent criminel, (nie,
L'autheur du coup s'en vante, & l'on m'en calom-
On le comble d'honneur, & moy d'ignominie,
L'eschaffaut qu'on m'apreste au sortir de prison
C'est par où de ce meurtre on me fait la raison.
Mais leur desguisement d'autre costé m'estonne,
Iamais vn bon dessein ne desguisa personne,
Leur masque les condamne, & mon seing côtrefait
M'imputant vn cartel, me charge d'vn forfait.
Mon iugement s'aueugle, & ce que ie deplore,
Ie me sens bien trahy, mais par qui, ie l'ignore,

CLITANDRE

Et mon esprit troublé dans ce confus rapport
Ne voit rien de certain que ma honteuse mort.
Traistre, qui que tu sois, riual, ou domestique,
Le Ciel te garde encore vn destin plus Tragique,
N'importe vif, ou mort, les gouffres des Enfers
Aurōt pour ton supplice encor de pires fers.
Là mille affreux bourreaux t'attendent dās les fla-mes,
Moins les corps sont punis, plus ils gesnēt les ames,
Et par des cruautez qu'on ne peut conceuoir
Vangent les innocents pardelà leur espoir.
Et vous que desormais ie n'ose plus attendre,
Prince, qui m'honoriez d'vne amitié si tendre,
Et dont l'esloignemēt fut mō plus grand malheur,
Bien qu'vn crime imputé noircisse ma valeur,
Que le pretexte faux d'vne action si noire
N'aille laisser de moy qu'vne sale memoire,
Permettez que mon nom qu'vn bourreau va ternir
Dure sans infamie en vostre souuenir,
Ne vous repentez point de vos faueurs passées,
Comme chez vn perfide indignemeut placées,
I'ose, i'ose esperer qu'vn iour la verité
Paroistra toute nuë à la posterité,
Et ie tiens d'vn tel heur l'attente si certaine,
Qu'elle adoucit desia la rigueur de ma peine,
Mon ame s'en chatoüille, & ce plaisir secret
La prepare à sortir auec moins de regret.

SCENE X.

**LE PRINCE, PYMANTE,
CLEON, DORISE,** *en habit de
femme.* **trois Veneurs.**

LE PRINCE *à Dorise & Cleon.*

Vous m'auez dit tous deux d'estranges aucatures,

Ah, Clitandre, ainsi donc de fausses coniectures
T'accablent malheureux sous le courroux du Roy!
Ce funeste recit me met tout hors de moy.

CLEON.

Hastant vn peu le pas, quelque espoir me demeure
Que vous arriuerez auparauant qu'il meure.

LE PRINCE.

Si ie n'y viens à temps, ce perfide en ce cas
A son ombre immolé ne me suffira pas,
C'est trop peu de l'autheur de tant d'enormes cri-
Innocent il aura d'innocentes victimes, (mes,
Où que soit Rosidor, il le suiura de prés,
Ses myrtes pretendus tourneront en cyprés.

DORISE.

Soüiller ainsi vos mains du sang de l'innocence!

LE PRINCE.

Mon desplaisir m'en donne vne entiere licence,
I'en veux comme le Roy faire autant à mon tour:
Et puisqu'en sa faueur on preuient mon retour,
Il est trop criminel. Mais que viens-ie d'entendre?
Ie me tiens presque seur de sauuer mon Clitandre,
La chasse n'est pas loing, où prenant vn cheual,
Ie preuiendray le coup de son malheur fatal.
Il suffit de Cleon pour r'amener Dorise,
Vous autres gardez bien de lascher vostre prise,
Vn supplice l'attend qui doit faire trembler,
Quiconque desormais voudroit luy ressembler.

Fin du quatriéme Acte.

CLITANDRE

ACTE V.

SCENE PREMIERE.
LE PRINCE, CLITANDRE, Vn Preuost, CLEON.

LE PRINCE parlant au Preuost.

Llez deuant au Roy dire qu'vne inno-
cence
Legitime en ce point ma desobeyssāce,
Et qu'vn homme sans crime auoit bien
merité
Que i'vsasse pour luy de quelque auhorité:
Ie vous suy. Cependant que mon heur est extresme,
Cher amy, que ie tiens cōme vn autre moy-mesme,
D'auoir sceu iustement venir à ton secours
Lors qu'vn infame glaiue alloit trancher tes iours,
Et qu'vn iniuste sort ne trouuant point d'obstacle,
Aprestoit de ta teste vn indigne spectacle!
CLITANDRE.
Ainsi qu'vn autre Alcide en m'arrachant des fers
Vous m'auez, autant vaut, retiré des Enfers,
Et moy d'oresnauant i'arreste mon enuie
A ne seruir qu'vn Prince à qui ie dois la vie.
LE PRINCE.
Reserue pour Caliste vne part de tes soins.

TRAGI-COMEDIE.

CLITANDRE.
C'est à quoy desormais ie veux songer le moins.
LE PRINCE.
Le moins? quoy, desormais Caliste en ta pensée
N'auroit plus que le rang d'vne image effacée?
CLITANDRE.
I'ay honte que mon cœur auprés d'elle attaché
Ait son ardeur vers vous si souuent relasché,
Si souuent pour le sien quitté vostre seruice.
C'est par là que i'auois merité mon supplice,
Et pour m'en faire naistre vn iuste repentir
Il semble que les Dieux y vouloient consentir,
Mais vostre heureux retour a calmé cét orage.
LE PRINCE.
Ie deuine à peu prés le fonds de ton courage,
La crainte de la mort en chasse des appas
Qui t'ont mis au peril d'vn si honteux trespas,
Veu que sans cette amour la fourbe mal conceuë
Eust manqué contre roy de pretexte, & d'issuë:
Où peut estre à present tes desirs amoureux
Se cherchent des objets vn peu moins rigoureux.
CLITANDRE.
Doux, ou cruels, aucun desormais ne me touche.
LE PRINCE.
L'amour dompte aisémét l'esprit le plus farouche,
C'est à ceux de nostre aage vn puissant ennemy,
Tu ne cognois encor ses forces qu'à demy,
Ta resolution vn peu trop violente
N'a pas bien consulté ta ieunesse boüillante.
Mais que veux-tu, Cleon, & qu'est-il arriué?
Pymante de vos mains se seroit-il sauué?
CLEON.
Grace aux Dieux, acquittez de la charge commise
Vos veneurs ont conduit Pymante, & moy Dorise,
Et ie viens, Monseigneur, prendre vn ordre nou-
LE PRINCE. (ueau.
Qu'ō m'attende auec eux aux portes du Chasteau.
Allons, allons au Roy monstrer ton innocence,

CLITANDRE

Les autheurs des forfaits sont en nostre puissance,
Et l'vn d'eux conuaincu dés le premier aspect,
Ne te laissera plus aucunement suspect.

SCENE II.

ROSIDOR *dans son lit.*

AMäts les mieux payez de vostre longue peine,
Vous de qui l'esperance est la moins incertai-
Et qui vous figurez apres tant de longueurs (ne,
Auoir droit sur les corps dōt vous tenez les cœurs,
En est-il parmy vous de qui l'ame contente
Gouste plus de plaisirs que moy dans son attente?
En est-il parmy vous de qui l'heur à venir
D'vn espoir mieux fondé se puisse entretenir?
Mon esprit que captiue vn objet adorable
Ne l'esprouua iamais autre que fauorable,
I'ignorerois encor ce que c'est que mespris
Si le sort d'vn riual ne me l'auoit appris:
Les flames de Caliste à mes flames respondent,
Ie ne fay point de vœux que les siens ne secondēt,
Il n'est point de souhaits qui ne m'é soient permis,
Ny de contentements qui ne m'en soient promis.
Clitandre, qui iamais n'attira que sa haine,
Ne peut plus m'opposer le Prince, ny la Reine,
Si mon heur de sa part auoit quelque defaut
Auec sa teste on va l'oster sur l'eschaffaut.
Ie te plains toutesfois, Clitandre, & la colere
D'vn grand Roy, qui te perd me semble trop seuere,
Tes desseins du succés estoient assez punis,
Nous voulant separer, tu nous as reünis,
Il ne te falloit point de plus cruels supplices
Que de te voir toy-mesme autheur de nos delices,
Veu qu'il n'ē'st pas à croire apres ce lasche tour
Que

TRAGI-COMEDIE.

Que le Prince ose plus trauerser nostre amour,
Ton crime t'a rendu desormais trop infame
Pour tenir ton party sans s'expoler au blasme,
On deuient ton complice à te fauoriser.
Mais, helas, mes pensers qui vous vient diuiser?
Quel plaisir de vangeance à present vous engage,
Faut-il qu'auec Caliste vn riual vous partage?
Retournez, retournez vers mon vnique bien,
Que seul doresnauant il soit vostre entretien,
Ne vous repaissez plus que de sa seule idée,
Faites-moy voir la mienne en son ame gardée:
Ne vous arrestez pas à peindre sa beauté,
C'est par où mon esprit est le moins enchanté,
Elle seruit d'amorce à mes desirs auides,
Mais il leur faut depuis des objets plus solides,
Mon feu qu'elle alluma fust mort au premier iour
S'il n'eust esté nourry d'vn reciproque amour.
Oüy, Caliste, & ie veux tousiours qu'il m'en sou-
    uienne,
I'apperceus aussi tost ta flame que la mienne,
L'amour apprit ensemble à nos cœurs à brusler,
L'amour apprit ensemble à nos yeux à parler,
Et sa timidité luy donna la prudence
De n'admettre que nous en nostre confidence.
Ainsi nos passions se deroboient à tous,
Ainsi nos feux secrets n'auoient point de ialoux,
Tant que leur sainte ardeur plus forte deuenuë
Voulut vn peu de mal à tant de retenuë.
Lors on nous vit quitter ces ridicules soins,
Et nos petits larcins souffrirent les tesmoins,
Si ie voulois baiser ou tes yeux, ou ta bouche,
Tu sçauois dextrement faire vn peu la farouche,
Et me laissant tousiours dequoy me preualoir,
Monstrer esgalement le craindre & le vouloir.
Depuis auec le temps l'amour s'est fait le maistre,
Sans aucune contrainte il a voulu paroistre,
Si bien que plus nos cœurs perdoient de liberté,
Et plus on en voyoit en nostre priuauté.

O

Ainsi doresnauant apres la foy donnée
Nous ne respirons plus qu'vn heureux Hymenée,
Et ne touchant encor ses droits que du penser,
Nos feux à tout le reste osent se dispenser,
Hors ce point, tout est libre à l'ardeur qui nous
　　presse.

SCENE III.

ROSIDOR, CALISTE.

CALISTE.
Que diras-tu, mon cœur, de voir que ta mai-
　　stresse
Te vient effrontément trouuer iusques au lict?
ROSIDOR.
Que diray-ie sinon que pour vn tel delict (mende?
On ne m'eschappe à moins de trois baisers d'a-
CALISTE.
La gentille façon d'en faire la demande!
ROSIDOR.
Mon regret dans ce lict qu'on m'oblige à garder
C'est de ne pouuoir plus prendre sans demander,
Autrement, mon soucy, tu sçais comme i'en vse.
CALISTE.
En effet il est vray, de peur qu'on te refuse
Sans rien dire souuent, & par force tu prends...
ROSIDOR.
Ce que forcée, ou non, de bon cœur tu me rends.
CALISTE.
Tout-beau, si quelquefois ie souffre, & ie pardonne
Le trop de liberté que ta flame se donne,
C'est sous condition de n'y plus reuenir.
ROSIDOR.
Si tu me rencontrois d'humeur à la tenir,

TRAGI-COMEDIE.

Tu chercherois bien-toſt moyen de t'en deſdire,
Ton ſexe qui défend ce que plus il déſire,
Voit fort à contrecœur.

CALISTE.

Qu'on luy deſobeït,
Et que noſtre foibleſſe au plus fort le trahit.

ROSIDOR.

Ne diſſimulons point, eſt-il quelque aduantage
Qu'auec nous au baiſer ton ſexe ne partage?

CALISTE.

Vos importunitez le font aſſez iuger.

ROSIDOR.

Nous ne nous en ſeruons que pour vous obliger,
C'eſt par où noſtre ardeur ſupplée à voſtre honte,
Mais l'vn & l'autre y trouue également ſon conte,
Et toutes vous deuſſiez prendre en vn jeu ſi doux
Comme meſme plaiſir meſme intereſt que nous.

CALISTE.

Ne pouuant le gaigner contre toy de paroles
I'oppoſeray l'effet à tes raiſons friuoles,
Et ſçauray deſormais ſi bien te refuſer
Que tu verras le gouſt que ie prends à baiſer,
Auſſi bien ton orgueil en deuient trop extrême.

ROSIDOR.

Simple, pour le punir tu te punis toy-meſme,
Ce deſſein mal conçeu te vange à tes deſpens,
Deſia (n'eſt-il pas vray, mon heur?) tu t'en repens,
Et deſia la rigueur d'vne telle contrainte
Dans tes yeux languiſſans met vne douce plainte,
L'Amour par tes regards murmure de ce tort,
Et ſemble m'aduoüer d'vn agreable effort.

CALISTE.

Quoy qu'il en ſoit, Caliſte au moins t'en deſad-
ROSIDOR.   (uouë.
Ce vermillon nouueau qui colore ta ioüe
M'inuite expreſſement à me licentier.

CALISTE.

Voilà le vray chemin de te diſgracier.

O ij

ROSIDOR.
Ces refus attrayans ne sont que des remises.
CALISTE.
Lors que tu te verras ces priuautez permises,
Tu pourras t'asseurer que nos contentemens
Ne redouteront plus aucuns empeschemens.
ROSIDOR.
Vienne cét heureux iour, mais iusque-là, mauuaise,
N'auoir point de baisers à rafraischir ma braise!
Deussay-ie estre impudent autant côme importun,
A tel prix que ce soit, sçache qu'il m'en faut vn.
Desgoustée, ainsi donc ta menace s'exerce?
CALISTE.
Aussi n'est-il plus rien, mon cœur, qui nous tra- (uerse,
Aussi n'est-il plus rien qui s'oppose à nos vœux,
La Reine qui tousiours fut contraire à nos feux,
Soit du piteux recit de nos hazards touchée,
Soit de trop de faueur vers vn traistre faschée,
A la fin s'accommode aux volontez du Roy,
Qui d'vn heureux Hymen recompense ta foy.
ROSIDOR.
Qu'vn Hymen doiue vnir nos ardeurs mutuelles!
Ah, mon heur, pour le port de si bonnes nouuelles
C'est trop peu d'vn baiser.
CALISTE.
Et pour moy c'est assez.
ROSIDOR.
Ils n'en sont que plus doux estant vn peu forcez.
Ie ne m'estonne plus de te voir si priuée
Te mettre sur mon lict aussi-tost qu'arriuée,
Tu prends possession desia de la moitié
Comme estant toute acquise à ta chaste amitié.
Mais à quand ce beau iour qui nous doit tout per-
mettre?
CALISTE.
Iusqu'à ta guerison on l'a voulu remettre.
ROSIDOR.
Allons, allons, mon cœur, ie suis desia guery.

TRAGI-COMEDIE.

CALISTE.
Ce n'est pas pour vn iour que ie veux vn mary,
Tout beau, i'aurois regret, ta santé hazardée,
Si tu m'allois quitter si-tost que possedée,
Retiens vn peu la bride à tes boüillans desirs,
Et pour les mieux gouster asseure nos plaisirs.

ROSIDOR.
Que le sort a pour moy de subtiles malices!
Ce lict doit estre vn iour le champ de mes delices,
Et recule luy seul ce qu'il doit terminer,
Luy seul il m'interdit ce qu'il me doit donner.

CALISTE.
L'attente n'est pas longue, & son peu de durée

ROSIDOR.
N'augmente que la soif de mon ame alterée.

CALISTE.
Cette soif s'esteindra, ta prompte guerison
Parauant qu'il soit peu t'en fera la raison.

ROSIDOR.
A ce conte tu veux que ie me persuade
Qu'vn corps puisse guerir dont le cœur est malade.

CALISTE.
N'vse point auec moy de ce discours mocqueur,
On sçait bien ce que c'est des blessures du cœur,
Les tiennes attendant l'heure que tu souhaites
Auront pour medecins mes yeux qui les ont faites,
Ie me rends desormais assidue à te voir.

ROSIDOR.
Cependant, ma chere ame, il est de mon deuoir
Que sans plus differer ie m'en aille en personne
Remercier le Roy du bonheur qu'il nous donne.

CALISTE.
Ie me charge pour toy de ce remercîment.
Toutefois qui sçauroit que pour ce compliment
Vne heure hors du lict ne te peust beaucoup nuire,
Ie voudrois en ce cas moy-mesme t'y conduire,
Et i'aymerois mieux estre vn peu plus tard à toy
Que tes humbles deuoirs manquassent vers ton Roy.

O iij

ROSIDOR.

Mes bleſſures n'ont pas en leurs foibles atteintes,
Surquoy ton amitié puiſſe fonder ſes craintes.

CALISTE.

Repren donc tes habits.

ROSIDOR.

Ne ſors pas de ce lieu.

CALISTE.

Ie rentre incontinent.

ROSIDOR.

Adieu donc ſans adieu.

SCENE IV.

LE ROY, LE PRINCE, CLITANDRE, PYMANTE, DORISE, CLEON, Preuoſt, 3. Veneurs.

LE ROY.

Que ſouuent noſtre eſprit trompé par l'apparence
Regle ſes mouuemens auec peu d'aſſeurance!
Qu'il eſt peu de lumiere en nos entendemens,
Et que d'incertitude en nos raiſonnemens!
Qui voudra deſormais ſe fie aux impoſtures
Qu'en noſtre iugement forment les conjectures,
Tu ſuffis pour apprendre à la poſterité
Combien la vray-ſemblance a peu de verité,
Iamais iuſqu'à ce iour la raiſon en deſroute
N'a conçeu tant d'erreur auecque moins de doute,
Iamais par des ſoupçons ſi faux & ſi preſſants
On n'a iuſqu'à ce iour conuaincu d'innocents.

TRAGI-COMEDIE. 163

J'en suis honteux, Clitandre, & mon ame confuse
De trop de promptitude en soy-mesme s'accuse,
Vn Roy doit se donner, quand il est irrité,
Ou plus de retenuë, ou moins d'authorité.
Perds-en le souuenir, & pour moy ie te iure
Qu'à force de bienfaits i'en repare l'iniure.

CLITANDRE.

Que vostre Majesté, Sire, n'estime pas
Qu'il faille m'attirer par de nouueaux appas,
L'honeur de vous seruir m'apporte assez de gloire,
Et ie perdrois le mien si quelqu'vn pouuoit croire
Que mon deuoir panchast au refroidissement
Sans le flateur espoir d'vn agrandissement.
Vous n'auez exercé qu'vne iuste colere, (re
On est trop criminel quand on vous peut desplai-
Et tout chargé de fers, ma plus forte douleur
Ne s'en osa iamais prendre qu'à mon malheur.

LE PRINCE.

Monsieur, moy qui cognois le fonds de son coura-
Et qui n'ay iamais veu de fard en son langage, (ge
Ie tiendrois à bonheur que vostre Majesté
M'acceptast pour garand de sa fidelité.

LE ROY.

Ne nous arrestons plus sur la recognoissance
Et de mon iniustice, & de son innocence,
Passons aux criminels. Toy dont la trahison
A fait si lourdement chopper nostre raison,
Approche, scelerat. Vn homme de courage
Se met souuent (non pas?) en vn tel équippage?
Attaque le plus fort vn riual plus heureux?
Et presumant encor cét exploit dangereux
A force de presents, & d'infames pratiques
D'vn autre Caualier corrompt les domestiques?
Prend d'vn autre le nom & contrefait son seing,
Afin qu'executant son perfide dessein
Sur vn homme innocent tombent les coniectu-
res?
Parle, parle, confesse, & preuien les tortures.

PYMANTE.

Sire, escoutez-en donc la pure verité,
Vostre seule faueur a fait ma lascheté,
Vous, disie, & cet objet dōt l'amour me transporte,
L'honneur doibt pouuoir tout sur les gens de ma
  sorte,
Mais recherchant la mort d'vn qui vous est si cher,
Pour en auoir le fruit il me falloit cacher.
Recognu pour l'autheur d'vne telle surprise,
Le moyen d'approcher de vous, ou de Dorise?

LE ROY.

Va plus outre, impudent, pousse, & m'impute en-
L'attentat sur mon fils, comme sur Rosidor,
Car ie ne touche point à Dorise outragée,
Chacun en re voyant la voit assez vangée,
Et coupable elle-mesme elle a bien merité
L'affront qu'elle a receu de ta temerité.

PYMANTE.

Vn crime attire l'autre, & de peur d'vn supplice
On tasche en estouffant ce qu'on en voit d'indice
De paroistre innocent à force de forfaits.
Ie ne suis criminel sinon manque d'effets,
Et sans l'aspre rigueur du sort qui me tourmente
Vous pleureriez le Prince, & souffririez Pymante.
Mais que tardez-vous plus? i'ay tout dit, punissez.

LE ROY.

Est-ce là le regret de tes crimes passez?
Ostez-le moy d'icy, ie ne puis voir sans honte
Que de tant de forfaits il tient si peu de conte.
Dites à mon conseil que pour le chastiment
I'en laisse à ses aduis le libre iugement,
Mais qu'apres son arrest ie sçauray recognoistre
L'amour que vers son Prince il aura fait paroistre.
Vien çà toy maintenant, monstre de cruauté,
Qui veux ioindre le meurtre à la desloyauté,
Detestable Alecton, que la Reine deceuë
Auoit naguere au rang de ses filles receuë,
Quel barbare, ou plustost quelle peste d'Enfer

TRAGI-COMEDIE. 165

Se rendit ton complice, & te bailla ce fer?
DORISE.
L'autre iour dans ces bois trouué par auanture,
Sire, il donna suiet à toute l'imposture:
Mille ialoux serpens qui me rongeoient le sein
Sur cette occasion formerent mon dessein,
Ie le cachay deslors.
LE PRINCE.
Il est tout manifeste
Que ce fer n'est sinon vn miserable reste
Du malheureux duel où le pauure Arimant
Laissa son corps sans ame, & Daphné sans amant.
Mais quant à son forfait, vn ver de ialousie
Iette souuent nostre ame en telle frenesie
Que la raison tombée en vn aueuglement,
Laisse nostre conduite à son desreglement,
Lors tout ce qu'il produit merite qu'on l'excuse.
LE ROY.
De si foibles raisons mon esprit ne s'abuse.
LE PRINCE.
Monsieur, quoy qu'il en soit, vn fils qu'elle vous rend
Sous vostre bon plaisir sa defence entreprend,
Innocente, ou coupable, elle asseura ma vie.
LE ROY.
Ma iustice en ce cas la donne à ton enuie,
Ta priere obtient mesme auant que demander
Ce qu'aucune raison ne pouuoit t'accorder.
Le pardon t'est acquis, releue toy, Dorise,
Et va dire par tout en liberté remise
Que le Prince aujourd'huy te preserue à la fois
Des fureurs de Pymante, & des rigueurs des loix.
DORISE.
Apres vne bonté tellement excessiue,
Puisque vostre clemence ordonne que ie viue,
Permettez desormais, Sire, que mes desseins
Prennent des mouuemens plus reglés & plus sains,
Souffrez que pour pleurer mes actions brutales
Ie face ma retraitte auecque les Vestales,

Et qu'vne criminelle indigne d'estre au iour
Se puisse renfermer en leur sacré seiour.

LE PRINCE.

Te bannir de la Cour apres m'estre obligée,
Ce seroit trop monstrer ma faueur negligée.

DORISE.

N'arrestez point au monde vn sujet odieux,
De qui chacun d'horreur destourneroit les yeux.

LE PRINCE.

Fusses-tu mille fois encor plus mesprisable,
Ma faueur te va rendre assez considerable
Pour te faire l'objet de mille affections.
Outre l'attrait puissant de tes perfections,
Mon respect à l'amour tout le monde conuie
Vers celle à qui ie dois, & qui me doit la vie.
Fais-le voir, mon Clitandre, & tourne ton desir
Du costé que ton Prince a voulu te choisir,
Reüny mes faueurs t'vnissant à Dorise.

CLITANDRE.

Mais par cette vnion mon esprit se diuise,
Puisqu'il faut que ie donne aux deuoirs d'vne espou[se]
La moitié des pensers qui ne sont deus qu'à vous.

LE PRINCE.

Ce partage m'oblige, & ie tiens tes pensées
Vers vn si beau sujet d'autant mieux adressées
Que ie luy veux ceder ce qui m'en appartient.

LE ROY.

Taisez-vous, i'apperçoy nostre blessé qui vient.

TRAGI-COMEDIE.

SCENE V.
LE ROY, LE PRINCE, CLEON, CLITANDRE, ROSIDOR, CALISTE, DORISE.

LE ROY.

Av comble de tes vœux, seur de ton mariage,
N'es-tu point satisfait? Que veux-tu dauantage.

ROSIDOR.

L'apprendre de vous, Sire, & pour remercimens
Offrir encor ma vie à vos commandemens.

LE ROY.

Si mon cõmandement peut sur toy quelque chose,
Et si ma volonté de la tienne dispose,
Embrasse vn Caualier indigne des liens
Où l'a mis auiourd'huy la trahison des siens.
Le Prince heureusement l'a sauué du supplice,
Et ces deux que ton bras desrobe à ma iustice
Corrompus par Pymante auoient iuré ta mort,
Le suborneur depuis n'a pas eu meilleur sort,
Et ce traistre à present tombé sous ma puissance,
Clitandre fait trop voir quelle est son innocence.

ROSIDOR.

Sire, vous le sçauez, le cœur me l'auoit dit,
Et si peu que i'auois enuers vous de credit
Ie l'employay dés lors contre vostre colere.
En moy doresnauant faites estat d'vn frere.

CLITANDRE *embrassant Rosidor.*

En moy d'vn seruiteur dont l'amour esperdu
Ne vous querelle plus vn prix qui vous est deu.

DORISE à *Caliste*.

Si le pardon du Roy me peut donner le vostre,
Si mon crime...

CALISTE *en l'embrassant.*

Ah ma sœur, tu me prends pour un autre,
Si tu crois que ie puisse encor m'en souuenir.

LE ROY.

Tu ne veux plus songer qu'à ce iour à venir,
Que Rosidor guery termine vn Hymenée.
Clitandre en attendant cette heureuse iournée
Taschera d'allumer en son ame des feux
Pour celle que mon fils desire, & que ie veux,
A qui pour reparer sa faute criminelle
Ie defends desormais de se monstrer cruelle.
Ainsi nous verrons lors cueillir en mesme iour
A deux couples d'Amants les fruicts de leur
    amour.

Fin du cinquiéme & dernier Acte.

LA VEFVE
COMEDIE.

A
MADAME
DE LA
MAISON-FORT.

MADAME,

Le bon accueil qu'autrefois cette Vefue a receu de vous l'oblige à vous en remercier, & l'enhardit à vous demander la faueur de vostre protection. Estant exposée aux coups de l'enuie & de la médisance, elle n'en peut trouuer de plus asseurée que celle d'vne personne sur qui ces deux monstres n'ont iamais eu de prise. Elle espere que vous ne la mécognoistrés pas pour estre despoüillée de tous autres ornemens que les siens, & que vous la traiterez aussi bien qu'alors que les graces de la representation la metsoient en son iour. Pourueu qu'elle vous puisse di-

EPISTRE.

uertir encor vne heure, elle est trop contente, & se bannira sans regret du Theatre pour auoir vne place dans vostre cabinet. Elle est honteuse de vous ressembler si peu, & a de grands sujets d'aprehender qu'on ne l'accuse de peu de iugement de se presenter deuant vous, dont les perfections la feront paroistre dautant plus imparfaite ; mais quand elle considere qu'elles sont en vn si haut point qu'on n'en peut auoir de legeres teintures sans des priuileges tous particuliers du Ciel, elle se r'asseure entierement, & n'ose plus craindre qu'il se rencontre des esprits assez iniustes pour luy imputer à defaut le manque des choses qui sont au dessus des forces de la nature. En effet, MADAME, quelque difficulté que vous fassiez de croire aux miracles, il faut que vous en recognoissiez en vous mesme, ou que vous ne vous cognoissiez pas, puisque il est tout vray que des vertus & des qualitez si peu communes que les vostres ne sçauroient auoir d'autre nom. Ce n'est pas mon dessein d'en faire icy les Eloges, outre qu'il seroit superflu de particulariser ce que tout le monde sçait, la bassesse de mon discours profaneroit des choses si releuées. Ma plume est trop foible pour entreprendre de voler si haut, c'est assez pour elle de vous rendre mes deuoirs, & de vous protester auec plus de verité que d'eloquence, que ie seray toute ma vie,

MADAME,

Vostre tres-humble & tres obeïssant
seruiteur, CORNEILLE.

ACTEVRS.

PHILISTE amant de Clarice.

ALCIDON amy de Philiste & amant de Doris.

CELIDAN amy d'Alcidon & amoureux de Doris.

CLARICE Vefue d'Alcandre & maistresse de Philiste.

CHRYSANTE mere de Doris.

DORIS sœur de Philiste.

LA NOVRRICE de Clarice.

GERON agent de Florange amoureux de Doris qui ne paroist point.

LYCAS domestique de Philiste.

POLYMAS.
DORASTE.   } domestiques de Clarice.
LISTOR.

La Scene est à Paris.

LA VEFVE
COMEDIE.

ACTE I.

SCENE PREMIERE.
PHILISTE, ALCIDON.

PHILISTE.

DY ce que tu voudras, chacun a sa metho-
      ALCIDON.   (de.
Mais la tienne pour moy seroit fort
   incommode,   (tant de feu
Mon cœur ne pourroit pas conseruer
S'il falloit que ma bouche en témoignast si peu.
Depuis prés de deux ans tu brusles pour Clarice,
Et plus ton amour croist, moins elle en a d'indice,
Il semble qu'à languir tes desirs sont contents,
Et que tu n'as pour but que de perdre ton temps.
Quel fruict esperes-tu de ta perseuerance
A la traicter tousiours auec indifference?
Aupres d'elle assidu sans luy parler d'amour,
Veux-tu qu'elle commence à te faire la cour?

P iij

PHILISTE.
Non pas, mais pour le moins ie veux qu'elle deui-
ALCIDON.   (ne.
C'en est trop presumer, cette beauté diuine
Auec iuste raison prend pour stupidité
Ce qui n'est qu'vn effet de ta timidité.
PHILISTE.
Mais as-tu remarqué que Clarice me fuye?
Qu'indifferent qu'il est mon entretien l'ennuye?
Que ie luy sois à charge, & lors que ie la voy
Qu'elle vse d'artifice à s'eschapper de moy?
Sans te mettre en soucy du feu qui me consomme
Apren cōme l'amour se traite en honneste hōme.
Aussi-tost qu'vne Dame en ses rets nous a pris,
Offrir nostre seruice au hazard d'vn mépris,
Et nous laissant conduire à nos brusques saillies,
Au lieu de nostre amour luy monstrer nos folies.
Qu'vn superbe desdain punisse au mesme instant,
Il n'est si mal-adroit qui n'en fist bien autant.
Il faut s'en faire aymer auant qu'on se declare,
Nostre submission a l'orgueil la prepare,
Luy dire incontinent son pouuoir souuerain
C'est mettre à sa rigueur les armes à la main:
Vsons pour estre aymez d'vn meilleur artifice,
Et sans luy rien offrir rendons luy du seruice,
Reglons sur son humeur toutes nos actions,
Ajustons nos desseins à ses intentions,
Tant que par la douceur d'vne longue hantise
Comme insensiblement elle se trouue prise.
C'est par là que l'on séme aux Dames des appas
Qu'elles n'euitent point, ne les preuoyant pas,
Leur haine enuers l'amour pourroit estre vn prodi-
Que le seul nō les choque & l'effet les oblige. (ge
ALCIDON.
Suiue qui le voudra ce nouueau procedé,
Mon feu me desplaitoit d'estre ainsi gourmandé.
Ne parler point d'amour ! pour moy ie me deffie
Des fantasques raisons de ta Philosophie,

COMEDIE. 173

Ce n'est pas là mon jeu. Le ioly passetemps
D'estre aupres d'vne Dame, & causer du beau têps,
Luy iurer que Paris est tousiours plain de fange,
Qu'vn certain parfumeur vend de fort bonne eau
  d'Ange,
Qu'vn Caualier regarde vn autre de trauers,
Que dans la Comedie on dit d'assez bons vers,
Qu'Aglante auec Philis dans vn mois se marie,
Change, pauure abusé, change de batterie,
Conte ce qui te méne, & ne t'amuse pas
A perdre sottement tes discours & tes pas.

PHILISTE.

Ie les aurois perdus aupres de ma maistresse
Si ie n'eusse employé que la commune adresse,
Puisqu'inesgal de biens & de condition
Ie ne pouuois pretendre à son affection.

ALCIDON.

Mais si tu ne les perds ie le tiens à miracle,
Veu que par là ton feu rencontre vn double ob-
Et qu'ainsi ton silence & l'inégalité (stacle,
S'opposent à la fois à ta temerité.

PHILISTE.

Croy que de la façon que i'ay sçeu me conduire
Mon silence n'est pas en estat de me nuire:
Mille petits deuoirs ont trop parlé pour moy,
Ses regards chaque iour m'asseurent de sa foy,
Ses soupirs & les miens font vn secret langage
Par où son cœur au mié à tous moments s'engage,
Nos vœux, quoy que muets, s'entendent aisément,
Et quand quelques baisers sont deus par compli-

ALCIDON. (ment.

Ie m'imagine alors qu'elle ne t'en denie.

PHILISTE.

Mais ils tiennent bien peu de la ceremonie,
Parmy la bien-seance il m'est aisé de voir
Que l'amour me les donne autant que le deuoir.
En cette occasion c'est vn plaisir extréme (me
Lors que de part & d'autre vn couple qui s'entrai-

Abuse dextrement de cette liberté
Que permettent les loix de la ciuilité,
Et que le peu souuent que ce bon heur arriue
Picquant nostre appetit rend sa pointe plus viue,
Nostre flame irritée en croist de iour en iour.
ALCIDON.
Tout cela cependant sans luy parler d'amour?
PHILISTE.
Sans luy parler d'amour.
ALCIDON.
       l'estime ta science,
Mais i'aurois à l'espreuue vn peu d'impatience.
PHILISTE.
Le Ciel qui bien souuent nous choisit des partis
A tes feux & les miens prudemment assortis,
Et comme à ces longueurs t'ayant fait indocile
Il te donne en ma sœur vn naturel facile,
Ainsi pour cette Vefue il voulut m'enflâmer
Apres m'auoir donné par où m'en faire aymer.
ALCIDON.
Mais il luy faut en fin descouurir ton courage.
PHILISTE.
C'est ce qu'en ma faueur sa Nourrice mesnage,
Cette vieille subtile a mille inuentions
Pour m'aduancer au but de mes intentions,
Elle m'aduertira du temps que ie dois prendre,
Le reste vne autrefois se pourra mieux apprendre,
Adieu.   ALCIDON.
    La confidence auec vn bon amy
Iamais sans l'offencer ne s'exerce à demy.
PHILISTE.
Vn interest d'amour me prescrit ces limites,
Ma maistresse m'attend pour faire des visites
Où ie luy promis hier de luy prester la main.
ALCIDON.
Adieu donc, cher Philiste.
PHILISTE.
       Adieu iusqu'à demain.

COMEDIE. 177

SCENE II.
ALCIDON, LA NOVRRICE.

ALCIDON seul.

Vit-on iamais amant de pareille imprudence
Auecque son riual traiter de confidence?
Simple, appren que ta sœur n'aura iamais dequoy
Asseruir sous ses loix des gens faits comme moy,
Qu'Alcidon feint pour elle, & brusle pour Clarice.
Ton agente est à moy. N'est-il pas vray, Nourrice?

LA NOVRRICE.
La belle question! quoy?

ALCIDON.
Que Philiste...

LA NOVRRICE.
Et bien?

ALCIDON.
C'est en toy qu'il espere.

LA NOVRRICE.
Ouy, mais il ne tient rien.

ALCIDON.
Tu luy promets pourtant.

LA NOVRRICE.
C'est par où ie l'amuse
Tant que tes bons succez luy descouurent ma ruse.

ALCIDON.
Ie le viens de quitter.

LA NOVRRICE.
Et bien que t'a-t'il dit?

ALCIDON.
Que tu veux employer pour luy tout ton credit.
Et que rendant tousiours quelque petit seruice

LA VEFVE

Il s'est fait vne entrée en l'ame de Clarice.

LA NOVRRICE.
Moindre qu'il ne presume, & toy?

ALCIDON.
Ie l'ay poussé
A s'enhardir vn peu plus que par le passé,
Et descouurir son mal à celle qui le cause.

LA NOVRRICE.
Pourquoy?

ALCIDON.
Pour deux raisons, l'vne, qu'il me propose
Ce qu'il a dans le cœur beaucoup plus librement,
L'autre, que ta maistresse apres ce compliment
Le chassera peut-estre ainsi qu'vn temeraire.

LA NOVRRICE.
Ne l'enhardy pas tant, i'aurois peur du contraire,
Que malgré tes raisons quelque mal ne t'en prist,
Ce riual d'asseurance est bien dans son esprit,
Mais non pas tellement qu'auant que le mois passe
Nous ne le sçachions mettre en sa mauuaise grace.

ALCIDON.
Et lors?

LA NOVRRICE.
Ie te respons de ce que tu cheris.
Cependant continuë à caresser Doris,
Que son frere esblouy par cette accorte feinte
De nos pretensions n'ait ny soupçon, ny crainte.

ALCIDON.
A m'en ouyr conter, l'amour de Celadon
N'eut iamais rien d'esgal à celuy d'Alcidon,
Tu rirois trop de voir comme ie la cajolle.

LA NOVRRICE.
Et la dupe qu'elle est croit tout sur ta parolle?

ALCIDON.
Cette ieune estourdie est si folle de moy
Qu'elle prend chaque mot pour article de foy,
Et son frere pipé du fard de mon langage,
Qui croit que ie soupire apres son mariage,
Pensant bien m'obliger m'en parle tous les iours,

COMEDIE. 179

Mais quãd il en vient là, ie sçay bien mes destours,
Tantost veu l'amitié qui tous deux nous assemble,
I'atrēdray son Hymē pour estre heureux ensemble,
Tantost il faut du temps pour le consentement
D'vn oncle dont i'espere vn bon aduancement,
Tantost ie sçay trouuer quelque autre bagatelle.
LA NOVRRICE.
Separons-nous de peur qu'il entrast en ceruelle
S'il auoit descouuert vn si long entretien,
Iouë aussi bien ton ieu que ie ioüeray le mien.
ALCIDON.
Nourrice, ce n'est pas ainsi qu'on se separe.
LA NOVRRICE.
Monsieur, vous me iugez d'vn naturel auare.
ALCIDON.
Tu veilleras pour moy d'vn soin plus diligent.
LA NOVRRICE.
Ce sera dōc pour plus que vous pour vostre argent.

SCENE III.
CHRYSANTE, DORIS.
CHRYSANTE.

C'Est trop desaduoüer vne si belle flame
Qui n'a rien de honteux, rien de sujet au blas-
Confesse-le ma fille, Alcidon a ton cœur,   (me,
Ses rares qualitez l'en ont rendu vainqueur,
Ne vous entr'appeller que mon ame & ma vie,
C'est monstrer que tous deux vous n'auez qu'vne
       enuie,
Et que d'vn mesme trait vos esprits sont blessez.
DORIS.
Madame, il n'en va pas ainsi que vous pensez,
Mon frere ayme Alcidon, & sa priere expresse

M'oblige à luy respondre en termes de maistresse,
Ie me fais comme luy souuent toute de feux,
Mais mon cœur se conserue au point où ie le veux,
Tousiours libre, & qui garde vne amitié sincere
A celuy que voudra me prescrire vne mere.
CHRYSANTE.
Ouy, pourueu qu'Alcidon te soit ainsi prescrit.
DORIS.
Madame, peussiés vous lire dans mon esprit,
Vous verriés iusqu'où va ma pure obeyssance.
CHRYSANTE.
Ne crain pas que ie veuille vser de ma puissance,
Ie croirois en produire vn trop cruel effet
Si ie te separois d'vn amant si parfait.
DORIS.
Vous le cognoissez mal, son ame a deux visages,
Et ce dissimulé n'est qu'vn conteur à gages,
Il a beau m'accabler de protestations,
Ie demesle aisement toutes ses fictions,
Ainsi qu'il me les baille, ainsi ie les renuoye,
Nous nous entrepayons d'vne mesme monnoye,
Et malgré nos discours mon vertueux desir
Attend tousiours celuy que vous voudrez choisir,
Vostre vouloir du mien absolument dispose.
CHRYSANTE.
L'espreuue en fera foy, mais parlons d'autre chose,
Nous vismes hyer au bal entre autres nouueautez
Tout plein d'honnestes gens caresser les beautez.
DORIS.
Ouy, Madame, Alindor en vouloit à Celie,
Lysandre à Celidée, Oronte à Roselie.
CHRYSANTE.
En nommant celles-cy tu caches finement
Qu'vn certain t'entretint assez paisiblement.
DORIS.
Ce visage inconnu qu'on appelloit Florange?
CHRYSANTE.
Luy mesme.

DORIS

COMEDIE.

DORIS.

Ah Dieu! que c'est vn cajoleur estrange!
Ce fut paisiblement de vray qu'il m'entretint,
Soit que quelque raison secrette le retinst,
Soit que son bel esprit me iugeast incapable
De luy pouuoir fournir vn entretien sortable,
Il m'espargna si bien que ses plus longs propos
A grand peine en vne heure estoiét de quatre mots,
Il me mena dancer deux fois sans me rien dire.

CHRYSANTE.

Oüy, mais apres?

DORIS.

Apres, c'est bien le mot pour rire.
Mon baladin muet se retire en vn coing
Content de m'enuoyer des œillades de loing,
En fin apres m'auoir long-temps consideree,
Apres m'auoir de l'œil mille fois mesurée,
Il m'aborde en tremblant auec ce compliment,
Vous m'attirez à vous ainsi que fait l'Aymant.
(Il pensoit m'auoir dit le meilleur mot du monde)
Entendant ce haut style aussi-tost le seconde,
Et respons brusquement sans beaucoup m'esmou-
Vous estes donc de fer à ce que ie puis voir. (uoir,
Apres cette response, il eut don de silence,
Surpris (comme ie croy) par quelque defaillance:
Depuis il s'aduisa de me serrer les doigts,
Et retrouuant vn peu l'vsage de la voix
Il prit vn de mes gands, la mode en est nouuelle,
(Me dit-il) & iamais ie n'en vis de si belle,
Vous portés sur le sein vn mouchoir fort carré,
Vostre éuentail me plaist d'estre ainsi bigarré,
L'amour, ie vous asseure, est vne belle chose,
Vrayement vous aymez fort cette couleur de rose,
La ville est en hyuer toute autre que les champs,
Les charges à present n'ont que trop de marchands,
On n'en peut approcher.

CHRYSANTE.

Mais en fin que t'en semble?

Q

DORIS.
Ie n'ay iamais cogneu d'homme qui luy ressemble,
Ny qui mesle en discours tant de diuersitez.
CHRYSANTE.
Il est nouueau venu des Vniuersitez,
Au demeurant fort riche, & que la mort d'vn pere,
Sans deux successions encores qu'il espere, (d'huy
Comble de tant de biens, qu'il n'est fille auiour-
Qui ne luy rie au nez, & n'ait dessein sur luy.
DORIS.
Aussi me contez-vous de beaux traits de visage.
CHRYSANTE.
Et bien, auec ces traits est-il à ton vsage?
DORIS.
Ie douterois plustost si ie serois au sien.
CHRYSANTE.
Ie sçay qu'asseurément il te veut force bien,
Mais il te le faudroit plus sage & plus accorte
Receuoir desormais vn peu d'vne autre sorte.
DORIS.
Commandés seulement, Madame, & mon deuoir
Ne negligera rien qui soit en mon pouuoir.
CHRYSANTE.
Ma fille, te voilà telle que ie souhaite,
Pour ne te rien celer, c'est chose qui vaut faite,
Geron qui depuis peu fait icy tant de tours
Au desceu d'vn chacun a traité ces amours,
Et puis qu'à mes desirs ie te voy resoluë,
Ie veux qu'auant deux iours l'affaire soit concluë.
Au regard d'Alcidon tu dois continuer,
Et de ton beau semblant ne rien diminuer,
Il faut iouër au fin contre vn esprit si double.
DORIS.
Mon frere en sa faueur vous donnera du trouble.
CHRYSANTE.
Il n'est pas si mauuais que l'on n'en vienne à bout.
DORIS.
Madame, aduisez-y, ie vous remets le tout.

COMEDIE. 183
CHRYSANTE.
Rentre, voicy Geron de qui la conference
Doit rompre, ou nous donner vne entiere asseu-
rance.

SCENE IV.
CHRYSANTE, GERON.

CHRYSANTE.

ILs se sont veus en fin.
GERON.
Ie l'auois desia sçeu,
Madame, & les effets ne m'en ont pas deçeu,
Au moins quand à Florange.
CHRYSANTE.
Et bien, mais, qu'est-ce encore?
Que dit-il de ma fille?
GERON.
Ah! Madame, il l'adore,
Il n'a point encor veu de miracles pareils,
Ses yeux à son aduis sont autant de Soleils,
L'enfleure de son sein vn double petit monde,
C'est le seul ornement de la machine ronde,
L'amour à ses regards allume son flambeau,
Et souuent pour la voir il oste son bandeau,
Diane n'eut iamais vne si belle taille,
Auprés d'elle Venus ne seroit rien qui vaille,
Ce ne sont rien que Lys & Roses que son teint,
En fin de ses beautez il est si fort atteint.
CHRYSANTE.
Atteint! ah mon amy, ce sont des resueries,
Il s'en mocque en disant de telles niaiseries.

Q ij

GERON.

Madame, ie vous iure, il peche innocemment,
Et s'il sçauoit mieux dire, il diroit autrement,
C'est vn homme tout neuf, que voulez-vous qu'il
  fasse?
Il dit ce qu'il a leu. Iugés pour Dieu, de grace,
Plus fauorablement de son intention,
Et pour mieux vous monstrer où va sa passion,
Vous sçauez les deux points (mais aussi ie vous
Vous ne luy direz pas cette supercherie.)   (prie,

CHRYSANTE.

Non, non.

GERON.

Vous sçauez donc les deux difficultez
Qui iusqu'à maintenant vous tiennent arrestés?

CHRYSANTE.

Il veut son aduantage, & nous cherchons le nostre.

GERON.

Va Geron (ma-t'il dit) & pour l'vne & pour l'an-
Si par dexterité tu n'en peux rien tirer,   (tre,
Accorde tout plustost que de plus differer,
Doris est à mes yeux de tant d'attraits pourueuë,
Qu'il faut bien qu'il m'en couste vn peu pour l'a-
  uoir veuë.
Mais qu'en dit vostre fille?

CHRYSANTE.

Ainsi que ie voulois
Elle se monstre preste à receuoir mes loix,
Non qu'elle en face estat plus que de bonne sorte,
Il suffit qu'elle voit ce que le bien apporte,
Et qu'elle s'accommode aux solides raisons
Qui forment à present les meilleures maisons.

GERON.   (vienne
A ce conte c'est fait, quand voulez-vous qu'il
Desgager ma parole, & vous donner la sienne?

CHRYSANTE.

Deux iours me suffiront, mesnagez dextrement
Pour disposer mon fils à mon contentement.

Durant ce peu temps si son ardeur le presse
Il peut hors du logis rencontrer sa maistresse,
Assez d'occasions s'offrent aux amoureux.
GERON.
Madame, que d'vn mot ie le vay rendre heureux!

SCENE V.
PHILISTE, CLARICE.

PHILISTE.
LE bonheur conduisoit auiourd'huy vos visites
Et sembloit rendre hommage à vos rares merites,
Vous auez rencontré tout ce que vous cherchiez.
CLARICE.
Oüy, mais n'estimez pas qu'ainsi vous m'empeschiez
De vous dire à present que nous faisons retraite,
Combien de chez Daphnis ie sors mal satisfaite.
PHILISTE.
Madame, toutefois elle a fait son pouuoir,
Au moins en apparence, à vous bien receuoir.
CLARICE.
Aussi ne pensez pas que ie me plaigne d'elle.
PHILISTE.
Sa compagnie estoit, ce me semble, assez belle.
CLARICE.
Que trop belle à mō goust, & que ie pense au tien.
Deux filles possedoient seules ton entretien,
Et ce que nous estions de femmes mesprisées
Nous seruions cependant d'objets à vos risées.
PHILISTE.
C'est maintenant, Madame, aux vostres que i'en sers,
Auec tant de beautez, & tant d'esprits diuers,

Q iiij

Ie ne valus iamais qu'on me trouuast à dire.
CLARICE.
Auec ces bons esprits ie n'estois qu'en martyre,
Leur discours m'assassine, & n'a qu'vn certain ieu
Qui m'estourdit beaucoup, & qui me plaist peu.
PHILISTE.
Celuy que nous tenions me plaisoit à merueilles.
CLARICE.
Tes yeux s'y plaisoient bien autāt que tes oreilles?
PHILISTE.
Ie ne le puis nier, puisqu'en parlant de vous
Sur les vostres mes yeux se portoient à tous coups,
Et s'en alloient chercher sur ce visage d'Ange
Mille sujets nouueaux d'eternelle loüange.
CLARICE.
O la subtile ruse! ô l'excellent destour!
Sans doute vne des deux te donne de l'amour,
Mais tu le veux cacher.
PHILISTE.
De l'amour! moy, Madame,
Que pour vne des deux l'amour m'etrast dās l'ame!
Croyez-moy s'il vous plaist que mon affection
Voudroit pour s'enflamer plus de perfection.
CLARICE.
Tu tranches du fascheux, Belinde & Crysolite
Manquent donc à ton gré d'attraits, & de merite,
Elles dont les beautez captiuent mille amants?
PHILISTE.
Quelqu'autre trouueroit leurs visages charmants,
Et i'en ferois estat si le Ciel n'eust fait naistre
D'vn malheur assez grand pour ne vous pas connoistre;
Mais l'honneur de vous voir que vous me permettez
Fait que ie n'y remarque aucunes raretez,
Veu que ce qui seroit de soy-mesme admirable,
A peine aupres de vous demeure supportable.
CLARICE.
On ne m'esblouït pas à force de flatter,

COMEDIE. 187

Reuenons aux propos que tu veux éuiter,
Ie veux sçauoir des deux laquelle est ta maistresse,
Ne dissimule plus, Philiste, & me confesse...

PHILISTE.

Que Crysolite & l'autre esgales toutes deux
N'ont rien d'assez puissant pour attirer mes vœux,
Si blessé des regards de quelque beau visage
Mon cœur de sa franchise auoit perdu l'vsage...

CLARICE.

Tu serois assez fin pour bien cacher ton jeu.

PHILISTE.

C'est ce qui ne se peut, l'amour est tout de feu,
Il esclaire en bruslant & se trahit soy-mesme.
L'esprit d'vn amoureux absent de ce qu'il ayme
Par sa mauuaise humeur fait trop voir ce qu'il est,
Tousiours morne, resueur, triste, tout luy desplaist,
A tout autre propos qu'à celuy de sa flame
Le silence à la bouche, & le chagrin en l'ame,
Son œil semble à regret nous donner ses regards,
Et les iette à la fois souuent de toutes parts,
Qu'ainsi sa fonction confuse & mal guidée
Se raméne en soy-mesme, & ne voit qu'vne idée.
Mais aupres de l'objet qui possede son cœur,
Ses esprits ranimés reprennent leur vigueur,
Gay, complaisant, actif,

CLARICE.

En fin que veux-tu dire?

PHILISTE.

Que par ces actions que ie viens de descrire
Vous de qui i'ay l'honneur chaque iour d'appro-chez,
Iugiez pour quels objets l'amour m'a sçeu toucher.

CLARICE.

Pour faire vn iugement d'vne telle importance,
Il faudroit plus de téps. Adieu, la nuict s'auance,
Te verra-t'on demain?

PHILISTE.

Madame, en doutez-vous?
Iamais commandemens ne me furent si doux,

LA VEFVE

Puisque loin de vos yeux, ie n'ay rien qui me plaise,
Tout me deuiët fascheux, tout s'oppose à mon aise,
Vn chagrin eternel triomphe de mes sens.

CLARICE.
Si (comme tu disois) dans le cœur des absents
C'est l'amour qui fait naistre vne telle tristesse,
Ce compliment n'est bon que vers vne maistresse.

PHILISTE.
Souffrez-le d'vn respect qui produit chaque iour
Pour vn sujet si haut les effects de l'amour.

SCENE VI.
CLARICE.

Las! il m'en dit assez, si ie l'osois entendre,
Et ses desirs aux miens se font assez côpren-
Mais pour nous declarer vne si belle ardeur (dre.
L'vn est muet de crainte, & l'autre de pudeur.
Que mon rang me desplaist! que mon trop de for-
    tune
Au lieu de m'obliger me choque & m'importune!
Esgale à mon Philiste, il m'offriroit ses vœux,
Ie m'entendrois nommer le sujet de ses feux,
Et ses discours pourroient forcer ma modestie
A l'asseurer bien-tost de nostre sympathie;
Mais le peu de rapport de nos conditions
Oste le nom d'amour à ses submissions,
Et soubs l'iniuste loy de cette retenuë
Le remede me manque, & mon mal continuë,
Il me sert en esclaue, & non pas en amant,
Tant mon grade s'oppose à mon contentement.
Ah, que ne deuient-il vn peu plus temeraire?
Que ne s'expose-t'il au hazard de me plaire?
Amour, gaigne à la fin ce respect ennuyeux,
Et rends-le moins timide, ou l'oste de mes yeux.

Fin du premier Acte.

COMEDIE.

ACTE II.

SCENE PREMIERE.

PHILISTE.

Ecrets tyrans de ma pensée,
Respect, amour, de qui les loix
D'vn iuste & fascheux contrepoids
La tiennent tousiours balancée,
Que vos mouuements opposés,
Vos traits l'vn par l'autre brisés,
Sont puissants à s'entre-destruire!
Que l'vn m'offre d'espoir! que l'autre a de rigueur!
Et tandis que tous deux taschent à me seduire,
Que leur combat est rude au milieu de mon cœur!

   Moy-mesme ie fay mon supplice
A force de leur obeyr,
Mais le moyen de les hayr,
Ils viennent tous deux de Clarice?
Il m'en entretiennent tous deux,
Et forment ma crainte & mes vœux
Pour ce bel œil qui les fait naistre,
Et de deux flots diuers mon esprit agité
Plein de glace & d'vn feu qui n'oseroit paroistre
Blasme sa retenuë & sa temerité.

   Mon ame dans cét esclauage

Fait des vœux qu'elle n'ose offrir,
L'ayme seulement pour souffrir,
I'ay trop, & trop peu de courage:
Ie voy bien que ie suis aymé,
Et que l'objet qui ma charmé,
Vit en de pareilles contraintes,
Mon silence à ses feux fait tant de trahison,
Qu'impertinent captif de mes friuoles craintes
Pour accroistre son mal ie fuy ma guerison.

 Elle brusle, & par quelque signe
Qu'elle me descouure son cœur,
Ie le prens pour vn trait mocqueur
D'autant que ie m'en trouue indigne.
Espoir, Adieu, c'est trop flatté,
Ne croy pas que cette beauté,
Aduoüast des flammes si basses,
Et par le soin exact qu'elle a de les cacher,
Appren que si Philiste est en ses bonnes graces,
Sa bouche à son esprit n'ose le reprocher.

 Pauure amant, voy par son silence
Qu'elle t'en commande vn esgal,
Et que le recit de ton mal,
Te conuaincroit d'vne insolence.
Quel fantasque raisonnement,
Et qu'au milieu de mon tourment
Ie deuiens subtil à ma peine!
Pourquoy m'imaginer qu'vn discours amoureux
Par vn contraire effet change vn amour en haine,
Et malgré mon bon-heur me rendre malheureux?

 Mais i'apperçoy Clarice, ô Dieux, si cette belle
Parloit autant de moy que ie m'entretiens d'elle!
Du moins si sa nourrice a soin de nos amours
C'est de moy qu'à present doit estre leur discours.
Ie ne sçay quelle humeur curieuse m'emporte
A me couler sans bruit dans la prochaine porte,

COMEDIE.

Pour escouter de là sans en estre apperceu
En quoy mon fol espoir me peut auoir deceu.
Suiurons nous cette ardeur? suiuōs à la bonne heu-
Iamais l'occasion ne s'offrira meilleure, (re,
Et peut-estre qu'en fin nous en pourrons tirer
Celle que nostre amour cherche à se declarer.

SCENE II.

CLARICE, LA NOVRRICE.

CLARICE.

Tv me veux destourner d'vne seconde flame
Dont ie ne pense pas qu'autre que toy me
   blasme,
Estre Vefue à mon âge, & tousiours souspirer
La perte d'vn mary que ie puis reparer!
Refuser d'vn amant ce doux nom de maistresse!
N'auoir que des mespris pour les vœux qu'il m'a-
   dresse!
Le voir tousiours languir dessous ma dure loy!
Cette vertu, Nourrice, est trop haute pour moy.

LA NOVRRICE.

Madame, mon aduis au vostre ne resiste
Qu'entant que vostre ardeur se porte vers Philiste,
Aymés, aymés quelqu'vn, mais cōme à l'autrefois
Qu'vn lieu digne de vous areste vostre choix.

CLARICE.

Brisé là ce discours dont mon amour s'irrite,
Philiste n'en voit point qui le passe en merite.

LA NOVRRICE.

Ie ne remarque en luy rien que de fort commun,
Sinon qu'il est vn peu plus qu'vn autre importun.

LA VEFVE

CLARICE.
Que ton aueuglement en ce point est extréme,
Et que tu cognois mal & Philiste & moy-mesme,
Si tu crois que l'excés de sa ciuilité
Passe iamais chez-moy pour importunité.

LA NOVRRICE.
Ce cajoleur rusé qui tousiours vous assiege
A tant fait qu'à la fin vous tombés dans son piege.

CLARICE.
Ce Caualier parfait de qui ie tiens le cœur,
A tant fait que du mien il s'est rendu vainqueur.

LA NOVRRICE.
I'Ayme vostre bien, & non vostre personne.

CLARICE.
Son vertueux amour l'vn & l'autre luy donne,
Ce m'est trop d'heur encor dās le peu que ie vaux,
Qu'vn peu de bien que i'ay supplée à mes defauts

LA NOVRRICE.
La memoire d'Alcandre & le rang qu'il vous laisse
Voudroient vn successeur de plus haute noblesse.

CLARICE.
Il preceda Philiste en vaines dignitez,
Et Philiste le passe en rares qualitez,
Il est né Gentilhomme, & sa vertu repare
Tout ce dont la fortune enuers luy fust auare,
Elle & moy nous auons trop dequoy l'agrandir.

LA NOVRRICE.
Helas ! si vous pouuiez vn peu vous refroidir
Pour le considerer auec indifference,
Sans prendre pour merite vne fausse apparence,
La raison feroit voir à vos yeux insensés
Que Philiste n'est pas tout ce que vous pensés.
Madame, croyés moy, i'ay vieilly dans le monde,
I'ay de l'experience, & c'est où ie me fonde,
Esloignés, s'il vous plaist, quelque temps ce char-
  meur,
Faites en son absence essay d'vn autre humeur,
Pratiqués en quelque autre, & de sa rare sa
  Comparés

COMEDIE. 193

Comparés luy l'objet dont vous estes blessée,
Comparés en l'esprit, la façon, l'entretien,
Et lors vous trouuerés qu'vn autre le vaut bien.

CLARICE.

Exercer contre moy de si noirs artifices!
Donner à mon amour de si cruels supplices!
Trahir ainsi mon aise! esteindre vn feu si beau!
Qu'on m'enferme plustost toute viue au tombeau.
Va querir mon amant, deussay-ie la premiere
Luy faire de mon cœur vne ouuerture entiere,
Ie ne permettray pas qu'il sorte d'auec moy
Sans auoir l'vn à l'autre engagé nostre foy.

LA NOVRRICE.

Ne precipitez point ce que le temps mesnage,
Vous pourrez à loisir esprouuer son courage.

CLARICE.

Ne m'importune plus de tes conseils maudits,
Et sans me repliquer fay ce que ie te dis.

SCENE III.

PHILISTE, LA NOVRRICE.

PHILISTE.

IE te feray cracher cette langue traistresse,
Est-ce ainsi qu'on me sert aupres de ma mai-
Detestable sorciere?   (stresse,

LA NOVRRICE.
      Et bien, quoy? qu'ay-ie fait?

PHILISTE.

Et tu doutes encor si i'ay veu ton forfait?
Monstre de trahisons, horreur de la nature.
Vien ça que ie t'estrangle.

LA NOVRRICE.   Ah, ah.

R

LA VEFVE

PHILISTE.   Crache, parjure,
Ton ame abominable, & que l'Enfer attend.
    LA NOVRRICE.
De grace quatre mots, & tu feras content.
        PHILISTE.
Et ie feray content ! qui te fait si hardie
D'adjouster l'impudence à tant de perfidie?
        LA NOVRRICE.
Tenir ce qu'on promet est-ce vne trahison?
        PHILISTE.
Est-ce ainsi qu'on le tient?
        LA NOVRRICE.
                        Parlons auec raison,
Que t'auois-ie promis?
        PHILISTE.
                    Que de tout ton possible
Tu rendrois ta maistresse à mes desirs sensible,
Et la disposerois à receuoir mes vœux.
        LA NOVRRICE.
Et quoy? n'est-elle pas au point où tu la veux?
        PHILISTE.
Malgré toy mon bonheur à ce point l'a reduite.
        LA NOVRRICE.
Mais tu dois ce bonheur à ma sage conduite,
Ieune & simple nouice en matiere d'amour,
Qui ne sçaurois comprendre encor vn si bon tour.
Flater de nos discours les passions des Dames
C'est ayder laschement à leurs naissantes flames,
C'est traiter lourdement vn delicat effet,
C'est ny sçauoir enfin que ce que chacun sçait.
Moy qui de ce mestier ay la haute science,
Et qui pour te seruir brusle d'impatience,   (sant
Par vn chemin plus court qu'vn propos complai-
I'ay sçeu croistre sa flame en la contredisant,
I'ay sçeu faire esclatter auecque violence
Vn amour estouffé sous vn honteux silence,
Et n'ay pas tant choqué que picqué ses desirs
Dont la soif irritée auance tes plaisirs.

COMEDIE.
PHILISTE.
Qui croira ton babil la ruse est merueilleuse,
Mais l'espreuue à mon goust en est fort perilleuse.
LA NOVRRICE.
Iamais il ne s'est veu de tours plus asseurés,
La raison & l'amour sont ennemis iurés,
Et lors que ce dernier dans vn esprit commande
Il ne peut endurer que l'autre le gourmande,
Plus la raison l'attaque & plus il se roidit,
Plus elle l'intimide & plus il s'enhardit.
Mais ie vous parle en vain, vos yeux & vos oreilles
Vous sõt de bõs tesmoins de toutes ces merueilles,
Vous mesme auez tout veu, que voulés-vous de plus?
Entrés, on vous attéd, ces discours superflus
Reculent vostre bien & font languir Clarice,
Allés, allés cueillir les fruits de mon seruice,
Vsez bien de vostre heur & de l'occasion.
PHILISTE.
Soit vne verité, soit vne illusion
Que ton subtil esprit employe à ta defence,
Le mien de tes discours plus outre ne s'offense,
Et i'en estimeray mon bonheur plus parfait
Si d'vn mauuais dessein il tire vn bon effet.
LA NOVRRICE.
Que de propos perdus! voyés l'impatiente
Qui ne peut plus souffrir vne si longue attente.

SCENE IV.
CLARICE, PHILISTE, LA NOVRRICE.

CLARICE.
Paresseux, qui tardés si long-temps à venir,
Deuinez la façon dont ie veux vous punir.

R ij

PHILISTE.
M'interdiriez vous bien l'honneur de vostre veuë?
CLARICE.
Vrayement vous me iugez de sens fort despourueuë,
Vous bannir de mes yeux! vne si dure loy
Feroit trop recomber le chastiment sur moy,
Et ie n'ay pas failly pour me punir moy mesme.
PHILISTE.
L'absence ne fait mal que de ceux que l'on ayme.
CLARICE.
Aussi que sçauez-vous si vos perfections
Ne vous ont rien acquis sur mes affections?
PHILISTE.
Madame, excusez-moy, ie sçay mieux recognoistre
Mes defauts, & le peu que le Ciel m'a fait naistre.
CLARICE.
N'oublirés vous iamais ces termes raualés
Pour vous priser de bouche autant que vous valés?
Seriez-vous bien content qu'on creust ce que vous dites?
Demeurés auec moy d'accord de vos merites,
Laissés moy me flatter de cette vanité
Que i'ay quelque pouuoir sur vostre liberté,
Et qu'vne humeur si froide, à toute autre inuincible,
Ne perd qu'auprés de moy le tiltre d'insensible.
Vne si douce erreur tasche à s'authoriser,
Quel plaisir prenez vous à m'en desabuser?
PHILISTE.
Ce n'est point vne erreur, pardonnez moy, Madame,
Ce sont les mouuements les plus sains de mõ ame,
Il est vray, ie vous ayme, & mes feux indiscrets
Se donnent leur supplice en demeurant secrets,
Ie reçoy sans contrainte vn amour temeraire,
Mais si i'ose brusler, aussi sçay-ie me taire,
Et prés de vostre objet mon vnique vainqueur
Ie puis tout sur ma langue, & rien dessus mon cœur.
En vain i'auois appris que la seule esperance

Entretenoit l'amour dans la perseuerance,
l'ayme sans esperer, & mon cœur enflamé
A pour but de vous plaire, & nõ pas d'estre aymé,
L'amour deuient seruile alors qu'il se dispense
A n'allumer ses feux que pour la recompense,
Ma flame est toute pure, & sans rien presumer,
Ie ne cherche en aymant que le seul bien d'aymer.
CLARICE.
Et celuy d'estre aymé sans que tu le pretendes
Preuiendra tes desirs & tes iustes demandes.
Ne desguisons plus rien, mon Philiste, il est temps
Qu'vn aueu mutuel rende nos feux contents,
Donnons leur, ie te prie, vne entiere asseurance,
Vangeons nous à loisir de nostre indifference,
Vangeons nous à loisir de toutes ces langueurs
Où sa fausse couleur auoit reduit nos cœurs.
PHILISTE.
Vous me ioüés, Madame, & cette accorte feinte
Ne dõne à mes amours qu'vne mocqueuse atteinte.
CLARICE.
Quelle façon estrange! en me voyant brusler
Tu t'obstines encor à le dissimuler,
Tu veux qu'encor vn coup ie deuienne effrontée
Pour te dire à quel point mon ardeur est montée,
Tu la vois cependant en son extremité,
Et tu doutes encor de cette verité?
PHILISTE.
Oüy, i'en doute, & l'excés du bonheur qui m'accable
Me surprend, me confond, me paroist incroyable,
Madame, est-il possible, & me puis-ie asseurer
D'vn bien à quoy mes vœux n'oseroient aspirer?
CLARICE.
Cesse de me tuer par cette deffiance,
Qui pourroit des mortels troubler nostre alliance?
Quelqu'vn a-t'il à voir dessus mes actions
Qui prescriue vne regle à mes affections?
Vefue, & qui ne dois plus de respect à personne
Puis-ie pas disposer de ce que ie te donne?

PHILISTE.
N'ayant iamais esté digne d'vn tel honneur
I'ay de la peine encore à croire mon bonheur.
CLARICE.
Pour t'obliger en fin à changer de langage,
Si ma foy ne suffit que ie te donne en gage,
Vn bracelet exprés tissu de mes cheueux
T'attend pour enchaisner & ton bras & tes vœux,
Vien le querir, & prendre auec moy la iournée
Qui termine bien-tost nostre heureux Hymenée.
PHILISTE.
C'est dont vos seuls aduis se doiuent consulter,
Trop heureux, quand à moy, de les executer.
LA NOVRRICE *seule*. (prendre
Vous contés sans vostre hoste, & vous pourrés ap-
Que ce n'est pas sans moy que ce iour se doit pren-
De vos pretentions Alcidon auerty   (dre.
Vous fera, s'il me croit, vn dangereux party.
Ie luy vay bien donner de plus seures adresses
Que d'amuser Doris par de fausses caresses,
Aussi-bien (m'a t'on dit) à beau jeu beau retour,
Au lieu de la duper auec ce feint amour
Elle mesme le dupe, & par vn contre-change
En escoutant ses vœux reçoit ceux de Florange,
Ainsi de tous costés primé par vn riual,
Ses affaires sans moy se porteroient fort mal.

SCENE V.
ALCIDON, DORIS.
ALCIDON.
A Dieu, mon cher soucy, sois seure que mõ ame
Iusqu'au dernier souspir conseruera sa flame.

COMEDIE.

DORIS.
Alcidon, cét Adieu me prend au despourueu,
Tu ne fais que d'entrer, à peine t'ay-ie veu,
C'est m'enuier trop tost le bien de ta presence,
Hé, de grace, ma vie, vn peu de complaisance,
Tandis que ie te tiens, souffre qu'auec loisir
Ie puisse m'en donner vn peu plus de plaisir.

ALCIDON.
En peux-tu receuoir de l'entretien d'vn homme
Qui t'explique si mal le feu qui le consomme,
Dont le discours est plat, & pour tout compliment
N'a iamais que ce mot, ie t'ayme infiniment?
I'ay honte aupres de toy que ma langue grossiere
Manque d'expressions, & non pas de matiere,
Et ne respondant point aux mouuements du cœur
Te descouure si peu le fonds de ma langueur.
Doris, si tu pouuois lire dans ma pensée,
Et voir tous les ressorts de mon ame blessée,
Que tu verrois vn feu bien autre & bien plus grand
Qu'en ces foibles deuoirs que ma bouche te rend!

DORIS.
Si tu pouuois aussi penetrer mon courage
Pour voir iusqu'à quel point ma passion m'engage,
Ce que dans mes discours tu prés pour des ardeurs
Ne te sembleroit plus que de tristes froideurs.
Ton amour & le mien ont fauté de paroles,
Par vn malheur égal ainsi tu me consoles,
Et de mille defauts me sentant accabler
Ce m'est trop d'heur qu'vn d'eux me fait te resse- (bler.

ALCIDON.
Mais quelque ressemblance entre nous qui sur- (uienne,
Ta passion n'a rien qui ressemble à la mienne,
Et tu ne m'aymes pas de la mesme façon.

DORIS.
Quitte, mon cher soucy, quitte ce faux soupçon,
Tu douterois à tort d'vne chose si claire,
L'espreuue fera foy comme i'ayme à te plaire,
Ie meurs d'impatience attendant l'heureux iour

Qui te monstre quel est enuers toy mon amour,
Ma mere en ma faueur brusle de mesme enuie.
ALCIDON.
Helas! ma volonté soubs vn autre asseruie
Dont ie ne puis encor à mon gré disposer
Fait que d'vn tel bonheur ie ne sçaurois vser.
Ie depends d'vn vieil oncle, & s'il ne m'authorise,
Ie te fais vainement vn don de ma franchise,
Tu sçais que ses grands biés ne regardent que moy,
Et qu'attendant sa mort ie vis dessous sa loy:
Mais nous le gaignerons, & mon humeur accorte
Sçait comme il faut auoir les hommes de sa sorte,
Vn peu de temps fait tout.
DORIS.
Ne precipite rien,
Ie cognois ce qu'au mode auiourd'huy vaut le bien,
Conserue ce vieillard, pourquoy te mettre en peine
A force de m'aymer de t'acquerir sa haine?
Ce qui te plaist m'agrée, & ce retardement
Parce qu'il vient de toy m'oblige infiniment.
ALCIDON.
De moy! c'est offencer vne pure innocence,
Si l'effet de mes vœux est hors de ma puissance,
Leur obstacle me gesne autant ou plus que toy.
DORIS.
C'est prendre mal mō sens, ie sçay quelle est ta foy.
ALCIDON.
Qu'vn baiser de nouueau t'en donne l'asseurance.
DORIS.
Elle m'asseure assez de ta perseuerance,
Et ie luy ferois tort d'en receuoir d'ailleurs
Vne preuue plus ample ou des garands meilleurs.
ALCIDON.
Que cette feinte est belle, & qu'elle a d'industrie!
DORIS.
On a les yeux sur nous, laisse-moy, ie te prie.
ALCIDON.
Crains-tu que...

COMEDIE.

DORIS.
Cette vieille auroit dequoy parler,
Adieu, va maintenant où tu voulois aller,
Si pour te retenir i'ay trop peu de merite (quitte.
Qu'il te souuienne au moins que c'est moy qui te

ALCIDON.
Quoy donc, sans vn baiser? Ie m'en passeray bien.

SCENE VI.
LA NOVRRICE, ALCIDON.

LA NOVRRICE.
IE te prens au sortir d'vn plaisant entretien.

ALCIDON.
Plaisant de verité, veu que mon artifice
Luy raconte les vœux que i'enuoye à Clarice,
Et de tous mes souspirs qui se portent plus loin
Elle se croist l'obiet & n'en est que tesmoin.

LA NOVRRICE.
Ainsi ton feu se iouë?

ALCIDON.
Ainsi quand ie souspire
Ie la prends pour vn autre, & luy dis mon martyre,
Et sa responce au point que ie puis souhaitter
Dans cette illusion a droit de me flater.

LA NOVRRICE.
Elle t'ayme?

ALCIDON.
Et de plus, vn discours equiuoque
Luy fait aisément croire vn amour reciproque,
Elle se pense belle, & cette vanité
L'asseure imprudemment de ma captiuité,
Et comme si i'estois des amants ordinaires

Elle prend sur mon cœur des droits imaginaires,
Cependant que le sien ressent ce que ie feins
Et vit dans les langueurs dont à faux ie me plains.
LA NOVRRICE.
Ie te responds que non, si tu n'y mets remede
Parauant qu'il soit peu Florange la possede.
ALCIDON.
Et qui t'en a tant dit?
LA NOVRRICE.
Geron m'a tout conté,
C'est luy qui sourdement a conduit ce traité.
ALCIDON.
Ce n'est pas grand dommage, aussi-bien tant de feintes
M'alloient bien-tost donner d'ennuyeuses côtraintes,
Ils peuuent acheuer quand ils trouueront bon,
Rien ne les troublera du costé d'Alcidon.
Cependant appren-moy ce que fait ta maistresse.
LA NOVRRICE.
Elle met la Nourrice au bout de sa finesse,
Philiste asseurément tient son esprit charmé,
Ie n'eusse iamais creu qu'elle l'eust tant aimé.
ALCIDON.
C'est à faire à du temps.
LA NOVRRICE.
Quitte cette esperance,
Ils ont pris l'vn de l'autre vne entiere asseurance,
Iusqu'à s'entredonner la parole & la foy.
ALCIDON.
Que tu demeures froide en te mocquant de moy!
LA NOVRRICE.
Il n'est rien de si vray, ce n'est point raillerie.
ALCIDON.
C'est donc fait d'Alcidon, Nourrice, ie te prie...
LA NOVRRICE.
Tu m'as beau supplier, mon esprit espuisé
Pour diuertir ce coup n'est point assez rusé,
Ie ne sçay qu'vn moyen, mais ie ne l'ose dire.

COMEDIE.

ALCIDON.
Depesche, ta longueur m'est vn second martyre.
LA NOVRRICE.
Clarice tous les soirs refusant à ses amours
Seule dans son jardin fait trois ou quatre tours.
ALCIDON.
Et qu'a cela de propre à reculer ma perte?
LA NOVRRICE.
Ie te puis en tenir la fausse porte ouuerte,
Aurois-tu du courage assés pour l'enleuer?
ALCIDON.
Que trop, mais ie ne sçache apres où me sauuer,
Et ie n'ay point d'amy si peu ialoux de gloire
Que d'estre partisan d'vne action si noire.
Si i'auois vn pretexte, alors ie ne dis pas
Que quelqu'vn abusé n'accompagnast mes pas.
LA NOVRRICE.
Tu n'en sçaurois manquer, aueugle, considere
Qu'on t'enleue Doris, va quereller son frere,
Fais esclatter par tout vn faux ressentiment,
Trop d'amis s'offriront à vanger promptement
L'affront qu'en apparence aura receu ta flame,
Et lors (mais sans ouurir les secrets de ton ame)
Tasche à te seruir d'eux.
ALCIDON.
                    Ainsi tout ira bien,
Ce pretexte est si beau que ie ne crains plus rien.
LA NOVRRICE.
Pour oster tout soupçon de nostre intelligence.
Ne faisons plus ensemble aucune conference,
Et vien quand tu pourras, ie t'attends dés demain.
ALCIDON.
Adieu, ie tiens le coup, autant vaut, dans ma main.

Fin du second Acte.

ACTE III.

SCENE PREMIERE.

CELIDAN, ALCIDON.

CELIDAN.

Ce n'est pas que l'excuse ou la sœur, ou le frere
Dont l'infidelité fait naistre ta colere,
Mais, à ne point mentir, ton dessein à l'abord
N'a gaigné mon esprit qu'auec vn peu d'effort:
Lors que tu m'as parlé d'enleuer ta maistresse
L'honneur a quelque temps combatu ma promesse,
Ce mot d'enleuement me faisoit de l'horreur,
Mes sens embarassés dans cette vaine erreur
N'auoient plus la raison de leur intelligence,
En pleignant ton malheur ie blasmois ta vengeāce,
Et l'ombre d'vn forfait amusant ma pitié
Retardoit les effets deubs à nostre amitié.

ALCIDON.

Voila grossierement chercher à te desdire,
Auec leurs trahisons ton amitié conspire
Puisque tu sçais leur crime & consens leur bon- (heur
Mais c'est trop desormais suruiure à mon honneur,
C'est trop porter en vain par leur perfide trame

La

COMEDIE.

La rougeur sur le front & la fureur en l'ame;
Va, va, n'empesche plus mon desespoir d'agir,
Souffre qu'apres mon front ce flanc puisse en rou-
Et qu'vn bras impuissant à vãger cét outrage (gir,
Reporte dans mon cœur les effets de ma rage.

CELIDAN.
Bien loin de reuoquer ce que ie t'ay promis,
Ie t'offre auec mon bras celuy de cent amis.
Pren, puisque tu le veux, ma maison pour retraite,
Dispose absolument d'vne amitié parfaite,
Ie voy trop que Philiste en te volant ton bien
N'a que trop merité qu'on le priue du sien,
Apres son action la tienne est legitime,
On vange honnestement vn crime par vn crime.

ALCIDON.
Tu vois comme il me trompe, & me promet sa (sœur
Dont il fait sourdement Florange possesseur,
Ah Ciel! fut-il iamais vn si noir artifice?
Il luy fait receuoir mes offres de seruice,
Cette belle m'accepte, & dessous cét aueu
Ie me vante par tout du bonheur de mon feu,
Cependant il me l'oste, & par cette pratique, (que.
Plus mon amour est sçeu, plus ma honte est publi-

CELIDAN.
Apres sa trahison voy ma fidelité,
Il t'enleue vn obiet que ie t'auois quitté.
Ta Doris fut tousiours la Reine de mon ame,
I'ay tousiours eu pour elle vne secrette flame,
Sans iamais tesmoigner que i'en estois espris
Tant que tes feux ont pû te promettre ce prix.
Mais ie te l'ay quittée, & non pas à Florange,
Quand ie t'auray vangé, contre luy ie me vange,
Et ie luy fais sçauoir que deuant mon trespas
Tout autre qu'Alcidon ne l'emportera pas.

ALCIDON.
Pour moy donc à ce point ta contrainte est venuë
Que ie te veux de mal de cette retenuë!
Est-ce ainsi qu'entre amis on vit à cœur ouuert?

S

CELIDAN.

Mon feu qui t'offençoit est demeuré couuert,
Et si cette beauté malgré moy l'a fait naistre,
I'ay sçeu pour ton respect l'empescher de paroistre.

ALCIDON.

Helas! tu m'as perdu me voulant obliger,
Veu que nostre amitié m'en eust fait desgager,
Ie souffre maintenant la honte de sa perte,
Et i'aurois eu l'honneur de te l'auoir offerte,
De te l'auoir cedée, & reduit mes desirs
Au glorieux dessein d'auancer tes plaisirs.
Mais faites que l'humeur de Philiste se change,
Grands Dieux, & l'inspirât de rôpre auec Florâge,
Donnez-moy le moyen de monstrer qu'à mon tour
Pour vn amy ie sçais estouffer mon amour.

CELIDAN.

Tes souhaits arriués nous t'en vertions desdire,
Doris sur ton esprit reprendroit son empire,
Nous donnons aisément ce qui n'est plus à nous.

ALCIDON.

Si i'y manquois, grāds Dieux, ie vous coniure tous
D'armer contre Alcidon vos dextres vangeresses.

CELIDAN.

Vn amy tel que toy m'est plus que cent maistres-
Il n'y va pas de tant, resoluons seulement   (ses,
Du iour & des moyens de cét enleuement.

ALCIDON.

Mon secret n'a besoin que de ton assistance,
Veu que ie ne puis craindre aucune resistance,
La belle dont mon traistre adore les attraits
Chaque soir au jardin va prendre vn peu de frais,
I'en ay sçeu de luy-mesme ouurir la fausse porte,
Estant seule, & de nuict, le moindre effort l'éporte
Allons y dés ce soir, le plustost vaut le mieux,
Et sur tout desguisés desrobons à ses yeux
Et de nous, & du coup l'entiere cognoissance.

CELIDAN.

Si Clarice vne fois est en nostre puissance,

Croy que c'est vn bon gage à moyenner l'accord,
Et rendre en le faisant ton party le plus fort.
Mais pour la seureté d'vne telle entreprise, (mise,
Aussi-tost que chez-moy nous pourrons l'auoir
Retournons sur nos pas, & soudain effaçons
Ce que pourroit l'absence engendrer de soupçons.

ALCIDON.

Ton salutaire aduis est la mesme prudence,
Et desia ie prepare vne froide impudence
A m'informer demain auec estonnement
De l'heure & de l'autheur de cét enleuement.

CELIDAN.

Adieu, i'y vay mettre ordre.

ALCIDON.

     Estime qu'en reuanche
Ie n'ay goute de sang que pour toy ie n'espanche.

SCENE II.

ALCIDON.

Bons Dieux! que d'innocence & de simplicité!
Ou pour la mieux nommer que de stupidité
Dont le manque de sens se cache & se desguise
Sous le front specieux d'vne sotte franchise!
Que Celidan est bon! que i'ayme sa candeur!
Et que son peu d'adresse oblige mon ardeur!
O, qu'il n'est pas de ceux dont l'esprit à la mode
A l'humeur d'vn amy iamais ne s'accommode,
Et qui nous font souuent cent protestations,
Et contre les effets ont mille inuentions!
Luy, quand il a promis, il meurt qu'il n'effectuë,
Et l'attente desia de me seruir le tuë.
I'admire cependant par quel secret ressort
Sa fortune & la mienne ont zela de rapport,

S ij

Que celle qu'vn amy nôme, ou tient sa maistresse,
Est l'objet qui tous deux au fonds du cœur nous blesse,
Et qu'ayant comme moy caché sa passion,
Nous n'auons differé que de l'intention;
Veu qu'il met pour autruy son bonheur en arriere,
Et pour moy....

SCENE III.

PHILISTE, ALCIDON.

PHILISTE.

Ie t'y prends, resueur.

ALCIDON.

Oüy, par derriere,
C'est d'ordinaire ainsi que les traistres en font.

PHILISTE.

Ie te vois accablé d'vn chagrin si profond
Que i'excuse aisément ta response vn peu crüe.
Mais que fais-tu si triste au milieu d'vne rüe?
Quelque penser fascheux te seruoit d'entretien?

ALCIDON.

Ie resuois que le monde en l'ame ne vaut rien,
Au moins pour la pluspart, que le siecle où nous sommes
A bien dissimuler met la vertu des hommes,
Qu'à grand poine deux mots se peuuent eschapper
Sans quelque double sens afin de nous tromper,
Et que souuent de bouche vn dessein se propose
Cependant que l'esprit songe à toute autre chose.

PHILISTE.

Et cela t'affligeoit? laissons courir le temps,
Et malgré ses abus viuons tousiours contents,
Le monde est vn Chaos, & son desordre excede
Tout ce qu'on y voudroit apporter de remede.

COMEDIE.

N'ayons l'œil, cher amy, que sur nos actions,
Aussi-bien s'offencer de ses corruptions
A des gens comme nous ce n'est qu'vne folie.
Or pour te retirer de la melancolie,
Ie te veux faire part de mes contentemens.
Si l'on peut en amour s'asseurer aux sermens,
Dans trois iours au plus tard, par vn bôheur estrange,
Clarice est à Philiste.

ALCIDON.
Et Doris à Florange.

PHILISTE.
Quelque soupçon friuole en ce point te deçoit,
I'auray perdu la vie auant que cela soit.

ALCIDON.
Voila faire le fin de fort mauuaise grace,
Philiste, vois-tu bien, ie sçay ce qui se passe.

PHILISTE.
Ma mere en a receu de vray quelques propos,
Et voulut hier au soir m'en toucher quelques mots;
Les femmes de son aage ont ce mal ordinaire
De regler sur les biens vne pareille affaire,
Vn si honteux motif leur fait tout decider,
Et l'or qui les aueugle a droit de les guider.
Moy, dont ce faux esclat n'esbloüit iamais l'ame,
Qui cognois ton merite autant comme ta flame,
Ie luy fis bien sçauoir que mon consentement
Ne dépendroit iamais de son aueuglement,
Et que iusqu'au tombeau, quand à cét Hymenée,
Ie maintiendrois la foy que ie t'auois donnée.
Ma sœur accortement feignoit de l'escouter,
Non pas que son amour n'osast luy resister,
Mais fine, elle vouloit qu'vn ver de jalousie
Sur quelque bruit leger picquast ta fantaisie,
Ce petit aiguillon quelquefois en passant
Resueille puissamment vn amour languissant.

ALCIDON.
Fais à qui tu voudras ce conte ridicule,
Soit que ta sœur l'accepte, ou qu'elle dissimule,

S iij

Le peu que i'y perdray ne vaut pas m'en fascher,
Rien de mes sentimens ne sçauroit approcher
Côme alors qu'au Theatre on nous fait voir Melite
Le discours de Cloris quand Philandre la quitte,
Ce qu'elle dit de luy, ie le dis de ta sœur,
Et ie la veux traiter auec mesme douceur.
Pourquoy m'aigrir contre elle? en cét indigne chã-
Le choix de ce lourdaut la punit & me vange,
Et ce sexe imparfait de son mieux ennemy
Ne posseda iamais la raison qu'à demy,
I'aurois tort de vouloir qu'elle en eust dauantage,
Sa foiblesse la force à deuenir volage,
Ie n'ay que pitié d'elle en ce manque de foy,
Et mon couroux entier se reserue pour toy.
Toy, qui trahis ma flame apres l'auoir fait naistre,
Toy, qui ne m'es amy qu'afin d'estre plus traistre,
Et que tes laschetés tirent de leurs excés
Par ce damnable appas vn facile succés.
Desloyal, ainsi donc de ta vaine promesse
Ie reçoy mille affronts au lieu d'vne maistresse,
Et ton perfide cœur masqué iusqu'à ce iour
Pour assouuir ta haine alluma mon amour?

PHILISTE.
Ces soupçons dissipés par des effets contraires,
Nous renoüerons bien-tost vne amitié de freres.
Puisse dessus ma teste esclater à tes yeux
Ce qu'a de plus mortel la colere des Cieux,
Si iamais ton riual a ma sœur sans ma vie,
A cause de ses biens ma mere en meurt d'enuie,
Mais malgré....   ### ALCIDON.
                       Laisse-là ces propos superflus,
Ces protestations ne m'esblouïssent plus,
Et ma simplicité lasse d'estre dupée
N'admet plus de raisons qu'au bout de mon espée.

PHILISTE.
Estrange impression d'vne ialouse erreur
Dont ton esprit atteint ne suit que sa fureur!
Et bien, tu veux ma vie, & ie te l'abandonne.

COMEDIE.

Ce couroux insensé qui dans ton cœur boüillonne
Contente-le par là, pousse, mais n'atten pas
Que par le tien ie veuille éuiter mon trespas,
Trop heureux que mon sang puisse te satisfaire
Ie le veux tout donner au seul bien de te plaire,
Tousiours pour les duels on m'a veu sans effroy,
Mais ie n'ay point d'espée à tirer contre toy.

ALCIDON.
Voilà bien desguiser vn manque de courage.

PHILISTE.
Si iamais quelque part ton interest m'engage,
Tu pourras voir alors si ie suis vn mocqueur,
Et si pour te seruir i'auray manque de cœur;
Mais pour te mieux oster tout sujet de colere,
Si-tost que i'auray pû me rendre chez ma mere,
Deust mon peu de respect offencer tous les Dieux
I'affronteray Geron & Florange à ses yeux.
Ie souffre iusques-là ton humeur violente,
Mais ces deuoirs rendus si rien ne te contente,
Sçache alors que voicy dequoy nous appaisons
Quiconque ne veut pas se payer de raisons.

ALCIDON seul.
Ie crains son amitié plus que cette menace,
Sans doute il va chasser Florange de ma place:
Mon pretexte est perdu s'il ne quitte ces soins,
Dieux ! qu'il m'obligeroit de m'aymer vn peu
    moins.

SCENE IV.
CHRYSANTE, DORIS.

CHRYSANTE.
IE meure, mon enfant, si tu n'es admirable,
Et ta dexterité me semble incomparable,
Tu merites de viure apres vn si bon tour.

LA VEFVE

DORIS.
Croyez moy qu' Alcidon ne sçait guere en amour,
Vous n'eussiez pû m'entēdre & vous tenir de rire,
Ie me tuois moy-mesme à tous coups de luy dire
Que mon ame pour luy n'a que de la froideur,
Et que ie luy ressemble en ce que nostre ardeur
Ne s'explique à tous deux nullemēt par la bouche,
Enfin que ie le quitte.

CHRYSANTE.
      Il est donc vne souche
S'il ne peut rien comprendre en ces naïfuetez.
Peut-estre y meslois-tu quelques obscuritez?

DORIS.
Pas vne, en mots exprés ie luy rendois son change,
Et n'ay couuert mon jeu qu'au regard de Florange.

CHRYSANTE.
De Florange! & comment en osois-tu parler?

DORIS.
Ie ne me trouuois pas d'humeur à rien celer,
Mais nous nous sçeusmes lors ietter sur l'équiuo-

CHRYSANTE.   (que,
Tu vaux trop, c'est ainsi qu'il faut quād on se moc-
Que le mocqué toussours sorte fort satisfait, (que
Ce n'est plus autrement qu'vn plaisir imparfait,
Qui souuent malgré nous se termine en querelle.

DORIS.
Ie luy prepare encor vne ruse nouuelle
Pour la premiere fois qu'il m'en viendra conter.

CHRYSANTE.
Mais pour en dire trop tu pourrois tout gaster.

DORIS.
N'en ayez pas de peur.

CHRYSANTE.
     Quoy que l'on se propose,
Assez souuent l'issuë....

DORIS.
     On vous veut quelque chose
Madame, ie vous laisse.

COMEDIE.
CHRYSANTE.
Ouy, va t'en, il vaut mieux
Que l'on ne traite point cette affaire à tes yeux.

SCENE V.

CHRYSANTE, GERON.

CHRYSANTE.

IE deuine à peu prés le sujet qui t'améne,
Mais, sans mentir, mon fils me donne vn peu de peine,
Et s'emporte si fort en faueur d'vn amy
Que ie n'ay sçeu gaigner son esprit qu'à demy.
Encor vne remise, & que tandis Florange
Ne craigne aucunemēt qu'on luy donne le change,
Moy-mesme i'ay tant fait que ma fille aujourd'huy
(Le croirois-tu, Geron?) a de l'amour pour luy.

GERON.

Florange impatient de n'auoir pas encore
L'entier & libre accez vers l'objet qu'il adore,
Ne pourra consentir à ce retardement.

CHRYSANTE.

Le tout en ira mieux pour son contentement,
Quel plaisir aura-t'il auprés de sa maistresse
Si mon fils ne l'y voit que d'vn œil de rudesse,
Si sa mauuaise humeur refuse à luy parler,
Ou ne luy parle enfin que pour le quereller?

GERON.

Madame, il ne faut point tant de discours friuoles,
Ie ne fus iamais homme à porter des paroles
Depuis que i'ay cognu qu'on ne les peut tenir,
Si Monsieur vostre fils....

CHRYSANTE.
Ie l'apperçoy venir.
GERON.
Tant mieux, nous allons voir s'il desdira sa mere.
CHRYSANTE.
Sauue-toy, ses regards ne sont que de colere.

SCENE VI.

CHRYSANTE, PHILISTE, GERON, LYCAS.

PHILISTE.

TE voilà donc icy, peste du bien public,
Qui reduis les amours en vn sale traffic,
Va pratiquer ailleurs tes commerces infames,
Ce n'est pas où ie suis que l'on surprend des fèmes.
GERON.
Monsieur, vous m'offencez, loin d'estre vn subor-
Ie ne sortis iamais des termes de l'honneur, (neur
Madame a trouué bon de prendre cette voye.
PHILISTE *luy donnant des coups de plat d'espée.*
Tien, porte ce reuers à celuy qui t'enuoye,
Ceux-cy seront pour toy.

COMEDIE.

SCENE VII.

CHRYSANTE, PHILISTE, LYCAS.

CHRYSANTE.

Mon fils, qu'auez-vous fait?
PHILISTE.
I'ay mis, graces aux Dieux, ma promesse en effet.
CHRYSANTE.
Ainsi vous m'empeschez d'executer la mienne.
PHILISTE.
Ie ne puis empescher que la vostre ne tienne,
Mais si iamais ie trouue icy ce courratier
Ie luy sçauray, Madame, apprendre son mestier.
CHRYSANTE.
Il vient sous mon adueu.
PHILISTE.
Vostre adueu ne m'importe,
C'est vn fou me voyant s'il ne gaigne la porte,
Autrement il sçaura ce que pesent mes coups.
CHRYSANTE.
Est-ce là le respect que i'attendois de vous?
PHILISTE.
Commandés que le cœur à vos yeux ie m'arrache
Pourueu que mon honéur ne souffre aucune tache,
Ie suis prest d'expier auec mille tourmens
Ce que ie mets d'obstacle à vos contentemens.
CHRYSANTE.
Souffrez que la raison regle vostre courage,
Considerez, mon fils, quel heur, quel aduantage
L'affaire qui se traite, apporte à vostre sœur.

LA VEFVE

Le bien est en ce siecle vne grande douceur,
Estant riche on est tout, adioustez qu'elle mesme
N'ayme point qu'Alcidon, & ne croit pas qu'il l'ayme.
Quoy, voulez-vous forcer son inclination?

PHILISTE.
Vous la forcez vous-mesme à cette eslection,
Ie suis de ses amours le tesmoin oculaire.

CHRYSANTE.
Elle se contraignoit seulement pour vous plaire.

PHILISTE.
Elle doit donc encor se contraindre pour moy.

CHRYSANTE.
Et pourquoy luy prescrire vne si dure loy?

PHILISTE.
Puis qu'elle m'a trompé qu'elle en porte la peine.

CHRYSANTE.
Voulez-vous l'attacher à l'objet de sa haine?

PHILISTE.
Ie veux tenir parole à mes meilleurs amis,
Et qu'elle tienne aussi ce qu'elle m'a promis.

CHRYSANTE.
Mais elle ne vous doit aucune obeyssance.

PHILISTE.
Sa promesse me donne vne entiere puissance.

CHRYSANTE.
Sa promesse sans moy ne la peut obliger.

PHILISTE.
Que deuiendra ma foy qu'elle a fait engager?

CHRYSANTE.
Il la faut reuoquer, comme elle sa promesse.

PHILISTE.
Il faudroit donc, côme elle auoir l'ame traistresse.
Lycas, cours chez Florange, & dy luy de ma part

CHRYSANTE.
Quel violent esprit!

PHILISTE.
Que s'il n'ose de part

D'vne

COMEDIE. 217

D'vne place chez nous par surprise occupée,
Ie ne le trouue point sans vne bonne espée.
CHRYSANTE.
Attens vn peu, mon fils....
PHILISTE à Lycas.
Marche, mais promptement.
CHRYSANTE seule.
Dieux! que cét obstiné me donne de tourment!
Que ie te plains, ma fille! helas! pour ta misere
Les Destins ennemis t'ont fait naistre ce frere,
Deplorable, le Ciel te veut fauoriser
D'vne bonne fortune, & tu n'en peux vser.
Rejoignons toutes deux ce naturel sauuage,
Et taschons par nos pleurs d'amollir son courage.

SCENE VIII.

CLARICE dans son iardin.

Chers confidens de mes desirs,
Beaux lieux, secrets tesmoins de mon inquie- (tude,
Ce n'est plus auec des soupirs
Que ie viens abuser de vostre solitude:
Mes tourmens sont passez,
Mes vœux sont exaucez,
L'aise à mes maux succede,
Mon sort en ma faueur change sa dure loy,
Et pour dire en vn mot le bien que ie possede,
Mon Philiste est à moy.

En vain nos inégalitez
M'auoient auantagée à mon desaduantage,
L'amour confond nos qualitez,
Et nous reduit tous deux sous vn mesme esclauage.
L'aueugle outrecuidé

T

Se croiroit mal guidé
Par l'aueugle fortune,
Et son aueuglement par miracle fait voir
Que quand il nous saisit, l'autre nous importune,
Et n'a plus de pouuoir.

Cher Philiste, à present tes yeux
Que i'entendois si bien sans les vouloir entendre,
Et tes propos mysterieux,
Par leurs rusés destours n'ont plus rien à m'ap-
Nostre libre entretien   (prendre:
Ne dissimule rien,
Et ces respects farouches
N'exerçans plus sur nous de secrettes rigueurs,
L'amour est maintenāt le maistre de nos bouches,
Ainsi que de nos cœurs.

Qu'il fait bon auoir enduré!
Que le plaisir se gouste au sortir des supplices!
Et qu'apres auoir tant duré,
La peine qui n'est plus augmente nos delices!
Qu'vn si doux souuenir
M'appreste à l'aduenir
D'amoureuses tendresses!
Que mes malheurs finis auront de volupté!
Et que i'estimeray cherement ces caresses
Qui m'auront tant cousté!

Mon heur me semble sans pareil
Depuis que nostre amour declaré m'en asseure,
Ie ne croy pas que le Soleil....

COMEDIE.

SCENE IX.
CELIDAN, ALCIDON, CLARICE, LA NOVRRICE.

CELIDAN *derriere le theatre.*

Cocher, attends nous-là.
####### CLARICE.
D'où prouient ce murmure?
ALCIDON.
Il est temps d'auancer, baissons le tappabort,
Moins nous ferons de bruict, moins il faudra d'ef-
####### CLARICE. (fort.
Aux voleurs, au secours,
####### LA NOVRRICE.
Quoy? des voleurs, Madame?
####### CLARICE.
Oüy, des voleurs, Nourrice.
LA NOVRRICE *embrassant ses genoux.*
Ah, de frayeur ie pasme.
####### CLARICE.
Laisse-moy, miserable.
####### CELIDAN.
Allons, il faut marcher,
Madame, vous viendrez.
CLARICE *à qui Celidan met la main sur la bouche.*
Aux vo...
CELIDAN *derriere le Theatre.*
Touche, Cocher.

T ij

SCENE X.
LA NOVRRICE, DORASTE, POLYMAS, LISTOR.

LA NOVRRICE seule.

SOrtons de pasmoison, reprenons la parole,
Il nous faut à grands cris iouër vn autre roolle,
Ou ie n'y cognois rien, ou i'ay bien pris mō temps,
Ils n'en seront pas tous esgalement contens,
Et Philiste demain, cette nouuelle sçeuë,
Sera de belle humeur, ou ie suis fort deçeuë.
Mais par où vont nos gens? voyons, qu'en seureté
Ie fasse aller aprés par vn autre costé.
A present il est temps que ma voix s'esuertuë.
Aux armes, aux voleurs, on m'esgorge, on me tuë,
On enleue Madame, amis, secourez-nous, (tous
A la force, aux brigands, au meurtre, accourez
Doraste, Polymas, Listor.

POLYMAS.
Qu'as-tu, Nourrice?

LA NOVRRICE.
Des voleurs...

POLYMAS.
Qu'ont-il fait?

LA NOVRRICE.
Ils ont rauy Clarice

POLYMAS.
Comment? rauy Clarice?

LA NOVRRICE.
Oüy, suiuez promptement,
Bons Dieux! que i'ay receu de coups en vn mo-
ment!

COMEDIE.

DORASTE.
Suiuons-les, mais dy-nous la route qu'ils ont
  prise.
LA NOVRRICE.
Ils vont tout droit par là, le Ciel vous fauorise.
O qu'ils en vont abbatre! ils sont morts, c'en est
  fait,
Et leur sang, autant vaut, a laué leur forfait,
Pourueu que le bonheur à leurs souhaits responde
Ils les rencontreront s'ils font le tour du monde.
Quand à nous, cependant subornons quelques
  pleurs,
Qui seruent de tesmoins à nos fausses douleurs.

Fin du troisiéme Acte.

LA VEFVE

ACTE IV.

SCENE PREMIERE.
PHILISTE, LYCAS.

PHILISTE.

ES voleurs cette nuict ont enleué Cla-
rice! (quel indice!
Quelle preuue en as tu ? quel tesmoin?
Ton rapport n'est fondé que sur quel-
que faux bruit.
LYCAS.
Ie n'en suis par les yeux (helas!) que trop instruit,
Les cris de sa Nourrice en sa maison deserte
M'ont trop suffisamment asseuré de sa perte,
Seule en ce grand logis elle court haut & bas,
Elle renuerse tout ce qui s'offre à ses pas,
Et sur ceux qu'elle voit frappe sans recognoistre,
A peine deuant elle oseroit-on paroistre,
De furie elle escume, & fait tousiours vn bruit
Que le desespoir forme, & que la rage suit,
Et parmy ses transports son hurlement farouche
Ne laisse distinguer que Clarice en sa bouche.
PHILISTE.
Ne t'a-t'elle rien dit?
LYCAS.
Soudain qu'elle m'a veu

COMEDIE. 223

Ces mots ont esclaté d'vn transport impreueu,
Va luy dire qu'il perd sa maistresse & la nostre,
Et puis incontinent me prenant pour vn autre
Elle m'alloit traiter en autheur du forfait,
Mais ma fuite a rendu sa fureur sans effet.
PHILISTE.
Elle nomme du moins celuy qu'elle en soupçonne?
LYCAS.
Ses confuses clameurs n'en accusent personne,
Et mesme les voisins n'en sçauent que iuger.
PHILISTE.
Tu m'apprends seulement ce qui peut m'affliger,
Traistre, sans que ie sçache où pour mō allegeance
Adresser ma poursuite & porter ma vengeance.
Tu fais bien d'échapper, dessus toy ma douleur
Faute d'vn autre obiet eust vangé ce malheur,
Malheur dautant plus grand, que sa source ignorée
Ne laisse aucun espoir à mon ame esplorée,
Ne laisse à ma douleur qui va finir mes iours
Qu'vne plainte inutile au lieu d'vn prompt secours.
Vain & foible soulas en vn coup si funeste,
Mais il s'en faut seruir, puisque seul il nous reste,
Plain, Philiste, plain-toy, mais auec des accens
Plus remplis de fureur qu'ils ne sont impuissans.
Fay qu'à force de cris poussez iusqu'en la nuë
Ton mal soit plus cognu que sa cause inconuë,
Fay que chacun le sçache, & que par tes clameurs
Clarice, où qu'elle soit, apprenne que tu meurs.
Clarice, vnique objet qui me tiens en seruage,
Reçoy donc de mes feux ce dernier tesmoignage,
Voy comme en te perdant ie vay perdre le iour,
Et par mon desespoir iuge de mon amour.
Aussi pour en iuger peut-estre est-ce ta feinte
Qui me porte à dessein cette cruelle atteinte,
Et ton amour qui doute encor de mes sermens
Cherche à s'en asseurer par mes ressentimens.
Soupçonneuse beauté, contente ton enuie,
Et pren cette asseurance aux despens de ma vie.

Si ton feu dure encor, par mes derniers soufpirs
Reçois enfemble & perds l'effet de tes defirs.
Alors ta flame en vain pour Philifte allumée
Tu luy voudras du mal de t'auoir trop aymée,
Et feure de fa foy tu viendras regretter
Sur fa tombe le temps & le bien d'en douter
Que ce penfer flateur me defrobe à moy-mefme!
Qu'il m'eft doux en mourant de penfer qu'elle
 m'ayme,
Et dans ce defefpoir que caufent mes malheurs
Efperer que ma mort luy couftera des pleurs!
Simple, qu'efperes-tu? fa perte eft volontaire,
Et pour mieux te punir d'vn amour temeraire,
Elle veut tes regrets, tous autres chaftimens
Ne luy femblent pour toy que de legers tourmens
Elle en rit maintenant, cette belle inhumaine,
Elle fe pafme d'aife au recit de ta peine,
Et choifit pour objet de fon affection
Vn amant plus fortable à fa condition.
Pauure defefperé, que ta raifon s'efgare!
Et que tu traites mal vne amitié fi rare!
Apres tant de fermens de n'aymer rien que toy
Tu la veux faire heureufe aux defpens de fa foy,
Tu veux feul auoir part à la douleur commune,
Tu veux feul te charger de toute l'infortune,
Comme fi tu pouuois en croiffant tes malheurs
Diminuer les fiens & l'ofter aux voleurs.
N'en doute plus, Philifte, vn rauiffeur infame
A mis en fon pouuoir la Reyne de ton ame,
Et peut-eftre defia ce corfaire effronté
Triomphe infolemment de fa pudicité.
Helas! qu'à ce penfer ma vigueur diminuë!

COMEDIE. 225

SCENE II.
PHILISTE, DORASTE, POLYMAS, LISTOR.

PHILISTE.

Mais voicy de ses gens. Qu'est-elle deuenuë?
Amis, le sçauez-vous? n'auez-vous riē trou-
Qui nous puisse esclaircir du malheur arriué! (ué

DORASTE.
Nous auons fait, Monsieur, vne vaine poursuite.

PHILISTE.
Du moins, vous auez veu des marques de leur fui-

DORASTE. (te?
Si nous auions pû voir les traces de leurs pas
Des brigands ou de nous vous sçauriés le trespas,
Mais helas quelque soin, & quelque diligence...

PHILISTE.
Ce sont là des effects de vostre intelligence,
Traistres, ces feints helas ne sçauroient m'abuser.

POLYMAS.
Vous n'aués point, Monsieur, lieu de nous accuser.

PHILISTE.
Perfides, vous prestez l'espaule à leur retraite,
Et c'est ce qui vous fait me la tenir secrette,
Mais voicy... Vous fuyez! vous auez beau courir
Il faut me ramener ma maistresse, ou mourir.

DORASTE *cependant que Philiste est derriere le theatre.*
Cedons à sa fureur, éuitons-en l'orage.

POLYMAS,
Ne nous presentons plus aux transports de sa rage.

Mais pluſtoſt derechef allons ſi bien chercher
Qu'il n'ait plus au retour ſujet de ſe faſcher.
LISTOR, *voyant reuenir Philiſte, & s'enfuyant auec*
ſes compagnons.
Le voilà.
    PHILISTE *l'eſpée à la main, & ſeul.*
   Qui les oſte à ma iuſte colere?
Venez de vos forfaits receuoir le ſalaire,
Infames ſcelerats, venez, qu'eſperez-vous?
Voſtre fuite ne peut vous ſauuer de mes coups.

SCENE III.

ALCIDON, CELIDAN, PHILISTE.

  ALCIDON *mettant l'eſpée à la main.*

Philiſte, à la bonne heure, vn miracle viſible
 T'a rendu maintenát à l'honneur plus ſenſible,
Puiſqu'ainſi tu m'attends les armes à la main.
Quoy? ta poltronnerie a changé bien ſoudain?
    CELIDAN.
Modere cét ardeur, tout-beau.
    ALCIDON.
        Laiſſe nous faire,
C'eſt en homme de bien qu'il me va ſatisfaire,
Veux-tu rompre le coup d'vne bonne action?
    PHILISTE.
Dieux! ce comble manquoit à mon affliction.
Que i'eſprouue en mon ſort vne rigueur cruelle!
Ma maiſtreſſe perduë vn amy me querelle.
    ALCIDON.
Ta maiſtreſſe perduë!

COMEDIE.   227
PHILISTE.
    Helas! hier des voleurs...
ALCIDON.
Ie n'en veux rien sçauoir, va le conter ailleurs,
Ie ne préds plus de part aux interests d'vn traistre,
Et puisqu'il est ainsi le Ciel fait bien paroistre
Que son iuste couroux a soin de me vanger.
PHILISTE.
Quel plaisir, Alcidon, prens-tu de m'outrager?
Mon amitié se lasse, & ma fureur m'emporte,
Mon ame pour sortir ne cherche qu'vne porte,
Ne me presse donc plus dedans mon desespoir,
I'ay desia fait pour toy pardelà mon deuoir,
Te peux-tu plaindre encor de ta place occupée?
I'ay renuoyé Geron à coups de plat d'espée,
I'ay menacé Florange, & rompu des accords
Qui te causoient iadis ces violens transports.
ALCIDON.
Entre des Caualiers vne offense receuë
Ne se contente point d'vne si lasche issuë,
Va m'attendre..
CELIDAN.
    Arrestez, ie ne permettray pas
Qu'vn si funeste mot termine vos debats.
PHILISTE.
Faire icy du fendant alors qu'on nous separe
C'est monstrer vn esprit lasche autant que barbare,
Adieu, mauuais, Adieu, nous nous pourrons trouuer,
Et si le coeur t'en dit, au lieu de tant brauer
I'apprendray seul à seul dans peu de tes nouuelles.
Mon honneur souffriroit des taches eternelles
A craindre encor de perdre vne telle amitié.

SCENE IV.

CELIDAN, ALCIDON.

CELIDAN.

Le cœur à ses douleurs me seigne de pitié,
Il monstre vne franchise icy trop naturelle
Pour ne te pas oster tout sujet de querelle,
L'affaire se traitoit sans doute à son desçeu,
Et quelque faux soupçon en ce point t'a deceu:
Va retrouuer Doris, & rendons luy Clarice.

ALCIDON.

Tu te laisses donc prendre à ce lourd artifice?
A ce piege qu'il dresse afin de m'attraper?

CELIDAN.

Romproit-il ces accords à dessein de tromper?
Que vois-tu là qui sente vne supercherie?

ALCIDON.

Ie n'y vois qu'vn effet de sa poltronnerie,
Qu'vn lasche desadueu de cette trahison
De peur d'estre obligé de m'en faire raison.
Ie l'en pressay dés hier, mais son peu de courage
Ayma mieux pratiquer ce rusé tesmoignage,
Par où m'esblouyssant il peust vn de ces iours
Renoüer sourdement ces muettes amours,
Il en donne en secret des aduis à Florange,
Tu ne le cognois pas, c'est vn esprit estrange.

CELIDAN.

Quelque estrange qu'il soit, si tu prens bien ton temps
Malgré luy tes desirs se trouueront contens,
Ses offres acceptez que rien ne se differe,
Apres vn prompt Hymen tu le mets à pis faire.

ALCIDON.

COMEDIE.

ALCIDON.
Cét ordre est infaillible à procurer mon bien,
Mais ton contentement m'est plus cher que le miē.
Long-temps à mon sujet tes passions contraintes
Ont souffert & caché leurs plus viues atteintes,
Il me faut à mon tour en faire autant pour toy:
Hier deuant tous les Dieux ie t'en donnay ma foy,
Et pour la maintenir tout me sera possible.

CELIDAN.
Ta perte en mon bonheur te seroit trop sensible,
Et moy-mesme i'aurois trop de regret de voir
Que mon Hymen laissast Alcidon à pouruoir.

ALCIDON.
Et bien, pour t'arracher ce scrupule de l'ame,
(Quoy que ie n'eus iamais pour elle aucune flame)
I'espouseray Clarice : ainsi puisque mon sort
Veut qu'à mes amitiez ie fasse vn tel effort
Que d'vn de mes amis i'espouse la maistresse,
C'est là que par deuoir il faut que ie m'adresse.
Philiste m'est pariure, & moy ton obligé,
Il m'a fait vn affront, & tu m'en as vangé,
Ma raison en ce choix n'a point d'incertitude,
Puisque l'vn est iustice, & l'autre ingratitude.

CELIDAN.
Mais te priuer pour moy de ce que tu cheris!

ALCIDON.
C'est faire mon deuoir te quittant ma Doris,
Et me vanger d'vn traistre espousant sa Clarice.
Mes discours, ny mon cœur n'ont aucun artifice,
Ie vay pour confirmer tout ce que ie t'ay dit
Employer vers Doris mon reste de credit,
Si ie la puis gaigner, ie te responds du frere,
Trop heureux à ce prix d'appaiser ma colere.

CELIDAN.
C'est ainsi que tu veux m'obliger doublement,
Voy ce que ie pourray pour ton contentement.

ALCIDON.
L'affaire à mon aduis deuiendroit plus aisée

V

LA VEFVE

Si Clarice apprenoit vne mort suppoſée...
CELIDAN.
De qui? de ſon amant? va, tien pour aſſeuré
Qu'elle croira dans peu ce perfide expiré.
ALCIDON.
Quand elle en aura ſceu la nouuelle funeſte
Nous aurons moins de peine à la reſoudre au reſte,
On a beau nous aymer, des pleurs ſont toſt ſechez,
Et les morts ſoudain mis au rāg des vieux pechez.

SCENE V.
CELIDAN.

IL me cede à mon gré Doris de bon courage,
Et ce nouueau deſſein d'vn autre mariage
Pour eſtre fait ſur l'heure & tout nonchalamment
Ne me ſemble conduit que trop accortement.
Qu'il en ſçait de moyens! qu'il a ſes raiſons preſtes!
Et qu'il trouue à l'inſtant de pretextes honneſtes
Pour ie point rapprocher de ſon premier amour!
Quand à moy, plus i'y ſonge, & moins i'y voy de iour.
M'auroit il bien caché le fonds de ſa penſée?
Oüy, ſans doute Clarice a ſon ame bleſſée,
Il ſe venge en parole, & s'oblige en effet.
Cela ſe iuge à l'œil, rien ne le ſatisfait,
Quand on luy rend Doris il s'aigrit dauantage,
Ie iouërois à ce conte vn ioly perſonnage!
Il s'en faut esclaircir, Alcidon ruſe en vain,
Tandis que le ſuccés eſt encor en ma main,
Si mon ſoupçon eſt vray, ie luy feray cognoiſtre
Que ie ne fus iamais homme à ſeruir vn traiſtre,
Ce n'eſt pas auec moy qu'il faut faire le fin,
Et qui me veut duper en doit craindre la fin.
Il ne vouloit que moy pour luy ſeruir d'eſcorte,

COMEDIE.

Et si ie ne me trompe, il n'ouurit point la porte,
Nous estions attendus, on secondoit nos coups,
La Nourrice parut en mesme temps que nous,
Et se pasma soudain auec tant de iustesse
Que cette pasmoison nous liura sa maistresse.
Qui luy pourroit vn peu tirer les vers du nés,
Que nous verrions demain des gens bien estonnés!

SCENE VI.

CELIDAN, LA NOVRRICE.

LA NOVRRICE.

Ah!

CELIDAN.

J'entens des souspirs.

LA NOVRRICE.

Destins,

CELIDAN.

C'est la Nourrice,
Qu'elle vient à propos!

LA NOVRRICE.

Ou rendez moy Clarice,

CELIDAN.

Il la faut aborder.

LA NOVRRICE.

Ou me donnez la mort.

CELIDAN.

Qu'est-ce? qu'as tu, Nourrice, à t'affliger si fort?
Quel funeste accident? quelle perte arriuée!

LA NOVRRICE.

Perfide, c'est donc toy qui me l'as enleuée?
En quel lieu la tiens tu? dy moy, qu'en as tu fait?

CELIDAN.

C'est à tort que tu veux m'imputer vn forfait.

V ij

LA VEFVE

LA NOVRRICE.
Où l'as tu mise en fin?
CELIDAN.
Tu cherches ta maistresse?
LA NOVRRICE.
Oüy, ie te la demande, ame double & traistresse.
CELIDAN.
Ie ne trempay iamais en cét enleuement,
Mais ie t'en diray bien l'heureux euenement.
Il ne faut plus auoir vn visage si triste,
Elle est en bonne main.
LA NOVRRICE.
De qui?
CELIDAN.
De son Philiste.
LA NOVRRICE.
Le cœur me le disoit que ce rusé flatteur
Deuoit estre du coup le veritable autheur.
CELIDAN.
Ie ne dis pas cela, Nourrice, du contraire,
Sa rencontre à Clarice estoit fort necessaire.
LA NOVRRICE.
Quoy? l'a-t'il deliurée?
CELIDAN.
Oüy.
LA NOVRRICE.
Bons Dieux!
CELIDAN. Sa valeur
Oste ensemble la vie, & Clarice au voleur.
LA NOVRRICE.
Vous ne parlez que d'vn.
CELIDAN.
L'autre ayant pris la fuite
Philiste a negligé d'en faire la poursuite.
LA NOVRRICE.
Leur carosse roulant comme est-il aduenu..
CELIDAN.
Tu m'en veux informer en vain par le menu,

COMEDIE.

Peut-estre vn mauuais pas, vne branche, vne pierre
Fit verser leur carosse & les jetta par terre,
Et Philiste eut tant d'heur que de les rencontrer
Comme eux & ta maistresse estoient prests d'y ren- (trer.

LA NOVRRICE.
Cette heureuse nouuelle a mon ame rauie.
Mais le nom de celuy qu'il a priué de vie?

CELIDAN.
C'est, ie l'aurois nommé mille fois en vn iour,
Que ma memoire icy me fait vn mauuais tour!
C'est vn des bons amis que Philiste eust au monde.
Resue vn peu côme moy, Nourrice, & me seconde.

LA NOVRRICE.
Donnes m'en quelque adresse.

CELIDAN.
     Il se termine en don,
C'est, i'y suis peu s'en faut, atten, c'est...

LA NOVRRICE.
     Alcidon?

CELIDAN.
T'y voila iustement.

LA NOVRRICE.
     Est-ce luy? quel dommage,
Qu'vn braue Gentilhôme en la fleur de son aage...
Toutefois il n'a rien qu'il n'ait bien merité,
Et, graces aux bons Dieux, son dessein auorté...
Mais du moins en mourant il nomma son compli- (ce)

CELIDAN.
C'est là le pis pour toy.

LA NOVRRICE.
   Pour moy!

CELIDAN.
     Pour toy, Nourrice.

LA NOVRRICE.
Ah le traistre!

CELIDAN.
   Sans doute il te vouloit du mal.

LA NOVRRICE.
Et m'en pourroit-il faire?

V iij

CELIDAN.
Oüy, son rapport fatal
LA NOVRRICE.
Ne peut rien contenir que ie ne le dénie.
CELIDAN.
En effet ce rapport n'est qu'vne calomnie,
Escoute cependant. Il a dit qu'à ton sçeu
Ce malheureux dessein auoit esté conçeu,
Et que pour empescher la fuite de Clarice
Ta feinte pasmoison luy fit vn bon office,
Qu'il trouua le iardin par ton moyen ouuert.
LA NOVRRICE.
De quels damnables tours cét imposteur se sert!
Non, Monsieur, à present il faut que ie le die,
Le Ciel ne vit iamais de telle perfidie,
Ce traistre aymoit Clarice, & bruslant de ce feu
Ne caressoit Doris que pour couurir son jeu,
Depuis prés de six mois il a tasché sans cesse
D'acheter ma faueur au prés de ma maistresse,
Il n'a rien espargné qui fust en son pouuoir,
Mais me voyant tousiours ferme dans le deuoir,
Et que pour moy ses dons n'auoient aucune amor- (ce,
En fin il a voulu recourir à la force.
Vous sçauez le surplus, vous voyez son effort
A se vanger de moy pour le moins en sa mort,
Picqué de mes refus il me fait criminelle,
Et mon crime ne vient que d'estre trop fidelle.
Mais, Monsieur, le croit-on?
CELIDAN.
N'en doute aucunement,
Le bruit est qu'on t'apreste vn rude chastiment.
LA NOVRRICE.
Las! que me dites vous?
CELIDAN. Ta maistresse en colere
Iure que tes forfaits receuront leur salaire,
Sur tout elle s'aigrit contre ta pasmoison.
Si tu veux éuiter vne infame prison,
N'atten pas son retour,

COMEDIE.
LA NOVRRICE.
Où me voy ie reduite,
Si mon salut depend d'vne soudaine fuite,
Et mon esprit confus ne sçait où l'adresser!
CELIDAN.
I'ay pitié des malheurs qui te viennent presser,
Nourrice, fay chez moy, si tu veux, ta retraite,
Autant qu'en lieu du monde elle y sera secrette.
LA NOVRRICE.
Oserois-ie esperer que la compassion...
CELIDAN.
Ie prens ton innocence en ma protection,
Va, ne perds point de temps, estre icy dauantage
Ne pourroit à la fin tourner qu'à ton dommage,
Ie te suiuray de l'œil, & ne dis encor rien
Côme apres ie sçauray m'employer pour ton bien,
Durant l'esloignement ta paix se pourra faire.
LA NOVRRICE.
Vous me serez, Monsieur, comme vn Dieu tute-
CELIDAN. (laire.
Trefue pour le present de ces remercimens,
Va, tu n'as pas loisir de tant de complimens.

SCENE VII.
CELIDAN.

Voilà mon homme pris, & ma vieille attrapée!
Vrayment vn mauuais conte aysément l'a du-
Ie la croyois plus fine, & n'eusse pas pensé (pée,
Qu'vn discours sur le champ par hazard commencé
Dont la suite non plus n'alloit qu'à l'auanture,
Peust donner à son ame vne telle torture,
La ietter en desordre, & broüiller ses ressorts,
Mais la raison le veut, c'est l'effet des remords,

Le cuisant souuenir d'vne action meschante
Soudain au moindre mot nous donne l'espouuäte,
Mettons-la cependant en lieu de seureté
D'où nous ne craignions rien de sa subtilité,
Apres, nous ferons voir qu'il me faut d'vne affaire
Ou du tout ne rien dire, ou du tout ne rien taire,
Et que depuis qu'on ioüe à surprendre vn amy
Vn trompeur en moy trouue vn trõpeur & demy.

SCENE VIII.
ALCIDON, DORIS.

DORIS.

C'Est donc pour vn amy que tu veux que mon ame
Allume à ta priere vne nouuelle flame?
ALCIDON.
Ouy, de tout mon pouuoir ie t'en viens coniurer.
DORIS.
A ce coup, Alcidon, voila te declarer,
Ce compliment fort beau pour des ames glacées
M'est vn adueu bien clair de tes feintes passées.
ALCIDON.
Ne parle point de feinte, il n'appartient qu'à toy
D'estre dissimulée & de manquer de foy,
L'effet l'a trop monstré.
DORIS.
          L'effet a deu t'apprendre
Quand on feint auec moy que ie sçay biẽ le rendre.
Mais ie reuiens à toy, tu fais donc tant de bruit
Afin qu'apres vn autre en recueille le fruit?
Et c'est à ce dessein que ta fausse colere
Abuse insolemment de l'esprit de mon frere?
ALCIDON.
Ce qu'il a pris de part en mes ressentimens
Seul apporte du trouble à tes contentemens,

COMEDIE. 237

Et pour moy qui vois trop ta haine par ce change
Où tu m'as preferé ce lourdaut de Florange,
Ie n'ose plus t'offrir vn seruice odieux.
DORIS.
Tu ne fais pas tant mal, mais pour faire encor
Puis que tu recognois ma veritable haine, (mieux,
De moy, ny de mō choix ne te mets point en peine,
C'est trop manquer de sens, ie te prie, est-ce à toy,
A l'objet de ma haine, à disposer de moy?
ALCIDON.
Non, mais puisque ie vois à mon peu de merite
De ta possession l'esperance interdite,
Ie sentirois mon mal de beaucoup soulagé
Si du moins vn amy m'en estoit obligé.
Ce Caualier au reste a tous les auantages   (ges,
Que l'on peut remarquer aux plus braues coura-
Beau de corps & d'esprit, riche, adroit, valeureux,
Et sur tout de Doris à l'extréme amoureux.
DORIS.
Toutes ces qualitez n'ont rien qui me desplaise,
Mais il en a de plus vne autre fort mauuaise,
C'est qu'il est ton amy, cette seule raison
Me le feroit hayr si i'en sçauois le nom.
ALCIDON.
Donc pour le bien seruir il me faut vous le taire?
DORIS.
Et de plus luy donner cét aduis salutaire,   (aymé,
Que s'il est vray qu'il m'ayme & qu'il veuille estre
Quand il m'entretiendra tu ne sois point nommé,
Qu'il n'espere autrement de response que triste,
I'ay despit que le sang me lie auec Philiste,
Et qu'ainsi malgré moy i'ayme vn de tes amis.
ALCIDON.
Tu seras quelque iour d'vn esprit plus remis,
Ie m'en vay, cependant souuien-toy, rigoureuse,
Que tu hais Alcidon qui te veut rendre heureuse.
DORIS.
Va, ie ne veux point d'heur qui parte de ta main.

SCENE IX.
DORIS.

Qv'aux filles comme moy le fort est inhumain!
Que leur condition me semble deplorable!
Vne mere aueuglée, vn frere inexorable,
Chacun de leur costé, prennent sur mon deuoir
Et sur mes volontez vn absolu pouuoir,
Chacun me veut forcer à suiure son caprice,
L'vn a ses amitiés, l'autre a son auarice,
Ma mere veut Florange, & mon frere Alcidon,
Dans leurs diuisions mon cœur à l'abandon
N'attend que leur accord pour souffrir, & pour
  feindre,
Ie n'ose qu'esperer & ie ne sçay que craindre,
Ou plustost ie crains tout, & ie n'espere rien,
Ie n'ose fuir mon mal, ny rechercher mon bien.
Dure sujettion, estrange tyrannie,
Toute liberté donc à mon choix se dénie!
On ne laisse à mes yeux rien à dire à mon cœur,
Et par force vn amant n'a de moy que rigueur.
Il y va cependant du reste de ma vie,
Et ie n'ose escouter tant soit peu mon enuie,
Il faut que mes desirs tousiours indifferens
Aillent sans resistance au gré de mes parens
Qui m'aprestent peut-estre vn brutal, vn sauuage,
Et puis cela s'appelle vne fille bien sage.
Ciel, qui vois ma misere & qui sçais mon besoin,
Pour le moins par pitié prés de moy quelque soin.

Fin du quatriéme Acte.

COMEDIE. 239

ACTE V.

SCENE PREMIERE.
CELIDAN, CLARICE.

CELIDAN.

N'Esperez pas, Madame, auec cet artifice
Apprendre du forfait l'autheur, ny le complice,
Ie cheris l'vn & l'autre, & croy qu'il m'est permis
De conseruer l'honneur de mes meilleurs amis.
L'vn aueuglé d'amour ne iugea point de blasme
A rauir la beauté qui luy rauissoit l'ame,
Et l'autre l'assista par importunité;
C'est ce que vous sçaurez de leur temerité.

CLARICE.

Puisque vous le voulez, Monsieur, ie suis contente
De voir qu'vn bon succés ait trompé mon attente,
Et me resoluant mesme a perdre à l'aduenir
De mon affliction le triste souuenir,
l'estime que la perte en sera plus aisée
Si i'ignore les noms de ceux qui l'ont causée.
C'est assez que ie sçay qu'à vostre heureux secours
Ie dois ma liberté, mon honneur, mes amours,
Philiste autant que moy vous en est redeuable,

S'il a sçeu mon malheur il est inconsolable,
Et dans son desespoir sans doute qu'auiourd'huy
Vous luy rendez la vie en me rendant à luy.
Disposez de tous deux, & ce que l'vn & l'autre
Auront en leur pouuoir tenez-le cõme au vostre,
Tandis permettez-moy de le faire aduertir
Qu'il luy faut en plaisirs ses douleurs conuertir.

CELIDAN.

C'est à moy qu'appartiẽt l'honneur de ce message,
Trop heureux en ce point de vous seruir de page,
Mon secours sans cela comme de nul effet
Ne vous auroit rendu qu'vn seruice imparfait.

CLARICE.

Apres auoir rompu les fers d'vne captiue,
C'est tout de nouueau prendre vne peine excessiue,
Et l'obligation que i'en vay vous auoir
Met la reuanche hors de mon peu de pouuoir,
Si bien que desormais quelque espoir qui me flate
Il faudra malgré moy que i'en demeure ingrate.

CELIDAN.

En quoy que mon seruice oblige vostre amour,
Vos seuls remercimens me mettent à retour.

SCENE II.

CELIDAN.

QV'Alcidon maintenant soit de feu pour Clarice,
Qu'il ayt de son party sa traistresse Nourrice,
Que d'vn amy trop simple il fasse vn ranisseur,
Qu'il querelle Philiste, & neglige sa sœur,
Enfin qu'il ayme, dupe, enleue, feigne, abuse,
Ie trouue mieux que luy mon conte dans sa ruse.
Son artifice m'ayde, & succede si bien

Qu'il

COMEDIE.

Qu'il me donne Doris & ne luy laisse rien.
Il semble n'enlever qu'à dessein que ie rende,
Et que Philiste apres vne faueur si grande
N'ose me refuser celle dont ses transports
Et ses faux mouuemens font rompre les accords.
Ne m'offre plus Doris, elle m'est toute acquise,
Ie ne la veux deuoir, traistre, qu'à ma franchise,
Il suffit que ta ruse ait desgagé sa foy,
Cesse tes complimens, ie l'auray bien sans toy.
Mais pour voir ces effets allons trouuer le frere,
Nostre heur incompatible auecque sa misere
Ne se peut aduancer qu'en luy disant le sien.

SCENE III.

ALCIDON, CELIDAN.

CELIDAN.

AH! ie cherchois vne heure auec toy d'entretien,
Ta rencontre iamais ne fut plus opportune.

ALCIDON.

En quel point as-tu mis l'estat de ma fortune?

CELIDAN.

Tout va le mieux du monde, il ne se pouuoit pas
Auec plus de succez supposer vn trespas,
Clarice au desespoir croit Philiste sans vie.

ALCIDON.

Et l'autheur de ce coup?

CELIDAN.

    Celuy qui la rauie,
Vn amant incognu dont ie luy fais parler.

ALCIDON.

Elle a donc bien jetté des iniures en l'air?

X

LA VEFVE
CELIDAN.
Mais dedans sa fureur, quoy que rien ne l'appaise,
Si ie t'auois tout dit, c'est pour en mourir d'aise.
ALCIDON.
Ie n'en veux point qui porte vne si dure loy.
CELIDAN.
Dedans son desespoir elle parle de toy.
ALCIDON.
Elle parle de moy !
CELIDAN.
I'ay perdu ce que i'ayme,
(Dit-elle) mais du moins si cét autre luy-mesme
Son fidelle Alcidon m'en consoloit icy,
Qu'en le voyant mon mal deuiendroit adoucy!
ALCIDON.
Ie ne me pensois pas si fort en sa memoire. (re.
Mais non, cela n'est point, tu m'en donnes à croi-
CELIDAN.
Il ne tiendra qu'à toy d'en voir la verité.
ALCIDON.
Quand ?   CELIDAN.
Mesme auant demain.
ALCIDON.
Ma curiosité
Accepte ce party, ce soir, si bon te semble,
Nous nous desroberons pour l'aller voir ensemble,
Et comme sans dessein de loin la disposer,
Puisque Philiste est mort....
CELIDAN.
I'entends, à t'espouser?
ALCIDON.
Nous pourrons feindre alors que par ma diligence
Le concierge rendu de mon intelligence
Me donne vn libre accés aux lieux de sa prison,
Que desia quelque argent m'en a fait la raison,
Et que s'il en faut croire vne iuste esperance
Les pistolles dans peu feront sa deliurance, (sirs
Pourueu qu'vn prompt Hymen succede à mes de-

COMEDIE.
CELIDAN.
Que cette inuention t'asseure de plaisirs!
Vne subtilité si dextrement tissuë
Ne peut iamais auoir qu'vne admirable yssuë.
ALCIDON.
Mais l'execution ne s'en doit pas surseoir.
CELIDAN.
Me diffete donc point, ie t'attends vers le soir,
Adieu, pour le present i'ay quelque affaire en ville.
ALCIDON *seul*.
O l'excellent amy! qu'il a l'esprit docile!
Pouuois-ie faire vn choix plus commode pour (moy?
Ie trompe tout le monde auec sa bonne foy,
Et quant à sa Doris, si sa poursuite est vaine,
C'est dequoy maintenant ie ne suis guere en peine,
Puisque i'auray mon conte, il m'importe fort peu
Si la coquette agrée, ou neglige son feu.
Mais ie ne songe pas que mon aise imprudente
Laisse en perplexité ma chere confidente,
Auant que de partir il faudra sur le tard
De mes contentemens luy faire quelque part.

SCENE IV.
CHRYSANTE, PHILISTE, DORIS.
CHRYSANTE.
IE ne le puis celer, bien que i'y compatisse,
Ie trouue en tō malheur quelque peu de iustice,
Le Ciel vange ta sœur, ton brusque aueuglement
A rompu sa fortune & chassé son amant,
Et tu vois aussi-tost la tienne renuersée,
Ta maistresse rauie, & peut-estre forcée:

Cependant Alcidon te querelle toufiours,
Au lieu de renoüer fes premieres amours.
PHILISTE.
Madame, c'eft fur vous qu'en tombe le reproche,
Le moyen que iamais Alcidon en rapproche?
L'affront qu'il a receu ne luy peut plus laiffer
De fouuenir de nous que pour nous offencer.
Ainfi mon mauuais fort m'a bien ofté Clarice,
Mais du refte accufez voftre feule auarice,
Madame, nous perdons par voftre aueuglement
Voftre fils vn amy, voftre fille vn amant.
DORIS.
Oftez ce nom d'amant, le fard de fon langage
Ne m'empefcha iamais de voir dans fon courage,
Et nous eftions tous deux femblables en ce point
Que nous feignions d'aymer ce que nous n'ay-
  mions point.
PHILISTE.
Ce que vous n'aymiez point ! petite éceruelée,
Falloit-il donc fouffrir d'en eftre cajolée?
DORIS.
Il le falloit fouffrir, ou vous defobliger.
PHILISTE.
Mais dy qu'il te falloit vn efprit moins leger.
CHRYSANTE.
Celidan vient d'entrer, fais vn peu de filence,
Et du moins à fes yeux cache ta violence.

COMEDIE.

SCENE V.
PHILISTE, CHRYSANTE, CELIDAN, DORIS.

PHILISTE à *Celidan*.
ET bien que dit, que fait, nostre amant irrité?
Persiste-t'il encor dans sa brutalité?
CELIDAN.
Quitte pour auiourd'huy le soin de tes querelles,
I'ay bien à te conter de meilleures nouuelles,
Les rauisseurs n'ont plus Clarice en leur pouuoir.
PHILISTE.
Amy, que me dis-tu?
CELIDAN.
Ce que ie viens de voir.
PHILISTE.
Et de grace, où voit-on le sujet que i'adore?
Dy moy le lieu.
CELIDAN.
Le lieu ne se dit pas encore,
Celuy qui te la rend te veut faire vne loy...
PHILISTE.
Apres cette faueur, qu'il dispose de moy,
Mon possible est à luy.
CELIDAN.
Donc sous cette promesse
Tu peux dans son logis aller voir ta maistresse,
Ambassadeur exprés...

X iij

SCENE VI.

CHRYSANTE, CELIDAN, DORIS.

CHRYSANTE.

Son feu precipité
Luy fait faire enuers nous vne inciuilité,
Excusez, s'il vous plaist, sa passion trop forte
Qui sans vous dire Adieu vers son objet l'empor- (te.

CELIDAN.

C'est comme doit agir vn veritable amour,
Vn feu moindre eust souffert quelque plus long se- (jour,
Et nous voyons assez par cette experience
Que le sien est égal à son impatience.
Mais puisqu'ainsi le Ciel rejoint ces deux amans,
Et que tout se dispose à vos contentemens,
Pour m'auancer aux miens, oserois-ie, Madame,
Offrir à cette belle vn cœur qui n'est que flame,
Vn cœur sur qui ses yeux de tout temps absolus
Ont imprimé des traits qui ne s'effacent plus?
I'ay creu par le passé qu'vne ardeur mutuelle
Vnissoit les esprits & d'Alcidon, & d'elle,
Et qu'en ce Caualier son desir arresté
Prendroit tous autres vœux pour importunité,
Cette seule raison m'obligeant à me taire,
Ie trahissois mon feu de peur de luy desplaire.
Mais à present qu'vn autre en sa place reçeu
Me fait voir clairement combien i'estois deçeu,
Et que ce malheureux l'a si peu conseruée,
Mõ ame que ses yeux ont tousiours captiuée, (heur.
Dans le malheur d'autruy vient chercher son bon-

COMEDIE. 247
CHRYSANTE.
Voſtre offre auantageux nous fait beaucoup d'hon-(neur,
Mais vous voyez le point où me reduit Philiſte,
Et comme ſa boutade à mes ſouhaits reſiſte,
Trop chaud amy qu'il eſt, il s'emporte auiourd'huy
Pour vn qui nous meſpriſe, & ſe mocque de luy.
Honteuſe qu'il me force à manquer de promeſſe,
Ie n'oſe vous donner vne reſponſe expreſſe,
Tant ie crains de ſa part vn deſordre nouueau.
CELIDAN.
Vous me tuez, Madame, & cachez le couſteau,
Sous ce deſtour diſcret vn refus ſe colore.
CHRYSANTE.
Non, Monſieur, croyez-moy, voſtre offre nous ho-(nore,
Auſſi dans le refus i'aurois peu de raiſon,
Ie cognoy voſtre bien, ie ſçay voſtre maiſon;
Voſtre pere jadis (helas, que cette hiſtoire (re!)
Encor ſur mes vieux ans m'eſt douce en la memoi-
Voſtre feu pere, dis-ie, eut de l'amour pour moy,
I'eſtois ſon cher objet, & maintenant ie voy
Que comme par vn droit ſucceſſif de famille (fille.
L'amour qu'il eut pour moy, vous l'auès pour ma
S'il m'aymoit, ie l'aymois, & les ſeules rigueurs
De ſes cruels parens diuiſerent nos cœurs,
On l'eſloigna de moy veu le peu d'auantage
Qui ſe trouua pour luy dedans mon mariage,
Et iamais le retour ne luy fut accordé
Qu'ils ne viſſent mon lict d'Acaſte poſſedé :
En vain à cét Hymen i'oppoſay ma conſtance,
La volonté des miens vainquit ma reſiſtance.
Mais ie reuiens à vous, en qui ie voy portraits
De ſes perfections les plus aymables traits,
Afin de vous oſter deſormais toute crainte
Que deſſous mes diſcours ſe cache aucune feinte,
Allons trouuer Philiſte, & vous verrez alors,
Comme en voſtre faueur ie feray mes efforts.
CELIDAN.
Il faudroit de ma belle vne meſme aſſeurance,

Et rien ne pourroit plus troubler mon esperance.
DORIS.
Mõsieur, où Madame est, ie n'ay point de vouloir.
CELIDAN.
Employer contre vous son absolu pouuoir!
Ma flame d'y penser deuiendroit criminelle.
CHRYSANTE.
Ie cognois bien ma fille, & ie vous responds d'elle,
Depeschons seulement d'aller vers ces amants.
CELIDAN.
Allons, mon heur depend de vos commandemens.

SCENE VII.

PHILISTE, CLARICE.

PHILISTE.

MA douleur qui s'obstine à combattre ma ioye
Pousse encor des souspirs bien que ie vous reuoye,
Et l'excés des plaisirs qui me viennent charmer
Mesle dans ses douceurs ie ne sçay quoy d'amer,
Mon ame en est ensemble & rauie, & confuse,
D'vn peu de lascheté vostre retour m'accuse,
Et vostre liberté me reproche aujourd'huy,
Que mon amour la doit à la pitié d'autruy:
Elle me comble d'aise, & m'accable de honte,
Celuy qui vous la rend en m'obligeant m'affronte,
Vn coup si glorieux n'appartenoit qu'à moy.
CLARICE.
Vois-tu dans mon esprit des doutes de ta foy?
Y vois-tu des soupçons qui blessent ton courage,
Et dispensent ta bouche à ce fascheux langage?

COMEDIE. 249

Ton amour & tes soins trompés par mon malheur
Ma prison incogneuë a braué ta valeur,
Que t'importe à present qu'vn autre m'en deliure,
Puisque c'est pour toy seul que Clarice veut viure,
Et que d'vn tel orage en bonace reduit
Celidan a la peine, & Philiste le fruit?

PHILISTE.

Mais vous ne dites pas que le point qui m'afflige
C'est la recognoissance où l'honneur vous oblige,
Il vous faut estre ingratte ou bien à l'aduenir
Luy garder en vostre ame vn petit souuenir;
La mienne en est ialouse, & trouue ce partage,
(Quelque inesgal qu'il soit) à son desauantage,
Ie ne le puis souffrir, nos pensers à tous deux
Ne deuroient à mon gré parler que de nos feux,
Tout autre objet que moy dans vostre esprit me

CLARICE. (picque.

Ton humeur à ce conte est vn peu tyrannique,
Penses-tu que ie veuille vn amant si ialoux?

PHILISTE.

Ie tasche d'imiter ce que ie vois en vous,
Mon esprit amoureux qui vous tiet pour sa Reine
Fait de vos actions sa regle souueraine.

CLARICE.

Ie ne puis endurer ces propos outrageux,
Où m'as-tu veu ialouse afin d'estre ombrageux?

PHILISTE.

Ce fut (vous le sçauez) l'autre iour qu'en visite
I'entretins quelque temps Belinde & Crysolite.

CLARICE.

Ne me reproche point l'excez de mon amour.

PHILISTE.

Mais permettez-moy donc cét excés à mon tour,
Est-il rien de plus iuste, ou de plus equitable?

CLARICE.

Encor pour vn ialoux tu seras fort traitable,
Et tu sçais dextrement dedans nos entretiens
Accuser mes defauts en excusant les tiens.

Par cette liberté tu me fais bien paroiſtre
Que tu crois que l'Hymē t'ait deſia rendu maiſtre,
Puiſque laiſſant les vœux & les ſubmiſſions
Tu me dis ſeulement mes imperfections.
Philiſte, c'eſt douter trop peu de ta puiſſance,
Et prendre auant le temps vn peu trop de licence,
Nous auions noſtre Hymen à demain arreſté,
Mais pour te bien punir de cette liberté,
Tu peux conter huict iours parauant qu'il s'acheue.
PHILISTE.
Mais ſi durant ce temps quelqu'autre vous enleue,
Penſez-vous, mon ſoucy, que pour voſtre ſecours
Le meſme Celidan ſe rencontre touſiours?
CLARICE.
Il faut ſçauoir de luy s'il prendroit cette peine,
Voy ta mere, & ta ſœur que vers nous il améne,
Sa reſponſe rendra nos debats terminez.
PHILISTE.
Ha! mere, ſœur, amy, que vous m'importunez!

SCENE VIII.
CHRYSANTE, DORIS, CELI-DAN, CLARICE, PHILISTE.

CHRYSANTE à *Clarice.*

IE viens apres mon fils vous rendre vne aſſeu-
rance
De la part que ie prens en voſtre deliurance,
L'aiſe que i'en reçoy ne ſçauoit endurer
Que mes humbles deuoirs ſe peuſſent differer.
CLARICE à *Chryſante.*
N'vſés point de ce mot vers celle dont l'ennuie

COMEDIE.   251

Eſt de vous obeyr le reſte de ſa vie,
Que ſon retour rẽd moins à ſoy-meſme qu'à vous:
Ce braue Caualier accepté pour eſpoux,
C'eſt à moy deſormais entrant dans ſa famille
A vous rendre vn deuoir de ſeruante, & de fille,
Pourueu qu'en mes defauts i'aye tant de bonheur
Que vous me reputiez digne d'vn tel honneur,
Et que ſa paſſion en ce choix vous contente.
  CHRYSANTE *à Clarice.*
Dans ce bien exceſſif qui paſſe mon attente
Ie ſoupçonne mes ſens d'vne infidelité,
Tant ma raiſon s'oppoſe à ma credulité:
Surpriſe que ie ſuis d'vne telle merueille
Mon eſprit tout confus doute encor ſi ie veille,
Mon ame en eſt rauie, & ces rauiſſements
M'oſtent la liberté de tous remerciments.
  DORIS *à Clarice.*
Souffrés qu'en ce bon-heur mon aiſe m'enhardiſſe
A vous offrir, Madame, vn fidelle ſeruice.
  CLARICE *à Doris.*
Et moy ſans compliment qui vous farde mon cœur
Ie vous offre & demande vne amitié de ſœur.
  PHILISTE *à Celidan.*
Toy, ſans qui mon malheur eſtoit inconſolable,
Ma douleur ſans eſpoir, ma perte irreparable,
Qui m'as ſeul obligé plus que tous mes amis,
Puiſque ie te dois tout, que ie t'ay tout promis,
Ceſſe de me tenir dedans l'incertitude,
Dy moy par où ie puis ſortir d'ingratitude,
Donne moy le moyen apres vn tel bien fait
De reduire pour toy ma parole en effet.
  CELIDAN *à Philiſte.*
S'il eſt vray que ta flame & celle de Clarice
Doiuent leur bonne iſſuë à mon peu de ſeruice,
Qu'vn bon ſuccez par moy reſponde à tous vos
  vœux,
I'oſe t'en demander vn pareil à mes feux,
I'oſe te demander ſous l'adueu de Madame

Celle qui de tout temps a possedé mon ame,
Vne sœur qui receuë en mon lit pour moitié,
D'vn lien plus estroit serre nostre amitié.

PHILISTE à Celidan.

Ta demande m'estonne ensemble & m'embarasse,
Sur ton meilleur amy tu brigues cette place,
Et tu sçais que ma foy la reserue pour luy.

CHRYSANTE à Philiste.

Si tu n'as entrepris de m'accabler d'ennuy,
Ne te fais point ingrat pour vne ame si double.

PHILISTE à Celidan.

Mon esprit diuisé de plus en plus se trouble,
Dispense moy, de grace, & songe qu'auant toy
Ce colere Alcidon tient en gage ma foy.

CELIDAN à Philiste.

Voilà de ta parole vn manque trop visible.

PHILISTE à Celidan.

Ie t'ay bien tout promis ce qui m'estoit possible,
Mais vne autre promesse oste de mon pouuoir
Ce qu'aux plaisirs receus ie me sçay trop deuoir.

CHRYSANTE à Philiste.

Ne te ressouuien plus d'vne vieille promesse,
Et iuge en regardant cette belle maistresse,
Si celuy qui pour toy l'oste à son rauisseur
N'a pas bien merité l'eschange de ta sœur.

CLARICE à Chrysante.

Ie ne sçaurois souffrir qu'en ma presence on die
Qu'il doiue m'acquerir par vne perfidie,
Et pour vn tel amy luy voir si peu de foy,
Me feroit redouter qu'il en eust moins pour moy.
Mais Alcidon suruient, nous l'allons voir luy mesme
Disputer maintenant contre vous ce qu'il ayme.

SCENE

COMÉDIE.

SCENE IX.
CLARICE, ALCIDON, PHILISTE, CHRYSANTE, CELIDAN, DORIS.

CLARICE à *Alcidon*.

Mon abord t'a surpris! tu changes de couleur!
Tu me croyois sans doute encor dans le malheur,
Voicy qui m'en déliure, & n'estoit que Philiste
A ses nouueaux desseins en ta faueur resiste,
Cét amy si parfait qu'entre tous tu cheris
T'auroit pour recompense enleué ta Doris.

ALCIDON.

Le desordre qu'on lit en mon ame estourdie
Vient moins de vostre aspect que de sa perfidie,
Ie forcéne de voir que sur vostre retour
Ce traistre asseure ainsi ma perte, & son amour.
O honte, ô creue-cœur, ô desespoir, ô rage,
Qui venez à l'enuy deschirer mon courage,
Au lieu de vous combattre vnissez vos efforts
Afin de desvnir mon ame de mon corps,
Ie tiens les plus cruels pour les plus fauorables.
Mais pourquoy vous prier de m'estre secourables?
Ie mourray bien sans vous, dans cette trahison
Mon cœur n'a par les yeux que trop pris de poison,
Perfide, à mes despens tu veux donc des maistresses
Et mon honneur perdu te gaigne leurs caresses?

CELIDAN à *Alcidon*.

Traistre, iusques icy i'ay caché tes defauts,
Et pour remerciment tu m'en donnes de faux?

Y

Cesse de m'outrager, ou le respect des Dames
N'est plus pour contenir celuy que tu diffames.
PHILISTE à Alcidon.
Cher amy, ne crain rien, & demeure asseuré
Que ie sçay maintenir ce que ie t'ay iuré,
Pour t'enleuer ma sœur il faut m'arracher l'ame.
ALCIDON à Philiste.
Non, nõ, il n'est plus temps de desguiser ma flame,
Il faut leuer le masque, il faut te confesser
Qu'vne toute autre ardeur occupoit mon penser.
Amy, ne cherche plus qui t'a rauy Clarice,
Voicy l'autheur du coup, & voilà le complice,
Adieu, ce mot lasché ie te suis en horreur.

SCENE X.

CHRYSANTE, CLARICE, PHILISTE, CELIDAN, DORIS.

CHRYSANTE à Philiste.

ET bien rebelle, enfin sortiras-tu d'erreur?
CELIDAN à Philiste.
Pisque son desespoir vous découure vn mistere
Que ma discretion vous auoit voulu taire,
C'est à moy de monstrer quel estoit mon dessein.
Il est vray qu'en ce coup ie luy prestay la main,
La peur que i'eus alors qu'apres ma resistance
Il ne trouuast ailleurs trop fidelle assistance.
PHILISTE à Celidan.
Quittons là ce discours, puisqu'en cette action
La fin m'esclairoit trop de ton intention,
Et ta sincerité se fait assez cognoistre.
Ie m'obstinois tantost dans le party d'vn traistre,

COMEDIE. 255

Mais au lieu d'affoiblir vers toy mon amitié
Vn tel aueuglement te doit faire pitié.
Plains moy, plains mon malheur, plains mon trop
    de franchise
Qu'vn amy desloyal a tellement surprise,
Voy par là comme i'ayme, & perds le souuenir
Qu'vn traistre contre toy tu m'as veu maintenir.
Bien que ma flame au point d'auoir sa recompense
De me vanger de luy pour l'heure me dispense,
Il ioüyra fort peu de cette vanité
D'auoir sçeu m'offencer auec impunité.
Fay malgré mon erreur que ton feu perseuere,
Ne puny point la sœur de la faute du frere,
Et reçoy de ma main celle que ton desir
Parauant cette offence auoit voulu choisir.

CLARICE à Celidan.

Vne pareille erreur me rend toute confuse,
Mais icy mon amour me seruira d'excuse,
Il serre nos esprits d'vn trop estroit lien
Pour permettre à mon sens de s'esloigner du sien.

CELIDAN.

Si vous croyez encor que cette erreur me tou-
    che,
Vn mot me satisfait de cette belle bouche;
Mais, helas! mon soucy, ie n'ose auoir pensé
Que sans auoir seruy ie sois recompensé,

DORIS à Celidan.

Icy vostre merite est joint à leur puissance,
Et la raison s'accorde à mon obeyssance,
En secondant vos feux ie fais par iugement
Ce qu'ailleurs ie ferois par leur commandement.

CELIDAN.

A ces mots enchanteurs mon martyre s'appaise,
Et ie ne conçoy rien de pareil à mon aise.

CHRYSANTE.

Que la mienne est extréme, & que sur mes vieux
    ans
Le pitoyable Ciel me fait de doux presens!

Y ij

Qu'il conduit mon bonheur par vn reſſort eſtran-
ge!
Qu'à propos ſa faueur m'a fait perdre Florange!
Ainſi me donne-t'il pour comble de mes vœux
Bien toſt des deux coſtés quelques petits neueux,
Rendant par les doux fruits de ce double Hyme-
née
Ma debile vieilleſſe à iamais fortunée.

CLARICE *à Chryſante.*

Cependant pour ce ſoir ne me refuſez pas
L'heur de vous voir icy prendre vn mauuais repas,
Afin qu'à ces plaiſirs enſemble on ſe prepare,
Tant qu'vn miſtere ſaint deux à deux nous ſepa-
re.

CHRYSANTE *à Clarice.*

Vous quitter parauant ce bien-heureux moment
Ce ſeroit me priuer de tout contentement.

Fin du cinquiéme & dernier Acte.

LA GALERIE DV PALAIS, COMEDIE.

A MADAME DE LIANCOVR.

MADAME,

Ie vous demande pardon si ie vous fais vn mauuais present, non pas que i'aye si mauuaise opinion de cette Piece que ie veuille condamner les applaudissements qu'elle a receus, mais parce que ie ne croiray iamais qu'vn ouurage de cette nature soit digne de vous estre presenté. Aussi vous supplieray-ie tres-humblement de ne prendre pas tant garde à la qualité de la chose, qu'au pouuoir de celuy dont elle part ; C'est tout ce que vous peut offrir vn homme de ma sorte, & Dieu ne m'ayant pas fait naistre assez considerable pour estre vtile à vostre seruice, ie me tiendray trop recompensé d'ailleurs, si ie puis contribuer en quelque façon à vos diuertissements. De six Comedies qui me sont eschappées, si celle-cy n'est la meilleure, c'est la plus heureuse, & toutefois la plus malheureuse en ce point, que n'ayant pas eu l'honneur d'estre veuë de vous, il luy manque vostre approbation, sans laquelle sa gloire est encor douteuse & n'ose s'asseurer sur les acclamations publiques. Elle vous la vient demander, MADAME, auec cette protection qu'autrefois Melite a trouuée si fauorable. I'espere que vostre bonté ne luy refusera pas l'vne & l'autre, ou que si vous desaprouuez sa conduite, du moins vous agréerez mon zele & me permettrez de me dire toute ma vie,

MADAME,

Vostre tres-humble, tres-obeïssant,
& tres-obligé seruiteur,
CORNEILLE.

ACTEVRS.

PLEIRANTE Pere de Celidée.
LYSANDRE Amant de Celidée.
DORIMANT Amoureux d'Hyppolite.
CHRYSANTE Mere d'Hyppolite.
CELIDEE Fille de Pleirante.
HYPPOLITE Fille de Chrysante.
ARONTE Escuyer de Lysandre.
CLEANTE Escuyer de Dorimant.
FLORICE Suiuante d'Hyppolite.
LE LIBRAIRE du Palais.
LE MERCIER du Palais.
LA LINGERE du Palais.

La Scene est à Paris.

LA GALERIE DV PALAIS,

COMEDIE.

ACTE I.

SCENE PREMIERE.

ARONTE, FLORICE.

ARONTE.

N fin ie ne le puis, que veux-tu que i'y face ?
Pour tout autre sujet mon Maistre n'est que glace, (peut chasser,
Elle est trop dans son cœur, on ne l'en
Et c'est folie à nous que de plus y penser.
I'ay beau deuant les yeux luy remettre Hyppolite,
Parler de ses attraits, esleuer son merite,
Sa grace, son esprit, sa naissance, son bien,
Ie n'auance non plus, qu'en ne luy disant rien.
L'amour dont malgré moy son ame est possedée,
Fait qu'il en voit autant, ou plus en Celidée.

LA GALERIE
FLORICE.

Ne quittons pas pourtant, à la longue on fait tout,
La gloire suit la peine, esperons iusqu'au bout.
Ie veux que Celidée ait charmé son courage,
L'amour le plus parfait n'est pas vn mariage,
Fort souuent moins que rien cause vn grand chan-
    gement,
Et les occasions naissent en vn moment.

ARONTE.

Ie les prendray tousiours quand ie les verray nai- (stre.

FLORICE.

Hyppolite en ce cas le sçaura recognoistre.

ARONTE.

Tout ce que i'en pretens, n'est qu'vn entier secret,
Adieu, ie vay trouuer Celidée à regret.

FLORICE.

De la part de ton Maistre?

ARONTE.

Ouy.

FLORICE.

                    Si i'ay bonne veuë,
La voilà que son pere améne vers la ruë,
Aronte, esloigne-toy, nous iouërons mieux nos
    jeux,   (deux.
S'ils ne se doutent point que nous parlions nous

SCENE II.
PLEIRANTE, CELIDEE.

PLEIRANTE.

NE pense plus, ma fille, à me cacher ta flame,
N'en conçoy point de honte, & n'en crain
    point de blâme,

DV PALAIS.

Le sujet qui l'allume a des perfections
Dignes de posseder tes inclinations,
Et pour mieux te monstrer le fonds de mon courage,
I'aime autant son esprit, que tu fais son visage,
Confesse donc, ma fille, & croy qu'vn si beau feu
Veut estre mieux traité que par vn desadueu.
CELIDEE.
Monsieur, il est tout vray, son ardeur legitime
A tant gaigné sur moy, que i'en fay de l'estime,
I'honore son merite, & n'ay pû m'empescher
De prendre du plaisir à m'en voir rechercher,
I'ayme son entretien, ie cheris sa presence,
Mais cela n'est aussi qu'vn peu de complaisance,
Qu'vn mouuement leger qui passe en moins d'vn
    iour,
Vos seuls commãdemens produiront mon amour,
Et vostre volonté de la mienne suiuie....
PLEIRANTE.
Fauorisant ses vœux seconde ton enuie.
Aime, aime ton Lysandre, & puisque ie consens
Et que ie t'authorise à ces feux innocens,
Donne-luy hardiment vne entiere asseurance
Qu'vn mariage heureux suiura son esperance
Engage luy ta foy. Mais i'apperçoy venir
Quelqu'vn qui de sa part te vient entretenir,
Ma fille, Adieu, les yeux d'vn homme de mon
    aage
Peut-estre empescheroient la moitié du message.
CELIDEE.
Il ne vient rien de luy qu'il faille vous celer.
PLEIRANTE.
Mais tu seras sans moy plus libre à luy parler,
Et ta ciuilité sans doute vn peu forcée
Me fait vn compliment qui trahit ta pensée.

SCENE III.

CELIDEE, ARONTE.

CELIDEE.

Que fait ton Maistre, Aronte?

ARONTE.

Il m'enuoye auiourd'huy
Voir ce que sa Maistresse a resolu de luy,
Et comment vous voulez qu'il passe la iournée.

CELIDEE.

Ie seray chez Daphnis toute l'apres-disnée,
Et s'il mayme, ie croy que nous l'y pourrons voir,
Autrement…

ARONTE.

Ne pensez qu'à l'y bien receuoir.

CELIDEE.

S'il y manque, il verra sa paresse punie.
Nous y deuons disner fort bonne compagnie,
I'y méne du quartier Hyppolite & Cloris.

ARONTE.

Elles & vous dehors, il n'est rien dans Paris,
Et ie n'e sçache point, pour belles qu'on les nôme,
Qui puissent attirer les yeux d'vn honneste hôme.

CELIDEE.

Ie ne suis pas d'humeur bien propre à t'escouter,
Ie veux des gës mieux faits que toy pour me flater,
Sans que ton bel esprit tasche plus d'y paroistre,
Mesle-toy de porter mon message à ton Maistre.

ARONTE *seul.*

Quelle superbe humeur! quel arrogant maintien!
Si mon Maistre me croit, vous ne tenez plus rien,
Il changera d'objet, ou i'y perdray ma peine,
Son amour aussi bien ne vous rend que trop vaine.

SCENE IV.
LA LINGERE, LE LIBRAIRE.
LA LINGERE.

Vous auez fort la presse à ce Liure nouueau,
C'est pour vous faire riche.
LE LIBRAIRE.
On le trouue si beau,
Que c'est pour mon profit le meilleur qui se voye,
Mais vous, que vous vendez de ces toiles de soye!
LA LINGERE.
De vray, bien que d'abord on en vendist fort peu,
A present Dieu nous ayme, on y court comme au feu, (mande,
Ie n'en sçaurois fournir autant qu'on m'en de-
Elle sied mieux aussi que celle de Hollande,
Descouure moins le fard dont vn visage est peint,
Et moins blanche elle donne vn plus grand lustre au teint.
Ie perds bien à gaigner de ce que ma boutique
Pour estre trop estroite empesche ma pratique,
A peine y puis-ie auoir deux chalands à la fois,
Ie veux changer de place auant qu'il soit vn mois,
I'ayme mieux en payer le double, & dauantage,
Et voir ma marchandise en plus bel estallage.
LE LIBRAIRE.
Vous auez bien raison, mais à ce que i'entends.
Monsieur, vous plaist-il voir quelques liures du temps?

SCENE V.

DORIMANT, CLEANTE, LE LIBRAIRE.

DORIMANT.

Monstrez m'en quelques-vns.
LE LIBRAIRE.
Voicy ceux de la mode.
DORIMANT.
Ostez-moy cét Autheur, son nom seul m'incom-
mode,
C'est vn impertinent, où ie n'y cognois rien.
LE LIBRAIRE.
Ses œuures toutefois se vendent assez bien.
DORIMANT.
Quantité d'ignorants ne songent qu'à la rime.
CLEANTE.
Monsieur, en voicy deux dont on fait grande esti-
me,
Considerez ce trait, on le trouue diuin.
DORIMANT.
Il n'est que mal traduit du Caualier Marin,
Sa veine au demeurant me semble assez hardie,
LE LIBRAIRE.
Ce fut son coup d'essay que cette Comedie.
DORIMANT.
Cela n'est pas tant mal pour vn commencement,
La pluspart de ses vers coulent fort doucement,
Qu'il a de mignardise à descrire vn visage!

DV PALAIS.

SCENE VI.

HYPPOLITE, FLORICE, DORIMANT, CLEANTE, LE LIBRAIRE, LA LINGERE.

HYPPOLITE.

Madame, monstrez nous quelques collets
d'ouurage.
LA LINGERE.
Ie vous en vay monstrer de toutes les façons.
DORIMANT *au Libraire.*
Cecy vaut mieux le voir que toutes vos chansons.
LA LINGERE *ouurant vne boëte*
Voila du point d'esprit, de Genes, & d'Espagne.
HYPPOLITE.
Cecy n'est gueres bon qu'à des gens de campagne.
LA LINGERE.
Voyez bien, s'il en est deux pareils dans Paris,
Ie veux perdre la boëte.
FLORICE.
On est fort souuent pris
A ces sortes de points, si l'on n'a quelque fille
Qui sçache à tous moments y repasser l'aiguille,
En moins de trois sauôsrien n'y tient presque plus.
HYPPOLITE.
Cestuy-cy qu'en dis-tu?
FLORICE.
L'ouurage en est confus,
Bien que l'inuention de prés soit assez belle,
Voilà bien vostre fait, n'estoit que la dentelle
Est fort mal assortie auec le passement,
Cét autre n'a de beau que le couronnement.

Z ij

LA GALERIE

LA LINGERE.
SI vous pouuiez auoir trois iours de patience,
Il m'en vient, mais qui sont dans la mesme excel-
FLORICE. (lence.
Il vaudroit mieux attendre,
HYPPOLITE.
Et bien nous attendrons,
Dites nous au plus tard quel iour nous reuiendrõs.
LA LINGERE.
Mercredy i'en attens de certaines nouuelles,
Cependant vous faut-il quelques autres dentelles?
HYPPOLITE.
I'en ay ce qu'il m'en faut pour ma prouision.
LE LIBRAIRE *à qui Dorimant auoit parlé*
à l'oreille, tandis qu'Hyppolite voyoit des ouurages.
I'en vay subtilement prendre l'occasion.
La cognois tu voisine?
LA LINGERE.
Oüy, quelque peu de veuë,
Quand au reste elle m'est tout à fait incognuë.
Ce Caualier sans doute y trouue plus d'appas
Que dans tous vos Autheurs.
CLEANTE *à qui Dorimant a parlé à*
l'oreille au milieu du Theatre.
Ie n'y manqueray pas.
DORIMANT *à Cleante.*
Si tu ne me vois là, ie seray dans la sale.
Au Libraire prenant vn liure sur sa boutique.
Ie cognois celuy-cy, sa veine est fort égale,
Il ne fait point de vers qu'on ne trouue charmans
Mais on ne parle plus qu'on face de Romans,
I'ay veu que nostre peuple en estoit idolatre.
LE LIBRAIRE.
La mode est à present des pieces de Theatre.
DORIMANT.
De vray chacun s'en picque, & tel y met la main
Qui n'eut iamais l'esprit d'ajuster vn quatrain.

SCENE VII.

LYSANDRE, DORIMANT, LE LIBRAIRE, LE MERCIER.

LYSANDRE.

IE te prens sur le liure.
DORIMANT.
Et bien qu'en veux-tu dire?
Tant d'excellents esprits qui se meslent d'escrire,
Valent bien qu'on leur donne vne heure de loisir.
LYSANDRE.
Y trouues-tu tousiours vne heure de plaisir?
Beaucoup font biē des vers, mais peu la Comedie.
DORIMANT.
Ton goust, ie m'en asseure, est pour la Normandie?
LYSANDRE.
Sans rien specifier peu meritent le voir,
Beaucoup dont l'entreprise excede le pouuoir
Veulent parler d'Amour sans aucune pratique.
DORIMANT.
On n'y sçait guere alors que la vieille rubrique,
Faute de le cognoistre on l'habille en fureur,
Et loin d'en faire enuie, on nous en fait horreur;
Luy seul de ses effets a droit de nous instruire,
Nostre plume à luy seul doit se laisser conduire,
Pour en bien discourir, il faut l'auoir bien fait,
Vn bon Poëte ne vient que d'vn Amant parfait.
LYSANDRE.
Il n'en faut point douter, l'Amour a des tendresses
Que nous n'apprenons point qu'auprés de nos mai-
Tāt de sorte d'appas, de doux saisissemēs, (stresses,
D'agreables langueurs, & de rauissemens,

Z iij

LA GALERIE

Iusques où d'vn bel œil peut s'estendre l'empire,
Et mille autres secrets que l'on ne sçauroit dire,
(Quoy que tous nos rimeurs en mettent par escrit)
Ne se sçeurent iamais par vn effort d'esprit,
Et ie n'ay iamais veu de ceruelles bien faites,
Qui traitassent l'Amour à la façon des Poëtes.
C'est tout vn autre jeu, le stile d'vn Sonnet
Est fort extrauagant dedans vn cabinet,
Il y faut bien loüer la beauté qu'on adore
Sans mespriser Venus, sans mesdire de Flore,
Sans que l'esclat des lis, des roses, d'vn beau iour
Ait rien à desmesler auecque nostre amour.
O pauure Comedie, objet de tant de veines,
Si tu n'és qu'vn portrait des actions humaines,
On te tire souuent sur vn original,
A qui, pour dire vray, tu ressembles fort mal.

DORIMANT.

Laissons la Muse en paix, de grace, à la pareille,
Chacun fait ce qu'il peut, & ce n'est pas merueille
Si comme auec bon droit on perd bien vn procés,
Souuent vn bon ouurage a de foibles succés.
Le iugement de l'homme, ou plustost son caprice,
Pour quantité d'esprits n'a que de l'iniustice,
I'en admire beaucoup dont on fait peu d'estat,
Leurs fautes tout au pis ne sont pas coups d'Estat,
La plus grãde est tousiours de peu de consequence.

LE LIBRAIRE.

Vous plaist-il point de voir des pieces d'eloquẽce?

LYSANDRE ayant regardé le tiltre d'vn liure que le Libraire luy presente.

I'en leus hier la moitié, mais son vol est si haut
Que presque à tous moments ie me trouue en défaut.

DORIMANT.

Voicy quelques Autheurs dont i'ayme l'industrie,
Mettez ces trois à part, mon Maistre, ie vous prie,
Tantost vn de mes gens vous les viendra payer.

LYSANDRE se retirant d'auprés les boutiques

Le reste du matin où veux-tu l'employer?

DV PALAIS.
LE MERCIER.
Voyez deçà, Messieurs, vous plaist-il rië du nostre?
Voyez, ie vous feray meilleur marché qu'vn autre,
Des gands, des baudriers, des rubans, des Castors.

SCENE VIII.
DORIMANT, LYSANDRE.
DORIMANT.

IE ne sçaurois encore te suiure si tu sors,
Faisons vn tour de salle attendāt mon Cleante.
LYSANDRE.
Qui te retient icy?
DORIMANT.
L'histoire en est plaisante.
Tantost comme i'estois dans le liure occupé,
Tout proche on est venu choisir du point-coupé.
LYSANDRE.
Qui?
DORIMANT.
C'est la question, mais s'il faut s'en remettre
A ce qu'à mes regards son masque a pû permettre,
Ie n'ay rien veu d'esgal, mon Cleante la suit,
Et ne reuiendra point qu'il ne soit bien instruit
Quelle est sa qualité, son nom, & sa demeure.
LYSANDRE.
Amy, le cœur t'en dit.
DORIMANT.
Nullement, ou ie meure,
Voyant ie ne sçay quoy de rare en sa beauté,
I'ay voulu contenter ma curiosité.
LYSANDRE.
Ta curiosité deuiendra bien-tost flame,

C'est par la que l'Amour se glisse dans vn ame.
A la premiere veuë vn objet qui nous plaist
Ne forme qu'vn desir de sçauoir quel il est,
Le sçachant on en veut apprendre dauantage,
Voir si son entretien respond à son visage,
S'il est ciuil ou rude, importun ou charmeur,
Esprouuer son esprit, cognoistre son humeur:
De là cét examen se tourne en complaisance,
On cherche si souuent le bien de sa presence
Qu'on en fait habitude, & qu'au point d'en sortir
Quelque regret commence à se faire sentir:
On reuient tout resueur, & nostre ame blessée
Sans prendre garde à rien cajole sa pensée,
Ayant resvé le iour, la nuict à tous propos
On sent ie ne sçay quoy qui trouble le repos,
On souffre doucement l'illusion des songes,
Nostre esprit qui s'en flate adore leurs mensonges,
Sans y trouuer encor que des biens imparfaits
Qui le font aspirer aux solides effets:
Là consiste à son gré le bonheur de sa vie,
Et le moindre larcin permis à son enuie
Arreste le larron, & le met dans les fers.

DORIMANT.

Ainsi tu fus espris de celle que tu sers?

LYSANDRE.

C'est vn autre discours, à present ie ne touche
Qu'aux ruses de l'Amour contre vn esprit farouche
Qu'il faut appriuoiser comme insensiblement,
Et contre ses froideurs combattre finement.
Des naturels plus doux...

SCENE IX.

DORIMANT, LYSANDRE, CLEANTE.

DORIMANT.

Et bien, elle s'appelle?
CLEANTE.
Ne m'informés de rien qui touche cette belle,
Trois filoux rencontrez vers le milieu du pont
Chacun l'espée au poing m'ont voulu faire affrõt,
Et sans quelques amis qui m'ont tiré de peine
Contr'eux ma resistance eust peut-estre esté vaine,
Ils ont tourné le dos me voyant secouru,
Mais ce que suiuois tandis est disparu.
DORIMANT.
Les traistres! trois contre vn! t'attaquer! te sur-
    prendre! (dre?
Quels impudents vers moy s'osent ainsi mespren-
CLEANTE.
Ie ne cognois qu'vn d'eux, & c'est là le retour
De cent coups de baston qu'il receut l'autre iour,
Lors que m'ayant tenu quelques propos d'yurogne
Nous eusmes prise ensemble à l'Hostel de Bourgo-
    gne.
DORIMANT.
Qu'on le trouue où qu'il soit, qu'vne gresle de bois
Assemble sur luy seul le chastiment des trois,
Et que sous l'estriuiere il puisse en fin cognoistre
Quand on se prend aux miens, qu'on s'attaque à
    leur Maistre.

LYSANDRE.
J'ayme à te voir ainsi descharger ton couroux,
Mais voudrois-tu parler franchement entre nous?
DORIMANT.
Quoy! tu doutes encor de ma iuste colere?
LYSANDRE.
En ce qui le regarde elle n'est que legere,
En vain pour son sujet tu fais l'interessé,
Il a paré des coups dont ton cœur est blessé,
Cét accident fascheux te vole vne Maistresse,
Confesse ingenûment, c'est là ce qui te presse.
DORIMANT.
Pourquoy te confesser ce que tu vois assez?
Au point de se former mes desseins renuersez,
Et mon desir trompé poussent dans ces contraintes
Sous de faux mouuemens de veritables plaintes.
LYSANDRE.
Ce desir, à vray dire, est vn amour naissant
Qui ne sçait où se prendre & demeure impuissant,
Il s'esgare & se perd dans cette incertitude,
Et renaissant tousiours de ton inquietude
Il te monstre vn objet d'autant plus souhaité,
Que plus sa cognoissance a de difficulté :
C'est par là que ton feu dauantage s'allume,
Car moins on le cognoist, & plus on en presume,
Nostre ardeur curieuse en augmente le prix.
DORIMANT.
Que tu sçais, cher amy, lire dans les esprits!
Et que pour bien iuger d'vne secrette flame
Tu penetres auant dans les ressorts d'vne ame!
LYSANDRE.
Ce n'est pas encor tout, ie te veux secourir.
DORIMANT.
O! que ie ne suis pas en estat de guerir!
L'amour vse sur moy de trop de tyrannie.
LYSANDRE.
Souffre que ie te mene en vne compagnie
Où l'objet de voeux m'a donné rendez-vous,

DV PALAIS.

Les diuertissemens t'y sembleront si doux,
Ton ame en vn moment en sera si charmée,
Que tous ses desplaisirs dissipez en fumée,
On gaignera sur toy fort aisément ce point
D'oublier vn sujet que tu ne cognois point.
Mais garde-toy sur tout d'vne ieune voisine
Que ma Maistresse y méne, elle est & belle & fine,
Et sçait si dextrement mesnager ses attraits,
Qu'il n'est pas bien aisé d'en éuiter les traits.

DORIMANT.
Au hazard, fais de moy tout ce que bon te semble.

LYSANDRE.
Donc en attendant l'heure allons disner ensemble.

SCENE X.

HYPPOLITE, FLORICE.

HYPPOLITE.
Tv me railles tousiours.

FLORICE.
S'il ne vous veut du bien,
Dites asseurément que ie n'y cognois rien,
Ie le consideroís tantost chez ce Libraire,
Ses regards de sur vous ne pouuoient se distraire,
Et son maintien estoit dans vne esmotion
Qui m'instruisoit assez de son affection,
Il vouloit vous parler, & n'osoit l'entreprendre.

HYPPOLITE.
Toy, ne me parle point, ou parle de Lysandre,
C'est le seul dont la veuë excita mon ardeur.

FLORICE.
Et le seul qui pour vous n'a que de la froideur,
Celidée est son ame, & tout autre visage

N'a point d'assez beaux traits pour toucher son
 courage,
Son brasier est trop grand, rien ne peut l'amortir,
En vain son Escuyer tasche à l'en diuertir,
En vain iusques aux Cieux portant vostre loüange
Il tasche à luy ietter quelque amorce du change,
Et luy dit iusques-là que dans vostre entretien
Vous tesmoignez souuent de luy vouloir du bien,
Tout cela n'est qu'autant de paroles perduës.

HYPPOLITE.
Faute d'estre possible assez bien entenduës!

FLORICE.
Ne le presumés pas, il faut auoir recours
A de plus hauts secrets qu'à ces foibles discours,
Ie fus fine autrefois, & depuis mon vefuage
Ma ruse chaque iour s'est accreuë auec l'aage,
Ie me cognois en monde, & sçay mille ressorts
Pour desbaucher vne ame, & broüiller des ac-
 cords.

HYPPOLITE.
Dy promptement, de grace.

FLORICE.
    A present l'heure presse,
Et ie ne vous sçaurois donner qu'vn mot d'adresse,
Cette voisine & vous... Mais desia la voicy.

SCENE

SCENE XI.

CELIDEE, HYPPOLITE, FLORICE.

CELIDEE.

A Force de tarder tu m'as mise en soucy,
Il est temps, & Daphnis par vn page me man-
Que pour faire seruir on n'attend que ma bande,
Le carosse est tout prest, allons, veux-tu venir?

HYPPOLITE.
Lysandre aprés disner t'y vient entretenir?

CELIDEE.
S'il osoit y manquer, ie te donne promesse
Qu'il pourroit bien ailleurs chercher vne Mai-
stresse.

Fin du premier Acte.

ACTE II.

SCENE PREMIERE.

HYPPOLITE, DORIMANT.

HYPPOLITE.

Ne me contés point tant que mon visage est beau,
Ces discours n'ont pour moy rien du tout de nouueau,
Ie le sçay bien sans vous, & i'ay cét auantage,
Quelques perfections qui soyent sur mon visage,
Que ie suis la premiere à m'en apperceuoir,
Pour me galantiser il ne faut qu'vn miroir,
I'y vois en vn moment tout ce que vous me dites.

DORIMANT.

Mais bien la moindre part de vos rares merites,
Cét esprit tout diuin & ce doux entretien
Ont des charmes puissants dont il ne monstre rien.

HYPPOLITE.

Vous les monstrez assez par cette apres-disnée
Qu'à causer auec moy vous vous estes donnée,
Si mon discours n'auoit quelque charme caché
Il ne vous tiendroit pas si long-temps attaché,
Ie vous iuge plus sage, & plus aymer vostre aise
Que d'y tarder ainsi sans que rien vous y plaise:
Et presumer d'ailleurs qu'il vous pleust sãs raison,

DV PALAIS.

Ie me ferois moy-mesme vn peu de trahison,
Et par ce trait badin qui sentiroit l'enfance
Vostre beau iugement receuroit trop d'offence,
Ie suis vn peu timide, & qui me veut loüer,
Ie ne l'ose iamais en rien desauoüer.

DORIMANT.

Aussi, certes, aussi n'auez-vous pas à craindre
Qu'on puisse en vous loüant, ny vous flater, ny
On voit vn tel esclat en vos diuins appas (feindre,
Qu'on ne peut l'exprimer, ny ne l'adorer pas.

HYPPOLITE.

N'y ne l'adorer pas! par-là vous voulez dire?

DORIMANT.

Que mō cœur desormais vit dessous vostre empire,
Et que tous mes desseins de viure en liberté
N'ont rien eu d'assez fort contre vostre beauté.

HYPPOLITE.

Quoy? mes perfections vous donnent dans la veuë?

DORIMANT.

Les rares qualitez dont vous estes pourueuë,
Vous ostent tout sujet de vous en estonner.

HYPPOLITE.

Cessez aussi, Monsieur, de vous l'imaginer,
Veu que si vous m'aymez ce ne sont pas merueilles,
I'ay de pareils discours chaque iour aux oreilles,
Et tous les gens d'esprit en font autant que vous.

DORIMANT.

En amour toutefois ie les surpasse tous,
Ie n'ay point consulté pour vous donner mon ame,
Vostre premier aspect sçeut allumer ma flame,
Et ie sentis mon cœur par vn secret pouuoir
Aussi prompt à brusler que mes yeux à vous voir.

HYPPOLITE.

Cognoistre ainsi d'abord combien ie suis aymable,
Encor qu'à vostre aduis il soit inexprimable!
Ce grand & prompt effet m'asseure puissamment
De la viuacité de vostre iugement:
Pour moy que la nature a faite vn peu grossiere,

A a ij

Mon esprit qui n'a pas cette viue lumiere
Conduit trop pesamment toutes ses fonctions
Pour m'aduertir si tost de vos perfections;
Ie voy bien que vos feux meritent recompense,
Mais de les seconder ce defaut me dispense.
DORIMANT.
Railleuse. <center>HYPPOLITE.</center>
Excusez moy, ie parle tout de bon.
DORIMANT.
Le temps de cet orgueil me fera la raison,
Et nous verrons vn iour à force de seruices
Adoucir vos rigueurs & finir mes supplices.

SCENE II.

DORIMANT, LYSANDRE, HYPPOLITE, FLORICE.

Lysandre sort de chez Celidée & passe sans s'arrester leur donnant seulement un coup de chappeau.

HYPPOLITE.

PEut-estre l'aduenir... Tout-beau, coureur,
 tout-beau,
On n'est pas quitte ainsi pour vn coup de chappeau,
Vous aymez l'entretien de vostre fantaisie,
Mais pour vn Caualier c'est peu de courtoisie,
Et cela messied fort à des hommes de Cour,
De n'accompagner pas leur salut d'vn bon iour.
LYSANDRE.
Puis qu'aupres d'vn sujet capable de nous plaire
La presence d'vn tiers n'est iamais necessaire,
De peur qu'il n'en receust quelque importunité,
I'ay mieux aymé manquer à la ciuilité.

DV PALAIS.
HYPPOLITE.
Voila parer mon coup d'vn gentil artifice,
Comme si ie pouuois... Que me veux-tu, Florice?
Florice sort & parle à Hyppolite à l'oreille.
Dy luy que ie m'en vay. Messieurs pardonnez-moy,
On me vient d'apporter vne fascheuse loy,
Inciuile à mon tour il faut que ie vous quitte,
Vne mere m'appelle.
DORIMANT.
     Adieu belle Hyppolite.
Adieu, souuenez-vous...
HYPPOLITE.
     Mais vous, n'y songez plus.

SCENE III.
LYSANDRE, DORIMANT.

LYSANDRE.
QVoy, Dorimant, ce mot t'a rendu tout confus
DORIMANT.
Ce mot à mes desirs laisse peu d'esperance.
LYSANDRE.
Tu ne la vois encor qu'auec indifference?
DORIMANT.
Comme toy Celidée.
LYSANDRE.
    Elle eut donc chez Daphnis
Hier dans son entretien des charmes infinis?
Ie te l'auois bien dit que ton ame à sa veuë
Demeureroit ou prise, ou puissamment esmeuë.
Mais tu n'as pas si tost oublié la beauté,
Qui fit naistre au Palais ta curiosité?
Du moins ces deux sujets balancent ton courage

A a iij

DORIMANT.

Sçais-tu bien que c'est là iustement mon visage,
Celuy que i'auois veu le matin au Palais?

LYSANDRE.

A ce conte....

DORIMANT.

I'en tiens, ou l'on n'en tint iamais.

LYSANDRE.

C'est consentir bien-tost à perdre ta franchise.

DORIMANT.

C'est rendre vn prompt hommage aux yeux qui

LYSANDRE. (me l'ont prise.

Puisque tu les cognois, ie ne plains plus ton mal.

DORIMANT.

Leur coup, pour les cognoistre, en est-il moins fa-

LYSANDRE. (tal?

Non pas, mais tu n'as plus l'esprit à la torture
De voir tes vœux forcez d'aller à l'auanture,
Et cette belle humeur de l'objet qui t'a pris...

DORIMANT.

Sous vn accueil riant cache vn subtil mespris,
Ah! que tu ne sçais pas de quel air on me traite.

LYSANDRE.

Ie t'en auois iugé l'ame fort satisfaite,
Et vous voyant tous deux si gays à mon abord,
Ie vous croyois du moins prests à tôber d'accord.

DORIMANT.

Cette belle de vray, quoy que toute de glace,
Mesle dans ses froideurs ie ne sçay quelle grace,
Par où tout de nouueau ie me laisse gaigner,
Et consens, peu s'en faut, à me voir desdaigner.
Loin de s'en affoiblir mon amour s'en augmente,
Ie demeure charmé de ce qui me tourmente,
Ie pourrois de tout autre estre le possesseur
Que sa possession auroit moins de douceur,
Ie ne suis plus à moy quand ie vois Hyppolite
Rejettant ma loüange aduoüer son merite,
Negliger mon ardeur ensemble, & l'approuuer,
Me remplir tout d'vn tëps d'espoir, & m'en priuer,

Me refuser son cœur en acceptant mon ame,
Faire estat de mon choix en mesprisant ma flame,
Helas! en voila trop, le moindre de ces traits
A pour me retenir de trop puissants attraits,
Encore trop heureux que sa froideur extréme
Consent que ie la serue & souffre que ie l'ayme.
LYSANDRE.
Son Adieu toutefois te deffend d'y songer,
Et ce commandement t'en deuroit desgager.
DORIMANT.
Qu'vn plus capricieux d'vn tel Adieu s'offence,
Il me donne vn conseil plustost qu'vne deffence,
Et par ce mot d'auis son cœur sans amitié
Du temps que i'y perdray monstre quelque pitié.
LYSANDRE.
Soit défence ou conseil, de rien ne desespere,
Ie te respons desia de l'esprit de la mere,
Pleirante son voisin luy parlera pour toy,
Il peut beaucoup sur elle & fera tout pour moy,
Tu sçais qu'il m'a donné sa fille pour maistresse,
Tache à vaincre Hyppolite auec vn peu d'adresse,
Ie ne presume pas qu'il en faille beaucoup,
Tu verras sa froideur se perdre tout d'vn coup;
Son humeur se maintient dans cette indifference
Tant qu'vne mere donne vne entiere asseurance,
Et cachant par respect son propre mouuement,
Elle ne veut aymer que par commandement.
DORIMANT.
Tu me flattes, amy, d'vne attente friuole.
LYSANDRE.
L'effet suiura de prés.   DORIMANT.
                    Doncques sur ta parole
Mon esprit se resout à viure plus content.
LYSANDRE.
Il se peut asseurer du bonheur qu'il pretend,
I'y donneray bon ordre. Adieu le temps me presse,
Et ie viens de sortir d'aueeque ma maistresse,
Quelques commissions dont elle ma chargé
M'obligent maintenant à prendre ce congé.

SCENE IV.

DORIMANT, FLORICE.

DORIMANT seul.

Dieux qu'il est mal-aisé qu'vne ame bien at-
    teinte,
Conçoiue de l'espoir qu'auec vn peu de crainte!
Ie doibs toute croyance à la foy d'vn amy,
Et n'ose cependant m'y fier qu'à demy.
Hyppolite d'vn mot chasseroit ce caprice.
Est-elle encor enhaut?

FLORICE.
Encor.
DORIMANT.
Adieu Florice,
Nous la verrons demain.

SCENE V.

HYPPOLITE, FLORICE.

FLORICE.
Il vient de s'en aller,
Sortez.
HYPPOLITE.
Mais falloit-il ainsi me rappeller
Par des commandemens supposez d'vne mere?
Sans mentir contre toy i'en suis toute en colere,
A peine ay-je attiré mon Lysandre au discours,
Que tu viens par plaisir en arrester le cours.

FLORICE.

Et bien, prenez-vous-en à mon impatience
De vous communiquer vn trait de ma science,
Cét aduis important tombé dans mon esprit
Meritoit qu'aussi-tost Hyppolite l'apprit.
Ie m'en vay de ce pas y disposer Aronte.

HYPPOLITE.

Et que m'en promets tu ?

FLORICE.

Qu'en fin au bout du conte
Cette heure d'entretien desrobée à vos feux
Vous mettra pour iamais au comble de vos vœux;
Mais de vostre costé conduisez bien la ruse.

HYPPOLITE.

Il ne faut point par là te preparer d'excuse,
Va, suiuant le succés ie veux à l'aduenir
Du mal que tu m'as fait, perdre le souuenir.
Celidée, il est vray, ie te suis desloyale,
Tu me crois ton amie, & ie suis ta riuale,
Si ie te puis resoudre à suiure mon conseil,
Ie t'enleue, & me donne vn bon-heur sans pareil.

SCENE VI.

HYPPOLITE, CELIDEE.

HYPPOLITE *frappant à la porte de Celidée.*

Celidée, es-tu là ?

CELIDEE.

Que me veut Hyppolite ?

HYPPOLITE.

Delasser mon esprit vne heure en ta visite.
Que i'ay depuis vn iour vn importun amant !
Et que pour mon mal-heur ie plais à Dorimant !

CELIDEE.

Ma sœur, que me dis-tu ? Dorimant t'importune,
Quoy ? i'enuiois desia ton heureuse fortune,
Et desia dans l'esprit ie sentois de l'ennuy
D'auoir cognu Lysandre auparauant que luy.

HYPPOLITE.

Ah ! ne me raille point, Lysandre qui t'engage
Est le plus accomply des hommes de son aage.

CELIDEE.

Ie te iure, à mes yeux l'autre l'est bien autant,
Mon cœur a de la peine à demeurer constant,
Et pour te descouurir iusqu'au fonds de mon ame,
Ce n'est plus que ma foy qui conserue ma flame,
Lysandre me desplaist de me vouloir du bien ?
Pleust à Dieu que son change authorisast le mien,
Ou qu'il vsast vers moy de tant de negligence
Que ma legereté se pûst nommer vangeance,
Si i'auois vn pretexte à me mescontenter
Tu me verrois bien-tost resoudre à le quitter.

HYPPOLITE.

Simple, presumes-tu qu'il deuienne volage,
Luy, qui voit tant d'amour sur vn si beau visage ?
Ta flame trop visible entretient ses ferueurs,
Et ses feux dureront autant que tes faueurs.

CELIDEE.

A ce conte tu crois que cette ardeur extréme
Ne le brusle pour moy qu'à cause que ie l'ayme ?

HYPPOLITE.

Que sçay-je ? il n'a iamais esprouué tes rigueurs,
L'amour en mesme temps sçeut embraser vos cœurs,
Et mesme i'ose dire aprés beaucoup de monde
Que sa flame vers toy ne fut que la seconde,
Il se vit accepter auant que de s'offrir,
Il ne vit rien à craindre, & n'eut rien à souffrir,
Il vit sa recompense acquise auant la peine,
Et deuant le combat sa victoire certaine.
Vn homme est bien cruel quand il ne donne pas

DV PALAIS.

Vn cœur qu'on luy demande auecque tant d'appas,
Qu'à ce prix la constance est vne chose aisée!
Et qu'autrefois par là ie me vis abusée!
Alcidor que mes yeux auoient si fort espris
Me quitta cependant dés le moindre mespris.
La force de l'amour paroist dans la souffrance,
Ie le tiens fort douteux s'il a tant d'asseurance,
Qu'on en voit se lascher pour vn peu de longueur,
Et qu'on en voit mourir pour vn peu de rigueur!

CELIDEE.

Ie cognoy mon Lysandre, & sa flame est trop forte
Pour tomber en soupçon qu'il m'ayme de la sorte:
Toutefois vn desdain esprouuera ses feux,
Ainsi, quoy qu'il en soit, i'auray ce que ie veux,
Il me rendra constante, ou me fera volage, (gage,
S'il m'ayme, il me retient, s'il change, il me des-
Suiuant ce qu'il aura d'amour ou de froideur,
Ie suiuray ma nouuelle ou ma premiere ardeur.

HYPPOLITE.

En vain tu t'y resous, ton ame vn peu contrainte
Au trauers de tes yeux luy trahira ta feinte,
L'vn d'eux desdira l'autre, & tousiours vn souris
Luy fera voir assez combien tu le cheris.

CELIDEE.

Ce n'est qu'vn faux soupçon qui te le persuade,
I'armeray de rigueurs iusqu'à la moindre œillade,
Et regleray si bien toutes mes actions
Qu'il ne pourra iuger de mes intentions.

HYPPOLITE.

Pour le moins aussi-tost que par cette conduite
Tu seras de son cœur suffisamment instruite,
S'il demeure constant, l'amour & la pitié
Auant que dire Adieu renoüeront l'amitié?

CELIDEE.

Il va bien tost venir, va-t'en & sois certaine
De ne voir d'aujourd'huy Lysandre hors de peine.

HYPPOLITE.

Et demain?

CELIDEE.
Ie t'iray conter ses mouuemens,
Et touchant l'aduenir prendre tes sentimens.
O Dieux! si ie pouuois changer sans infamie!
HYPPOLITE.
Adieu, n'espargne en rien ta plus fidelle amie.

SCENE VII.

CELIDEE.

Qvel estrange combat! ie meurs de le quitter,
Et mon reste d'amour ne le peut maltraiter,
De quelque doux espoir que le change me flate,
Ie redoute les noms de perfide & d'ingrate,
En adorant l'effet i'en hay les qualitez,
Tant mon esprit confus a d'inégalitez :
Mon ame veut & n'ose, & bien que refroidie
N'aura trait de mespris si ie ne l'estudie,
Tout ce que mon Lysandre a de perfections
Vient s'offrir à la foule à mes affections,
Ie vois mieux ce qu'il vaut lors que ie l'abandonne,
Et desia la grandeur de ma perte m'estonne.
Pour regler sur ce point mon esprit balancé,
I'attends ses mouuemens sur mon desdain forcé,
Ma feinte esprouuera si son amour est vraye.
Helas! ses yeux me font vne nouuelle playe,
Prepare-toy, mon cœur, & laisse à mes discours
Assez de liberté pour trahir mes amours.

SCENE

SCENE VIII.

LYSANDRE, CELIDEE.

CELIDEE.

Quoy? i'auray donc de vous encore vne visite!
Vrayment pour auiourd'huy ie m'en estimois quitte.
LYSANDRE.
Vne par iour suffit, si tu veux endurer
Qu'autant comme le iour ie la fasse durer.
CELIDEE.
Quelque forte que soit l'ardeur qui nous consomme,
On s'ennuye aisément de voir tousiours vn homme.
LYSANDRE.
Au lieu de me donner ces apprehensions,
Appren ce que i'ay fait sur tes commissions.
CELIDEE.
Ie ne vous en chargeay qu'afin de me deffaire
D'vn entretien fascheux qui ne me pouuoit plaire.
LYSANDRE.
Depuis quand donez vous ces qualitez aux miens?
CELIDEE.
C'est depuis que mon cœur n'est plus dans vos liens.
LYSANDRE.
Est-ce donc par gageure, ou par galanterie?
CELIDEE.
Ne vous flatez point tant que ce soit raillerie,
Ce que i'ay dans l'esprit, ie ne le puis celer,
Et ne suis pas d'humeur à rien dissimuler.
LYSANDRE.
Quoy? que vous ay-ie fait? d'où prouient ma disgrace?
Quel sujet auez-vous de m'estre ainsi de glace?
Ay-ie manqué de soins? ay-ie manqué de feux?

Bb

Vous ay-ie desrobé le moindre de mes vœux?
Ay-ie trop peu cherché vostre chere presence?
Ay-ie eu pour d'autres yeux la moindre complai-
(sance?
CELIDEE.
Tout cela n'est qu'autant de propos superflus,
Ie voulus vous aymer & ie ne le veux plus,
Mon feu fut sans raison, ma glace l'est de mesme,
Si l'vn fut excessif, ie rendray l'autre extréme.
LYSANDRE.
Par ces extremitez vous auancez ma mort.
CELIDEE.
Il m'importe fort peu quel sera vostre sort.
LYSANDRE.
Ma chere ame, mon tout, auec quelle iniustice
Pouuez-vous rejetter mon fidelle seruice?
Vostre serment iadis me receut pour espoux.
CELIDEE.
I'en pers le souuenir aussi-bien que de vous.
LYSANDRE.
Euitez-en la honte, & fuyez-en le blasme.
CELIDEE.
Ie les veux accepter pour peines de ma flame.
LYSANDRE.
Vn reproche eternel suit ce trait inconstant.
CELIDEE.
Si vous me voulez plaire, il en faut faire autant.
LYSANDRE.
Mon soucy, d'vn seul point obligez mon enuie,
Finissez vos mespris, ou m'arrachez la vie.
CELIDEE.
Et bien, soit, d'vn Adieu ie m'en vay les finir,
Ie suis lasse aussi-bien de vous entretenir.
LYSANDRE.
Ah redouble plustost ce desdain qui me tuë,
Et laisse-moy le bien d'expirer à ta veuë,
Que i'adore tes yeux tous cruels qu'ils me sont,
Qu'ils reçoiuent mes vœux pour le mal qu'ils me
font,

DV PALAIS.

Inuente à me gesner quelque rigueur nouuelle,
Traite, si tu le veux, mon ame en criminelle,
Dy que ie suis ingrat, appelle moy leger,
Impute à mes amours la honte de changer,
Dedans mon desespoir fais esclater ta ioye,
Et tout me sera doux pourueu que ie te voye:
Tu verras tes mespris n'esbranler point ma foy,
Et mes derniers souspirs ne parler que de toy.
Ne crains point de ma part de reproche, ou d'iniu-
Ie ne t'appelleray ny lasche, ny pariure, (re,
Mon feu supprimera ces tiltres odieux,
Mes douleurs cederont au pouuoir de tes yeux,
Et mon fidelle amour malgré leur viue atteinte
Pour t'adorer encor estouffera ma plainte.
CELIDEE.
Adieu, quelques encens que tu veuilles m'offrir,
Ie ne me sçaurois plus resoudre à les souffrir.

SCENE IX.

LYSANDRE.

CElidée, ah tu fuis ! tu fuis donc, & tu n'oses
 Faire tes yeux tesmoins d'vn trespas que tu
Ton esprit insensible à mes feux innocens (causes,
Craint de ne l'estre pas aux douleurs que ie sens,
Tu crains que la pitié qui se glisse en ton ame
N'y rejette vn rayon de ta premiere flame,
Le courage te manque, & ton auersion
Redoute les assauts de la compassion : (ce,
Rien ne t'en deffend plus qu'vne soudaine absen-
Mon aspect te dit trop quelle est mon innocence,
Et contre ton dessein te donne vn souuenir
Contre qui ta froideur ne sçauroit plus tenir.
Dans la confusion qui desia te surmonte,

Bb ij

Augmentant mon amour ie redouble ta honte,
Vn mouuement forcé t'arrache vn repentir
Où ton cruel orgueil ne sçauroit consentir.
Tu vois qu'vn desespoir dessus mon front exprima
En mille traits de feu mon ardeur & ton crime,
Mon visage t'accuse, & tu vois dans mes yeux
Vn portrait que mon cœur conserue beaucoup
    mieux.
Tous mes soins, tu le sçais, furent pour Celidée,
La nuict ne m'a iamais retracé d'autre idée,
Et tout ce que Paris a d'objets rauissants
N'a iamais esbranlé le moindre de mes sens,
Ton exemple à changer en vain me sollicite,
Dans ta volage humeur i'adore ton merite,
Et mon amour plus fort que mes ressentimens
Conserue sa vigueur au milieu des tourmens.
Reuien, mon cher soucy, puis qu'apres ta deffence
Mes feux sont criminels, & tiennent lieu d'offen-
Voy comme ie persiste à te desobeyr,   (se,
Et par là, si tu peux, prens droict de me hayr.
Fol, ie presume ainsi rappeller l'inhumaine
Qui ne veut pas auoir de raisons à sa haine?
Puis qu'elle a sur mon cœur vn pouuoir absolu,
Il luy suffit de dire, ainsi ie l'ay voulu.
Cruelle, tu le veux! c'est donc ainsi qu'on traite
Les sinceres ardeurs d'vne amour si parfaite!
Tu me veux donc trahir! tu le veux! & ta foy
N'est qu'vn gage friuole à qui vit sous ta loy!
Mais ie veux l'endurer, sans bruit, sans resistance,
Tu verras ma langueur & non mon inconstance,
Et de peur de t'oster vn captif par ma mort
I'attendray ce bonheur de mon funeste sort,
Iusques-là mes douleurs publiant ta victoire
Sur mon front palissant esleueront ta gloire,
Et ie mettray la mienne à dire sans cesser
Que sans me refroidir tu m'auras pû chasser.

Fin du second Acte.

ACTE III.

SCENE PREMIERE.

LYSANDRE, ARONTE.

LYSANDRE.

Tu me donnes, Aronte, vn estrange re-
    mede.   ARONTE.
   Souuerain toutefois au mal qui vous
    possede,   (merueilleux
   Croyez moy, i'en ay veu des succés
A remettre au deuoir ces esprits orgueilleux.
Depuis qu'on leur fait prendre vn peu de ialousie,
Ils ont bien-tost quitté ces traits de fantaisie,
Car encor apres tout ces rudes traitemens
Ne sont pas à dessein de perdre leurs amants.
     LYSANDRE.
Que voudroit donc par là mon ingrate maistresse?
     ARONTE.
Elle vous ioüe vn tour de la plus haute adresse.
Auez-vous bien pris garde au temps de ses mépris?
Tant qu'elle vous a creu legerement espris,
Que vostre chaisne encor n'estoit pas assez forte,
Vous a-t'elle iamais gouuerné de la sorte?
Vous ignoriez alors l'vsage des souspirs,
Ce n'estoit rien qu'appas, que douceurs, que plaisirs.
Son esprit aduisé vouloit par cette ruse

Bb iij

LA GALERIE

Establir vn pouuoir dont maintenant elle vse.
Cognoissez son humeur, elle fait vanité
De voir dans ses dedains vostre fidelité,
Vostre extréme souffrance à ces rigueurs l'Inuite,
On voit par là vos feux, par vos feux son merite,
Et cette fermeté de vos affections
Monstre vn effet puissant de ses perfections.
Osez-vous esperer qu'elle soit plus humaine,
Puisque sa gloire augmente augmentant vostre peine?
Rabatez cét orgueil, faites luy soupçonner
Que vous seriez en fin homme à l'abandonner,
La crainte de vous perdre & de se voir changée
A viure comme il faut l'aura bien tost rangée,
Elle en craindra la honte, & ne souffrira pas
Que ce change s'impute à son manque d'appas.
Il est de son honneur d'empescher qu'on presume
Qu'on esteigne aisément les flames qu'elle allume,
Feignez d'aymer quelque autre, & vous verrez alors
Combien à vous rauoir elle fera d'efforts.

LYSANDRE.
Mais me iugerois-tu capable d'vne feinte?

ARONTE.
Mais reculeriez-vous pour vn peu de contrainte?

LYSANDRE.
Ie trouue ses mespris plus doux à supporter.

ARONTE.
Pour les faire finir, il faut les imiter.

LYSANDRE.
Faut-il estre inconstant pour la rendre fidelle?

ARONTE.
Il le faut, ou souffrir vne peine eternelle.

LYSANDRE.
Que de raisons, Aronte, à combatre mon cœur,
Qui ne peut adorer que son premier vainqueur!
Ie m'y rends, mais auant que l'effet en esclate,
Fais vn effort pour moy, va trouuer mon ingrate,
Mets luy deuant les yeux mes seruices passez,
Mes feux si bien receus, si mal recompensez,

L'excés de mes tourments, & de ses iniustices,
Employe à la gaigner tes meilleurs artifices,
Que n'obtiendras-tu point par ta dexterité
Puisque tu viens à bout de ma fidelité?
ARONTE.
Mais mon possible fait, si cela ne succede?
LYSANDRE.
Ie feindray dés demain qu'Aminte me possede.
ARONTE.
Aminte! Ah commencez la feinte dés demain,
Mais n'allez point courir au faulxbourg S. Germain,
Et quand penseriez-vous que cette ame cruelle
Dans le fond du Marais en receust la nouuelle?
Vous seriez tout vn siecle à luy vouloir du bien,
Sans que vostre maistresse en apprist iamais rien.
Puisque vous voulez feindre, il faut feindre à sa
Afin que vostre feinte aussi tost apperceuë (venë,
Produise vn prompt effet dans son esprit ialoux,
Et pour en adresser plus seurement les coups,
Quand vous verrez quelque autre en discours auec
Feignez en sa presence vne flame nouuelle.   (elle,
LYSANDRE.
Hyppolite en ce cas seroit fort à propos,
Mais ie crains qu'vn amy n'en perdist le repos,
Dorimant dont ses yeux ont charmé le courage
Autant que Celidée en auroit de l'ombrage.
ARONTE.
Vous verrez si soudain r'allumer son amour
Que la feinte n'est pas pour durer plus d'vn iour,
Et vous aurez apres vn sujet de risée
Des soupçons mal fondez de son ame abusée.
LYSANDRE.
Va trouuer ma maistresse & puis nous resoudrons
En ces extremitez quel aduis nous prendrons.

SCENE II.

ARONTE, FLORICE.

ARONTE seul.

Sans que pour l'appaiser ie me rompe la teste
Mon message est tout fait, & sa responce preste.
Bien loing que mon discours peust la persuader,
Elle n'aura iamais voulu me regarder,
Vne prompte retraite au seul nom de Lysandre,
C'est par où ses dedains se feront fait entendre.
Mes amours du passé ne m'ont que trop appris
Auec quelles couleurs il faut peindre vn mespris,
A peine faisoit-on semblant de me cognoistre,
De sorte...

FLORICE.
Aronte, & bien, qu'as-tu fait vers ton
S'y resout-il en fin?   maistre?

ARONTE.
N'en sois plus en soucy,
Dans vne heure au plus tard ie te le rends icy.

FLORICE.
Prest à la caresser?

ARONTE.
Tout prest. Adieu, ie tremble
Que de chez Celidée on ne nous voye ensemble.

DV PALAIS.

SCENE III.
HYPPOLITE, FLORICE.

HYPPOLITE.

D'Où vient que mõ abord l'oblige à te quitter?
FLORICE. (ter..
Tant s'en faut qu'il vous fuye, il vient de me con-
Toutefois, ie ne sçay si ie vous le doibs dire.
HYPPOLITE.
Que tu te plais, Florice, à me mettre en martyre!
FLORICE.
Il faus vous preparer à des contemens...
HYPPOLITE.
Ta longueur m'y prepare auec bien des tourmens,
Despesche, ces discours font mourir Hyppolite.
FLORICE.
Mourez donc promptement que ie vous ressuscite.
HYPPOLITE.
L'insupportable femme, en fin diras-tu rien?
FLORICE.
L'impatiente fille ! en fin tout ira bien.
HYPPOLITE.
En fin tout ira bien, ne sçauray-je autre chose?
FLORICE.
Il faut que vostre esprit là dessus se repose,
Vous ne pouuiez tantost souffrir de longs propos,
Et pour vous obliger i'ay tout dit en trois mots,
Mais ce que maintenant vous n'en pouuez ap-
    prendre,   (dre
Vous l'apprendrez bien-tost plus au long de Lysan-
HYPPOLITE.
Tu ne flates mon cœur que d'vn espoir confus.

FLORICE.
Parles à Celidée, & ne m'informés plus.

SCENE IV.
CELIDEE, HYPPOLITE, FLORICE.

CELIDEE.

Mon abord importun rõpt vostre conference,
Tu m'en voudras du mal.
HYPPOLITE.
Du mal ? & l'apparence?
Tu peux bien auec nous, ie t'en donne ma foy,
Nos entretiens estoient de Lysandre & de toy.
CELIDEE.
Et pour cette raison, Adieu, ie me retire,
Afin qu'en liberté vous en puissiez tout dire.
HYPPOLITE.
Tu fais bien la discrette en ces occasions,
Mais tu meurs de sçauoir ce que nous en disions.
CELIDEE.
Toy-mesme bien plustost tu meurs de me l'apprendre.
Suiuant donc tes desirs resoluë à l'entendre,
J'eueille en ta faueur ma curiosité.
HYPPOLITE.
Vraymẽt tu me confonds de ta ciuilité.
CELIDEE.
Voilà de tes destours, & comme tu differes
A me dire en quel point vous teniez mes affaires.
HYPPOLITE.
Nous parlions du conseil que ie t'auois donné,
Lysandre, ie m'asseure, en fut bien estonné.

CELIDEE.

Et ie venois aussi pour t'en conter l'issuë.
Que ie m'en suis trouuée heureusement deceuë!
Ie presumois beaucoup de ses affections,
Mais ie n'attendois pas tant de submissions.
Iamais le desespoir qui saisit son courage
N'en pût tirer vn mot à mon desaduantage,
Il tenoit mes desdains encor trop precieux,
Et ses reproches mesme estoient officieux.
Aussi ce grand amour a rallumé ma flame,
Le change n'a plus rien qui chatoüille mon ame,
Il n'a plus de douceurs pour mon esprit flottant,
Aussi ferme à present qu'il le croit inconstant.

FLORICE.

Quoy que vous ayez veu de sa perseuerance,
N'en prenez pas encor vne entiere asseurance.
L'espoir de vous flechir a pû le premier iour
Masquer ses mouuemens de cét excés d'amour,
Qu'apres, pour mespriser celle qui le meprise,
Toute legereté luy semblera permise.
I'ay veu des amoureux de toutes les façons.

HYPPOLITE.

Cette bigearre humeur n'est iamais sans soupçons,
L'auantage qu'elle a d'vn peu d'experience
Tient eternellement son ame en deffiance,
Mais ce qu'elle t'en dit ne vaut pas l'escouter.

CELIDEE.

Et ie ne suis pas fille à m'en espouuanter,
Ie veux que ma rigueur à tes yeux continuë,
Et lors sa fermeté te sera mieux cognuë,
Tu ne verras des traits que d'vn amour si fort
Que ta Florice mesme aduoüera quelle a tort.

HYPPOLITE.

Ce sera trop long-temps luy paroistre cruelle.

CELIDEE.

Tu cognoistras par là combien il m'est fidelle.
Le Ciel à ce dessein nous l'enuoye à propos.

LA GALERIE

HYPPOLITE.
Et quand te refous-tu de le mettre en repos?
CELIDEE.
Trouue bon, ie te prie, apres vn peu de feinte
Que mes feux violents s'expliquēt fans contrainte,
Et pour le rappeler des portes du trefpas,
S'il m'efchappe vn baifer, ne t'en offence pas.

SCENE V.

**LYSANDRE, CELIDEE,
HYPPOLITE, FLORICE.**

LYSANDRE.

MErueille des beautez, feul objet qui m'engage...
CELIDEE.
N'oublierez vous iamais cét importun langage?
Vous obftiner encor à me perfecuter
C'eft prendre du plaifir à vous voir maltraiter.
Perdez mon fouuenir auec voftre efperance,
Et ne m'accablez plus de voftre impertinence,
Pour me plaire il faut bien des entretiés meilleurs.
LYSANDRE.
Quoy? vous prenez pour vous ce que i'adreffe ail-
Adore qui voudra voftre rare merite, (leurs?
Vn change heureux me dōne à la belle Hyppolite,
Mon fort en cela feul a voulu me trahir
Qu'en ce change mon cœur femble vous obeyr,
Et que mon feu paffé vous va rendre fi vaine
Que vous imputerez ma flame à voftre haine,
A voftre orgueil nouueau mes nouueaux mouuements,
L'effet de ma raifon à vos commandements.
CELIDEE.

CELIDEE.
Tant s'en faut que ie prenne vne si triste gloire,
Ie chasse mes desdains mesme de ma memoire,
Et dans leur souuenir rien ne me semble doux
Puisque le conseruant ie songerois à vous.
LYSANDRE à *Hyppolite*.
Beauté de qui les yeux nouueaux Rois de mõ ame
Me font estre leger sans en craindre le blasme...
HYPPOLITE.
Ne vous emportez point à ces propos perdus,
Et cessez de m'offrir des vœux qui luy sont deus,
Ie pense mieux valoir que le refus d'vn autre;
Si vous voulez vanger son mespris par le vostre,
Ne venez point du moins m'enrichir de son bien,
Elle vous traite mal, mais elle n'ayme rien,
Vous, faites-en autant, sans chercher de retraite
Aux importunitez dont elle s'est deffaite.
LYSANDRE.
Que son exemple encor reglast mes actions!
Cela fut bon du temps de mes affections.
A present que mon cœur adore vne autre Reine,
A present qu'Hyppolite en est la souueraine...
HYPPOLITE.
C'est elle seulement que vous voulez flater.
LYSANDRE.
C'est elle seulement que ie dois imiter.
HYPPOLITE.
Sçauez-vous donc à quoy la raison vous oblige?
C'est à me negliger comme ie vous neglige.
LYSANDRE.
Ie ne puis imiter ce mespris de mes feux
Si comme ie vous fais vous ne m'offrez des vœux,
Donnez-m'en les moyens vous en verrez l'issuë.
HYPPOLITE.
Ie craindrois en ce cas d'estre trop bien receuë,
Et qu'au lieu du plaisir de me voir imiter
Vous rencontrant d'humeur facile à m'escouter
Ie n'eusse que la honte apres de me desdire.

LA GALERIE

LYSANDRE.

Vous deuez donc souffrir que dessous vostre em-(pire
Mon feu soit sans exemple, & que mes passions
S'égalent seulement à vos perfections,
Ie vaincray vos rigueurs par mon humble seruice,
Et ma fidelité...

CELIDEE.

Viens auec moy, Florice,
I'ay des nippes en haut que ie te veux monstrer.

SCENE VI.
HYPPOLITE, LYSANDRE, ARONTE.

HYPPOLITE.

Quoy, sans la retenir vous la laissez r'entrer!
Allez, Lysandre, allez, c'est assez de con-
   traintes, (tes,
I'ay pitié du tourment que vous donnent ces fein-
Suiuez ce bel objet dont les charmes puissants
Sont, & seront tousiours absolus sur vos sens,
Quoy qu'vn peu de despit deuant elle publie,
Son merite est trop grand pour souffrir qu'on l'ou- (blie,
Elle a des qualitez & de corps & d'esprit
Dont pas vn cœur donné iamais ne se reprit.

LYSANDRE.

Mon change fera voir l'auantage des vostres,
Qu'en la comparaison des vnes & des autres
Les siennes desormais n'ont qu'vn esclat terny,
Que son merite est grand, & le vostre infiny.

HYPPOLITE.

Que i'emporte sur elle aucune preference!
Vous tenez des discours qui sont hors d'aparence,

Elle me passe en tout, & dans ce changement
Chacun vous blasmeroit de peu de iugement.
LYSANDRE.
M'en blasmer en ce cas c'est en manquer soy-mes-(me
Et choquer la raison qui veut que ie vous ayme.
Nous sommes hors du temps de cette vieille erreur
Qui faisoit de l'amour vne aueugle fureur,
Et l'ayant aueuglé luy donnoit pour conduite
Le mouuement d'vne ame & surprise, & seduite.
Ceux qui l'ont peint sans yeux ne le cognoissoient
    pas, (pas,
C'est par les yeux qu'il entre, & nous dit vos ap-
Lors nostre esprit en iuge, & suiuant le merite
Il fait naistre vne ardeur ou puissante ou petite.
Moy, si mon feu vers vous se relasche vn moment,
C'est lors que ie croiray manquer de iugement,
Car puisque aupres de vous il n'est rien d'admira-
Ma flame cõme vous doit estre incomparable. (ble,
HYPPOLITE.
Espargnez auec moy ces propos affétez,
Encor hier Celidée auoit ces qualitez,
Encor hier en merite elle estoit sans pareille,
Si ie suis auiourd'huy cette vnique merueille,
Demain quelque autre objet dont vous suiurez la
Gaignera vostre cœur & ce tiltre sur moy. (loy
Vn esprit inconstant quelque-part qu'il s'adresse...

SCENE VII.
CHRYSANTE, PLEIRANTE, HYPPOLITE, LYSANDRE.
CHRYSANTE.

Monsieur, i'ayme ma fille auec trop de tẽdresse
Pour la vouloir cõtraindre en ses affections.

LA GALERIE
PLEIRANTE.
Madame, vous sçaurez ses inclinations.
La voilà qui s'en doute, & s'en met à sousrire.
Allons, mon Caualier, i'ay deux mots à vous dire.
CHRYSANTE.
Vous en aurez responſe auant qu'il ſoit trois iours.

SCENE VIII.

CHRYSANTE, HYPPOLITE.

CHRYSANTE.

DEuinerois-tu bië quels eſtoient nos diſcours?
HYPPOLITE.
Il vous parloit d'amour, peut-eſtre?
CHRYSANTE.
Oüy, que t'en ſemble?
HYPPOLITE.
D'âge preſque pareils vous ſeriez bien enſemble.
CHRYSANTE.
Tu me donnes vraymẽt vn gracieux deſtour,
C'eſtoit pour ton ſujet qu'il me parloit d'amour.
HYPPOLITE.
Pour moy? ces iours paſſez vn Poëte qui m'adore
(Au moins à ce qu'il dit) m'eſgaloit à l'Aurore,
Mais ſi cela ſe fait, dans ſa comparaiſon
Preuoyant cét Hymen il auoit bien raiſon.
CHRYSANTE.
Auec tout ce babil tu n'es qu'vne eſtourdie,
Le bon homme eſt bien loin de cette maladie,
Il veut te marier, mais c'eſt à Dorimant,
Voy ſi tu te reſous d'accepter cét amant.
HYPPOLITE.
Deſſus tous mes deſirs vous eſtes abſoluë,
Et ſi vous le voulez m'y voila reſoluë,

Dorimant vaut beaucoup, ie vous le dis sans fard,
Mais remarquez vn peu le traict de ce vieillard,
Lysandre si long-temps a bruslé pour sa fille
Qu'il en faisoit desia l'appuy de sa famille,
A present que ses feux ne sont plus que pour moy,
Il voudroit bien qu'vn autre eust engagé ma foy,
Afin que sans espoir dans cette amour nouuelle
Il fust cóme forcé de retourner vers elle.   (dieu,
N'auez-vous point pris garde, en vous disant A-
Qu'il a presque arraché Lysandre de ce lieu?
   CHRYSANTE.
Simple, ce qu'il en fait n'est rien qu'à sa priere,
Et Lysandre tient mesme à faueur singuliere
Cette peine qu'il prend pour vn de ses amis.
   HYPPOLITE.
Mais voyez cependant que le Ciel a permis (tifice
Que pour mieux vous mõstrer que tout n'est qu'ar-
Lysandre me faisoit ses offres de seruice.
   CHRYSANTE.
Aucun des deux n'est homme à se iouer de nous,
Quelque secret mystere est caché là dessous,
Allons, pour en tirer la verité plus claire,
Seules dedans ma chambre examiner l'affaire,
Icy quelque importun nous pourroit aborder.

SCENE IX.

HYPPOLITE, FLORICE.

HYPPOLITE.

J'Auray bien de la peine à la persuader.
Ah, Florice, en quel point laisses-tu Celidée?
   FFORICE.
De honte & de despit tout à fait possedée.
   HYPPOLITE.
Que t'a-t'elle monstré?

LA GALERIE

FLORICE.
　　　　　Cent choses à la fois,
Selon que le hazard les mettoit sous ses doigts,
Ce n'estoit qu'vn pretexte à faire sa retraite.
　　　　HYPPOLITE.
Elle t'a tesmoigné d'estre fort satisfaite?
　　　　FLORICE.
Sans que ie vous amuse en discours superflus
Voyez sa contenance, & iugez du surplus.
　　　　HYPPOLITE.
Ses pleurs ne se sçauroient empescher de descen-
Et i'en aurois pitié si ie n'aymois Lysandre. (dre,

SCENE X.

CELIDEE.

INfidelles tesmoins d'vn feu mal allumé, (mes,
Soyez-les de ma honte, & vous fondant en lar-
Punissez vous mes yeux d'auoir trop presumé
　　　　Du pouuoir de vos charmes.
Sur vostre faux rapport osant trop me flater,
Ie vantois sa constance, & l'ingrat qui me trompe
Ne se feignit constant qu'afin de m'affronter
　　　　Auecque plus de pompe.
Quand ie le veux chasser il est parfait amant,
Quand i'en veux estre aymée il n'en fait plus de
Et n'ayant pû le perdre auec cōtentement　(conte,
　　　　Ie le perds auec honte.
Ce que i'eus lors de ioye augmente mon regret,
Par là mon desespoir dauantage se picque,
Quand ie le creus constant mon plaisir fut secret,
　　　　Et ma honte est publique.
Ce traistre voyoit bien qu'alors me negliger
C'estoit à Dorimant abandonner mon ame,

DV PALAIS.

Et voulut par sa feinte auant que me changer
   Amortir cette flame.
Autant que i'eus de peine à l'esteindre en naissant,
Autant m'en faudra-t'il à la faire renaistre,
De peur qu'à cét amour d'estre encor impuissant
   Il n'ose plus paroistre.
Outre que de mon cœur pleinement exilé,
Et n'y conseruant plus aucune intelligence,
Il est trop glorieux pour n'estre r'appellé
   Qu'à seruir ma vengeance.
Mais i'apperçoy celuy qui le porte en ses yeux,
Courage donc, mon cœur, esperons vn peu mieux,
Ie sens bien que desia deuers luy tu t'enuoles,
Mais pour t'accompagner ie n'ay point de paroles,
Ma honte & ma douleur surmontant mes desirs
N'en laissent le passage ouuert qu'à mes souspirs.

SCENE XI.

DORIMANT, CELIDEE, CLEANTE.

DORIMANT.

Dans ce profond penser, pasle, triste, abbatuë,
 Où quelque grand mal-heur de Lysandre vous tuë,
Ou bien-tost vos douleurs le mettront au cercüeil.
CELIDEE.
Lysandre est en effet la cause de mon deüil,
Non pas en la façon qu'vn amy s'imagine,
Mais... DORIMANT.
  Vous n'acheuez point, faut-il que ie deuine?
CELIDEE.
Excusez-moy, Monsieur, si ma confusion

LA GALERIE

M'estouffe la parole en cette occasion,
I'ay d'incroyables traits de Lysandre à vous dire,
Mais ce reste du iour souffrez que ie respire,
Et m'obligez demain que ie vous puisse voir.

DORIMANT.

De sorte qu'à present on n'en peut rien sçauoir?
Dieux! elle se desrobe, & me laisse en vn doute...
Poursuiuons toutefois nostre premiere route,
Peut-estre ces beaux yeux dont l'esclat me surprit,
De ce fascheux soupçon purgeront mon esprit.
Frappe.

SCENE XII.

DORIMANT, FLORICE, CLEANTE.

FLORICE.

Qve vous plaist-il?

DORIMANT.

Peut-on voir Hyppolite?

FLORICE.

Elle vient de sortir pour faire vne visite.

DORIMANT.

Ainsi tout auiourd'huy mes pas ont esté vains.
Florice, à ce defaut fay luy mes baise-mains.

FLORICE seule.

Ce sont des complimēts qu'il fait mauuais luy fai
Depuis que ce Lysandre a tasché de luy plaire,
Elle ne veut plus estre au logis que pour luy,
Et tous autres deuoirs luy donnent de l'ennuy.

Fin du troisiéme Acte.

ACTE IV.

SCENE PREMIERE.

HYPPOLITE, ARONTE.

HYPPOLITE.

Veu l'excessif amour qu'il me faisoit paroistre,
Ie me croyois desia maistresse de ton maistre,
Tu m'as fait grand despit de me desabuser,
O Dieux ! qu'il est adroit quand il veut desguiser,
Et que pour mettre en iour ces complimens friuoles
Il sçait bien ajuster ses yeux à ses paroles !
Mais ie me promets tant de ta dexterité,
Qu'il tournera bien-tost la feinte en verité.

ARONTE.

Ie n'ose l'esperer, sa passion trop forte
Desia vers son objet malgré moy le remporte,
Et comme s'il auoit recognu son erreur
Vos yeux luy sont à charge & sa feinte en horreur,
Mesme il m'a commandé d'aller vers sa cruelle,
Luy iurer que son cœur n'a bruslé que pour elle,
Attaquer son orgueil par des submissions...

HYPPOLITE.

I'entends assez le but de tes commissions

En fin tu vas tafcher d'amollir fon courage?
ARONTE.
I'employe aupres de vous le temps de ce meffage,
Et la feray parler tantoft à mon retour
D'vne façon mal propre à donner de l'amour:
Mais apres mon rapport fi fon ardeur extrefme
Le refout à porter fon meffage luy-mefme,
Ie ne refponds de riē, l'amour qu'ils ont tous deux
Vaincra noftre artifice, & parlera pour eux.
HYPPOLITE.
Sa maiftreffe esblouye ignore encor ma flame,
Et ne permet qu'à moy de gouuerner fon ame,
Si donc il ne les faut qu'empefcher de fe voir,
Ie te laiffe à iuger fi i'y fçauray pouruoir.
ARONTE.
Qui pourroit toutefois en deftourner Lyfandre,
Ce feroit le plus feur.
HYPPOLITE.
N'ofes-tu l'entreprendre?
ARONTE.
Donnez-moy les moyens de le rendre jaloux,
Et vous verrez apres frapper d'eftranges coups.
HYPPOLITE.
L'autre iour Dorimant toucha fort ma riuale,
Iufques-là qu'entre eux deux leur ame eftoit ef-
  gale,
Mais Lyfandre depuis endurant fa rigueur
Luy mōftra tant d'amour qu'il regaigna fon cœur.
ARONTE.
Donc à voir Celidée & Dorimant enfemble,
Quelque Dieu qui vous ayme auiourd'huy les af-
HYPPOLITE.   (femble.
Fay les voir à ton maiftre, & ne perds point ce
  temps,
Puifque de là dépend le bonheur que i'attends.

DV PALAIS.

SCENE II.
DORIMANT, CELIDEE, ARONTE.

DORIMANT.

ARonte, vn mot, tu fuis, crains-tu que ie te voye?

ARONTE.
Non, mais preſſé d'aller où mon maiſtre m'enuoye
I'auois doublé le pas ſans vous apperceuoir.

DORIMANT.
D'où viens-tu?

ARONTE.
D'vn logis vers la Croix du Tiroir.

DORIMANT.
C'eſt donc en ce Marais que finit ton voyage?

ARONTE.
Non, ie cours au Palais faire encor vn meſſage.

DORIMANT.
Et c'en eſt le chemin de paſſer par icy?

ARONTE.
Souffrez que i'aille oſter mon maiſtre de ſoucy,
Il meurt d'impatience à force de m'attendre.

DORIMANT. (prendre?
Et touchant mes amours ne peux tu rien m'ap-
As-tu veu depuis peu l'obiet que ie cheris?

ARONTE.
Ouy, tantoſt en paſſant i'ay rencontré Cloris.

DORIMANT.
Tu cherches des deſtours, ie parle d'Hyppolite.

CELIDEE.
Et c'eſt là ſeulement le diſcours qu'il éuite.

LA GALERIE

Tu t'enferres, Aronte, & pris au despourueu
En vain tu veux cacher ce que nous auons veu.
Va, ne sois point hôteux des crimes de ton maistre,
Pourquoy desaduoüer ce qu'il fait trop paroistre?
Il la sert à mes yeux, cét infidele amant,
Et te vient d'enuoyer luy faire vn compliment.
Aronte rentre.

SCENE III.

DORIMANT, CELIDEE.

CELIDEE.

Apres cette retraite & ce morne silence
Pouuez-vous bien encor demeurer en balace?

DORIMANT.

Ie n'en ay que trop veu, mes yeux m'en ont trop (dit,
Aronte en me parlant estoit tout interdit,
Et sa confusion portoit sur son visage
Assez & trop de iour pour lire son message.
Traistre, traistre Lysandre, est-ce là donc le fruit
Qu'en faueur de mes feux ton amitié produit?

CELIDEE.

Cognoissez tout à fait l'humeur de l'infidelle,
Vostre amour seulement la luy fait trouuer belle,
Son objet tout aymable, & tout parfait qu'il est
N'a des charmes pour luy que depuis qu'il vous (plaist,
Et vostre affection de la sienne suiuie
Monstre que c'est par là qu'il en a pris enuie,
Qu'il veut moins l'acquerir que vous la desrober.

DORIMANT.

Voicy dans ce larcin qui le fait succomber,
En ce dessein commun de seruir Hyppolite,
Il faut voir seul à seul qui des deux la merite,

Son

DV PALAIS.

Son sang me respondra de son manque de foy,
Et me fera raison & pour vous & pour moy,
Nostre vieille vnion ne fait qu'aigrir mon ame,
Et mon amitié meurt voyant naistre sa flame.

CELIDEE.
Voulez-vous offencé pour en auoir raison
Qu'vn perfide auec vous entre en comparaison?
Pouuez-vous presumer apres sa tromperie
Qu'il ait dans les combats moins de supercherie?
Certes pour le punir c'est trop vous negliger,
Et chercher à vous perdre au lieu de vous vanger.

DORIMANT.
Me conseilleriez-vous que pris à l'aduantage
J'immolasse le traistre à mon peu de courage?
J'achepterois trop cher la mort du suborneur
Si pour auoir sa vie il m'en coustoit l'honneur.

CELIDEE.
Ie ne veux pas de vous vne action si lasche,
Non, mais à quelque point que la sienne vous fas- (che,
Escoutez vn peu moins vostre iuste couroux,
Vous pouuez vous vanger par des moyens plus
Helas! si vous estiez de mon intelligence, (doux.
Que vous auriez bien-tost acheué la vangeance!
Que vous pourriez sans bruit oster à l'inconstant.

DORIMANT.
Quoy? ce qu'il m'a volé?

CELIDEE.
      Non, mais du moins autant.

DORIMANT.
La foiblesse du sexe en ce point vous conseille,
Il se croit trop vangé quand il rend la pareille,
Mais vous suiure au chemin que vous voulez tenir
C'est imiter son crime au lieu de le punir:
Au lieu de luy rauir vne belle maistresse,
C'est prendre à son refus vne beauté qu'il laisse,

*Lysandre & Aronte sortent, & Aronte fait voir à
son maistre Dorimant & Celidée, ensemble.*

C'est luy faire plaisir, au lieu de l'affliger,

Dd

C'est souffrir vn affront, & non pas se vanger.
I'en perds icy le temps, Adieu, ie me retire,
Mais auant qu'il soit peu si vous entendez dire
Qu'vn coup fatal & iuste ait puny l'imposteur,
Vous pourrez aisément en deuiner l'Autheur.
CELIDEE.
De grace encor vn mot. Helas! il m'abandonne
Aux cuisants desplaisirs que ma douleur me dōne,
Rentre, pauure abusée, & dedans tes malheurs,
Si tu ne les retiens, cache du moins tes pleurs.

SCENE IV.
LYSANDRE, ARONTE.

ARONTE.
ET bien, qu'en dites-vous, & que vous semble
LYSANDRE. (d'elle?
Helas! pour mon malheur tu n'es que trop fidelle,
N'exerce plus tes soins à me faire endurer,
Mon meilleur en ce cas est de tout ignorer,
Ie serois trop heureux sans le rapport d'Aronte.
ARONTE.
Encor pour Dorimant il en a quelque honte,
Vous voyant il a fuy.
LYSANDRE.
    Mais mon ingrate alors
Pour empescher sa fuite a fait tous ses efforts.
Aronte, & tu prenois ses desdains pour des feintes!
Tu croyois que son cœur n'eust point d'autres at-
Que son esprit entier se conseruoit à moy, (teintes
Et parmy ses douleurs n'oublioit point sa foy!
ARONTE.
A vous dire le vray, i'en suis trompé moy-mesme,

Apres deux ans passez dans vn amour extréme
Que sans occasion elle vint à changer,
Ie me fusse tenu coupable d'y songer.
Mais puisque sans raison la volage vous change,
Faites qu'auec raison vn changement vous vange,
Pour punir comme il faut son infidelité
Vous n'auez qu'à tourner la feinte en verité.

LYSANDRE.

Miserable, est-ce ainsi qu'il faut qu'on me soulage?
Ay-ie trop peu souffert sous cette humeur volage,
Et veux-tu desormais que par vn second choix
Ie m'engage à souffrir encor vne autrefois?
Qui t'a dit qu'Hyppolite en cette amour nouuelle,
Quand bien ie luy plairois, me seroit plus fidelle?

ARONTE. (mieux.

Vous en deuez, Monsieur, presumer beaucoup

LYSANDRE.

Conseiller importun oste-toy de mes yeux.

ARONTE.

Son ame...   ### LYSANDRE.

Oste-toy, dis-je, & desrobe ta teste
Aux violents effets que ma colere apreste,
Ma boüillante fureur ne cherche qu'vn objet,
Va, tu l'attirerois sur vn sang trop abjet.

SCENE V.

LYSANDRE.

IL faut à mon couroux de plus nobles victimes,
Ie veux qu'vn mesme coup me vange de deux
  crimes,
Qu'apres les trahisons de ce couple indiscret
L'vn meure de ma main, & l'autre de regret.
Oüy, la mort de l'amant punira la maistresse,

Et mes plaisirs alors naistront de sa tristesse,
Mon cœur à qui mes yeux apprendront ses tour-
Permettra le retour à mes contentements, (ments
Ce visage si beau, si bié pourueu de charmes, (mes.
N'en aura plus pour moy s'il n'est couuert de lar-
Ses douleurs seulement ont droit de me guerir,
Pour me resoudre à viure il faut la voir mourir.
Mais la mort d'vn amant seroit-elle capable
De toucher à ce point vne ame si coupable?
Peut-estre que desia résoluë à changer,
La deffaire de luy ce seroit l'obliger,
Et dans l'aise qu'alors elle en feroit paroistre
Serois-ie assez vangé par la perte d'vn traistre?
Qu'icy le iugement me manquoit au besoin!
Il faut que ma fureur s'espande bien plus loin,
Il faut que sans esgard ma rage impitoyable
Confonde l'innocent auecque le coupable,
Que dans mon desespoir ie traite esgalement
Célidée, Hyppolite, Aronte, Dorimant,
Le sujet de ma flame, & tous ceux qui l'ont sceuë.
L'affront qu'elle a receu de sa honteuse issuë
Fait vn esclat trop grand pour s'effacer à moins,
Ie ne puis l'estouffer qu'en perdant les tesmoins.
Frenetiques transports, auec quelle insolence
Portez vous mon esprit à tant de violence?
Allez, vous auez pris trop d'empire sur moy,
Dois-ie estre sans raison parce qu'ils sont sans foy?
Dorimant, Celidée, amy, chere maistresse,
Suiurois-ie contre vous la fureur qui me presse?
Quoy? vous ayant aymez pourrois-ie vous haïr?
Mais vous pourroissie aymer vous voyât me trahir?
Qu'vn rigoureux combat deschire mon courage!
Ma ialousie augméte, & renforçant ma rage (cœur,
Quelques sanglants desseins qu'elle iette en mon
L'amour, ah! ce mot seul me range à la douceur.
Celle que nous aymons iamais ne nous offence,
Vn mouuement secret prend tousiours sa deffence,
L'amant souffre tout d'elle, & dans son changemét

Quelque irrité qu'il soit, il est tousiours amant.
Au simple souuenir du bel œil qui me blesse,
Tous mes ressentiments n'ont que de la foiblesse,
Et ie sens malgré moy mon couroux languissant
Ceder aux moindres traits d'vn objet si puissant.
Toutefois si l'amour contre elle m'intimide,
Reuenez, mes fureurs, pour punir le perfide,
Arrachez luy mon bien, vne telle beauté
N'est pas le iuste prix d'vne desloyauté.
Souffrirois-ie à mes yeux que par ses artifices
Il recueillist les fruicts deus à mes longs seruices?
S'il vous faut espargner le sujet de mes feux
Que ce traistre du moins responde pour tous deux,
Vous me deuez son sang pour expier son crime,
Contre sa lascheté tout vous est legitime, (icy?
Et quelques chastiméts... Mais, Dieux! que vois-ie

SCENE VI.

HYPPOLITE, LYSANDRE.

HYPPOLITE.

Vous auez dans l'esprit quelque pesant soucy,
Ce visage enflamé, ces yeux pleins de colere,
Me sont de vostre peine vne marque assez claire.
Encor qui la sçauroit, on pourroit auiser
A prendre des moyens propres à l'appaiser.

LYSANDRE.

Ne vous informez point de mon cruel martyre,
Vous le redoubleriez m'obligeant à le dire.

HYPPOLITE.

Vous faites le secret, mais ie le veux sçauoir,
Et par là sur vostre ame essayer mon pouuoir: (ble
Hier vous m'en donniez tant que i'estime impossi-
Que pour me contéter rien vous soit trop sensible.

LYSANDRE.

Vous l'auez souuerain, horsmis en ce seul point.

HYPPOLITE.

Ie veux l'auoir par tout, ou bien n'en auoir point.
C'est n'aymer qu'à demy qu'aymer auec reserue,
Et ce n'est pas ainsi que ie veux qu'on me serue,
Il faut m'apprendre tout, & lors que ie vous voy,
Estre de belle humeur, ou rompre auecque moy.

LYSANDRE.

Ne vous obstinez point à vaincre mon silence,
Vous vseriez sur moy de trop de violence,
Souffrez que ie vous laisse, & que seul auiourd'huy
Ie puisse en liberté soûpirer mon ennuy.

SCENE VII.

HYPPOLITE.

Est-ce là donc l'estat que tu fais d'Hyppolite?
Apres des vœux offerts, est-ce ainsi qu'on me quitte?
Qu'Aronte iugeoit bien que ses feintes amours
Auant qu'il fust long-temps interromproient leur cours!
Dans ce peu de succés des ruses de Florice
I'ay manqué de bonheur, mais non pas de malice,
Et si i'en puis iamais trouuer l'occasion,
I'y mettray bien encor de la diuision.
Si nostre pauure amant est plein de jalousie,
Ma riuale qui sort n'en est pas moins saisie.

SCENE VIII.

CELIDEE, HYPPOLITE.

CELIDEE.

N'Ay-ie pas tātoſt veu Liſandre auecque vous?
Il a bien-toſt quitté des entretiens ſi doux.
HYPPOLITE.
Qu'y feroit-il, ma ſœur? ta fidelle Hyppolite
Traite cét inconſtant de meſme qu'il merite,
Il a beau m'en conter de toutes les façons,
Ie le renuoye ailleurs pratiquer ſes leçons.
CELIDEE.
Le perfide à preſent eſt fort ſur ta loüange?
HYPPOLITE.
Il ne tient pas à luy que ie ne ſois vn Ange,
Et quand il vient aprés à parler de ſes feux,
Aucune paſſion iamais n'approcha d'eux.
Par tous ces vains diſcours il croit fort qu'il m'o- (blige,
Mais non la moitié tant qu'alors qu'il te neglige,
C'eſt par là qu'il me penſe acquerir puiſſamment,
Et moy, qui t'ay touſiours cherie vniquement,
Ie te laiſſe à iuger alors ſi ie l'endure.
CELIDEE.
C'eſt trop prendre, ma ſœur, de part en mon injure,
Laiſſe-le mépriſer celle dont les mépris
Sont cauſe maintenāt que d'autres yeux l'ont pris,
Si Lyſandre te plaiſt, poſſede le volage;
Mais ne me traite point auec deſaduantage,
Et ſi tu te reſous d'accepter mon amant,
Relaſche moy du moins le cœur de Dorimant.
HYPPOLITE.
Pourueu que leur vouloir ſe range ſous le noſtre,
Ie te donne le choix & de l'vn & de l'autre,

LA GALERIE

Ou si l'vn ne suffit à ton ieune desir,
Deffay moy de tous deux, tu me feras plaisir.
I'estimay fort Lysandre auant que le connoistre,
Mais depuis cét amour que mes yeux ont fait nai-
Ie te repute heureuse apres l'auoir perdu. (stre,
Que son humeur est vaine, & qu'il fait l'entendu!
Mon Dieu, qu'il est chargeant auec ses flatteries!
Qu'on est importuné de ses affetteries!
Vrayment si tout le monde estoit fait comme luy,
Ie pense auât deux iours que ie mourrois d'ennuy.

CELIDEE.
Qu'en cela du Destin l'ordonnance fatale
A pris pour nos malheurs vne route inégale!
L'vn & l'autre me fuit, & ie brusle pour eux,
L'vn & l'autre t'adore & tu les fuis tous deux.

HYPPOLITE.
Si nous changions de sort, que nous serions con-
CELIDEE. (tentes!
Outre (helas!) que le Ciel s'oppose à nos attentes,
Lysandre n'a plus rien à r'engager ma foy.

HYPPOLITE.
Mais l'autre tu voudrois...

SCENE IX.
PLEIRANTE, HYPPOLITE, CELIDEE.

PLEIRANTE.

NE rompez pas pour moy,
Craignez vous qu'vn amy sçache de vos nouuelles.

HYPPOLITE. (les-
Nous causions de mouchoirs, de rabats, de dentel-
De mesnages de fille.

DV PALAIS.

PLEIRANTE.
Et parmy ces discours
Vous conferiez ensemble vn peu de vos amours?
Et bien, ce seruiteur, l'aura t'on agreable?

HYPPOLITE.
Vous m'attaqués tousiours par quelque trait semblable,
Des hommes cōme vous ne sont que des conteurs,
Vrayment c'est bien à moy d'auoir des seruiteurs?

PLEIRANTE.
Parlons, parlons François, en fin pour cette affaire
Nous en remettrons-nous à l'aduis d'vne mere?

HYPPOLITE.
I'obeïray tousiours à son commandement,
Mais de grace, Monsieur, parlez plus clairement,
Ie ne puis deuiner ce que vous voulez dire.

PLEIRANTE.
Vn certain Caualier pour vos beaux yeux soûpire.

HYPPOLITE.
Vous en voulés par là.

PLEIRANTE.
Ce n'est point fiction,
Que ce que ie vous dis de son affection,
Vostre mere de moy sçeut hier cōme il vous ayme,
Et veut que ce soit vous qui vous donniés vous mesme.

HYPPOLITE.
Et c'est ce que ma mere, afin de m'expliquer,
Ne ma point fait l'honneur de me communiquer,
Mais pour l'amour de vous ie vay le sçauoir d'elle.

SCENE X.

PLEIRANTE, CELIDEE.

PLEIRANTE.

TA compagne est du moins aussi fine que belle.
CELIDEE.
Elle a bien sçeu, de vray, se défaire de vous.
PLEIRANTE.
Et fort habilement se parer de mes coups.
CELIDEE.
Peut-estre innocemment, faute de rien cōprendre.
PLEIRANTE.
Mais faute, bien plustost, d'y vouloir rien entēdre,
Ie suis des plus trompez si Dorimant luy plaist.
CELIDEE.
Y prenez vous, Monsieur, pour luy quelque inte-
PLEIRANTE. (rest?
Lysandre m'a prié d'en porter la parole.
CELIDEE.
Lysandre!

PLEIRANTE.
Ouy, ton Lysandre.
CELIDEE.
Et luy mesme cajolle...
PLEIRANTE.
Quoy? que caiolle-t'il?
CELIDEE.
Hyppolite à mes yeux.
PLEIRANTE.
Folle, il n'aymaiamais que toy dessous les Cieux,
Et nous sommes tous prests de choisir la iournée
Qui bien-tost de vous deux termine l'Hymenée.

DV PALAIS.

Il se plaint toutefois vn peu de ta froideur,
Mais pour l'amour de moy montre luy plus d'ar-
Parle, ma volonté sera-t'elle obeye? (deur,
CELIDEE.
Helas, qu'on vous abuse aprés m'auoir trahie!
Il vous fait, cét ingrat, parler pour Dorimant
Tandis qu'au mesme objet il s'offre pour amant,
Et trauerse par là tout ce qu'à sa priere
Vostre vaine entremise auance vers la mere.
Cela, qu'est-ce, Monsieur, que se joüer de vous?
PLEIRANTE.
Qu'il est peu de raison dans ces esprits ialoux!
Et quoy? pour vn amy s'il rend vne visite,
Faut-il s'imaginer qu'il cajolle Hyppolite?
CELIDEE.
Ie sçay ce que i'ay veu.
PLEIRANTE.
    Ie sçay ce qu'il m'a dit,
Et ne veux plus du tout souffrir de contredit,
Mon choix de vostre Hymen en sa faueur dispose.
CELIDEE.
Commandez moy plustost, Monsieur, toute autre
PLEIRANTE, (chose.
Quelle bigearre humeur! quelle inégalité,
De rejetter vn bien qu'on a tant souhaité!
La belle, voyez vous, qu'on perde ces caprices,
Il faut pour m'éblouyr de meilleurs artifices,
Quelque nouueau venu vous donne dans les yeux,
Quelque ieune estourdy qui vous flate vn peu
 mieux,
Et parce qu'il vous fait quelque feinte caresse
Il faut que nous manquions vous & moy de pro-
 messe?
Quittez pour vostre bien ces fantasques refus.
CELIDEE.
Monsieur.
PLEIRANTE.
   Quittes les, dis-ie, & ne contestes plus.

SCENE XI.

CELIDEE.

Fascheux commandement d'vn incredule pere,
Qu'il me fut doux iadis, & qu'il me desespere!
I'auois auparauant qu'on m'eust manqué de foy
Le deuoir & l'amour tout d'vn party chez moy,
Et ma flame d'accord auecque sa puissance,
Vnissoit mes desirs à mon obeyssance:
Mais, hélas! que depuis cette infidelité
Ie trouue d'injustice en son authorité!
Mon esprit s'en reuolte, & ma flame bannie
Fait qu'vn pouuoir si saint m'est vne tyrannie.
Dures extremitez où mon sort est reduit!
On donne mes faueurs à celuy qui les fuit,
Nous auons l'vn pour l'autre vne pareille haine,
Et l'on m'attache à luy d'vne eternelle chaisne.
Mais s'il ne m'aimoit plus, parleroit-il d'amour
A celuy dont ie tiens la lumiere du iour?
Mais s'il m'aimoit encor, verroit-il Hyppolite?
Mon cœur en mesme temps se retient, & s'excite,
Ie ne sçay quoy me flate, & ie sens desia bien
Que mon feu ne dépend que de croire le sien.
Tout-beau, ma passion, c'est desia trop paroistre,
Attends, attends du moins la sienne pour renaistre,
A quelle folle erreur me laissay-ie emporter?
Il fait tout à dessein de me persecuter,
L'ingrat cherche ma peine, & veut par sa malice
Que la rigueur d'vn pere augmente mon supplice,
Rentrons, que son objet presenté par hazard
De mon cœur ébranslé ne reprenne vne part,
C'est bien assez qu'vn pere à souffrir me destine,
Sans que mes yeux encor aident à ma ruine.

SCENE XII.

LA LINGERE, LE MERCIER.

LA LINGERE *apres qu'ils se sont entrepoussés une boëte qui est entre leurs boutiques.*

I'Enuoyeray tout à bas, puis apres on verra.
Ardés, vrayment c'est-mon, on vous l'endura-
Vous estes vn bel homme, & ie dois fort vous (ra,
   LE MERCIER. (craindre!
Tout est sur mon tapis, qu'auez vous à vous plain-
   LA LINGERE. (dre?
Aussi vostre tapis est tout sur mon battant,
Ie ne m'étonne plus dequoy ie gagne tant.
   LE MERCIER.
Là, là, criez bien haut, faites bien l'étourdie,
Et puis on vous iouera dedans la Comedie.
   LA LINGERE.
Ie voudrois l'auoir veu, que quelqu'vn s'y fust mis,
Pour en auoir raison nous manquerions d'amis,
On ioue ainsi le monde.
   LE MERCIER.
    Apres tout ce langage
Ne me repoussez pas mes boëtes dauantage.
Vostre caquet m'enleue à tous coups mes chalands,
Vous vendez dix rabats contre moy deux galands,
Pour conseruer la paix, quoy que cela me touche,
I'ay tousiours tout souffert sans en ouurir la bou-
 che. (fin.
Et vous, vous m'attaquez & sans cause, & sans
Qu'vne femme hargneuse est vn mauuais voisin!
Nous n'appaiserons point cette humeur qui vous
 picque

E e

Que par vn entredeux mis à vostre boutique,
Alors, n'ayant plus rien ensemble à demesler,
Vous n'aurez plus aussi surquoy me quereller.
LA LINGERE.
Iustement.

SCENE XIII.

LA LINGERE, FLORICE, LE MERCIER, LE LIBRAIRE, CLEANTE.

LA LINGERE.

DE tout loin ie vous ay recognuë.
FLORICE.
Vous vous doutez donc bien pourquoy ie suis venuë,
Les auez-vous receus ces point-coupez nouueaux?
LA LINGERE.
Ils viennent d'arriuer.
FLORICE.
Voyons donc les plus beaux.
LE MERCIER *à Cleante qui passe.*
Ne vous vendray-ie rien, Monsieur, des bas de soye,
Des gands en broderie, ou quelque petite oye?
CLEANTE *du Libraire.*
Ces liures que mō maistre auoit fait mettre à part,
Les auez vous encor?
LE LIBRAIRE *empaquetant ses liures.*
Ah, que vous venez tard!
Encore vn peu, ma foy, ie m'en allois les vendre,
Trois iours sans reuenir! ie m'ennuyois d'attendre.

DV PALAIS.

CLEANTE.
Ie l'auois oublié. Le prix?
LE LIBRAIRE.
Chacun le sçait,
Autãt de quarts d'escus, c'est vn marché tout fait.
LA LINGERE à *Florice*.
Et bien qu'en dites-vous?
FLORICE.
I'en suis toute rauie,
Et n'ay rien encor veu de pareil en ma vie,
Que ce point est ensemble & delicat, & fort!
Si ma maistresse veut s'en croire à mon rapport,
Vous aurés son argent; mon Dieu, le bel ouurage!
Monstrés m'en cependant quelqu'vn à mon vsage.
LA LINGERE.
Voicy dequoy vous faire vn assez beau collet.
FLORICE.
Ie pense en verité qu'il ne seroit pas laid,
Que me coustera t'il?
LA LINGERE.
Allez, faites moy vendre,
Et pour l'amour de vous ie n'en voudray rien prendre:
Mais aduisez alors à me recompenser.
FLORICE.
L'offre n'est pas mauuaise, & vaut bien y penser,
Vous me verrez demain auecque ma Maistresse.

Ee ij

SCENE XIV.

FLORICE, ARONTE, LE MERCIER, LA LINGERE.

FLORICE.

ARonte, & bien, quels fruits produira nostre adresse?

ARONTE.

De fort mauuais pour moy, mon maistre au desespoir,
Fuit les yeux d'Hyppolite, & ne me veut plus voir.

FLORICE.

Nous sommes donc ainsi bien loin de nostre conte?

ARONTE.

Oüy, mais tout le malheur en tombe sur Aronte.

FLORICE.

Ne te débauche point, ie veux faire ta paix.

ARONTE.

Son courroux est trop grãd pour s'appaiser iamais.

FLORICE.

S'il vient encor chez nous, ou chez sa Celidée,
Ie te rends aussi-tost l'affaire accommodée.

ARONTE.

Si tu fais ce coup là, que ton pouuoir est grand!
Vien, ie te veux donner tout à l'heure vn galand.

LE MERCIER.

Voyez, Monsieur, i'en ay des plus beaux de la terre,
En voila de Paris, d'Auignon, d'Angleterre.

DV PALAIS.

ARONTE *apres auoir regardé vne boëte de*
galands.

Tous vos rubâs n'ont point d'assez viues couleurs;
Allons, Florice, allons, il en faut voir ailleurs.

LA LINGERE.

Ainsi faute d'auoir de belle marchandise,
Des hommes comme vous perdent leur chalandise.

LE MERCIER.

Vous ne la perdez pas, vous, mais Dieu sçait com-
ment;
Du moins si ie vends peu, ie vends loyalement,
Et ie n'attire point auec vne promesse
De suiuante qui m'aide à tromper sa maistresse.

Fin du quatriéme Acte.

LA GALERIE

ACTE V.

SCENE PREMIERE.

LYSANDRE.

Ndiscrette vangeance, imprudentes
    chaleurs   (à mes malheurs,
Dont l'impuissance adjouste vn coble
Ne me conseillez plus la mort de ce
    faussaire,
I'ayme encor Celidée, & n'ose luy déplaire,
Priuer de la clarté ce qu'elle ayme le mieux
Ce n'est pas le moyen d'agréer à ses yeux.
L'amour en la perdant me retient en balance,
Il produit ma fureur, & rompt sa violence,
Et me laissant trahy, confus, & méprisé,
Ne veut que triompher de mon cœur diuisé.
Amour, cruel autheur de ma longue misere,
Ou permets à la fin d'agir à ma colere,
Ou sans m'embarasser d'inutiles transports,
Auprés de ce bel œil fay tes derniers efforts,
Viens, accompagne-moy chez ma belle inhumaine,
Et comme de mon cœur triomphe de sa haine.
Contre toy ma vangeance a mis les armes bas,
Contre ses cruautez rends les mesmes combats,
Exerce ta puissance a fléchir la farouche,   (che,
Monstre toy dans mes yeux, & parle par ma bou-

DV PALAIS.

Si tu te sens trop foible, appelle à ton secours
Le souuenir de mille & de mille heureux iours
Que ses desirs d'accord auec mon esperance
Ne laissoient à nos vœux aucune difference.
Ie pense auoir encor ce qui la sceut charmer,
Les mesmes qualitez qu'elle voulut aymer,
Peut-estre mes douleurs ont changé mon visage,
Mais en reuanche aussi ie l'ayme dauantage,
Mon respect s'est accreu vers vn objet si cher,
Ie ne me vange point de peur de la fascher,
Vn infidelle amy tient son ame captiue,
Ie le sçay, ie le vois, & ie souffre qu'il viue.
Ie tarde trop, allons, ou vaincre ses refus,
Ou me vanger sur moy de ne luy plaire plus,
Et tirons de son cœur, malgré sa flame éteinte,
La pitié par ma mort, ou l'amour par ma plainte,
Ses rigueurs par ce fer me perceront le sein.

SCENE II.

DORIMANT, LYSANDRE.

DORIMANT.

Et quoy! pour m'auoir veu vous changez de dessein!
Ne laissés point pour moy d'entrer chez Hyppolite,
Vous ne m'apprendrés rien en luy faisant visite,
Mes yeux, mes propres yeux n'ont que trop dé-
couuert
Comme vn amy si rare auprés d'elle me sert.

LYSANDRE.

Parlez plus franchement, ma rencontre importune
Auprés d'vn autre objet trouble vostre fortune,
Et vous monstrés assés par ces foibles détours.
Qu'vn temoin comme moy déplaist à vos amours.

Vous voulés seul à seul cajoler Celidée,
Nous en aurons bien-tost la querelle vuidée,
Ma mort vous donnera chés elle vn libre accés,
Ou ma iuste vengeance vn funeste succés.

DORIMANT.

Qu'est-ce-cy, déloyal? quelle fourbe est la vostre!
Vous m'en disputés vne afin d'acquerir l'autre!
Apres ce que chacun a veu de vostre feu,
C'est vne lascheté d'en faire vn desaueu.

LYSANDRE.

Ie ne me cognois point à combattre d'iniures.

DORIMANT.

Aussi veux-ie punir autrement tes pariures,
Le Ciel, le iuste Ciel ennemy des ingrats,
Qui pour ton chastiment a destiné mon bras,
T'apprendra qu'à moy seul Hyppolite est gardée.

LYSANDRE.

Garde ton Hyppolite.

DORIMANT.

Et toy ta Celidée.

LYSANDRE.

Voila faire le fin de crainte d'vn combat.

DORIMANT.

Tu m'imputes la crainte, & ton cœur s'en abat!

LYSANDRE.

Laissons à part les noms, disputons la maistresse,
Et pour qui que ce soit montre icy ton adresse.

DORIMANT.

C'est comme ie l'entends.

SCENE III.
CELIDEE, LYSANDRE, DORIMANT.

CELIDEE.

O Dieux ! ils sont aux coups.
Ha ! perfide, sur moy détourne ton couroux,
La mort de Dorimant me seroit trop funeste.
DORIMANT.
Lysandre, vne autre fois nous vuiderons le reste.
CELIDEE à Dorimant.
Arreste, mon soucy.
LYSANDRE.
Tu recules, voleur.
DORIMANT.
Ie fuis cette importuue, & non pas ta valeur.

SCENE IV.
LYSANDRE, CELIDEE.

LYSANDRE.

NE suiuez pas du moins ce perfide à ma veuë,
Auez-vous resolu que sa fuite me tuë,
Et que m'estant mocqué de son plus rude effort
Par sa retraite infame il me donne la mort ?
Pour en frapper le coup vous n'auez qu'à le suiure,

LA GALERIE

CELIDEE.
Le tiens des gens sans foy si peu dignes de viure,
Qu'on ne verra iamais que ie recule vn pas
De crainte de causer vn si iuste trespas.

LYSANDRE.
Et bien, voyez le donc, ma lame toute preste
N'attendoit que vos yeux pour immoler ma teste,
Vous lirez dans mon sang à vos pieds respandu
La valeur d'vn amant que vous aurez perdu,
Et sans vous reprocher vn si cruel outrage,
Ma main de vos rigueurs acheuera l'ouurage.
Trop heureux mille fois si ie plais en mourant
A celle à qui i'ay pû déplaire en l'adorant,
Et si ma prompte mort secondant son enuie,
L'asseure du pouuoir qu'elle auoit sur ma vie.

CELIDEE.
Moy, du pouuoir sur vous! vos yeux se font mépris,
Et quelque illusion qui trouble vos esprits
Vous fait imaginer d'estre auprés d'Hyppolite.
Allez, volage, allez où l'amour vous inuite,
Dedans son entretien recherchez vos plaisirs,
Et ne m'empeschez plus de suiure mes désirs.

LYSANDRE.
C'est auecque raison que ma feinte passée
A jetté cette erreur dedans vostre pensée.
Il est vray, deuant vous forçant mes sentiments,
I'ay presenté des vœux, i'ay fait des compliments,
Mais c'estoient compliments qui partoient d'vne
    bouche,   (che,
Mon cœur que vous teniez desaduoüoit ma bou-
Pleirante qui rompit ces ennuyeux discours
S'çait bien que mon amour n'en changea point de
    cours,
Contre vostre froideur vne modeste plainte
Fut tout nostre entretien au sortir de la feinte,
Et ie le priay lors....

CELIDEE.
          D'vser de son pouuoir?

Ce n'estoit pas par là qu'il me falloit auoir,
Les mauuais traitemēts ne font qu'aigrir les ames.
LYSANDRE.
Confus, desesperé du mespris de mes flames,
Sans conseil, sans raison, pareil aux matelots
Qu'vn naufrage abandonne à la mercy des flots,
Ie me suis pris à tout ne sçachant où me prendre.
Ma douleur par mes cris d'abord s'est fait entēdre,
I'ay creu que vous seriez d'vn naturel plus doux
Pourueu que vostre esprit deuinst vn peu ialoux,
I'ay fait agir pour moy l'authorité d'vn pere,
I'ay fait venir aux mains celuy qu'on prefere,
Et puisque ces efforts n'ont reüssi qu'en vain,
I'auray de vous ma grace, ou la mort de ma main.
Choisissez, l'vne ou l'autre acheuera mes peines,
Mon sang brusle desia de sortir de mes veines,
Il faut pour l'arrester me rendre vostre amour,
Ie n'ay plus rien sans luy qui me retienne au iour.
CELIDEE.
Volage, falloit-il pour vn peu de rudesse
Vous porter si soudain à changer de maistresse?
Que ie vous croyois bien d'vn iugemēt plus meur!
Ne pouuiez-vous souffrir de ma mauuaise humeur,
Ne pourriez-vous iuger que c'estoit vne feinte,
A dessein d'éprouuer qu'elle estoit vostre atteinte?
Les Dieux m'en soiét témoins, & ce nouueau sujet
Que vos feux inconstants ont choisi pour objet,
Si iamais i'eus pour vous de dédain veritable,
Auant que vostre amour parust si peu durable.
Qu'Hyppolite vous die auec quels sentiments
Ie luy fus raconter vos premiers mouuements,
Auec quelles douceurs ie m'estois preparée
A redonner la ioye à vostre ame éplorée,
Dieux! que ie fus surprise & mes sens éperdus
Quand ie vy vos deuoirs à sa beauté rendus!
Vostre legereté fut soudain imitée,
Non pas que Dorimant m'en eust sollicitée,
Au contraire, il me fuit, & l'ingrat ne veut pas

Que sa franchise cede au peu que i'ay d'appas.
Mais, helas! plus il fuit, plus son portrait s'efface,
Ie vous sens malgré moy reprendre vostre place;
L'adueu de vostre erreur desarme mon couroux,
Ne redoutez plus rien, l'amour combat pour vous,
Si nous auons failly de feindre l'vn & l'autre,
Pardonnez à ma faute, & i'oublieray la vostre.
Moy-mesme ie l'aduoüe à ma confusion,
Mon imprudence a fait nostre diuision,
Tu ne meritois pas de si rudes alarmes:
Accepte vn repentir accompagné de larmes,
Ce baiser cependant punira ma rigueur,
Et me fermant la bouche il t'ouurira mon cœur.

LYSANDRE.
Ma chere ame, mon heur, mon tout, est-il possible
Que ie vous trouue encore à mes desirs sensible?
Que i'aime ces dédains qui finissent ainsi!

CELIDEE.
Et pour l'amour de toy que ie les ayme aussi!

LYSANDRE.
Que ce soit toutefois sans qu'il vous prenne enuie
De les plus exercer au peril de ma vie.

CELIDEE.
I'aime trop desormais ton repos & le mien,
Tous mes soins n'iront plus qu'à nostre commun bien.
Voudrois-ie apres ma faute vne plus douce amen-
Que l'effet d'vn Hymen qu'vn pere me commãde? (de,
Bons Dieux, qu'il fut fasché, voyant ces iours passez
Mon ame refroidie & tous mes sens glacez,
A son authorité se rendre si rebelles!
Mais allons luy porter ces heureuses nouuelles,
Et le tirer d'ennuy, puisque ce bon vieillard
Dans tes contentements prend vne telle part.

LYSANDRE.
Vous craignez qu'à vos yeux cette belle Hyppolite
N'ait de moy derechef vn hommage hypocrite.

CELIDEE

DV PALAIS.

CELIDEE.
Non, ie fuy Dorimant qu'enſemble i'apperçoy,
Ie ne veux plus le voir puiſque ie ſuis à toy.

SCENE V.

DORIMANT, HYPPOLITE.

DORIMANT.

AVtant que mon eſprit adore vos merites,
Autant veux-ie de mal à vos longues viſites.

HYPPOLITE.
Que vous ont-elles fait, pour vous mettre en couroux?

DORIMANT.
Elles m'oſtent le bien de vous trouuer chez vous,
I'y fais à tous moments vne courſe inutile,
I'apprends cent fois le iour que vous eſtes en ville,
En voicy preſque trois que ie n'ay pû vous voir
Pour rendre à vos beautez mō tres-humble deuoir,
Et n'étoit qu'auiourd'huy cette heureuſe rencontre
Sur le point de rentrer par hazard me les monſtre,
Ie penſe que ce iour euſt encore paſſé
Sans moyen de m'en plaindre aux yeux qui m'ont
 bleſſé.

HYPPOLITE.
Ma libre & gaye humeur hait le ton de la plainte,
Ie n'en puis écouter qu'auec de la contrainte,
Si vous prenez plaiſir dedans mon entretien,
Pour le faire durer ne vous plaignez de rien.

DORIMANT.
Vous me pouuez oſter tout ſujet de me plaindre.

HYPPOLITE.
Et vous pouuez auſſi vous empeſcher d'en feindre.

Ff

LA GALERIE

DORIMANT.
Est-ce en feindre vn sujet qu'accuser vos rigueurs?
HYPPOLITE.
Pour vous en plaindre à faux, vous feignez des langueurs.
DORIMANT.
Verrois-ie sans languir ma flame qu'on neglige?
HYPPOLITE.
Esteignez cette flame, où rien ne vous oblige.
DORIMANT.
Vos charmes trop puissants me forcent à ces feux.
HYPPOLITE.
Oüy, mais rien ne vous force à vous approcher d'eux.
DORIMANT.
Ma presence vous fasche, & vous est odieuse.
HYPPOLITE.
Non pas, mais vostre amour me deuient ennuyeuse.
DORIMANT.
Ie voy bien ce que c'est, ie ly dans vostre cœur,
Il a receu les traits d'vn plus heureux vainqueur,
Vn autre regardé d'vn œil plus fauorable
A mes submissions vous fait inexorable,
C'est pour luy seulement que vous voulez brusler.
HYPPOLITE.
Il est vray, ie ne puis vous le dissimuler,
Il faut que ie vous traite auec toute franchise,
Alors que ie vous pris vn autre m'auoit prise
Et captiuoit déja mes inclinations.
Vous deuez presumer de vos perfections
Que si vous attaquiez vn cœur qui fut à prendre
Il seroit malaisé qu'il s'en peust bien defendre,
Vous auriez eu le mien, s'il n'eust esté donné,
Mais puisque les Destins ainsi l'ont ordonné,
Tant que ma passion aura quelque esperance
N'attendez rien de moy que de l'indifference.

DORIMANT.
Vous ne m'apprenez point le nom de cét amant,
Sans doute que Lysandre est cét objet charmant
Dont les discours flateurs vous ont préoccupée,
HYPPOLITE.
Cela ne se dit point à des hommes d'espée:
Vous exposer aux coups d'vn duel hazardeux,
Ce seroit le moyen de vous perdre tous deux.
Ie vous veux, si ie puis, conseruer l'vn & l'autre,
Ie cheris sa personne, & hay si peu la vostre
Qu'ayant perdu l'espoir de le voir mon espoux,
Si ma mere y consent, Hyppolite est à vous:
Mais aussi iusques-là plaignez vostre infortune.
DORIMANT.
Si faut-il pour ce nom que ie vous importune,
Ne me refusez point de me le declarer,
Que ie sçache en quel temps i'auray droit d'esperer,
Vn mot me suffira pour me tirer de peine,
Et lors i'étoufferay si bien toute ma haine
Que vous me trouuerez vous-mesme trop remis.

SCENE VI.

PLEIRANTE, LYSANDRE, CELIDEE, DORIMANT, HYPPOLITE.

PLEIRANTE.

Souffrez, mon Caualier, que ie vous face amis,
Vous ne luy voulez pas quereller Celidée?
DORIMANT.
L'affaire à cela prés peut-estre decidée,
Voicy le seul objet de nos affections.

LA GALERIE

Et l'vnique sujet de nos dissentions.

LYSANDRE.

Dissipe, cher amy, cette jalouse atteinte,
C'est l'objet de tes feux, & celuy de ma feinte,
Mon cœur fut tousiours ferme, & moy ie me dé-
   dis
Des vœux que de ma bouche elle receut jadis.
Picqué de ses dedains i'auois pris fantaisie
De jetter en son ame vn peu de jalousie,
Mais au lieu d'vn esprit, i'en ay fait deux jaloux.

PLEIRANTE.

Vous pouuez desormais acheuer entre vous,
Ie vay dans ce logis dire vn mot à Madame.

SCENE VII.

DORIMANT, LYSANDRE, CELIDEE, HYPPOLITE.

DORIMANT.

Ainsi, loin de m'ayder, tu trauersois ma flame!

LYSANDRE.

Les efforts que Pleirante à ma priere a faits
T'auroient acquis déja le but de tes souhaits,
Mais tu dois accuser les glaces d'Hyppolite,
Si ton bonheur n'est pas égal à ton merite.

HYPPOLITE.

Qu'auray-ie cependant pour satisfaction
D'auoir serui d'objet à vostre fiction?
Dans vostre different ie suis la plus blessée,
Et me trouue à l'accord entierement laissée.

CELIDEE.

N'y songe plus, ma sœur, & pour l'amour de moy

Trouue bon qu'il ait feint de viure sous ta loy.
Veux-tu le quereller lors que ie luy pardonne?
Le droit de l'amitié tout autrement ordonne,
Tous prests d'estre assemblez d'vn lien conjugal,
Tu ne le peux haïr sans me vouloir du mal;
I'ay feint par ton conseil, luy par celuy d'vn autre,
Et bien qu'Amour iamais ne fut égal au nostre,
Ie m'étonne comment cette confusion
Laisse finir si-tost nostre diuision.

HYPPOLITE.
De sorte qu'à present le Ciel y remedie?

CELIDEE.
Tu vois, mais aprés tout, veux-tu que ie te die?
Ton conseil est fort bon, mais vn peu dangereux.

HYPPOLITE.
Excuse, chere sœur, vn esprit amoureux,
Lysandre me plaisoit, & tout mon artifice
N'alloit qu'à détourner son cœur de ton seruice.
I'ay fait ce que i'ay pû pour brouïller vos esprits,
I'ay, pour me l'attirer, pratiqué tes mépris,
Mais puisqu'ainsi le Ciel rejoint vostre Hyme-
  née...

DORIMANT.
Vostre rigueur vers moy doit estre terminée.
Sans chercher de raisons pour vous persuader,
Vostre amour hors despoir fait qu'il me faut ce-
  der,
Vous sçauez trop à quoy la parole vous lie.

HYPPOLITE.
A vous dire le vray, i'ay fait vne folie,
Ie les croyois encor loin de se reünir,
Et moy par consequent bien loin de la tenir.

DORIMANT.
Aprés m'auoir promis seriez vous mensongere?

HYPPOLITE.
Puis que ie l'ay promis, vous pouuez voir ma mere.

LYSANDRE.
Si tu iuges Pleirante à cela suffisant,

Ff iiij

Ie croy qu'eux deux ensemble en parlent à present.

DORIMANT.

Aprés cette faueur qu'on me vient de promettre,
Ie croy que mes deuoirs ne se peuuent remettre,
J'espere tout de luy, mais pour vn bien si doux
Ie ne sçaurois...

LYSANDRE.

Arreste, ils s'auancent vers nous.

SCENE VIII.

PLEIRANTE, CHRYSANTE, LYSANDRE, DORIMANT, HYPPOLITE, CELIDEE, FLORICE.

DORIMANT à *Chrysante.*

Madame, vn pauure amant captif de cette belle
Implore le pouuoir que vous auez sur elle,
Tenant ses volontez vous gouuernez mon sort,
J'attends de vostre bouche ou la vie, ou la mort.

CHRYSANTE à *Dorimant.*

Vn homme tel que vous & de vostre naissance
N'a que faire en ce cas d'implorer ma puissance,
Si vous auez gaigné ses inclinations
Soyez seur du succez de vos affections,
Mais ie ne suis pas femme à forcer son courage,
Ie sçay ce que la force est en vn mariage,
Il me souuient encor de tous mes déplaisirs,
Lors qu'vn premier Hymen contraignit mes desirs,
Et sage à mes dépens, ie veux bien qu'Hyppolite

Prenne ou laiſſe à ſon choix vn homme de merite.
Ainſi preſumez tout de mon conſentement,
Mais ne pretendez rien de mon commandement,
DORIMANT à *Hyppolite.*
Et bien, aprés cela ſerez vous inhumaine?
HYPPOLITE à *Chryſante.*
Madame, vn mot de vous me mettroit hors de peine,
Ce que vous remettez à mon choix d'accorder,
Vous feriez beaucoup mieux de me le commander.
PLEIRANTE à *Chryſante.*
Elle vous montre aſſez où ſon deſir ſe porte.
CHRYSANTE.
Puis qu'elle s'y reſoult, du reſte ne m'importe.
DORIMANT.
Ce fauorable mot me rend le plus heureux
De tout ce que iamais on a veu d'amoureux.
LYSANDRE.
Mon aiſe s'en redouble, & mon cœur qui ſe paſme
Croit qu'encore vne fois on accepte ſa flame.
HYPPOLITE à *Lyſandre.*
Ferez vous donc enfin quelque choſe pour moy?
LYSANDRE.
Tout, horſmis ce ſeul point, de luy manquer de foy.
HYPPOLITE.
Pardonnez donc à ceux qui gaignez par Florice
Lors que ie vous aymois me firent du ſeruice.
LYSANDRE.
Ie vous entends aſſez, ſoit, Aronte impuny
Pour ſes mauuais conſeils ne ſera point banny,
Souffre-le, mon ſoucy, puis qu'elle m'en ſupplie.
CELIDEE.
Il n'eſt rien que pour elle & pour toy ie n'oublie.
PLEIRANTE.
Attendant que demain ces deux couples d'amants
Soyent mis au plus haut point de leurs contente-
meuts,

Allons chez moy, Madame, acheuer la iournée.
CHRYSANTE.
Mon cœur est tout rauy de ce double Hymenée.
FLORICE.
Mais afin que la ioye en soit égale à tous,
Faites encor celuy de Monsieur & de vous.
CHRYSANTE.
Outre l'aage en tous deux vn peu trop refroidie,
Cela sentiroit trop sa fin de Comedie.

Fin du cinquiéme & dernier Acte.

LA SVIVANTE COMEDIE.

EPISTRE.

MONSIEVR,

Ie vous presente vne Comedie qui n'a pas esté également aymée de toutes sortes d'esprits: beaucoup, & de fort bons, n'en on ont pas fait grand estat, & beaucoup d'autres l'ont mise au dessus du reste des miennes. Pour moy, ie laisse dire tout le monde, & fay mon profit des bons aduis, de quelque part que ie les reçoiue. Ie traite tousiours mon sujet le moins mal qu'il m'est possible, & apres y auoir corrigé ce qu'on m'y fait connoistre d'inexcusable, ie l'abandonne au public. Si ie ne fay bien, qu'vn autre face mieux, ie feray des vers à sa loüange au lieu de le censurer. Chacun a sa methode, ie ne blasme point celle des autres, & me tiens à la mienne : iusques à present ie m'en suis trouué fort bien, i'en chercheray vne meilleure, quand ie commenceray à m'en trouuer mal. Ceux qui se font presser à la representation de mes ouurages m'obligent infiniment, ceux qui ne les approuuent pas peuuent se dispenser d'y venir gaigner la migraine, ils espargneront de l'argent, & me feront plaisir. Les iugemens sont libres en ces matieres, & les gousts diuers. I'ay veu des personnes de fort bon sens admirer des endroits sur qui i'aurois passé l'esponge, & i'en cognoy dont les Poëmes reüssissent au Theatre auec éclat, & qui pour principaux ornemens y employent des choses que i'euite dans les miens. Ils pensent auoir raison, & moy aussi : qui d'eux ou de moy se trompe, c'est ce qui n'est pas aisé à iuger. Chez les Philosophes, tout ce qui n'est point de la Foy, ny des Principes, est disputable, & souuent ils soustiendront à vostre choix, le pour & le contre d'vne mesme proposition : Marques certaines de l'excellence de l'esprit humain, qui trouue des raisons à défendre tout, ou plustost de sa foiblesse, qui n'en peut trouuer de conuaincantes, ny qui ne puissent estre combattuës & destruites par de contraires. Ainsi ce n'est pas merueille si les Critiques donnent de mauuaises interpretations à nos vers, & de mauuaises faces à nos personnages. Qu'on me donne (dit Monsieur de Montagne au ch. 36. du premier liure) l'action la plus excellente & pure, ie m'en vois y fournir vray-semblablement cinquante vicieuses intentions. C'est au Lecteur desinteressé à prendre la medaille par le beau reuers. Comme il nous a quelque obligation d'auoir trauaillé à le diuertir, i'ose dire que pour reconnaissance il nous doit vn peu de faueur, & qu'il commet vne espece d'ingratitude, s'il ne se montre plus ingenieux à nous defendre qu'à nous condamner, & s'il n'applique la subtilité de son esprit plustost à colorer & iustifier en quelque sorte nos veritables defauts, qu'à en trouuer où il n'y en a point. Nous pardonnons beaucoup de choses aux Anciens, nous admirons quelquefois dans leurs écrits ce que nous ne souffririons pas dans les nostres : nous

faisons

EPISTRE. 349

faisons des mysteres de leurs imperfections, & couurons leurs fautes du nom de licences Poëtiques. Le docte Scaliger a remarqué des taches dans tous les Latins, & de moins sçauans que luy en remarqueroient bien dans les Grecs, & dans son Virgile mesme, à qui il dresse des autels sur le mespris des autres. Ie vous laisse donc à penser si nostre presumption ne seroit pas ridicule, de pretendre qu'vne exacte censure ne pûst mordre sur nos ouurages, puisque ceux de ces grands Genies de l'Antiquité ne se peuuent pas soustenir contre vn rigoureux examen. Ie ne me suis iamais imaginé auoir mis rien au iour de parfait, ie n'espere pas mesme y pouuoir iamais arriuer, ie fay neantmoins mon possible pour en approcher, & les plus beaux succez des autres ne produisent en moy qu'vne vertueuse emulation, qui me fait redoubler mes efforts afin d'en auoir de pareils.

Ie voy d'vn œil égal croistre le nom d'autruy,
Et tasche à m'esleuer aussi haut comme luy,
Sans hazarder ma peine à le faire descendre:
La Gloire a des tresors qu'on ne peut épuiser,
Et plus elle en prodigue à nous fauoriser,
Plus elle en garde encor où chacun peut pretendre.

Pour venir à cette Suiuäte que ie vous dedie

Gg

elle est d'vn genre qui demande plustost vn style naïf que pompeux: les fourbes & les intrigues sont principalement du ieu de la Comedie, les passions n'y entrent que par accident. Les regles des Anciens sont assez religieusement obseruées en celle-cy: il n'y a qu'vne action principale à qui toutes les autres aboutissent, son lieu n'a point plus d'estenduë que celle du Theatre, & le temps n'en est point plus long que celuy de la representation, si vous en exceptez l'heure du disner qui se passe entre le premier & le second Acte. La liaison mesme des Scenes, qui n'est qu'vn embellissement, & non pas vn precepte, y est gardée; & si vous prenez la peine de conter les vers, vous n'en trouuerez en pas vn Acte plus qu'en l'autre. Ce n'est pas que ie me sois assuietty depuis aux mesmes rigueurs: i'ayme à suiure les regles, mais loin de me rendre leur esclaue, ie les élargis & resserre selon le besoin qu'en a mon suiet, & ie romps mesme sans scrupule celle qui regarde la durée de l'action, quand sa seuerité me semble absolument incompatible auec les beautez des euenemens que ie décris. Sçauoir les regles, & entendre

EPISTRE.

le secret de les appriuoiser adroitement auec nostre Theatre, ce sont deux sciences bien differentes, & peut-estre que pour faire maintenant reüssir vne Piece, ce n'est pas assez d'auoir estudié dans les liures d'Aristote & d'Horace. I'espere vn iour traiter ces matieres plus à fond, & montrer de quelle espece est la vray-semblance qu'ont suiuie ces grands Maistres des autres siecles, en faisant parler des bestes, & des choses qui n'ont point de corps. Cependant mon aduis est celuy de Terence. Puisque nous faisons des Poëmes pour estre representez, nostre premier but doit estre de plaire à la Cour & au Peuple, & d'attirer vn grand monde à leurs representations. Il faut, s'il se peut, y adiouster les regles, afin de ne desplaire pas aux Sçauans, & receuoir vn applaudissement vniuersel, mais sur tout gaignons la voix publique: Autrement, nostre piece aura beau estre reguliere, si elle est sifflée au Theatre, les Sçauans n'oseront se declarer en nostre faueur, & aymeront mieux dire que nous aurons mal entendu les regles, que de nous donner des loüanges quand nous serons décriez par le consentement general de ceux

EPISTRE.

qui ne voyent la Comedie que pour se diuertir. Ie suis,

MONSIEUR,

Vostre tres-humble seruiteur,
CORNEILLE.

ACTEVRS.

GERASTE pere de Daphnis.

POLEMON oncle de Clarimond.

CLARIMOND Amoureux de Daphnis.

FLORAME Amant de Daphnis.

THEANTE aussi Amoureux de Daphnis.

DAMON Amy de Florame & de Theante.

DAPHNIS Maistresse de Florame, & aymée de Clarimond & de Theante.

AMARANTE suiuante de Daphnis.

CELIE voisine de Geraste & sa confidente.

CLEON domestique de Damon.

La Scene est à Paris.

LA SVIVANTE,
COMEDIE.

ACTE I.

SCENE PREMIERE.
DAMON, THEANTE.

DAMON.

MY, i'ay beau resuer, toute ma resuerie
Ne me fait rien comprendre en ta ga-
   lanterie,
Aupres de ta maistresse engager vn amy
C'est à mon iugement ne l'aymer qu'à
   demy,
Ton humeur qui s'en lasse au changement l'inuite,
Et n'osant la quitter, tu veux qu'elle te quitte.
THEANTE.
Amy, n'y resue plus, c'est en iuger trop bien
Pour t'oser plaindre encor de n'y comprendre rien.
Quelques puissans appas que possede Amarante,
Ie trouue qu'apres tout ce n'est qu'vne Suiuante.

Gg ij

Et ie ne puis songer à sa condition
Que mon amour ne cede à mon ambition.
Ainsi malgré l'ardeur qui pour elle me presse
A la fin i'ay leué mes yeux sur sa maistresse,
Où mon dessein plus haut & plus laborieux
Se promet des succez beaucoup plus glorieux.
Mais lors, soit qu'Amarante eust pour moy quel-
    que flame,
Soit qu'elle penetrast iusqu'au fonds de mon ame,
Et que malicieuse elle prist du plaisir
A rompre les effets de mon nouueau desir,
Elle sçauoit tousiours m'arrester aupres d'elle
A tenir des propos d'vne suite eternelle.
L'ardeur qui me brusloit de parler à Daphnis
Me fournissoit en vain des détours infinis,
Elle vsoit de ses droits, & toute imperieuse,
D'vne voix demy-gaye & demy-serieuse,
Quand i'ay des seruiteurs c'est pour m'entretenir,
(Disoit-elle) autrement ie les sçay bien punir,
Leurs deuoirs pres de moy n'ont rien qui les ex-
                                              (cuse.
DAMON.
Maintenant ie me doute à peu pres d'vne ruse
Que tout autre en ta place à peine entreprendroit.
THEANTE.
Escoute, & tu verras si ie suis maladroit.
Tu fçais comme Florame à tous les beaux visages
Fait par ciuilité tousiours de feints hommages,
Et sans auoir d'amour offrant par tout des vœux
Tient pour manque d'esprit de veritables feux:
Vn iour qu'il se vantoit de cette humeur estrange
A qui chaque objet plaist, & que pas vn ne range,
Et reprochoit à tous que leur peu de beauté
Luy laissoit si long-temps garder sa liberté,
Florame (dis-ie alors) ton ame indifferente
Ne tiendroit que fort peu contre mon Amarante,
Theante (me dit-il) il faudroit l'esprouuer,
Mais l'esprouuant peut-estre on te feroit refuer,
Mon feu qui ne seroit que simple courtoisie

COMEDIE.

La rempliroit d'amour & toy de jalousie,
Moy de iurer que non, & luy de persister,
Tant que pour cette espreuue il me fit protester
Que ie luy cederois quelque temps ma maistresse.
Ainsi donc ie l'y méne, & par cette souplesse
Engageant Amarante & Florame au discours,
I'entretiens à loisir mes nouuelles amours.

DAMON.
Amarante à ce point fut-elle fort docile?

THEANTE.
Plus que ie n'esperois ie l'y trouuay facile,
Soit que ie luy donnasse vne fort douce loy,
Et qu'il fust à ses yeux plus aimable que moy,
Soit qu'elle fist dessein sur cét esprit rebelle
Qui par galanterie osoit feindre auprès d'elle,
Elle perdit pour moy son importunité,
Et n'en demanda plus tant d'assiduité.
L'aise de se voir seule à gouuerner Florame
Ne souffrit plus chez elle aucun soin de ma flame,
Et ce qu'elle goustoit auec luy de plaisirs
Luy fit abandonner mon ame à mes desirs.

DAMON.
On t'abuse, Theante, il faut que ie te die
Que Florame est atteint de mesme maladie,
Qu'il a dedans l'esprit mesmes desseins que toy,
Et que c'est à Daphnis qu'il veut donner sa foy.
A seruir Amarante il met beaucoup d'estude,
Mais ce n'est qu'vn pretexte a faire vne habitude,
Il accoustume ainsi ta Daphnis à le voir,
Et mesnage vn accez qu'il ne pouuoit auoir.
Sa richesse l'attire, & sa beauté le blesse,
Elle le passe en biens, il l'égale en noblesse,
Et cherche ambitieux par sa possession
A releuer l'esclat de son extraction,
Il a peu de fortune & beaucoup de courage,
Et hors cette esperance il hait le mariage.
C'est ce que l'autre iour en secret il m'apprit,
Tu peux sur cét aduis lire dans son esprit.

LA SVIVANTE

THEANTE.
Parmy ses hauts projets il manque de prudence,
Puisqu'il traite auec toy de telle confidence.

DAMON.
Croy qu'il m'esprouuera fidelle au dernier point
Lors que ton interest ne s'y meslera point.

THEANTE.
Ie dois l'attendre icy, quitte-moy, ie te prie,
Qu'il ne se doute point de ta supercherie.

DAMON.
Adieu, ie suis à toy.

SCENE II.

THEANTE.

Par quel malheur fatal
Ay-ie donné moy-mesme entrée à mon riual?
De quelque trait rusé que mon esprit se vante
Ie me trompe moy-mesme en trompant Amarāte,
Et choisis vn amy qui ne veut que m'oster
Ce que par luy ie tasche à me faciliter.
Qu'importe toutesfois qu'il brusle & qu'il souspi- (re,
Si ie sçay dextrement l'empescher d'en rien dire?
Amarante l'arreste, & i'arreste Daphnis,
Ainsi tous entretiens d'entr'eux deux sont bannis,
Et tant d'heur se rencontre en ma sage conduite
Qu'au langage des yeux son amour est reduite.
Mais n'est-ce pas assez pour se communiquer?
Que faut-il aux amants de plus pour s'expliquer?
Mesme ceux de Daphnis à tous coups luy respon-
 dent, (fondent,
L'vn dans l'autre à tous coups leurs regards se cō-
Et d'vn commun adueu ces muets truchemens

COMEDIE. 357

Ne se disent que trop leurs amoureux tourmens.
Quelles vaines frayeurs troublent ma fantaisie?
Que l'amour aisément panche à la ialousie!
Qu'on croit tost ce qu'on craint en ces perplexitez
Où les moindres soupçons passent pour veritez!
Daphnis est fort aimable, & si Florame l'ayme
Est-ce à dire pourtant qu'il soit aymé de mesme?
Florame auec raison adore tant d'appas,
Et Daphnis sans raison s'abaisseroit trop bas,
Ce feu si iuste en l'vn, en l'autre inexcusable,
Rendroit l'vn glorieux & l'autre mesprisable.
Simple, l'amour peut-il escouter la raison?
Et mesme ces raisons sont-elles de saison?
Si Daphnis doit rougir en bruslant pour Florame,
Qui l'en affranchiroit en secondant ma flame?
Estans tous deux égaux, il faut bien que nos feux
Luy soient à mesme honte ou mesme honneur tous
 deux:
Ou tous deux nous faisons vn dessein temeraire,
Ou nous auons tous deux mesme droit de luy plai-
 re;
Si l'espoir m'est permis, il y peut aspirer;
Et s'il pretend trop haut, ie dois desesperer.
Mais le voicy venir.

SCENE III.

THEANTE, FLORAME.

THEANTE.

Tv me fais bien atendre
FLORAME.
Encor est-ce à regret qu'icy ie me viens rendre,
Et comme vn criminel qu'on traine à sa prison.

THEANTE.
Tu ne fais qu'en raillant cette comparaison.
FLORAME.
Elle n'est que trop vraye.
THEANTE.
Et ton indifférence?
FLORAME.
La conseruer encor ! le moyen? l'apparence?
Ie m'estois pleu tousiours d'aymer en mille lieux,
Voyant vne beauté mon cœur suiuoit mes yeux,
Mais de quelques attrais que le Ciel l'eust pour-
 ueuë,
I'en perdois la memoire aussi-tost que la veuë,
Et bien que mes discours luy donnassent ma foy
De retour au logis ie me trouuois à moy.
Cette façon d'aymer me sembloit fort commode,
Et maintenant encor ie viurois à ma mode,
Mais l'objet d'Amarante est trop embarassant,
Ce n'est point vn visage à ne voir qu'en passant,
Vn ie ne sçay quel charme aupres d'elle m'attache,
Ie ne la puis quitter que le iour ne se cache,
Encor n'est-ce pas tout, son image me suit,
Et me vient au lieu d'elle entretenir la nuit,
Elle entre effrontémét iusques dedans ma couche,
Me redit ses propos, me presente sa bouche.
Theante, ou permets moy de n'en plus approcher,
Ou songe que mon cœur n'est pas fait d'vn rocher,
Ses beautez à la fin me rendroient infidelle.
THEANTE.
Deuiens-le, si tu veux, ie suis asseuré d'elle,
Et quand il te faudra tout de bon l'adorer
Ie prendray du plaisir à te voir souspirer,
Et toy sans aucun fruit tu porteras la peine
D'auoir tant persisté dans vne humeur si vaine,
Quand tu ne pourras plus te passer de la voir
C'est alors que ie veux t'en oster le pouuoir,
I'attens pour te punir à reprendre ma place
Qu'il ne soit plus en toy de retrouuer ta glace,

A present tu n'en tiens encore qu'à demy.
FLORAME.
Cruel, est-ce là donc me traiter en amy?
Garde pour chastiment de cét iniuste outrage
Qu'en ma faueur le Ciel ne tourne son courage,
Et dispose Amarante à seconder mes vœux.
THEANTE.
A cela prés poursuy, gaigne-la, si tu peux, (ce,
Ie ne m'en prendray lors qu'à ma seule impruden-
Et demeurant ensemble en bonne intelligence,
En despit du malheur que i'auray merité
I'aymeray le riual qui m'aura supplanté.
FLORAME.
Amy, qu'il vaut bien mieux ne tomber point en peine
De faire à tes despens cette épreuue incertaine!
Ie me confesse pris, ie quitte, i'ay perdu,
Que veux-tu plus de moy? reprens ce qui t'est deu,
Separer dauantage vne amour si parfaite!
Continuer encor la faute que i'ay faite!
Elle n'est que trop grande, & pour la reparer
I'empescheray Daphnis de vous plus separer:
Pour peu qu'à mes discours ie la trouue accessible,
Vous iouyrez vous deux d'vn entretien paisible,
Ie sçauray l'amuser, & vos feux redoublez
Par son fascheux abord ne seront plus troublez.
THEANTE.
Ce seroit prendre vn soin qui n'est pas necessaire,
Daphnis sçait d'elle-mesme assez bien se distraire,
Et iamais son abord ne trouble nos plaisirs,
Tant elle est complaisante à nos chastes desirs.

SCENE IV.

FLORAME, THEANTE, AMARANTE.

THEANTE.

MOn cœur, desploye icy tes meilleurs artifices,
(Mais toutesfois sans mettre en oubly mes
seruices)
Ie t'améne vn captif qui te veut échaper.
AMARANTE.
Quelque échapé qu'il fust, ie sçaurois l'atraper.
THEANTE.
Voy qu'en sa liberté ta gloire se hazarde.
AMARANTE.
Allez, laissez-le moy, i'en feray bonne garde,
Daphnis est au iardin.
FLORAME.
        Sans plus vous desunir
Souffre qu'au lieu de toy ie l'aille entretenir.

SCENE V.

AMARANTE, FLORAME.

AMARANTE.

LAissez, mon Caualier, laissez aller Theante,
Il porte assez au cœur le portrait d'Amarāte,
Ie n'apprehende point qu'on l'en puisse effacer:

COMEDIE.

C'est au vostre à présent que ie le veux tracer,
Et la difficulté d'vne telle victoire
Augmente mon enuie en augmentant la gloire.
FLORAME.
Aurez-vous quelque gloire à me faire souffrir?
AMARANTE. (frir.
Bien plus que d'aucuns vœux que l'on me pûst of-
FLORAME.
Vous plaisez-vous à ceux d'vne ame si contrainte
Qu'vne vieille amitié retient tousiours en crainte?
AMARANTE.
Vous n'estes pas encore au point où ie vous veux,
Toute amitié se meurt où naissent de vrays feux.
FLORAME.
De vray contre ses droits mon esprit se rebelle,
Mais feriez-vous estat d'vn amant infidelle?
AMARANTE.
Ie ne prendray iamais pour vn manque de foy
D'oublier vn amy pour se donner à moy.
FLORAME.
Encore si i'auois tant soit peu d'esperance
De vous voir fauorable à ma perseuerance,
Que vous peussiez m'aymer apres tant de tour-
    ment;
Et d'vn mauuais amy faire vn heureux amant.
Mais, helas! ie vous sers, ie vy sous vostre empire,
Et ie ne puis pretendre où mon desir aspire:
Theante (ah! nom fatal pour me combler d'ennuy)
Vous demandez mon cœur & le vostre est à luy!
Et mon sterile amour n'aura que des suplices!
Souffrés qu'en autre lieu i'adresse mes seruices,
Contraint manque d'espoir de vous abandonner.
AMARANTE.
S'il ne tient qu'à cela ie vous en veux donner.
Aprenez que chez moy c'est vn foible auantage
De m'auoir de ses vœux le premier fait hommage,
Le merite y fait tout, & tel plaist à mes yeux
Que ie negligerois prés d'vn qui valust mieux.

H h

LA SVIVANTE

Luy seul de mes amants regle la difference,
Sans que le temps leur donne aucune preference.

FLORAME.

Vous ne flatez mes sens que pour m'embarasser.

AMARANTE.

Peut-estre, mais en fin il le faut confesser,
Vous vous troüueriez mieux aupres de ma mai- (stresse.

FLORAME.

Ne pensez pas...

AMARANTE.

Non, non, c'est là ce qui vous presse,
Allons dans le iardin ensemble la chercher.
Que i'ay sçeu dextrement à ses yeux la cacher!

SCENE VI.

DAPHNIS, THEANTE.

DAPHNIS.

Voyez comme tous deux fuyent nostre ren- (contre,
Ie vous l'ay desia dit, & l'effet vous le monstre,
Vous perdez Amarante, & cét amy fardé
Se saisit finement d'vn bien si mal gardé,
Vous deuez vous lasser de tant de patience,
Et vostre seureté n'est qu'en la deffiance.

THEANTE.

Ie connois Amarante, & ma facilité
Establit mon repos sur sa fidelité,
Elle rit de Florame, & de ses flateries,
Qui ne sont en effet que des galanteries.

DAPHNIS.

Amarante de vray n'ayme pas à changer,
Mais vostre peu de soin l'y pourroit engager,

COMEDIE.

On neglige aifément vn homme qui neglige,
Son naturel eft vain, & qui la fert l'oblige,
D'ailleurs les nouueautez ont de puiffans appas.
Theante, croyez moy, ne vous y fiez pas,
I'ay fondé dextrement iufqu'au fonds de fon ame,
Où i'ay peu remarqué de fa premiere flame;
Et fi Florame auoit pour elle quelque amour
Elle pourroit bié-toft vous faire vn mauuais tour,
Mais afin que l'iffuë en foit pour vous meilleure,
Laiffez moy ce caufeur à gouuerner vne heure;
I'ay tant de paffion pour tous vos interefts
Qu'en moins de rien ma rufe en tire les secrets.

THEANTE.
C'eft vn trop bas employ pour vn fi grand merite,
Et quand bien Amarante en feroit là reduite
Que de fe voir pour luy dans quelque emotion,
I'étouffe en moins de rien cette inclination.
Qu'il fe merte à loifir s'il peut dans fon courage,
Vn moment de ma veuë en efface l'image, (ment
Nous nous reffemblons mal, & pour ce change-
Cette belle maiftreffe a trop de iugement.

DAPHNIS.
Vous le mefprifez trop, ie treuue en luy des char-
    mes   (alarmes.
Qui vous deuroient du moins donner quelques
Clarimond n'a de moy qu'vn excez de rigueur,
Mais s'il luy reffembloit il toucheroit mon cœur.

THEANTE.
Vous en parlez ainfi faute de le connoiftre.

DAPHNIS.
Mais i'en iuge fuiuant ce que ie voy paroiftre.

THEANTE.
Quoy qu'il en foit, l'honneur de vous entretenir.

DAPHNIS.
Laiffons-là ce difcours, ie l'apperçoy venir.
Amarante, ce femble, en eft fort fatisfaite.

SCENE VII.

DAPHNIS, FLORAME, AMARANTE.

THEANTE.

IE t'attendois, amy, pour faire la retraite,
L'heure du difner preffe, & nous incōmodons
Celle qu'en nos difcours icy nous retardons.
DAPHNIS.
Il n'eft pas encor tard.
THEANTE.
Nous ferions confcience
D'abufer plus long-temps de voftre patience.
FLORAME.
Madame, excufez donc cette inciuilité
Dont l'heure nous impofe vne neceffité.
DAPHNIS.
Sa force vous excufe, & ie lis dans voftre ame
Qu'à regret vous quittez l'objet de voftre flame.

SCENE VIII.

AMARANTE, DAPHNIS.

DAPHNIS.

CEtte affiduité de Florame auec vous
A la fin a rendu Theante vn peu jaloux,
Auffi de vous y voir tous les iours attachée,

COMEDIE.

Quelle puissante amour n'en seroit pas faschée?
Ie viens d'examiner son esprit en passant;
Mais vous ne croiriez pas l'ennuy qu'il en ressent,
Vous y deuez pouruoir, & si vous estes sage
Il faut à cét amy faire mauuais visage,
Luy fausser compagnie, euiter ses discours,
Ce sont pour l'appaiser les chemins les plus cours:
Sinon, faites estat qu'il va courir au change.

AMARANTE.

Il seroit en ce cas d'vne humeur bien estrange,
A sa priere seule, & pour le contenter
I'escoute cét amy quand il m'en vient conter;
Et pour vous dire tout, cét amant infidelle
Ne m'ayme pas assez pour en estre en ceruelle,
Il forme des desseins beaucoup plus releuez,
Et de plus beaux portraits en son cœur sont grauez:
Mes yeux pour l'asseruir ont de trop foibles armes,
Il voudroit pour m'aymer que i'eusse d'autres
    charmes,
Que l'esclat de mon sang mieux soustenu de biens
Ne fust point raualé par le rang que ie tiens;
En fin (que seruiroit aussi-bien de le taire?)
Sa vanité le porte au soucy de vous plaire.

DAPHNIS.

En ce cas il verra que ie sçay comme il faut
Punir des insolents qui pretendent trop haut.

AMARANTE.

Ie luy veux quelque bien, puisque changeant de (flame
Vous voyez par pitié qu'il me laisse Florame
Qui n'estant pas si vain a plus de fermeté.

DAPHNIS.

Amarante, apres tout, disons la verité,
Theante n'est si vain qu'en vostre fantaisie,
Et sa froideur pour vous naist de sa jalousie.
C'est chose au demeurãt qui ne me touche en rien,
Et ce que ie vous dy n'est que pour vostre bien.

SCENE IX.
AMARANTE.

Pour peu sçauant qu'on soit aux mouuemens de l'ame
On deuine aisément qu'elle en veut à Florame,
Sa fermeté pour moy que ie vantois à faux
Luy portoit dans l'esprit de terribles assauts,
Sa surprise à ce mot a paru manifeste,
Son teint en a changé, sa parole, son geste,
L'entretien que i'en ay luy sembleroit bien doux,
Et ie croy que Theante en est le moins ialoux.
Ce n'est pas d'aujourd'huy que ie m'en suis doutée,
Estre tousiours des yeux sur vn homme arrestée,
Dans son manque de biens déplorer son malheur,
Iuger à sa façon qu'il a de la valeur,
M'informer si l'esprit en respond à la mine,
Tout cela de ses feux eust instruit la moins fine.
Florame en est de mesme, il meurt de luy parler,
Et s'il peut d'auec moy iamais se demesler,
C'en est fait, ie le pers. L'impertinente crainte!
Que m'importe de perdre vne amitié si feinte?
Dois-ie pas m'ennuyer de son discours moqueur,
Où sa langue iamais n'a l'adueu de son cœur?
Non, ie ne le sçaurois, & quoy qu'il m'en arriue
Ie feray mes efforts afin qu'on ne m'en priue,
Et i'y veux employer de si rusez destours
Qu'ils n'auront de long temps le fruit de leurs amours.

Fin du premier Acte.

ACTE II.

SCENE PREMIERE.
GERASTE, CELIE.

CELIE.

H bien i'en parleray, mais songez qu'à
  vostre aage
Mille accidents fascheux suiuent le ma- (riage,
On ayme rarement de si sages espoux,
Et c'est vn grand bonheur s'ils ne sont
  que jaloux.
Tout leur nuit, & l'abord d'vne mouche les blesse,
D'ailleurs dans leur deuoir leur santé s'interesse,
Et quelque long chemin que soit celuy des Cieux
L'Hymen l'accourcit bien à des hommes si vieux.

GERASTE.

Excuse, ou pour le moins pardonne à ma folie,
Le sort en est jetté, va, ma pauure Celie,
Va trouuer la beauté qui me tient sous sa loy,
Flate-la de ma part, promets-luy tout de moy;
Dy-luy que si l'amour d'vn vieillard l'importune,
Elle fait vne planche à sa bonne fortune,
Que l'excez de mes biens à force de presens
Repare la vigueur qui manque à mes vieux ans,
Qu'il ne luy peut eschoir de meilleure auanture.

CELIE.

Ie n'ay que faire icy de vostre tablature,

Sans vos instructions ie sçay trop comme il faut
Couler tout doucement sur ce qui vous défaut.
GERASTE.
Mes forces à t'ouyr semblent toutes passées,
Bannis en ma faueur ces mauuaises pensées,
Ie ne croy pas auoir vsé tous mes beaux iours.
CELIE.
Ne m'estourdissez point auec ces vains discours,
Il suffit que vostre ame est tellement éprise
Que vous allez mourir si vous n'auez Florise:
Il y faudra tascher.
GERASTE.
    Que voila froidement
Me promettre ton ayde à finir mon tourment!
CELIE.
Faut-il aller plus viste? & bien, voilà son frere,
Ie vay tout deuant vous luy proposer l'affaire.
GERASTE.
Ce seroit tout gaster, arreste, & par douceur
Essaye auparauant d'y resoudre la sœur.

SCENE II.

FLORAME.

Iamais ne verray-ie finie
Cette incommode affection
Dont l'importune tirannie
Rompt le cours de ma passion?
Ie feins, & ie fais naistre vn feu si veritable
Qu'à force d'estre aymé ie deuiens miserable.
  Toy qui m'assieges tout le iour,
 Fascheuse cause de ma peine,
 Amarante de qui l'amour
 Commence à meriter ma haine,

COMEDIE.

Cesse de te donner tant de soins superflus,
Ie te voudray du bien de ne m'en vouloir plus.
   Dans vne ardeur si violente
  Si prés de mes chastes desirs,
  Penses-tu que ie me contente
  D'vn regard & de deux souspirs,
Et que ie souffre encor cét iniuste partage
Où tu tiés mes discours & Daphnis mon courage?
   Si i'ay feint pour toy quelques feux,
  C'est à quoy plus rien ne m'oblige:
  Quand on a l'effet de ses vœux,
  Ce qu'on adoroit se neglige,
Ie ne voulois de toy qu'vn accez chez Daphnis,
Amarante ie l'ay, mes amours sont finis.
   Theante repren ta maistresse,
  N'oste plus à mes entretiens
  L'vnique sujet qui me blesse,
  Et qui peut-estre est las des tiens,
Et toy, puissant Amour, fais en fin que i'obtienne
Vn peu de liberté pour luy donner la mienne.

SCENE III.

AMARANTE, FLORAME.

AMARANTE.

Qve vous voilà soudain de retour en ces lieux!
FLORAME.
Vous iugerez par là du pouuoir de vos yeux.
AMARANTE.
Autre objet que mes yeux deuers nous vous attire.
FLORAME.
Autre objet que vos yeux ne cause mon martyre.

LA SVIVANTE

AMARANTE.

Vostre martyre donc est de perdre auec moy
Vn temps dont vous voulez faire vn meilleur employ.

SCENE IV.

DAPHNIS, AMARANTE, FLORAME.

DAPHNIS.

AMarante, allez voir si dans la galerie
Ils ont bientost tendu cette tapisserie,
Ces gens là ne font rien si l'on n'a l'œil sur eux.
Amarante rentre & Daphnis continue.
Ie romps pour quelque temps le discours de vos
(feux.

FLORAME.

N'appellez point des feux vn peu de complaisãce,
Qu'estouffe, & que d'abord esteint vostre presence.

DAPHNIS.

Vostre amour est trop forte, & vos cœurs trop vnis
Pour l'oublier soudain à l'abord de Daphnis,
Et vos ciuilitez estant dans l'impossible
Vous rendent bien flateur, mais non pas insensible.

FLORAME.

Quoy que vous estimiez de ma ciuilité
Ie ne me picque point d'insensibilité,
I'ayme, il n'est que trop vray, ie brusle, ie souspire,
Mais vn plus haut sujet me tient sous son empire.

DAPHNIS.

Le nom ne s'en dit point?

FLORAME.

Ie ry de ces amants

COMEDIE.

Dont l'importun respect redouble les tourments,
Et qui pour les cacher se faisant violence
Pensent fort auancer par vn honteux silence.
Pour moy i'ay tousiours creu qu'vn amour ver-
    tueux
Ne peut estre blasmé, bien que presomptueux,
I'aduoueray donc mon feu, quelque haut qu'il se
    monte,
Et ma temerité ne me fait point de honte.
Ce rare & haut sujet...

AMARANTE *reuenant brusquement.*
Tout est presque tendu.

DAPHNIS.
Vous n'auez aupres d'eux gueres de temps perdu.

AMARANTE.
Ne leur seruant de rien ie m'en suis reuenuë.

DAPHNIS.
I'ay peur de m'enrhumer au froid qui continuë,
Allez au cabinet me querir vn mouchoir.

AMARANTE.
Donnez-m'en donc la clef.

DAPHNIS.
Ie l'auray laissé choir,
Taschez de la trouuer.

Amarante rentre & Daphnis continuë.

I'ay creu que cette belle
Ne pouuoit à propos se nommer deuant elle,
Qui receuant par là quelque espece d'affront
En auroit eu soudain la rougeur sur le front.

FLORAME.
Sans affront ie la quitte, & luy prefere vne autre
Dont le merite esgal, le rang pareil au vostre,
L'esprits & les attraits également puissants
Ne deuroient de ma part auoir que des encens.
Ouy, sa perfection comme la vostre extresme
N'a que de vous pareille, en vn mot, c'est...

DAPHNIS.
Moy-mesme.

Ie voy bien que c'est là que vous voulez venir,
Non tant pour m'obliger, comme pour me punir.
Ma curiosité s'est renduë indiscrette
A vous trop informer d'vne flame secrette,
Mais bien qu'elle en reçoiue vn iuste chastiment
Vous pouuiez me traitter vn peu plus doucement,
Sans me faire rougir il vous deuoit suffire
De me taire l'objet dont vous aymez l'empire,
Puisque m'en nommer vn qui ne vous touche pas
N'est que faire vn reproche à son manque d'appas.

FLORAME.

Veu le peu que ie suis, vous dédaignez de croire
Vne si malheureuse & si basse victoire,
Mon cœur est vn captif si peu digne de vous
Que vos yeux en voudroient desaduoüer leurs coups,
Ou peut-estre mon sort me rend si miserable
Que ma temerité vous deuient incroyable.
Mais quoy que desormais il m'en puisse arriuer,
Ie fais vœu...

AMARANTE reuenant encore brusquement.

Vostre clef ne se sçauroit trouuer.

DAPHNIS.

Bien donc, à faute d'autre, & comme par brauade,
Voicy qui seruira de mouchoir de parade.
En fin ce Caualier que nous vismes au bal
Vous trouuez comme moy qu'il ne danse pas mal?

FLORAME.

Ie ne le vis iamais mieux sur sa bonne mine.

DAPHNIS.

Il s'estoit si bien mis pour l'amour de Clarine.
A propos de Clarine, il m'estoit échappé
Qu'elle a depuis long-temps à moy du point coupé,
Allez, & dites-luy qu'elle me le renuoye.

AMARANTE.

Il est hors d'apparence auiourd'huy qu'on la voye,
Dés vne heure au plus tard elle deuoit sortir.

DAPHNIS.

COMEDIE.

DAPHNIS.
Son Cocher n'est iamais si tost prest à partir,
Et d'ailleurs son logis n'est pas au bout du monde,
Vous perdrez peu de pas. Quoy qu'elle vous res-
Dites-luy nettement que ie le veux auoir. (ponde,
AMARANTE.
A vous le rapporter ie feray mon pouuoir.

SCENE V.
FLORAME, DAPHNIS.
FLORAME.
C'Est à vous maintenant d'ordonner mon sup-
plice,
Seure que sa rigueur n'aura point d'iniustice.
DAPHNIS.
Vous voyez qu'Amarante a pour vous de l'amour,
Et ne manquera pas d'estre tost de retour,
Bien que ie peusse encor vser de ma puissance,
Il vaut mieux mesnager le temps de son absence.
Doncques sans plus le perdre en discours superflus
Ie croy que vous m'aymez, n'attendez rien de plus,
Florame, ie suis fille, & ie depends d'vn pere.
FLORAME.
Mais de vostre costé que faut-il que i'espere?
DAPHNIS.
Si ma jalouse encor vous rencontroit icy,
Ce qu'elle a de soupçons seroit trop esclarcy:
Laissez moy seule, allez.
FLORAME.
              Se peut-il que Florame
Souffre d'estre si tost separé de son ame?
Oüy, l'honneur d'obeyr à vos commandemens
Luy doit estre plus cher que ses contentemens.

SCENE VI.

DAPHNIS.

MOn amour par ses yeux plus forte deuenuë,
L'eust bien-tost emporté dessus ma retenuë,
Et ie sentois mes feux tellement s'augmenter
Qu'il n'estoit plus en moy de les pouuoir dôpter.
I'auois peur d'en trop dire, & cruelle à moy-mes-
   me,
Parce que i'ayme trop, i'ay banny ce que i'ayme,
Ie me trouue captiue en de si beaux liens
Que ie meurs qu'il le sçache, & i'en fuy les moyês.
Quelle importune loy que cette modestie,
Par qui nostre apparence en glace conuertie
Estouffe dans la bouche, & nourrit dans le cœur
Vn feu dont la contrainte augmente la vigueur!
Que ce penser m'est doux! que ie t'ayme, Florame,
Et que ie songe peu dans l'excez de ma flame
A ce qu'en nos Destins contre nous irritez
Le merite & les biens font d'inégalitez!
Aussi par celle-là de bien loin tu me passes,
Et l'autre seulement est pour les ames basses,
Et ce penser flateur me fait croire aisément
Que mon pere sera d'vn mesme sentiment.
Helas! c'est en effet bien flatter mon courage
D'accommoder son sens aux desirs de mon aage,
Il voit par d'autres yeux, & veut d'autres appas,

COMEDIE 375

SCENE VII.
DAPHNIS, AMARANTE.

AMARANTE.
IE vous auois bien dit qu'elle n'y seroit pas.
DAPHNIS.
Que vous auez tardé pour ne trouuer personne!
AMARANTE.
Ce reproche vrayemēt ne peut qu'il ne m'estonne,
Pour reuenir plus viste il eust fallu voler.
DAPHNIS.
Florame cependant qui vient de s'en aller
A la fin malgré moy s'est ennuyé d'attendre.
AMARANTE.
C'est chose toutesfois que ie ne puis comprendre:
Des hommes de merite & d'esprit comme luy
N'ont iamais auec vous aucun sujet d'ennuy,
Vostre ame genereuse a trop de courtoisie.
DAPHNIS.
Et la vostre amoureuse vn peu de jalousie.
AMARANTE.
De vray, ie goustois mal de faire tant de tours,
Et perdois à regret ma part de ses discours.
DAPHNIS.
Aussi ie me trouuois si promptement seruie
Que ie me doutois bien qu'on me portoit enuie.
En vn mot, l'aymez-vous?
AMARANTE.
                Ie l'ayme aucunement,
Non pas iusque à troubler vostre contentement,
Mais si son entretien n'a point dequoy vous plaire,
Vous m'obligerez fort de ne m'en plus distraire.

I ij

DAPHNIS.
Mais au cas qu'il me pleust?
AMARANTE.
Il faudroit vous ceder.
C'est ainsi qu'auec vous ie ne puis rien garder,
Au moindre feu pour moy qu'vn amant fait paroi-
Par curiosité vous le voulez cognoistre, (stre
Et quand il a gousté d'vn si doux entretien
Ie puis dire dés lors que ie ne tiens plus rien.
C'est ainsi que Theante a negligé ma flame,
Encor tout de nouueau vous m'enleuez Florame
Si vous continuez à rompre ainsi mes coups,
Ie ne sçay tantost plus comme viure auec vous.
DAPHNIS.
Sans colere, Amarante, il semble à vous entendre
Qu'en mesme lieu que vous ie voulusse pretendre?
Allez, asseurez-vous que mes contentemens
Ne vous déroberont aucun de vos amans,
Et pour vous en donner la preuue plus expresse
Voila vostre Theante auec qui ie vous laisse.

SCENE VIII.

THEANTE, AMARANTE.

THEANTE.

Mon cœur, si tu me vois sans Florame auiour-
d'huy,
Sçache que tout exprés ie m'eschappe de luy;
Las de ceder ma place à son discours friuole,
Et n'osant toutesfois luy manquer de parole,
Ie pratique vn quart d'heure à mes affections.
AMARANTE.
Ma maistresse lisoit dans tes intentions:

COMEDIE.

Tu vois à ton abord comme elle a fait retraite,
De peur d'incommoder vne amour si parfaite.
THEANTE.
Ie ne la sçaurois croire obligeante à ce point,
Ce qui la fait partir ne se dira-t'il point?
AMARANTE.
Veux-tu que ie t'en parle auec toute franchise?
C'est la mauuaise humeur où Florame l'a mise.
THEANTE.
Florame!   ### AMARANTE.
            Oüy, ce causeur vouloit l'entretenir,
Mais il aura perdu le goust d'y reuenir,
Elle n'a que fort peu souffert sa compagnie,
Et l'en a chassé presque auec ignominie.
De despit cependant ses mouuements aigris
Ne veulent auiourd'huy traiter que de mespris,
Et l'vnique raison qui fait qu'elle me quitte
C'est l'estime où te met pres d'elle ton merite:
Elle ne voudroit pas te voir mal satisfait,
Ny rompre sur le champ le dessein qu'elle a fait.
THEANTE.
I'ay regret que Florame ait receu cette honte.
Mais en fin auprés d'elle il treuue mal son conte?
AMARANTE.
Aussi c'est vn discours ennuyeux que le sien,
Et veritablement si ie ne t'aymois bien
Ie l'enuoyerois bien tost porter ailleurs ses feintes:
Mais puis que tu le veux, i'accepte ces contraintes.
THEANTE.
Et ie m'asseure aussi tellement en ta foy,
Que bien que tout le iour il cajolle auec toy,
Mon esprit te conserue vne amitié si pure
Que sans estre jaloux ie le vois & l'endure.
AMARANTE.
Comment le serois-tu pour vn si triste objet?
Ses imperfections t'en ostent tout sujet.
C'est à toy d'admirer qu'encor qu'vn beau visage
Dedans ses entretiens incessamment t'engage,

I i iij

LA SVIVANTE

I'ay pour toy tant d'amour & si peu de soupçon
Que ie n'en suis jalouse en aucune façon:
C'est aymer puissamment que d'aymer de la sorte,
Mais mon affection est bien encor plus forte;
Tu sçais (& ie le dis sans te mésestimer) (mer,
Que quand bien ma maistresse auroit sçeu te char-
Vostre inégalité mettroit hors d'esperance
Les fruits qui seroient deubs à ta perseuerance:
Pleust à Dieu que le Ciel te donnast assez d'heur
Pour faire naistre en elle autant que i'ay d'ardeur!
L'aise de voir la porte à ta fortune ouuerte
Me feroit librement consentir à ma perte.

THEANTE.

Ie te souhaite vn change autant aduantageux,
Pleust à Dieu que le sort te fust moins outrageux,
Ou que iusqu'à ce point il t'eust fauorisée
Que Florame fust Prince, & qu'il t'eust espousée!
Ie prise aupres des tiens si peu mes interests,
Que bien que i'en sentisse au cœur mille regrets,
Et que de desplaisir il m'en coustast la vie,
Ie me la tiendrois lors heureusement rauie.

AMARANTE.

Ie ne voudrois point d'heur qui vint auec ta mort,
Et Damon que voilà n'en seroit pas d'accord.

THEANTE.

Il a mine d'auoir quelque chose à me dire.

AMARANTE.

Ma presence y nuiroit, Adieu, ie me retire.

THEANTE.

Arreste, nous pourrons nous voir tout à loisir,
Rien ne le presse.

COMEDIE.

SCENE IX.
THEANTE, DAMON.

THEANTE.

AMy, que tu m'as fait plaisir,
I'estois fort à la gesne auec cette Suiuante.
DAMON.
Celle qui te charmoit te deuient bien pesante.
THEANTE.
Ie l'ayme encor pourtant, mais mon ambition
Ne laisse point agir mon inclination,
Et bien que sur mon cœur elle soit la plus forte,
Tous mes desirs ne vont qu'où mon dessein les porte.
Au reste i'ay sondé l'esprit de mon Riual.
DAMON.
Et cognu? **THEANTE.**
Qu'il n'est pas pour me faire grand mal,
Amarante m'en vient d'apprendre vne nouuelle,
Qui ne me permet plus que i'en sois en ceruelle.
Il a veu... **DAMON.**
Qui ?
THEANTE.
Daphnis, & n'en a remporté
Que ce qu'elle deuoit à sa temerité.
DAMON.
Comme quoy? **THEANTE.**
Des mespris, des rigueurs nompareilles.
DAMON.
As-tu bien de la foy pour de telles merueilles?
THEANTE.
Celle dont ie les tiens en parle asseurément.

DAMON.

Pour vn homme si fin on te dupe aisément.
Amarante elle-mesme en est mal satisfaite,
Et ne t'a rien conté que ce qu'elle souhaite.
Pour seconder Florame en ses intentions
On l'auoit écartée à des commissions:
Ie le viens de trouuer rauy d'aise dans l'ame
D'auoir eu les moyens de faire voir sa flâme,
Et qui presume tant de ses prosperitez
Qu'il croit ses vœux receus puis qu'ils sont escou- (tez.
Et certes son espoir n'est pas hors d'apparence,
Apres ce bon accueil & cette conference
Dont Daphnis elle mesme a fait l'occasion,
I'en crains fort vn succés à ta confusion;
Taschons d'y donner ordre, & sans plus de langage
Aduise en quoy tu veux employer mon courage.

THEANTE.

Luy disputer vn bien où i'ay si peu de part,
Ce seroit m'exposer pour quelqu'autre au hazard:
Le Duel est fascheux, & quoy qu'il en arriue
De sa possession l'vn & l'autre il nous priue,
Puisque de deux Riuaux l'vn mort, l'autre s'enfuit
Tandis que de sa peine vn troisiesme a le fruit.
A croire son courage en amour on s'abuse,
La valeur d'ordinaire y sert moins que la ruse.

DAMON.

Auant que passer outre, vn peu d'attention.

THEANTE.

Te viens-tu d'auiser de quelque inuention?

DAMON.

Ouy, ta seule maxime en fonde l'entreprise.
Clarimond voit Daphnis, il l'ayme, il la courtise,
Et quoy qu'il n'en reçoiue encor que des mespris,
Vn moment de bon-heur luy peut gaigner ce prix.

THEANTE.

Ce riual est bien moins à redouter qu'à plaindre.

DAMON.

Ie veux que de sa part tu ne doiues rien craindre,

COMEDIE.

N'est-ce pas le plus seur qu'vn duël hazardeux
Entre Florame & luy les en priue tous deux?
THEANTE.
Crois-tu qu'auec Florame aisément on l'engage?
DAMON.
Ie l'y resoudray trop auec vn peu d'ombrage:
Vn amant dédaigné ne voit pas de bon œil
Ceux qui du méme objet ont vn plus doux accueil,
Des faueurs qu'on leur fait il forme ses offences,
Et pour peu qu'on le pousse, il a des violences
Qui portent son couroux iusqu'aux extremitez.
Nous les verrions par là l'vn & l'autre écartez.
THEANTE.
Ouy, mais s'il t'obligeoit d'en porter la parole?
DAMON.
Tu te mets en l'esprit vne crainte friuole,
Mon peril de ces lieux ne te bannira pas,
Et moy pour te seruir ie courrois au trespas.
THEANTE.
En mesme occasion dispose de ma vie,
Et sois seur que pour toy i'auray la mesme enuie.
DAMON.
Allons, ces complimens en retardent l'effet.
THEANTE.
Le Ciel ne vit iamais vn amy si parfait.

Fin du second Acte.

ACTE III.

SCENE PREMIERE.

FLORAME, CELIE.

FLORAME.

EN fin quelque froideur qui paroisse en Florise,
Aux volontez d'vn frere elle s'en est remise.

CELIE.

Quoy qu'elle s'en rapporte à vous entierement,
Vous luy feriez plaisir d'en vser autrement,
Les amours d'vn vieillard sōt d'vne foible amorce.

FLORAME.

Que veux-tu ? son esprit se fait vn peu de force,
Elle se sacrifie à mes contentemens,
Et pour mes interests contraint ses sentimens.
Asseure donc Geraste, en me donnant sa fille,
Qu'il gaigne en vn moment toute nostre famille,
Et que tout vieil qu'il est, cette condition
Ne laisse aucun obstacle à son affection.
Mais aussi de Florise il ne doit rien pretendre,
A moins que se resoudre à m'accepter pour gēdre.

CELIE.

Plaisez-vous à Daphnis? c'est là le principal.

COMEDIE.
FLORAME.
Elle a trop de bonté pour me vouloir du mal:
D'ailleurs sa resistance obscurciroit sa gloire,
Ie la meriterois si ie la pouuois croire.
La voilà qu'vn riual m'empesche d'aborder,
Ce qu'il est plus que moy m'oblige à luy ceder,
Et la pitié que i'ay d'vn amant si fidelle
Luy veut donner loisir d'estre dédaigné d'elle.

SCENE II.
CLARIMOND, DAPHNIS.

CLARIMOND.
CEs desdains rigoureux dureront-ils tousiours?
DAPHNIS.
Non, ils ne dureront qu'autant que vos amours.
CLARIMOND.
C'est prescrire à mes feux des loix bien inhumaines!
DAPHNIS.
Faites finir vos feux, ie finiray leurs peines.
CLARIMOND.
Le moyen de forcer mon inclination?
DAPHNIS.
Le moyen de souffrir vostre obstination?
CLARIMOND.
Qui ne s'obstineroit en vous voyant si belle?
DAPHNIS.
Qui vous pourroit aymer vous voyant si rebelle?
CLARIMOND.
Est-ce rebellion que d'auoir trop de feu?
DAPHNIS.
Pour auoir trop d'amour c'est m'obeyr trop peu.

CLARIMOND.
La puissance qu'Amour sur moy vous a donnée,
DAPHNIS.
D'aucune exception ne doit estre bornée.
CLARIMOND.
Essayez autrement ce pouuoir souuerain.
DAPHNIS.
Cét essay me fait voir que ie commande en vain.
CLARIMOND.
C'est vn injuste essay qui feroit ma ruine.
DAPHNIS.
Ce n'est plus obeyr depuis qu'on examine.
CLARIMOND.
Mais l'amour vous défend vn tel commandement.
DAPHNIS.
Et moy ie me défens vn plus doux traitement.
CLARIMOND.
Auec ce beau visage auoir le cœur de roche!
DAPHNIS.
Si le mien s'endurcit ce n'est qu'à vostre approche.
CLARIMOND.
D'où naissent tant, bons Dieux! & de telles froi-
DAPHNIS.   (deurs?
Peut-estre du sujet qui produit vos ardeurs.
CLARIMOND.
Si ie brusle, Daphnis, c'est de nous voir ensemble.
DAPHNIS.
Et c'est de nous y voir, Clarimond, que ie tremble.
CLARIMOND.
Vostre contentement n'est qu'à me mal-traiter.
DAPHNIS.
Comme le vostre n'est qu'à me persecuter.
CLARIMOND.
Quoy! l'on vous persecute à force de seruices?
DAPHNIS.
Non, mais de vostre part ce me sont des supplices.
CLARIMOND.
Helas! & quand pourra venir ma guerison?
DAPHNIS.

COMEDIE.

DAPHNIS.
Lors que le temps chez vous remettra la raison.

CLARIMOMD.
Ce n'est pas sans raison que mon ame est esprise.

DAPHNIS.
Ce n'est pas sans raison aussi qu'on vous mesprise.

CLARIMOND.
Iuste Ciel! & que dois-ie esperer desormais?

DAPHNIS.
Que ie ne suis pas fille à vous aymer iamais.

CLARIMOND.
C'est donc perdre mon temps que de plus y pre- (tendre?)

DAPHNIS.
Comme ie pers icy le mien à vous entendre.

CLARIMOND.
Me quittez-vous si-tost sans me vouloir guerir?

DAPHNIS. (rir.
Clarimond sans Daphnis peut & viure & mou-

CLARIMOND.
Ie mourray toutesfois si ie ne vous possede.

DAPHNIS.
Tenez vous donc pour mort s'il vous faut ce remede.

SCENE III.

CLARIMOND.

Tout dédaigné ie l'ayme, & malgré sa rigueur,
Ses charmes plus puissants luy conseruent
    mon cœur; (nent
Par vn contraire effet dont mes maux s'entretien-
Sa bouche le refuse, & ses yeux le retiennent,
Ie ne puis, tant elle a de mespris & d'appas,
Ny le faire accepter, ny ne le donner pas;

K k

Et comme si l'amour faisoit naistre sa haine,
Ou qu'elle mesurast ses plaisirs à ma peine,
On voit paroistre ensemble & croistre également
Ma flame & ses froideurs, son aise & mon tour-
 ment.
Ie tasche à me resoudre en ce malheur extrême,
Et ie ne sçaurois plus disposer de moy-mesme,
Mon desespoir trop lasche obeït à mon sort,
Et mes ressentimens n'ont qu'vn debile effort.
Mais pour foibles qu'ils soyent, aydons leur im-
 puissance,
Donnons-leur le secours d'vne eternelle absence.
Adieu, cruelle ingrate, Adieu, ie fuy ces lieux
Pour desrober mon ame au pouuoir de tes yeux.

SCENE IV.

CLARIMOND, AMARANTE.

AMARANTE.

Monsieur, Monsieur, vn mot. L'air de vostre
 visage
Tesmoigne vn déplaisir caché dans le courage,
Vous quittez ma maistresse vn peu mal satisfait.

CLARIMOND.

Ce que voit Amarante en est le moindre effet,
Ie porte malheureux aprés de tels outrages
Des douleurs sur le front, & dans le cœur des rages.

AMARANTE.

Pour vn peu de froideur c'est trop desesperer.

CLARIMOND.

Que ne dis-tu plustost que c'est trop endurer?
Ie deurois estre las d'vn si cruel martyre,
Briser les fers honteux où me tient son empire,

COMEDIE.

Sans irriter mes maux auec vn vain regret.
AMARANTE.
Clarimond, escoutez, si vous estiez discret,
Vous pourriez sur ce point aprendre quelque chose
Que ie meurs de vous dire, & toutesfois ie n'ose.
L'erreur où ie vous voy me fait compassion,
Mais auriez-vous aussi de la discretion?
CLARIMOND.
Prens-en ma foy de gage, auec... laisse-moy faire.
Il veut tirer vn diamant de son doigt pour le luy donner & elle l'en empesche.
AMARANTE.
Vous voulez iustement m'obliger à me taire,
Aux filles de ma sorte il suffit de la foy,
Reseruez vos presens pour quelque autre que moy.
CLARIMOND.
Souffre...
AMARANTE.
Gardez les, dis-ie, ou ie vous abandonne.
Daphnis a des rigueurs dont l'excés vous estonne,
Mais vous aurez bien plus dequoy vous estonner
Quand vous sçaurez comment il la faut gouuer-
En la voulant seruir vous la rendez cruelle, (ner.
Et vos submissions vous perdent auprés d'elle,
Espargnez desormais tous ces pas superflus,
Parles-en au bon-homme & ne la voyez plus.
Toutes ses cruautez ne sont qu'en apparence,
Du costé du vieillard tournez vostre esperance,
Quand il aura choisi quelqu'vn de ses amants
Sa passion naistra de ses commandemens.
Elle vous fait tandis cette galanterie
Pour s'acquerir le bruit de fille bien nourrie,
Et gaigner d'autant plus de reputation
Qu'on la croira forcer son inclination.
Nommez cette maxime ou prudence, ou sottise,
C'est la seule raison qui fait qu'on vous mesprise.
CLARIMOND.
Helas! & le moyen de croire tes discours?

LA SVIVANTE

AMARANTE.
Clarimond, n'vsez point si mal de mon secours,
Croyez les bons aduis d'vne bouche fidelle,
Et songeant seulement que ie viens d'auec elle,
Derechef espargnez tous ces pas superflus,
Parles-en au bon-homme & ne la voyez plus.

CLARIMOND.
Ie suiuray ton conseil & vay chercher le pere,
Puisque c'est de sa part que tu veux que i'espere.

AMARANTE.
Parlez luy hardiment sans crainte de refus.

CLARIMOND.
Mais si i'en receuois, ie serois bien confus,
Vn oncle pourra mieux m'en espargner la honte.

AMARANTE.
Vostre amour en tout sens y trouuera son conte.

SCENE V.

AMARANTE.

Qv'aisement vn esprit qui se laisse flater
S'imagine vn bonheur qu'il pense meriter?
Clarimond est bien vain ensemble & bien credule
De se persuader que Daphnis dissimule,
Et que ce grand dédain déguise vn grand amour
Que le seul choix d'vn pere a droit de mettre au (iour.
Il s'en pâme de ioye, & dessus ma parole
De tant d'affronts receus son ame se console,
Il les cherit peut-estre & les tient à faueurs,
Tant ce friuole espoir redouble ses ferueurs.
S'il rencontroit le pere, & que mon entreprise...

COMEDIE.

SCENE VI.
GERASTE, AMARANTE.

GERASTE.
A Marante.
AMARANTE.
Monsieur.
GERASTE.
Vous faites la surprise,
Encor que de si loin vous m'ayez veu venir
Que Clarimond n'est plus à vous entretenir!
Ie donne ainsi la chasse à ceux qui vous en content?
AMARANTE.
A moy? mes vanitez iusques-là ne se montent.
GERASTE.
Il sembloit toutesfois parler d'affection.
AMARANTE.
Oüy, mais qu'estimez vous de son intention?
GERASTE.
Ie croy que ses desseins tendent au mariage.
AMARANTE.
Il est vray.
GERASTE.
Quelque foy qu'il vous donne pour gage,
Il cherche à vous surprendre, & sous ce faux appas
Il cache des projets que vous n'entendés pas.
AMARANTE.
Vostre âge soupçonneux a tousiours des Chimeres
Qui le font mal iuger des cœurs les plus sinceres.
GERASTE.
Où les conditions n'ont point d'égalité
L'amour ne se fait guere auec sincerité.
AMARANTE.
Posé que cela soit, Clarimond me caresse,

K k iij

Mais si ie vous disois que c'est pour ma maistresse,
Et que le seul besoin qu'il a de mon secours,
Sortant d'auec Daphnis l'arreste en mes discours?
GERASTE.
S'il a besoin de toy pour auoir bonne issuë,
C'est signe que sa flame est assez mal receuë.
AMARANTE.
Pas tant qu'elle paroit, & que vous presumez.
D'vn mutuel amour leurs cœurs sont enflamez,
Mais Daphnis se cōtraint de peur de vous déplaire,
Et sa bouche est tousiours à ses desirs contraire,
Sinon lors qu'auec moy s'ouurant confidemment
Elle trouue à ses maux quelque soulagement.
Clarimond cependant pour fondre tant de glaces
Tasche par tous moyens d'auoir mes bōnes graces,
Et moy, ie l'entretiens tousiours d'vn peu d'espoir.
GERASTE.
A ce conte Daphnis est fort dans le deuoir,
Ie n'en puis souhaiter vn meilleur tesmoignage,
Et ce respect m'oblige à l'aymer dauantage.
Ie luy seray bon pere, & puisque ce party
A sa condition se rencontre assorty, (dre,
Bien qu'elle peust encor vn peu plus haut attein‑
Ie la veux enhardir à ne se plus contraindre.
AMARANTE.
Vous n'en pourrez iamais tirer la verité.
Honteuse de l'aymer sans vostre authorité
Elle s'en défendra de toute sa puissance, (ce.
N'en cherchez point d'adueu que dans l'obeïssan‑
Quand vous serez d'accord auecque son amant
Vn prompt amour suiura vostre commandement.
Mais on ouure la porte, helas! ie suis perduë
Si i'ay tant de malheur qu'elle m'ait entenduë.
Elle rentre dans le iardin.
GERASTE seul.
Luy procurant du bien elle croit la fascher,
Et cette vaine peur la fait ainsi cacher.
Que ces ieunes cerueaux ont de traits de folie!

COMEDIE.

Mais il faut aller voir ce qu'aura fait Celie.
Toutesfois, disons-luy quelque mot en passant
Qui la puisse guerir du mal qu'elle ressent.

SCENE VII.

GERASTE, DAPHNIS.

GERASTE.

Ma fille, c'est en vain que tu fais la discrette,
I'ay découuert en fin ta passion secrette,
Ie ne t'en parle point sur des aduis douteux.
N'en rougy point, Daphnis, ton choix n'est pas honteux,
Moy-mesme ie l'agrée, & veux bien que ton ame
A ce beau Caualier ne cache plus sa flame:
Tu pouuois en effet pretendre vn peu plus haut,
Mais on ne peut assez estimer ce qu'il vaut,
Ses belles qualitez, son credit, & sa race
Aupres des gens d'honneur sont trop dignes de grace.
Adieu, si tu le vois, tu luy peux tesmoigner
Que sans beaucoup de peine on me pourra gaigner.

SCENE VIII.

DAPHNIS.

D'Aise & d'estonnement ie demeure immobile,
D'où luy vient cette humeur de m'estre si facile?

LA SVIVANTE

D'où me vient ce bon-heur où ie n'osois penser?
Florame, il m'est permis de te recompenser,
Et sans plus déguiser ce qu'vn pere autorise
Ie me puis reuancher du don de ta franchise,
Ton merite le rend, malgré ton peu de biens,
Indulgent à mes feux & fauorable aux tiens,
Il trouue en tes vertus des richesses plus belles.
Mais est-il vray, mes sens? m'estes-vous bien fidelles?
Mon heur me rend confuse, & ma confusion
Me fait tout soupçonner de quelque illusion.
Ie ne me trompe point, ton merite & ta race
Auprés des gens d'honneur sont trop dignes de grace,
Florame, il est tout vray, dés lors que ie te vis
Vn battement de cœur me fit de cét aduis,
Et mon pere aujourd'huy souffre que dans son ame
Les mesmes sentimens...

SCENE IX.

FLORAME, DAPHNIS.

DAPHNIS.

Quoy, vous voilà, Florame?
Ie vous auois prié tantost de me quitter.

FLORAME.

Et ie vous ay quittée aussi sans contester.

DAPHNIS.

Mais reuenir si tost c'est me faire vne offence.

FLORAME.

Quand j'aurois sur ce point receu quelque défence,
Si vous sçauiez quels feux ont pressé mon retour
Vous en pardonneriez le crime à mon amour.

COMEDIE.

DAPHNIS.
Ne vous preparez point à dire des merueilles
Pour me persuader vos flames sans pareilles,
Ie croy que vous m'aymez, & c'est en croire plus
Que n'en exprimeroient vos discours superflus.

FLORAME.
Mes feux qu'ont redoublé ces propos adorables
A force d'estre creus deuiennent incroyables,
Et vous n'en croyez rien qui ne soit au dessous.
Que ne m'est-il permis d'en croire autant de vous?

DAPHNIS.
Vostre croyance est libre.

FLORAME.
Il me la faudroit vraye.

DAPHNIS.
Mon cœur par mes regards vous fait trop voir sa playe,
Vn homme si sçauant au langage des yeux
Ne doit pas demander que ie m'explique mieux.
Mais puisqu'il vous en faut vn aduen de ma bouche,
Allez, asseurez-vous que vostre amour me touche,
Depuis tantost ie parle vn peu plus franchement,
Ou si vous le voulez, vn peu plus hardiment,
Aussi i'ay veu mon pere, & s'il vous faut tout dire,
Auecque nos desirs sa volonté conspire.

FLORAME.
Surpris, rauy, confus, ie n'ay que repartir.
Estre aymé de Daphnis! vn pere y consentir!
Dans mon affection ne trouuer plus d'obstacles!
Mon espoir n'eust osé conceuoir ces miracles.

DAPHNIS.
Miracles toutesfois qu'Amarante a produits,
De sa ialouse humeur nous tirons ces doux fruits,
Au recit de nos feux malgré son artifice
La bonté de mon pere a trompé sa malice,
Au moins ie le presume, & ne puis soupçonner
Que mon pere sans elle ait pû rien deuiner.

FLORAME.
Les aduis d'Amarante en trahissant ma flame
N'ont point gaigné Geraste en faueur de Florame,
Les ressorts d'vn miracle ont vn plus haut mo-
 teur,
Et tout autre qu'vn Dieu n'en peut estre l'autheur.
DAPHNIS.
C'en est vn que l'Amour.
FLORAME.
     Et vous verrez peut-estre
Que son pouuoir diuin se fait icy paroistre,
Dont quelques grands effets auant qu'il soit long-
 temps
Vous rendront estonnée, & nos desirs contens.
DAPHNIS.
Florame, aprés vos feux, & l'adueu de mon pere
L'Amour n'a point d'effets capables de me plaire.
FLORAME.
Aymes-en le premier, & receuez la foy
D'vn bien heureux amāt qu'il met sous vostre loy.
DAPHNIS.
Vous, prisez le dernier qui vous donne la mienne.
FLORAME.
Quoy que doresnauant Amarante suruienne,
Ie croy que nos discours à son abord fatal
Ne se ietteront plus sur le rheume & le bal.
DAPHNIS.
Si ie puis tant soit peu dissimuler ma ioye,
Et que dessus mon front son excés ne se voye,
Ie me ioueray bien d'elle & des empeschemens
Que son adresse apporte à nos contentemens.
FLORAME.
Si ma presence y nuit, souffrez que ie vous quitte,
Vne affaire aussi-bien iusqu'au logis m'inuite.
DAPHNIS.
Importante?
FLORAME.
   Ouy, ie meure, au succez de nos feux

COMEDIE.
DAPHNIS.
Nous n'auons plus qu'vne ame & qu'vn vouloir
  nous deux :
Bien que vous esloigner ce me soit vn martyre,
Puisque vous le voulez, ie n'y puis contredire.
Mais quand dois-je esperer de vous reuoir icy?
FLORAME.
Dans vne heure, au plus tard.
DAPHNIS.
        Allez donc, la voicy.

SCENE X.

DAPHNIS, AMARANTE.

DAPHNIS.

Amarante, vrayment vous estes fort iolie,
Vous n'égayez pas mal vostre melancolie,
Dans ce ialoux chagrin qui tient vos sens saisis,
Vos diuertissemens sont assez bien choisis.
Vostre esprit pour vous-mesme a force complai-
  sance
De me faire l'objet de vostre médisance,
Et pour donner couleur à vos detractions
Vous lisez fort auant dans mes intentions.
AMARANTE.
Moy? que de vous i'osasse aucunement médire!
DAPHNIS.
Voyez-vous, Amarante, il n'est plus temps de rire,
Vous auez veu mon pere, auec qui vos discours
M'ont fait à vostre gré de friuoles amours.
Quoy! souffrir vn moment l'entretien de Florame,
Vous le nommez bien-tost vne secrete flame!
Cette ialouse humeur dont vous suiuez la loy

Vous fait en mes secrets plus sçauante que moy,
Mais passe pour le croire, il falloit que mon pere
De vostre confidence apprist cette Chimere?
AMARANTE.
S'il croit que vous l'aymez c'est sur quelque soup-
Où ie ne contribuë en aucune façon, (çon
Ie sçay trop que le Ciel, auecque tant de graces,
Vous donne trop de cœur pour des flames si basses,
Et quand ie vous croirois dans cét indigne choix
Ie sçay ce que ie suis, & ce que ie vous dois.
DAPHNIS.
Ne tranchez point ainsi de la respectueuse,
Vostre peine aprés tout vous est bien fructueuse,
Vous la deuez cherir, & son heureux succez
Qui chez nous à Florame interdit tout accez;
Mon pere le bannit & de l'vne & de l'autre,
Pensant nuire à mon feu, vous ruinez le vostre,
Ie luy viens de parler, mais c'estoit seulement
Pour luy dire l'arrest de son bannissement.
Vous deuez cependant estre fort satisfaite,
Qu'à vostre occasion vn pere me maltraite,
Pour fruit de vos labeurs, si cela vous suffit,
C'est acquerir ma haine auec peu de profit.
AMARANTE. (che,
Si touchant vos amours on sçait rien de ma bou-
Que ie puisse à vos yeux deuenir vne souche,
Que le Ciel...
DAPHNIS.
Finissez vos imprecations,
I'ayme vostre malice & vos delations.
Ma mignonne, apprenez que vous estes deceuë,
C'est par vostre rapport que mon ardeur est sceuë,
Mais mon pere y consent, & vos aduis jaloux
N'ont fait que me donner Florame pour espoux.

SCENE

SCENE XI.

AMARANTE.

Qvel mystere est-ce-cy ? sa belle humeur se jouë,
Et par plaisir soy-mesme elle se desaduouë.
Son pere la mal-traite & consent à ses vœux!
Ay-ie nommé Florame en parlant de ses feux?
Florame, Clarimond, ces deux noms, ce me sem-
   ble,
Pour estre confondus n'ont rien qui se ressemble.
Le moyen que iamais on entendist si mal
Que l'vn de ces amants fust pris pour son riual?
Parmy de tels détours mon esprit ne voit goute,
Et leurs prosperitez le mettent en déroute,
Bien que mon cœur broüillé de mouuemens di-
   uers
Ose encor se flater de l'espoir d'vn reuers.

Fin du troisiéme Acte.

ACTE IV.

SCENE PREMIERE.
DAPHNIS.

V'en l'attente de ce qu'on ayme,
Vne heure est fascheuse à passer!
Quelle ennuye vne amour extrême,
Qui ne voit son objet que des yeux du penser!

    Le mien qui fuit la défiance
La trouue trop longue à venir,
Et s'accuse d'impatience
Plustost que mon amant de peu de souuenir.

    Ainsi moy-mesme ie m'abuse
De crainte d'vn plus grand ennuy,
Et ie ne cherche plus de ruse
Qu'à m'oster tout sujet de me plaindre de luy.

    Aussi-bien malgré ma colere
Ie bruslerois de m'appaiser,
Et sa peine la plus seuere,
Pour criminel qu'il fust, ne seroit qu'vn baiser.

    Dieux! ie rougis d'vne parole
Dont ie meurs de gouster l'effet,

COMEDIE.

Et dans cette honte friuole
Ie prepare vn refus.

SCENE II.

GERASTE, CELIE, DAPHNIS.

GERASTE à Celie.

A Dieu cela vaut fait,
Tu l'en peux asseurer.

Celie rentre, & Geraste continuë à parler à Daphnis.
Ma fille, ie presume,
Quelques feux dans ton cœur que ton amant allu-
Que tu ne voudrois pas sortir de ton deuoir. (me,

DAPHNIS.
C'est ce que le passé vous a pû faire voir.

GERASTE.
Oüy, mais pour en tirer vne preuue plus claire,
Qui diroit qu'il faut prendre vn mouuement con-
traire,
Qu'vne autre occasion te donne vn autre amant?

DAPHNIS.
Il seroit vn peu tard pour vn tel changement:
Sous vostre autorité i'ay deuoilé mon ame,
I'ay découuert mon cœur à l'objet de ma flame,
Et c'est sous vostre aueu qu'il a receu ma foy.

GERASTE. (toy.
Oüy, mais i'ay fait depuis vn autre choix pour

DAPHNIS.
Ma foy ne permet plus vne telle inconstance.

GERASTE.
Et moy ie ne sçaurois souffrir de resistance,
Si ce gage est donné par mon consentement,

Ll ij

LA SVIVANTE

Il le faut retirer par mon commandement.
Vous soûpirez en vain, vos soûpirs & vos larmes
Contre ma volonté sont d'impuissantes armes,
Rentrez, ie ne puis voir qu'auec mille douleurs
Vostre rebellion s'exprimer par vos pleurs.

Daphnis rentre, & Geraste continuë.

La pitié me gaignoit, il m'estoit impossible
De voir encor ses pleurs & n'estre pas sensible,
Mon iniuste rigueur ne pouuoit plus tenir
Et de peur de me rendre il la falloit bannir.
N'importe toutefois, la parole me lie,
Et mon amour ainsi l'a promis à Celie,
Florise ne se peut acquerir qu'à ce prix,
Si Florame....

SCENE III.

GERASTE, AMARANTE.

AMARANTE.

Monsieur, vous vous estes mespris,
C'est Clarimond qu'elle ayme.

GERASTE.

Et ma plus grande peine
N'est que d'en auoir eu la preuue trop certaine.
Dans sa rebellion à mon autorité
L'amour qu'elle a pour luy n'a que trop éclaté.
Si pour ce Caualier elle auoit moins de flame
Elle agréeroit le choix que ie fais de Florame,
Et prenant desormais vn mouuement plus sain
Ne s'obstineroit pas à rompre mon dessein.

AMARANTE.

C'est ce choix inégal qui vous la fait rebelle,

COMEDIE.

Mais pour tout autre amant n'apprehendez rien
####### GERASTE. (d'elle.
Florame a peu de bien, mais pour quelque raison
C'est luy seul que ie veux d'appuy pour ma maisõ,
Examiner mon choix c'est vn trait d'imprudence.
Toy, qu'à present Daphnis traite de confidence,
Et dont le seul aduis gouuerne ses secrets,
Ie te prie, Amarante, adoucy ses regrets,
Resous-la, si tu peux, à contenter vn pere,
Fay qu'elle ayme Florame, ou craigne ma colere.
####### AMARANTE.
Puisque vous le voulez, i'y feray mon pouuoir:
C'est chose toutefois dont i'ay si peu d'espoir,
Qu'au contraire ie crains de l'aigrir dauantage.
####### GERASTE.
Il est tant de moyens à fléchir vn courage,
Trouue pour la gaigner quelque subtil appas,
La recompense aprés ne te manquera pas.

SCENE IV.
AMARANTE.

Accorde qui pourra le pere auec la fille,
Ils ont l'esprit troublé dedans cette famille.
Daphnis ayme Florame & son pere y consent,
D'elle mesme i'ay sçeu l'aise qu'elle en ressent,
Et qui croira Geraste, il ne l'y peut reduire.
Peut elle s'opposer à ce qu'elle desire?
I'ayme sa resistance en cette occasion,
Mais i'en ay moins d'espoir que de confusion.
S'ils sont sages tous deux, il faut que ie sois folle;
Leur mesconte pourtãt, quel qu'il soit, me console,
Et combien qu'il me mette au bout de mon Latin
Vn peu plus en repos i'en attendray la fin.

Ll iiij

LA SVIVANTE

SCENE V.
FLORAME, DAMON.

FLORAME.

Sans me voir elle rentre, & quelque bon Genie
Me sauue de ses yeux & de sa tyrannie,
Ie ne me croyois pas quitte de ses discours (cours.
A moins que sa maistresse en vinst rompre le
DAMON.
Ie voudrois t'auoir veu dedans cette contrainte.
FLORAME.
Mais dy que tu voudrois qu'elle empeschast ma
    plainte.
DAMON.
Si Theante sçait tout, sans raison tu t'en plains,
Ie t'ay dit ses secrets, comme à luy tes desseins,
Il voit dedans ton cœur, tu lis dans son courage,
Et ie vous fais combatre ainsi sans aduantage.
FLORAME.
Toutefois au combat tu n'as pû l'engager.
DAMON.
Sa generosité n'en craint pas le danger,
Mais cela choque vn peu sa prudence amoureuse,
Veu que la fuite en est la fin la plus heureuse,
Et qu'il faut que l'vn mort l'autre tire pays.
FLORAME.
Malgré le déplaisir de mes secrets trahis,
Ie ne puis, cher amy, qu'auec toy ie ne rie
Des subtiles raisons de sa poltronnerie.
Nous faire ce duel sans s'exposer aux coups,
C'est veritablement en sçauoir plus que nous,
Et te mettre en sa place auec assez d'adresse.

COMEDIE

DAMON.
Qu'importe à quels perils il gagne vne maistresse?
Que ses riuaux entr'eux fassent mille combats,
Que i'en porte parole, ou ne la porte pas,
Tout luy semblera bon, pourueu que sans en estre
Il puisse de ces lieux les faire disparoistre.

FLORAME.
Mais ton seruice offert hazardoit bien ta foy,
Et s'il eust eu du cœur, t'engageoit contre moy.

DAMON.
Ie sçaurois trop que l'offre en seroit rejettée,
Depuis plus de dix ans ie cognois sa portée,
Il ne deuient mutin que fort malaysément,
Et prefere la ruse à l'eclaircissement.

FLORAME.
Les maximes qu'il tient pour conseruer sa vie
T'ont donné des plaisirs où ie te porte enuie.

DAMON.
Tu peux incontinent les gouster si tu veux.
Luy qui doute fort peu du succez de ses vœux,
Et qui croit que des ja Clarimond & Florame
Disputent loin d'icy le sujet de leur flame,
Seroit-il homme à perdre vn temps si precieux
Sans aller chez Daphnis faire le gracieux,
Et seul à la faueur de quelque mot pour rire
Prendre l'occasion de conter son martyre?

FLORAME.
Mais s'il nous trouue ensemble, il pourra se douter
Que nous prenons plaisir tous deux à le taster.

DAMON.
Depeur que nous voyant il conceust quelque ombrage,
I'auois mis tout exprés Cleon sur le passage.
Theante approche t'il?

CLEON.
    Il est en ce carfour.

DAMON.
Adieu donc, nous pourrons le ioüer tour a tour.

LA SVIVANTE

FLORAME seul.

Ie m'estonne comment tant de belles parties
En ce pauure amoureux sont si mal assorties,
Qu'il a si mauuais cœur auec de si bons yeux,
Et fait vn si beau choix sans le deffendre mieux,
Pour tant d'ambition c'est bien peu de courage.

SCENE VI.

FLORAME, THEANTE.

FLORAME.

Quelle surprise, amy, paroist sur ton visage?

THEANTE.

T'ayant cherché longtemps ie demeure confus
De t'auoir rencontré quand ie n'y pensois plus.

FLORAME.

Parle plus franchement, lassé de ta promesse
Tu veux & n'oserois reprendre ta Maistresse,
Ta passion qui souffre vne trop dure loy
Pour la gouuerner seul te desroboit de moy?

THEANTE.

De peur que ton esprit formast cette croyance
De l'aborder sans toy ie faisois conscience.

FLORAME.

C'est ce qui t'obligeoit sans doute à me chercher?
Mais ne te priue plus d'vn entretien si cher,
Ie te rends Amarante auecque ta parole,
I'ayme ailleurs, & lassé d'vn compliment friuole,
Et de feindre vne ardeur qui blesse mes amis,
Ma flame est veritable & son effect permis:
I'adore vne beauté qui peut disposer d'elle,
Et seconder mes feux sans se rendre infidelle.

THEANTE.

Tu veux dire Daphnis?

COMEDIE.
FLORAME.
Ie ne te puis celer
Qu'elle est l'vnique objet pour qui ie veux brusler.
THEANTE.
Le bruit vole desia qu'elle est pour toy sans glace,
Et desia d'vn cartel Clarimond te menace.
FLORAME.
Qu'il vienne ce riual apprendre à son malheur
Que s'il me passe en biens il me cede en valeur,
Que sa vaine arrogance en ce duël trompée
Me fasse meriter Daphnis à coups d'espée:
Par là ie gagne tout, ma generosité
Suppléera ce qui fait nostre inégalité,
Et son pere amoureux du bruit de ma vaillance
La fera sur ses biens emporter la balance.
THEANTE.
Tu n'en peux esperer vn moindre euenement,
L'heur suit dans les duëls le plus heureux amant,
Le glorieux éclat d'vne action si belle,
Ton sang, ou répandu, ou hazardé pour elle
Ne peut laisser au pere aucun lieu de refus:
Tien ta maistresse acquise, & ton riual confus,
Et sans t'espouuanter d'vne vaine fortune
Qu'il souftient laschemét d'vne valeur commune,
Ne fais de son orgueil qu'vn sujet de mespris,
Et pense que Daphnis ne s'acquiert qu'à ce prix.
Adieu, puisse le Ciel a ton amour parfaite
Accorder vn succez tel que ie le souhaite.
FLORAME *le retenant*.
Ce cartel, ce me semble, est trop long à venir,
Mon courage boüillant ne se peut contenir,
Enflé par tes discours il ne peut plus attendre
Qu'vn insolent deffy l'oblige à se deffendre.
Va donc, & de ma part appelle Clarimond,
Dy luy que pour demain il choisisse vn second,
Et que nous l'attendrons au Chasteau de Bissestre.
THEANTE.
I'adore ce grand cœur qu'icy tu fais paroistre,

Et demeure rauy du trop d'affection
Que tu m'as tesmoigné par cette élection.
Prens y garde pourtant, pense à quoy tu t'engages:
Si Clarimond lassé de souffrir tant d'outrages
Esteignant son amour te cedoit ce bonheur,
Quel besoin seroit-il de le picquer d'honneur?
Peut-estre qu'vn faux bruit nous apprend sa me-
C'est a toy seulement de deffendre ta place, (nace,
Ces coups du desespoir des amants mesprisez
N'ont rien d'auantageux pour les fauorisez.
Qu'il recoure, s'il veut, à ces fascheux remedes,
Ne luy querelle point vn bien que tu possedes,
Ton amour que Daphnis ne sçauroit dédaigner
Court risque d'y tout perdre, & n'y peut rien gai-
Aduise derechef, ta valeur signalée (gner.
En d'extresmes perils te iette à la volée.
FLORAME.
Quels perils? l'heur y suit le plus heureux amant.
THEANTE.
Quelque-fois le hazard en dispose autrement.
FLORAME.
Clarimond n'eut iamais qu'vne valeur commune.
THEANTE.
La valeur aux duëls fait moins que la fortune.
FLORAME.
C'est par là seulement qu'on merite Daphnis.
THEANTE.
Mais plustost de ses yeux par là tu te bannis.
FLORAME.
Cette belle action pourra gaigner son pere.
THEANTE.
Ie le souhaite ainsi, plus que ie ne l'espere.
FLORAME.
Acceptant vn cartel, suis-ie plus asseuré?
THEANTE.
Ou l'honneur souffriroit, rien n'est consideré.
FLORAME.
Ie ne puis resister à des raisons si fortes,

COMEDIE. 407

Sur ma boüillante ardeur malgré moy tu l'empor-
J'attendray qu'on m'attaque. (tes.

THEANTE.
Adieu donc.
FLORAME.
En ce cas
Souuien-toy, cher amy, que ie retiens ton bras.
THEANTE.
Dispose de ma vie.
FLORAME *seul*.
Elle est fort asseurée,
Si rien que ce duël n'empesche sa durée:
Il en parle des mieux, c'est vn ieu qui luy plaist,
Mais il deuient fort sage aussi-tost qu'il en est,
Et monstre cependant des graces peu vulgaires
A battre ses raisons par des raisons contraires.

SCENE VII.

DAPHNIS, FLORAME.

DAPHNIS.

Ie n'osois t'aborder les yeux baignez de pleurs,
Et deuant ce riual t'apprendre nos malheurs.
FLORAME.
Vous me iettez, mon ame, en d'estranges alarmes,
Dieux! & d'ou peut venir ce deluge de larmes?
Le bon-homme est-il mort?
DAPHNIS.
Non, mais il se dédit,
Tout amour desormais pour toy m'est interdit,
Si bien qu'il me faut-estre, ou rebelle, ou parjure,
Forcer les droits d'amour, ou ceux de la nature,
Mettre vn autre en ta place, ou luy desobeyr,

L'irriter, ou moy-mesme auec toy me trahir.
A faute de changer sa haine ineuitable
Me rend de tous costez ma perte indubitable,
Ie ne puis conseruer mon deuoir & ma foy,
Ny sans crime brusler pour d'autres, ny pour toy.
FLORAME.
Le nom de cét amant dont l'indiscrette enuie
A mes ressentimens vient apporter sa vie?
Le nom de cét amant qui par sa prompte mort
Doit au lieu du vieillard me reparer ce tort,
Et sur quelque valeur que son amour se fonde,
N'a que iusqu'à ma veuë à demeurer au monde?
DAPHNIS.
Ie n'ayme pas si mal que de m'en informer,
Ie t'aurois fait trop voir que i'eusse pû l'aymer.
Son nom sceu, tu pourrois donner ma resistance
A son peu de merite & non à ma constance,
Croire que ses defaux le feroient rejetter,
Et qu'vn plus accomply se pouuoit accepter.
I'atteste icy la main qui lance le tonnerre,
Que tout ce que le Ciel a fait paroistre en terre
De merites, de biens, de grandeurs, & d'appas
En mesme objet vny ne m'esbranleroit pas.
Vn seul Florame a droit de captiuer mon ame,
Vn seul Florame vaut à ma pudique flame
Tout ce que l'on pourroit offrir à mes ardeurs
De merites, d'appas, de biens & de grandeurs.
FLORAME.
Qu'auec des mots si doux vous m'estes inhumaine!
Vous me comblés de ioye, & redoublés ma peine,
L'effet d'vn tel amour hors de vostre pouuoir
Irrite d'autant plus mon sanglant desespoir,
L'excez de vostre ardeur ne sert qu'à mõ supplice,
Deuenez moy cruelle afin que ie guerisse.
Guerir! ah, qu'ay-je dit? ce mot me fait horreur,
Pardonnez aux transports d'vne aueugle fureur,
Aymez tousiours Florame, & quoy qu'il ayt pû
  dire,
Croissez

COMEDIE. 409

Croissez de iour en iour vos feux & son martyre,
Peut-il rendre sa vie à de plus heureux coups
Ou mourir plus content que pour vous & par (vous?
DAPHNIS.
Puisque de nos destins la rigueur trop seuere
Oppose à nos desirs l'autorité d'vn pere,
Que veux-tu que ie fasse en l'estat où ie suis?
Estre à toy malgré luy, c'est ce que ie ne puis,
Mais ie puis empescher qu'vn autre me possede,
Et qu'vn indigne amant à Florame succede.
Le cœur me manque, Adieu, ie sens faillir ma
Florame, souuien-toy de ce que tu me dois, (voix,
Si nos feux sont égaux, mon exemple t'ordonne,
Ou d'estre à ta Daphnis, ou de n'estre à personne.

SCENE VIII.
FLORAME.

Depourueu de conseil comme de sentiment
L'excez de ma douleur m'oste le iugement,
De tant de biens promis ie n'ay plus que sa veuë,
Et mes bras impuissants ne l'ont pas retenuë,
Et mesme ie la souffre abandonner ce lieu
Sans trouuer de parole à luy dire vn Adieu,
Ma fureur pour Daphnis a de la complaisance,
Mon desespoir n'osoit agir en sa presence,
De peur que mon tourment aigrist ses desplaisirs,
Vne pitié secrette étouffoit mes souspirs,
Sa douleur par respect faisoit taire la mienne,
Mais ma rage à present n'a rien qui la retienne.
Sors, infame vieillard, dont le consentement
Nous a vendu si cher le bonheur d'vn moment,
Sors, que tu sois puny de cette humeur brutale
Qui rend ta volonté pour nos feux inégale.

M m

A nos chastes amours qui t'a fait consentir,
Barbare? mais plustost qui t'en fait repentir?
Crois-tu qu'aymant Daphnis le tiltre de son pere
Debilite ma force, ou rompe ma colere?
Vn nom si glorieux, traistre, ne t'est plus deu,
Eu luy manquant de foy ton crime l'a perdu,
Plus i'ay d'amour pour elle, & plus pour toy de
 hayne
Enhardit ma vangeance, & redouble ta peine,
Tu mourras, & ie veux, pour finir mes ennuis,
Meriter par ta mort celle où tu me reduis.
Daphnis, à ma fureur ma bouche abandonnée
Parle d'oster la vie à qui te l'a donnée!
Ie t'ayme, & ie t'oblige à m'auoir en horreur,
Et ne cognois encor qu'à peine mon erreur!
Si ie suis sans respect pour ce que tu respectes,
Que mes affections ne t'en soyent pas suspectes,
De plus reglez transports me feroient trahison,
Si i'auois moins d'amour i'aurois de la raison,
C'est peu que de la perdre, apres t'auoir perduë,
Rien ne sert plus de guide à mon ame esperduë,
Ie condamne à l'instant ce que i'ay resolu,
Ie veux, & ne veux plus si tost que i'ay voulu,
Ie menace Geraste, & pardonne à ton pere,
Ainsi rien ne me vange, & tout me desespere.

SCENE IX.

FLORAME, CELIE.

FLORAME *en souspirant.*

Celie...

CELIE.

Et bien Celie? enfin elle a tant fait
Qu'à vos desirs Geraste accorde leur effet.

COMEDIE. 411

Quel visage auez-vous? vostre ayse vous transporte.

FLORAME.
Cesse d'aigrir ma flame en raillant de la sorte,
Organe d'vn vieillard qui croit faire vn bon tour
De se joüer de moy par vne feinte amour.
Si tu te veux du bien, fay luy tenir promesse,
Vous me rendrez tous deux la vie, ou ma maistresse,
Et ce iour expiré ie vous feray sentir
Que rien de ma fureur ne vous peut garantir.

CELIE.
Florame.

FLORAME.
Ie ne puis parler à des perfides.

CELIE seule.
Il veut donner l'alarme à mes esprits timides,
Et prend plaisir luy-mesme à se joüer de moy.
Geraste a trop d'amour pour n'auoir point de foy,
Et s'il pouuoit donner trois Daphnis pour Florise
Il la tiendroit encor heureusement acquise.
D'ailleurs ce grãd couroux pourroit-il estre feint?
Surpris auroit-il pû falsifier son teint,
Aiuster ses regards, son geste, son langage?
Aussi que ce vieillard me farde son courage,
Ie ne le sçaurois croire, & veux dés auiourd'huy,
Sur ce poinct, si ie puis, m'esclaircir auec luy.

Fin du quatriéme Acte.

Mm ij

ACTE V.

SCENE PREMIERE.

THEANTE, DAMON.

THEANTE.

Croirois-tu qu'vn moment m'ait pû
changer de sorte (porte?
Que ie passe à regret par deuant cette
      DAMON. (t'eust pris,
Si ce change d'humeur vn peu plustost
Nous aurions veu l'effet du dessein entrepris,
Tantost quelque Demon ennemy de ta flame
Te faisoit en ces lieux accompagner Florame,
Sans la crainte qu'alors il te prist pour second,
Ie l'allois appeller au nom de Clarimond,
Et comme si depuis il estoit inuisible
Le rencontrer encor n'est plus en mon possible.
      THEANTE.
Ne le cherche donc plus; à bien considerer,
Qu'ils se battent, ou non, ie n'en puis qu'esperer,
Veu que Daphnis au point où ie la voy reduite
N'est pas pour l'oublier quand il seroit en fuite,
Leur amour est trop forte, & d'ailleurs son trespas
Le priuant de ce bien ne me le donne pas.
Inégal en fortune aux biens de cette belle,
Et desia par malheur assez mal voulu d'elle,

Que pourrois-ie en ce cas pretendre de ses pleurs?
Mon espoir se peut-il fonder sur ses douleurs?
Deuiendrois-ie par là plus riche ou plus aymable?
Et si de l'obtenir ie me sens incapable,
Florame est mon amy, d'où tu peux inferer
Qu'à tout autre qu'à moy ie le dois preferer,
Et verrois à regret qu'vn autre eust pris sa place.
DAMON.
Tu t'auises trop tard, que veux-tu que ie fasse?
I'ay poussé Clarimond à luy faire vn appel,
I'ay charge de sa part de luy rendre vn cartel,
Le puis-ie supprimer?
THEANTE.
     Non pas, mais tu peux faire.
DAMON.
Quoy?   ### THEANTE.
Que Clarimond prenne vn mouuement contraire.
DAMON.
Le destourner d'vn coup où seul ie l'ay porté!
Mon courage est mal propre à cette lascheté.
THEANTE.
A de telles raisons ie n'ay de repartie
Sinon que c'est à moy de rompre la partie,
I'en vay semer le bruit.
DAMON.
     Et sur ce bruit tu veux?
THEANTE.
Qu'on leur donne dans peu des gardes à tous deux,
Et qu'vne main puissante arreste leur querelle.
Qu'en dis-tu, cher amy?
DAMON.
     L'inuention est belle,
Et le chemin bien court à les mettre d'accord,
Mais souffre auparauant que i'y fasse vn effort.
Peut-estre mon esprit treuuera quelque ruse
Par où, mon honneur sauf, du cartel ie m'excuse,
Ne donnons point sujet de tant parler de nous,
Et sçachons seulement à quoy tu te resous.

LA SVIVANTE

THEANTE.
A les laisser en paix, & courir l'Italie
Pour divertir le cours de ma melancolie,
Et ne voir point Florame emporter à mes yeux
Le prix où pretendoit mon cœur ambitieux.

DAMON.
Amarante à ce conte est hors de ta pensée?

THEANTE.
Son image du tout n'en est pas effacée,
Mais...

DAMON.
  Tu crains que pour elle on te fasse vn duël.

THEANTE.
Railler vn malheureux c'est estre trop cruel,
Bien que i'adore encor l'excez de son merite,
Florame ayant Daphnis, de honte ie la quitte,
Le Ciel ne nous fit point & pareils & riuaux
Pour auoir des succés tellement inégaux:
C'est me perdre d'honneur & par cette poursuite
D'égal que ie luy suis me ranger à sa suite.
Ie donne desormais des regles à mes feux,
De moindres que Daphnis sont incapables d'eux,
Et rien doresnauant n'asseruira mon ame,
Qui ne me puisse mettre au dessus de Florame.
Allons, ie ne puis voir sans mille deplaisirs
Ce possesseur du bien où tendoient mes desirs.

DAMON.
Arreste, cette fuite est hors de bienseance,
Et ie n'ay point d'appel à faire en ta presence.

Theante se retire du Theatre comme par force.

COMEDIE. 415

SCENE II.
FLORAME.

IEtteray-ie touſiours des menaces en l'air
Sans que ie ſçache enfin à qui ie dois parler?
Auroit-on iamais creu qu'elle me fuſt rauie,
Et qu'on me peuſt oſter Daphnis auant la vie?
Le poſſeſſeur du prix de ma fidelité,
Bien que ie ſois viuant demeure en ſeureté,
Tout inconnu qu'il m'eſt, il produit ma miſere,
Et tout riual qu'il m'eſt, il rit de ma colere:
Riual! ah, quel malheur! i'en ay pour me bannir,
Et ceſſe d'en auoir quand ie le veux punir.
Grands Dieux, qui m'enuiez cette iuſte allegeance
Qu'vn amant ſuplanté tire de la vangeance,
Et me cachez le bras dont ie reçoy les coups,
Eſt-ce voſtre deſſein que ie m'en prenne à vous?
Eſt-ce voſtre deſſein d'attirer mes blaſphemes,
Et qu'ainſi que mes maux, mes forfaits ſoyent
 extreſmes?
Qu'à mille impietez oſant me diſpenſer
A voſtre foudre oiſif ie donne où ſe lancer?
Ah! ſouffrez qu'en l'eſtat de mon ſort deplorable,
Ie demeure innocent encor que miſerable,
Deſtinez à vos feux d'autres objets que moy,
Vous n'en ſçauriez manquer quand on manque de
 foy,
Employez le tonnerre à punir les pariures,
Et prenez intereſt vous-meſme à mes iniures,
Monſtrez en m'aſſiſtant que vous eſtes des Dieux,
Et cõduiſez mõ bras puis que ie n'ay point d'yeux,
Et qu'on ſçait deſrober d'vn riual qui me tuë
Le nom à mon oreille & l'objet à ma veuë.

Riual, qui que tu fois, dont l'infolent amour,
Idolatre vn Soleil & n'ofe voir le iour,
N'oppofe plus ta crainte à l'ardeur qui te preffe,
Fay toy, fay-toy cognoiftre allant voir ta mai-
stresse.

SCENE III.

FLORAME, AMARANTE.

FLORAME.

Amarante (auffi-bien te faut-il confeffer
Qu'au lieu de toy Daphnis occupoit mon
penfer)
Dy-moy qui me l'enleue, appré-moy quel myftere
Me cache le riual qui poffede fon pere,
A quel heureux amant Gerafte a deftiné
Ce threfor que l'Amour m'auoit fi bien donné?

AMARANTE.

Ce deuft vous eftre affez de m'auoir abufée
Sans faire encor de moy vos fujets de rifée :
Ie fçay que le vieillard fauorife vos feux,
Et que rien que Daphnis n'eft côtraire à vos vœux.

FLORAME.

Tu t'abufes, luy feul & fa rigueur cruelle
Empefchent les effets d'vne ardeur mutuelle.

AMARANTE.

Penfez-vous me duper auec ce feint couroux?
Luy-mefme il m'a prié de luy parler pour vous.

FLORAME.

Vois-tu, ne t'en ry plus, ta feule ialoufie
A mis à ce vieillard ce change en fantaifie,
Ce n'eft pas auec moy que tu te dois ioüer,
Tu redoubles ton crime à le defauoüer,

COMEDIE. 417

Et sçache qu'auiourd'huy, si tu ne fais en sorte
Que mon fidelle amour sur ce riual l'emporte,
I'auray trop de moyens à te faire sentir
Qu'on ne m'offence point sans vn prompt repentir.

SCENE IV.

AMARANTE.

Voy là dequoy tomber en vn nouueau Dedale,
O Ciel! qui vit iamais confusion égale?
Si i'escoute Daphnis, i'aprens qu'vn feu puissant
La brusle pour Florame & qu'vn pere y consent:
Si i'escoute Geraste, il luy donne Florame
Et se plaint que Daphnis en rejette la flame:
Et si Florame est creu, ce vieillard auiourd'huy
Dispose de Daphnis pour vn autre que luy.
Sous vn tel embarras ie me trouue accablée,
Eux ou moy, nous auons la ceruelle troublée,
Si ce n'est qu'à dessein ils veuillent tout mesler,
Et soient d'intelligence à me faire affoler.
Mon foible esprit s'y perd, & n'y peut rien comprendre,
Pour en venir à bout il me les faut surprendre,
Et quand ils se verront escouter leurs discours,
Pour apprendre par là le fonds de ces destours.
Voicy mon vieux resueur, fuyons de sa presence,
Qu'il ne nous brouille encor de quelque confidence
De crainte que i'en ay d'icy ie me bannis,
Tant qu'auec luy ie voye, ou Florame, ou Daphnis.

SCENE V.

GERASTE, POLEMON.

POLEMON.

J'Ay grand regret, Monsieur, que la foy qui vous lie
Empesche que chez vous mon nepueu ne s'allie,
Et que son feu m'employe aux offres qu'il vous fait
Lors qu'il n'est plus en vous d'en accepter l'effet.
GERASTE.
C'est moy qui suis marry que pour cét Hymenée
Ie ne puis reuoquer la parole donnée,
L'auantageux party que vous me presentez
Me verroit sans cela prest à ses volontez.
POLEMON.
Mais si quelque malheur rompoit cette alliance?
GERASTE.
Qu'il n'ait lors de ma part aucune défiance,
Ie m'en tiendrois heureux, & ma foy vous répond
Que Daphnis sans tarder espouse Clarimond.
POLEMON.
Adieu, faites estat de mon humble seruice.
GERASTE.
Et vous pareillement d'vn cœur sans artifice.

COMEDIE.

SCENE VI.
CELIE, GERASTE.
CELIE.

DE sorte qu'à mes yeux vostre foy luy respond
Que Daphnis sans tarder espouse Clarimond?
GERASTE.
Cette vaine promesse en vn cas impossible
Adoucit vn refus & le rend moins sensible,
C'est ainsi qu'on oblige vn homme à peu de frais.
CELIE.
Adiouster l'impudence à vos perfides traits!
Il vous faudroit du charme au lieu de cette ruse
Pour me persuader que qui promet refuse.
GERASTE.
I'ay promis, il est vray, mais au cas seulement
Que Florame ou sa sœur courust au changement,
Pour Daphnis, c'est en vain qu'elle fait la rebelle,
I'en viendray trop à bout.
CELIE.
     Impudence nouuelle!
Florame que Daphnis fait maistre de son cœur,
Ne se plaint que de vous & de vostre rigueur,
Et sans vous on verroit leur mutuelle flame
Vnir bien-tost deux corps qui n'ont desia qu'vne
 ame,
Vous m'allez cependant effrontément conter
Que Daphnis sur ce poinct ose vous resister!
Vous m'en auiez promis vne toute autre issuë,
I'en ay porté parole apres l'auoir receuë.
Qu'auois-je contre vous, ou fait, ou proietté,
Pour me faire tremper en vostre lascheté?
Ne pouuiez-vous trahir que par mon entremise?

Aduisez, il y va de plus que de Florise,
Ne vous estimez pas quitte pour la quitter,
Ny que de cette sorte on se laisse affronter,
Florame a trop de cœur.
GERASTE.
Et moy trop de courage
Pour manquer où l'amour, l'honneur, la foy m'engage,
Va donc, va le chercher, à ses yeux tu verras
Que pour luy mon pouuoir ne s'espargnera pas,
Que ie maltraiteray Daphnis en sa presence,
D'auoir pour son amour si peu de complaisance.
Qu'il vienne seulement voir vn pere irrité,
Et ioindre sa priere à mon authorité,
Et lors, soit que Daphnis y resiste, ou consente,
En fin ma volonté sera la plus puissante.
CELIE.
Croyez que nous troper ce n'est pas vostre mieux.
GERASTE.
Me foudroye en ce cas la colere des Cieux.

SCENE VII.
GERASTE, DAPHNIS.
GERASTE seul.

Geraste, sur le champ il te falloit contraindre
Celle que ta pitié ne pouuoit oüyr plaindre,
Tu n'as pû refuser du temps à ses douleurs,
Ton cœur s'attendrissoit de voir couler ses pleurs,
Et pour auoir vsé trop peu de ta puissance,
On t'impute à forfait sa desobeyssance,
Daphnis sort.
Vn traictement trop doux te fait croire sans foy.
Faudra-t'il que de vous ie reçoiue la loy,

Et que

COMEDIE.

Et que l'aueuglement d'vne amour obſtinée,
Contre ma volonté régle voſtre Hymenée?
Mon extreſme indulgence a donné par malheur
A vos rebellions quelque foible couleur,
Et pour quelque moment que vos feux m'ont ſçeu
   plaire
Vous penſés auoir droit de brauer ma colere:
Mais ſçachez qu'il falloit, ingrate, en vos amours
Ou ne m'obeyr point, ou m'obeyr touſiours.
        DAPHNIS.
Si dans mes premiers feux ie vous ſemble obſtinée,
C'eſt l'effet de ma foy ſous voſtre adueu donnée,
Quoy que mette en auant voſtre iniuſte couroux
Ie ne veux oppoſer à vous-meſme que vous.
Voſtre permiſſion doit eſtre irreuocable,
Deuenez ſeulement à vous-meſme ſemblable,
Il vous falloit, Monſieur, vous-meſme à mes
   amours
Ou ne conſentir point, ou conſentir touſiours.
Ie choiſiray la mort pluſtoſt que le pariure,
M'y voulant obliger vous vous faites iniure,
Ne veuillez point combattre ainſi hors de ſaiſon
Voſtre vouloir, ma foy, mes pleurs, & la raiſon.
Que vous a fait Daphnis? que vous a fait Florame
Que pour luy vous vouliez que i'eſteigne ma
   flame?   GERASTE.
Mais que vous a-t'il fait que pour luy ſeulement
Vous vous rendiez rebelle à mon cõmandement?
Ma foy doit-elle pas preualoir ſur la voſtre?
Vous vous donnez à l'vn, ma foy vous donne à
   l'autre,
Qui le doit emporter, ou de vous, ou de moy?
Et qui doit de nous deux pluſtoſt manquer de foy?
Quand vous en manquerez mon vouloir vous ex-
   cuſe?
Mais à trop raiſonner moy-meſme ie m'abuſe,
Il n'eſt point de raiſon valable entre nous deux,
Et pour toute raiſon il ſuffit que ie veux.

                          N n

LA SVIVANTE

DAPHNIS.
Vn pariure iamais ne deuient legitime,
Vne excuse ne peut iustifier vn crime,
Malgré vos changemens mon esprit resolu
Croit suffire à mes feux que vous ayez voulu.

SCENE VIII.

GERASTE, DAPHNIS, FLORAME, CELIE, AMARANTE.

DAPHNIS.
Voicy ce cher amant qui me tient engagée,
A qui sous vostre adueu ma foy s'est obligée,
Changez de volonté pour vn objet nouueau,
Daphnis épousera Florame, ou le tombeau.

GERASTE.
Que voy-ie icy, bons Dieux?

DAPHNIS.
         Mon amour, ma constance.

GERASTE.
Et surquoy donc fonder ta desobeïssance?
Quel enuieux Demon & quel charme assez fort
Faisoit entrechoquer deux volontez d'accord?
C'est luy que tu cheris, & que ie te destine,
Et ta rebellion dans vn refus s'obstine!

FLORAME.
Apellez vous refus de me donner sa foy
Quand vostre volonté se declara pour moy?
Et cette volonté pour vn autre tournée,
Vous peut-elle obeyr apres la foy donnée?

GERASTE.
C'est pour vous que ie change, & pour vous seu-(lement

COMEDIE

Ie veux qu'elle renonce à son premier amant.
Lors que ie consentis à sa secrette flame
C'estoit pour Clarimond qui possedoit son ame,
Amarante du moins me l'auoit dit ainsi.

DAPHNIS.

Amarante, approchez que tout soit esclaircy.
Vne telle imposture est-elle pardonnable?

AMARANTE.

Mon amour pour Florame en est le seul coupable,
Mon esprit l'adoroit, & vous estonnez vous
S'il deuint inuentif puisqu'il estoit jaloux?

GERASTE.

Et par là tu voulois...

AMARANTE.

Que vostre ame deceuë
Donnast à Clarimond vne si bonne yssuë,
Que Florame frustré de l'objet de ses vœux
Fust reduit desormais à seconder mes feux.

FLORAME.

Pardonnez-luy, Monsieur, & vous, ma chere vie,
Voyez que vostre exemple au pardon vous conuie,
Si vous m'aymez encor, vous deuez estimer
Qu'on ne peut faire vn crime à force de m'aymer.

DAPHNIS.

Si ie t'ayme, mon heur? ah! ce doute m'offence,
D'Amarante auec toy ie prendray la deffence.

GERASTE.

Et moy, dans ce pardon ie vous veux preuenir,
Vostre Hymen aussi-bien sçaura trop la punir.

DAPHNIS.

Qu'vn nom teu par hazard nous a donné de peine!

CELIE.

Mais que sçeu maintenant il rend sa ruse vaine,
Et donne vn prompt succez à vos contentemens!

FLORAME *à Geraste.*

Vous de qui ie les tiens...

GERASTE.

Trefue de complimens,

Nn ij

LA SVIVANTE

Ils nous empescheroient de parler de Florise.
FLORAME.
Il n'en faut point parler, elle vous est acquise.
GERASTE.
Allons donc la treuuer, que cét eschange heureux
Comble d'aise à son tour vn vieillard amoureux.
DAPHNIS.
Quoy! ie ne sçauois rien d'vne telle partie!
FLORAME.
Mon cœur, s'il t'en souuient, ie t'auois aduertie
Qu'vn grand effet d'amour auant qu'il fust long-
 temps
Te rendroit estonnée & nos desirs contens.
Mais differez, Monsieur, vne telle visite,
Mon feu ne souffre point que si tost ie la quitte,
Et d'ailleurs ie sçay trop que la loy du deuoir
Veut que ie sois chez nous pour vous y receuoir.
GERASTE *à Celie.*
Va donc luy tesmoigner le desir qui me presse.
FLORAME.
Plustost fay-la venir saluër ma maistresse,
Par cette inuention vous & moy satisfaits
Sans faillir au deuoir nous aurons nos souhaits.
GERASTE.
Mais le mien toutefois veut que ie la preuienne.
CELIE.
Attendez-là, Monsieur, & qu'à cela ne tienne,
Ie cours executer cette commission.
GERASTE.
Le temps en sera long à mon affection.
FLORAME.
Tousiours l'impatience à l'amour est meslée.
GERASTE.
Allons dans le jardin faire deux tours d'allée,
Afin qu'ainsi l'ennuy que l'on pourray sentir
Dedans vostre entretien se puisse diuertir.

SCENE IX.

AMARANTE.

IE le perds, sans auoir de tout mon artifice
Qu'autant de mal que luy, bien que diuerse-
ment,
Veu que pas vn effet n'a suiuy ma malice
Où ma confusion n'égalast son tourment.
 Pour agréer ailleurs il taschoit à me plaire,
Vn amour dans la bouche, vn autre dans le sein:
I'ay seruy de pretexte à son feu temeraire,
Et ie n'ay pû seruir d'obstacle à son dessein.
 Daphnis me le rauit, non par son beau visage,
Non par son bel esprit, ou ses doux entretiens,
Non que sur moy sa race ait aucun aduantage,
Mais par le seul éclat qui sort d'vn peu de biens.
 Filles, que la Nature a si bien partagées,
Vous deuez presumer fort peu de vos attraits,
Quelques charmants qu'ils soyent, vous estes ne-
gligées,
Sinon quãd la Fortune en fait les plus beaux traits.
 Mais encor que Daphnis eust captiué Florame,
Le moyen qu'inégal il en fust possesseur?
Ciel, pour faciliter le succez de sa flame,
Falloit-il qu'vn vieillard fust épris de sa sœur?
 Oüy, Ciel, il le falloit, ce n'est pas sans iustice
Que cét esprit vsé se renuerse à son tour,
Puisqu'vn ieune amant suit les loix de l'Auarice,
Il faut bien qu'vn vieillard suiue celles d'Amour.
 Vn discours amoureux n'est qu'vne fausse amor-
ce,   (feux,
Et Theante & Florame ont feint pour moy des
L'vn m'échape de gré, comme l'autre de force,

N n iij

J'ay quitté l'vn pour l'autre, & ie les perds tous
   deux. (duite,
  Mon cœur n'a point d'espoir dont ie ne sois se-
Si ie prens quelque peine, vne autre en a les fruits,
Qu'au miserable estat où ie me voy reduite
J'auray bien à passer encor de tristes nuits!
  Vieillard, qui de ta fille acheptes vne femme
Dont peut-estre aussi-tost tu seras mescontent,
Puisse le Ciel aux soins qui te vont ronger l'ame
Dénier le repos du tombeau qui t'attend!
  Puisse enfin ta foiblesse & ton humeur jalouse
Te priuer desormais de tout contentement,
Te remplir de soupçons, & cette ieune épouse
Joindre à mille mespris le secours d'vn amant!

Fin du cinquiéme & dernier Acte.

LA PLACE
ROYALLE
COMEDIE.

A
MONSIEVR***

ONSIEVR,

I'obserue religieusement la loy que vous m'aués prescrite, & vous rends mes deuoirs auec le mesme secret que ie traiterois vn amour, si i'estois homme à bonne fortune. Il me suffit que vous sçachiez que ie m'acquite, sans le faire connoistre à tout le monde, & sans que par cette publication ie vous mette en mauuaise odeur auprés d'vn sexe, dont vous conseruez les bonnes graces auec tant de soin. Le Heros de cette piece ne traite pas bien les Dames, & tasche d'establir des maximes qui leur sont trop desauantageuses, pour nommer son protecteur. Elles s'imagineroient que vous ne pourriez l'approuuer sans auoir grande part à ses sentimens, & que toute sa Morale seroit plustost vn portrait de vostre conduite, qu'vn effort de mon imagination. Et veritablement, MONSIEVR, cette possession de vous mesme, que vous conseruez si parfaite parmy tant d'intriques où vous semblez embarassé, en approche beaucoup. C'est de vous que i'ay appris que l'amour d'vn honneste homme doit estre tousiours volontaire, qu'on ne doit iamais aymer en vn point qu'on ne puisse n'aymer pas, que si on en vient iusque-là, c'est vne tyrannie dont il faut secoüer le joug, & qu'enfin la personne aymée nous a beaucoup plus d'obligation de nostre amour, alors qu'elle est tousiours l'effect de nôtre choix & de son merite, que quand elle vient d'vne inclination aueugle & forcée par quelque ascendant de naissance à qui nous ne pouuons resister. Nous ne sommes point redeuables à celuy de qui nous receuons vn bien-fait par contrainte, & on ne nous donne point ce qu'on ne sçauroit nous refuser. Mais ie vay trop auant pour vne Epistre, il sembleroit que i'entreprendrois la iustification de mon Alidor, & ce n'est pas mon dessein de meriter par cette

EPISTRE.

deffense la haine de la plus belle moitié du monde, & qui domine si puissamment sur les volontez de l'autre. Vn Poëte n'est iamais garand des fantaisies qu'il donne à ses Acteurs, & si les Dames trouuent icy quelques discours qui les blessent, ie les supplie de se souuenir que ie les mets en la bouche d'vn extrauagant, & que par d'autres Poëmes i'ay assez releué leur gloire & soustenu leur pouuoir, pour effacer les mauuaises idées que celuy-cy leur pourra faire conceuoir de mon esprit. Trouuez bon que i'acheue par là, & que ie n'adiouste à cette priere que ie leur fais, que la protestation d'estre eternellement,

MONSIEVR,
Vostre tres-humble & tres-fidelle seruiteur,
CORNEILLE.

ACTEVRS.

ALIDOR Amant d'Angelique.
CLEANDRE Amy d'Alidor.
DORASTE Amoureux d'Angelique.
LYSIS Amoureux de Phylis.
ANGELIQVE Maistresse d'Alidor & de Doraste.
PHYLIS Sœur de Doraste.
POLYMAS Domestique d'Alidor.
LYCANTE Domestique de Doraste.

La Scene est à la Place Royalle.

LA PLACE ROYALLE COMEDIE.

ACTE I.

SCENE PREMIERE.

ANGELIQVE, PHYLIS.

ANGELIQVE.

On frere eust-il encor cent fois plus de merite
Tu reçois aujourd'huy ma derniere vi-
site,
Si tu m'entretiens plus des feux qu'il a
pour moy.

PHYLIS.
Vrayment tu me prescris vne fascheuse loy,
Ie ne puis, sans forcer celles de la nature,
Denier mon secours aux tourments qu'il endure,
Tu m'aymes, il se meurt, & tu le peux guerir,
Et sans t'importuner ie le lairrois perir!
Me défendras-tu point à la fin de le plaindre?
ANGELIQVE.
C'est vn mal bien leger qu'vn feu qu'on peut étein-
PHYLIS. (dre.
Il le deuroit du moins, mais auec tant d'appas
Le moyen qu'il te voye & ne t'adore pas?
Ses yeux ne souffrent point que son cœur soit de glace,
Aussi ne pourroit-on m'y resoudre en sa place,
Et tes regards sur moy plus forts que tes mépris
Te sçauroient conseruer ce que tu m'aurois pris.
ANGELIQVE.
S'il vit dans vne humeur tellement obstinée,
Ie puis bien m'empescher d'en estre importunée,
Feindre vn peu de migraine, ou me faire celer,
C'est vn moyen bien court de ne luy plus parler.
Mais ce qui me déplaist & qui me desespere,
C'est de perdre la sœur pour éuiter le frere,
Rompre nostre commerce & fuir ton entretien,
Puis que te voir encor c'est m'exposer au sien.
Que s'il me faut quitter cette douce pratique,
Ne mets point en oubly l'amitié d'Angelique,
Seure que ses effets auront leur premier cours
Aussi-tost que ton frere éteindra ses amours.
PHYLIS.
Tu vis d'vn air estrange, & presque insupportable.
ANGELIQVE.
Que toy-mesme pourtant trouuerois équitable,
Mais la raison sur toy ne sçauroit l'emporter,
Dans l'interest d'vn frere on ne peut l'écouter.
PHYLIS.
Et par quelle raison negliger son martyre?
ANGELIQVE.

ANGELIQVE.
Vois-tu, i'ayme Alidor, & cela, c'est tout dire,
Le reste des mortels pourroit m'offrir des vœux,
Ie suis aueugle, sourde, insensible pour eux.
La pitié de leurs maux ne peut toucher mon ame
Que par des sentiments dérobez à ma flame,
On ne doit point auoir des Amants par quartier,
Alidor a mon cœur & l'aura tout entier,
En aymer deux, c'est estre à tous deux infidelle.
PHYLIS.
Qu'Alidor seul te rende à tout autre cruelle!
C'est auoir pour le reste vn cœur trop endurcy.
ANGELIQVE.
Pour aymer comme il faut, il faut aymer ainsi.
PHYLIS.
Dans l'obstination où ie te voy reduite
I'admire ton amour & ris de ta conduite.
Face estat qui voudra de ta fidelité,
Ie ne me picque point de cette vanité,
Et l'exemple d'autruy m'a trop fait recognoistre
Qu'au lieu d'vn seruiteur c'est accepter vn maistre,
Quand on n'en souffre qu'vn, qu'on ne pense qu'à luy,
Tous autres entretiens nous donnent de l'ennuy,
Il nous faut de tout point viure à sa fantaisie,
Souffrir de son humeur, craindre sa jalousie,
Et de peur que le temps n'emporte ses ferueurs,
Le combler chaque iour de nouuelles faueurs.
Nostre ame, s'il s'esloigne, est de dueil abbatuë,
Sa mort nous desespere & son change nous tuë,
Et de quelque douceur que nos feux soyent suiuis,
On dispose de nous sans prendre nostre aduis,
C'est raremēt qu'vn pere à nos gousts s'accōmode,
Et lors, iuge quels fruits on a de ta methode.
Pour moy, i'ayme vn chacun, & sans rien negliger
Le premier qui m'en conte a dequoy m'engager,
Ainsi tout contribuë à ma bonne fortune,
Tout le monde me plaist, & rien ne m'inportune,

Oo

LA PLACE

De mille que ie rends l'vn de l'autre jaloux,
Mon cœur n'eſt à pas-vn en ſe donnant à tous,
Pas vn d'eux ne me traite auecque tyrannie,
Et mon humeur égale à mon gré les manie.
Ie ne fais à pas-vn tenir lieu de mignon,
Et c'eſt à qui l'aura deſſus ſon compagnon;
Ainſi tous à l'enuy s'efforcent à me plaire,
Tous viuent d'eſperance, & briguent leur ſalaire,
L'éloignement d'aucun ne ſçauroit m'affliger,
Mille encore preſents m'empeſchent d'y ſonger,
Ie n'en crains point la mort, ie n'en crains point le
 change,
Vn monde m'en conſole auſſi-toſt, on m'en vange.
Le moyen que de tant, & de ſi differents,
Quelqu'vn n'ait aſſez d'heur pour plaire à mes pa-
 rents?   (ſtreſſe,
Et ſi quelque incognu m'obtient d'eux pour mai-
Ne croy pas que i'en tombe en profonde triſteſſe,
Il aura quelques traits de tant que ie cheris,
Et ie puis auec ioye accepter tous maris.

ANGELIQVE.

Voilà fort plaiſamment tailler cette matiere,
Et donner à ta langue vne longue carriere.
Ce grand flux de raiſons dont tu viens m'attaquer
Eſt bon à faire rire & non à pratiquer.
Simple, tu ne ſçais pas ce que c'eſt que tu blâmes,
Et ce qu'a de douceurs l'vnion de deux ames,
Tu n'éprouuas iamais de quels contentements
Se nourriſſent les feux des fidelles Amants.
Qui peut en auoir mille, en eſt plus eſtimée,
Mais qui les ayme tous, de pas-vn n'eſt aymée,
Elle voit leur amour ſoudain ſe diſſiper,
Qui veut tout retenir, laiſſe tout échapper.

PHYLIS.

Défay-toy, défay-toy de ces fauſſes maximes,
Ou ſi pour leur défenſe, aueugle, tu t'animes,
Si le ſeul Alidor te plaiſt deſſous les Cieux,
Conſerue-luy ton cœur, mais partage tes yeux.

ROYALLE.

De mon frere par là soulage vn peu les playes,
Accorde vn faux remede à des douleurs si vrayes,
Trompe-le, ie t'en prie, & sinon par pitié,
Pour le moins par vengeance, ou par inimitié.
ANGELIQVE.
Le beau prix qu'il auroit de m'auoir tant cherie,
Si ie ne le payois que d'vne tromperie!
Pour salaire des maux qu'il endure en m'aymant,
Il aura qu'auec luy ie viuray franchement.
PHYLIS.
Franchement, c'est à dire auec mille rudesses,
Le mespriser, le fuir, & par quelques adresses
Qu'il tasche d'adoucir... Quoy, me quitter ainsi!
Et sans me dire adieu! le sujet?

SCENE II.
DORASTE, PHYLIS.
DORASTE.

Le voicy,
Ma sœur, ne cherche plus vne chose trouuée,
Sa fuite n'est l'effet que de mon arriuée,
Ma presence la chasse, & son muet depart
A presque deuancé son dédaigneux regard.
PHYLIS.
Iuge par-là quels fruits produit mon entremise,
Ie m'acquitte des mieux de la charge commise,
Ie te fais plus parfait mille fois que tu n'es,
Ton feu ne peut aller au point où ie le mets,
I'inuente des raisons à combatre sa haine,
Ie blasme, flate, prie, & perds tousiours ma peine,
En grand peril d'y perdre encor son amitié,
Et d'estre en tes malheurs auec toy de moitié.

O o ij

DORASTE.
Ah! tu ris de mes maux.
PHYLIS.
Que veux-tu que ie face?
Ry des miens, si iamais tu me vois en ta place.
Que seruiroient mes pleurs? veux-tu qu'à tes tour-
I'adiouste la pitié de mes ressentiments? (ments
Apres mille mépris qu'a receus ta folie
Tu n'es que trop chargé de ta melancholie,
Si i'y joignois la mienne, elle t'accableroit,
Et de mon déplaisir le tien redoubleroit.
Contraindre mon humeur me seroit vn supplice
Qui me rendroit moins propre à te faire seruice,
Vois-tu? par tous moyens ie te veux soulager,
Mais i'ay bien plus d'esprit que de m'en affliger.
Il n'est point de douleur si forte en vn courage
Qui ne perde sa force auprés de mon visage,
C'est tousiours de tes maux autant de rabbatu,
Confesse, ont-ils encor le pouuoir qu'ils ont eu?
Ne sens-tu point déja ton ame vn peu plus gaye?
DORASTE.
Tu me forces à rire en despit que i'en aye,
Ie souffre tout de toy, mais à condition
D'employer tous tes soins à mon affection.
Dy moy par quelle ruse il faut...
PHYLIS.
Rentrons, mon frere,
Vn de mes Amants viët qui nous pourroit distraire.

SCENE III.
CLEANDRE.

Que ie dois bien faire pitié, (que!
De souffrir les rigueurs d'vn sort si tyranni-

ROYALLE.

I'ayme Alidor, i'ayme Angelique,
  Mais l'amour cede à l'amitié,
Et l'on n'a iamais veu sous les loix d'vne belle
D'Amant si malheureux, ny d'amy si fidelle.
  Ma bouche ignore mes desirs,
Et de peur de se voir trahy par imprudence
  Mon cœur n'a point de confidence
  Auec mes yeux, ny mes soupirs,
Mes vœux pour sa beauté sont muets, & ma flame
Non plus que son objet, ne sort point de mon ame.
  Ie feins d'aymer en d'autres lieux,
Et pour en quelque sorte alleger mon supplice,
  Ie porte du moins mon seruice
  A celle qu'elle ayme le mieux;
Phylis à qui i'en conte a beau faire la fine,
Son plus charmant appas c'est d'estre sa voisine;
  Esclaue d'vn œil si puissant
Iusques-là seulement me laisse aller ma chaisne,
  Trop recompensé dans ma peine
  D'vn de ses regards en passant:
Ie n'en veux à Phylis que pour voir Angelique,
Et mon feu qui viẽt d'elle, aupres d'elle s'explique.
  Amy mieux aymé mille fois,
Faut-il pour m'accabler de douleurs infinies
  Que nos volontés soyent vnies
  Iusques à faire vn mesme choix?   (pace
Vien quereller mon cœur, puisqu'en son peu d'es-
Ta Maistresse apres toy peut trouuer quelque pla-
  Mais plustost voy te preferer   (ce.
A celle que le tien prefere à tout le monde,
  Et ton amitié sans seconde
  N'aura plus dequoy murmurer:
Ainsi ie veux punir ma flame desloyalle,
Ainsi….

SCENE IV.
ALIDOR, CLEANDRE.

ALIDOR.

Te rencontrer dans la place Royalle,
Solitaire & si prés de ta douce prison,
Monstre bien que Phylis n'est pas à la maison.

CLEANDRE.

Mais voir de ce costé ta démarche aduancée
Monstre bien qu'Angelique est fort dans ta pensée.

ALIDOR.

Helas! c'est mon malheur, son objet trop charmant,
Quoy que ie puisse faire, y regne absolument.

CLEANDRE.

De ce pouuoir peut-estre elle vse en inhumaine?

ALIDOR.

Rien moins, & c'est par là que redouble ma peine,
Ce n'est qu'en m'aymât trop qu'elle me fait mou-
Vn moment de froideur, & ie pourrois guerir, (rir,
Vne mauuaise œillade, vn peu de jalousie,
Et i'en aurois soudain passé ma fantaisie.
Mais las! elle est parfaite, & sa perfection
N'est pourtant rien auprés de son affection,
Point de refus pour moy, point d'heures inégales,
Accablé de faueurs à mon aise fatales,
Par tout où son honneur peut souffrir mes plaisirs,
Ie voy qu'elle deuine & preuient mes desirs,
Et si i'ay des riuaux, sa dédaigneuse veuë
Les desespere autant que son ardeur me tuë.

CLEANDRE.

Vit-on iamais Amant de la sorte enflamé,
Qui se tinst malheureux pour estre trop aymé?

ALIDOR.

Contes-tu mon esprit entre les ordinaires?
Penses-tu qu'il s'arreste aux sentimens vulgaires?
Les regles que ie suis ont vn air tout diuers,
Ie veux que l'on soit libre au milieu de ses fers,
Il ne faut point seruir d'objet qui nous possede,
Il ne faut point nourrir d'amour qui ne nous cede,
Ie le hay, s'il me force, & quand i'ayme, ie veux
Que de ma volonté dépendent tous mes vœux,
Que mon feu m'obeysse au lieu de me contraindre,
Que ie puisse à mon gré l'augmenter, & l'éteindre,
Et tousiours en estat de disposer de moy,
Donner quand il me plaist, & retirer ma foy.
Pour viure de la sorte, Angelique est trop belle,
Mes pensers n'oseroient m'entretenir que d'elle,
Ie sens de ses regards mes plaisirs se borner,
Mes pas d'autre costé ne s'oseroient tourner,
Et de tous mes soucis la liberté bannie
Fait trop voir ma foiblesse auec sa tyrannie;
I'ay honte de souffrir les maux dont ie me plains,
Et d'éprouuer ses yeux plus forts que mes desseins.
Mais sans plus consentir à de si rudes gesnes,
A tel prix que ce soit, ie veux rompre mes chaisnes,
De crainte qu'vn Hymen m'en ostant le pouuoir,
Fist d'vn amour par force vn amour par deuoir.

CLEANDRE.

Crains-tu de posseder ce que ton cœur adore?

ALIDOR.

Ah! ne me parle point d'vn lien que i'abhorre,
Angelique me charme, elle est belle auiourd'huy,
Mais sa beauté peut-elle autant durer que luy?
Et pour peu qu'elle dure, aucun me peut-il dire
Si ie pourray l'aymer iusqu'à ce qu'elle empire?
Du temps qui change tout les reuolutions
Ne changent-elles pas nos resolutions?
Est-ce vne humeur égale & ferme que la nostre?
Vn âge hait-il pas souuent ce qu'aymoit l'autre?

LA PLACE

Iuge alors le tourment que c'est d'estre attaché,
Et de ne pouuoir rompre vn si fascheux marché,
Cependant Angelique à force de me plaire
Me flate doucement de l'espoir du contraire,
Et si d'autre façon ie ne me sçay garder,
Ses appas sont bien-tost pour me persuader.
Mais puisque son amour me donne tant de peine,
Ie la veux offenser pour acquerir sa haine,
Pour en tirer par force vn doux commandement
Qui prononce l'Arrest de mon bannissement.
Ce remede est cruel, mais pourtant necessaire,
Puisqu'elle me plaist trop, il me luy faut dé-
  plaire,
Tant que i'auray chez elle encore quelque accés,
Mes desseins de guerir n'auront point de succés.

CLEANDRE.
Estrange humeur d'Amant!

ALIDOR.
　　　　　　　　Estrange, mais vtile,
Ie me procure vn mal pour en éuiter mille.

CLEANDRE.
Tu ne preuois donc pas ce qui t'attend de maux,
Quand vn riual aura le fruit de tes trauaux.
Pour se vanger de toy, cette belle offensée
Sous le joug d'vn mary sera bien-tost passée,
Et lors, que de souspirs & de pleurs épandus
Ne te rendront aucun de tant de biens perdus!

ALIDOR.
Mais dy que pour rentrer dans mon indifference
Ie perdray mon amour auec mon esperance,
Et qu'y trouuant alors sujet d'auersion,
Ma liberté naistra de ma punition.

CLEANDRE.
Aprés cette asseurance, amy, ie me declare.
Amoureux dés long temps d'vne beauté si rare,
Toy seul de la seruir me pouuois empescher,
Et ie n'aymois Phylis que pour m'en approcher.
Souffre donc maintenant que pour mon allegeance

ROYALLE.

Ie prenne, si ie puis, le temps de sa vengeance,
Que des ressentiments qu'elle aura contre toy,
Ie tire vn aduantage en luy portant ma foy,
Et que dans la colere en son ame conceuë
Ie puisse à mon amour faciliter l'issuë.

ALIDOR.

Si ce ioug inhumain, ce passage trompeur,
Ce supplice eternel ne te fait point de peur,
A moy ne tiendra pas que la beauté que i'ayme
Ne me quitte bien-tost pour vn autre moy-mes-
 me,
Tu portes en bon lieu tes desirs amoureux,
Mais songe que l'Hymen fait bien des malheu-
 reux.

CLEANDRE.

Faisons à cela prés, mais aussi, quand i'y pense,
Peut-estre seulement le nom d'époux t'offense,
Et tu voudrois qu'vn autre eust cette qualité,
Pour aprés....

ALIDOR.

Ie t'entens; sois seur de ce costé.
Outre que ma Maistresse aussi chaste que belle,
De la vertu parfaite est l'vnique modelle,
Et que le plus aymable & le plus effronté
Entreprendroit en vain sur sa pudicité;
Les beautés d'vne fille ont beau toucher mon
 ame,
Ie ne la cognois plus dés l'heure qu'elle est fem-
 me.
De mille qu'autre-fois tu m'as veu caresser,
En pas-vne vn mary pouuoit-il s'offenser?
I'éuite l'apparence autant comme le crime,
Ie fuis vn compliment qui semble illegitime,
Et le jeu m'en déplaist quand on fait à tous coups
Causer vn médisant, & resüer vn jaloux.
Encor que dans mon feu mon cœur ne s'inte-
 resse,
Ie veux pouuoir pretedre où ma bouche l'adresse,

Et garder, si ie puis, parmy ces fictions
Vn renom aussi pur que mes intentions.
Amy, soupçon à part, auant que le iour passe,
D'Angelique pour toy gagnons la bonne grace,
Et de ce pas allons ensemble consulter
Des moyens qui pourront t'y mettre & m'en oster,
Et quelle inuention sera la plus aisée.
CLEANDRE.
Allons, ce que i'ay dit n'estoit que par risée.

Fin du premier Acte.

ACTE II.

SCENE PREMIERE.

ANGELIQVE, POLYMAS.

ANGELIQVE *tenant vne lettre déployée.*

E cette trahison ton maistre est donc
l'autheur?
POLYMAS.
Son choix mal à propos m'en a fait le
porteur,
Mon humeur y repugne, & quoy qu'il en aduienne,
J'en fais vne, de peur de seruir à la sienne,
Et mon deuoir mal propre à de si lasches coups
Manque aussi-tost vers luy, cõme le sien vers vous.
ANGELIQVE.
Contre ce que ie voy mon fol amour s'obstine.
Qu'Alidor ait écrit cette lettre à Clarine!
Et qu'ainsi d'Angelique il se voulust ioüer!
POLYMAS.
Il n'aura pas le front de le desauoüer,
Opposez-luy ses traits, battez-le de ses armes,
Pour s'en pouuoir défendre il luy faudroit des
charmes.
Sur tout cachez mon nom, & ne m'exposez pas
Aux infaillibles coups d'vn violent trépas,

Que ie vous puiſſe encor trahir ſon artifice,
Et pour mieux vous ſeruir, reſter à ſon ſeruice.
ANGELIQVE.
Ne crain rien de ma part, ie ſçay l'inuention
De reſpondre aiſément à ton intention.
POLYMAS.
Feignez d'auoir receu ce billet de Clarine,
Et que...
ANGELIQVE.
Ne m'inſtruy point, & va qu'il ne deuine.
POLYMAS.
Mais...
ANGELIQVE.
Ne replique plus, & va t'en.
POLYMAS.
I'obeys.
ANGELIQVE *ſeule*.
Mes feux, il eſt donc vray que l'on vous a trahis,
Et ceux dont Alidor paroiſſoit l'ame atteinte
Ne ſont plus que fumée, ou n'eſtoiët qu'vne fein- (te!
Que la foy des Amants eſt vn gage pipeur!
Que leurs ſermës ſont vains, & noſtre eſpoir trom- (bouche,
peur!
Qu'on eſt peu dans leur cœur pour eſtre dans leur
Et que malaiſément on ſçait ce qui les touche!
Mais voicy l'infidelle, ah, qu'il ſe contraint bien.

SCENE

SCENE II.

ALIDOR, ANGELIQVE.

ALIDOR.

Puis-je auoir vn moment de ton cher entretien?
Mais i'appelle vn moment de mesme qu'vne année
Passe entre deux Amants pour moins qu'vne iournée.

ANGELIQVE.

Auec de tels discours oses-tu m'aborder,
Perfide, & sans rougir peux-tu me regarder?
As-tu creu que le Ciel consentist à ma perte,
Iusqu'à souffrir encor ta lascheté couuerte?
Apprens, perfide, apprens que ie suis hors d'erreur,
Tes yeux ne me sont plus que des objets d'horreur,
Ie ne suis plus charmée, & mon ame plus saine
N'eut iamais tant d'amour, qu'elle a pour toy de
haine.

ALIDOR.

Voilà me receuoir auec des compliments.

ANGELIQVE.

Bien au dessous encor de mes ressentiments.

ALIDOR.

La cause?

ANGELIQVE.

En demander la cause! ly, parjure,
Et puis accuse moy de te faire vne iniure.

ALIDOR *lit la lettre entre les mains d'Angelique.*

Pp

LETTRE SVPPOSE'E
d'Alidor à Clarine.

Clarine, ie suis tout à vous,
Ma liberté vous rend les armes,
Angelique n'a point de charmes
Pour me défendre de vos coups:
Ce n'est qu'vne Idole mouuante,
Ses yeux sont sans vigueur, sa bouche sans appas,
Quand ie la crûs d'esprit ie ne la connus pas,
Et de quelques attraits que le monde vous vante,
Vous deuez mes affections
Autant à ses defauts, qu'à vos perfections.

ANGELIQVE.
Et bien, ta trahison est-elle en euidence?
ALIDOR.
Est-ce là tant dequoy?
ANGELIQVE.
Tant dequoy! l'impudent!
Aprés mille serments il me manque de foy,
Et me demande encor si c'est-là tant dequoy!
Change, si tu le veux, ie n'y perds qu'vn volage,
Mais en m'abandonnant laisse en paix mon visage,
Oublie auec ta foy ce que i'ay de defauts,
N'establis point tes feux sur le peu que ie vaux,
Fay que sans m'y mesler ton compliment s'expli-
Et ne le grossy point du mépris d'Angelique. (que,
ALIDOR.
Deux mots de verité vous mettent bien aux châps.
ANGELIQVE.
Ciel, tu ne punis point des hommes si méchans!
Ce traistre vit encor, il me voit, il respire,
Il m'affronte, il l'auouë, il rit quand ie soûpire.

ROYALLE.

ALIDOR.

Vrayment le Ciel a tort de ne vous pas donner,
Lors que vous tempeſtez, ſon foudre à gouuerner,
Il deuroit auec vous eſtre d'intelligence.

*Angelique deſchire la lettre & en iette les morceaux,
& Alidor continuë.*

Le digne & grand objet d'vne haute vengeance!
Vous traitez du papier auec trop de rigueur.

ANGELIQVE.

Ie voudrois en pouuoir faire autant de ton cœur.

ALIDOR.

Qui ne vous flate point puiſſamment vous irrite,
Pour dire franchement voſtre peu de merite,
Commet-on enuers vous des forfaits ſi nouueaux
Qu'incontinent on doiue eſtre mis en morceaux?
Si ce crime autrement ne ſçauroit ſe remettre,
Caſſez, cecy vous dit encor pis que ma lettre.

*Il luy preſente aux yeux vn miroir qu'elle porte pen-
du à ſa ceinture.*

ANGELIQVE.

S'il me dit mes defauts autant, ou plus que toy,
Déloyal, pour le moins il n'en dit rien qu'à moy,
C'eſt dedans ſon criſtal que ie les étudie,
Mais aprés il s'en taiſt, & moy i'y remedie,
Il m'en donne vn aduis ſans me les reprocher,
Et me les découurant, il m'ayde à les cacher.

ALIDOR.

Vous eſtes en colere, & vous dites des pointes!
Ne preſumiés-vous point que i'irois à mains join-
tes,
Les yeux enflez de pleurs, & le cœur de ſoûpirs,
Vous faire offre à genoux de mille repentirs?
Que vous eſtes à plaindre eſtant ſi fort deceuë!

ANGELIQVE.

Inſolent, oſte-toy pour iamais de ma veuë.

ALIDOR.

Me deffendre vos yeux apres mon changement,
Appellez vous cela du nom de chaſtiment?

Pp ij

Ce n'est que me bannir du lieu de mon supplice,
Et ce commandement est si plein de iustice,
Qu'encore qu'Alidor ne soit plus sous vos loix
Il va vous obeyr pour la derniere fois.

SCENE III.

ANGELIQUE.

Commandement honteux, où ton obeyssance
N'est qu'vn signe trop clair de mon peu de
 puissance,
Où ton bannissement a pour toy des appas,
Et me deuient cruel de ne te l'estre pas.
A quoy se resoudra desormais ma colere
Si ta punition te tient lieu de salaire? (vendu!
Que mon pouuoir me nuit ! & qu'il m'est cher
Voilà, voilà que c'est d'auoir trop attendu,
Ie deuois dés long-temps te bannir par caprice,
Mon bonheur dépendoit d'vne telle iniustice,
Ie chasse vn fugitif auec trop de raison,
Et luy donne les champs quand il rompt sa prison.
Ah, que n'ay-ie eu des bras à suiure mon courage!
Qu'il m'eust bien autrement reparé cét outrage!
Que i'eusse retranché de ses propos railleurs!
Le traistre n'eust iamais porté son cœur ailleurs,
Puisqu'il m'estoit donné ie m'en fusse saisie,
Et sans prendre conseil que de ma jalousie,
Puisqu'vn autre portrait en efface le mien,
Cent coups auroient chassé ce voleur de mō bien.
Vains projets, vains discours, vaine & fausse alle-
 geance,
Et mes bras & son cœur manquẽt à ma vangeance,
Ciel, qui m'en vois donner de si iustes sujets,
Donne m'en des moyens, donne m'en des objets,

Où me dois-ie adresser? qui doit porter sa peine?
Qui doit à son défaut m'esprouuer inhumaine?
De mille desespoirs mon cœur est assailly,
Ie suis seule punie & ie n'ay point failly.
Mais, aueugle, ie prends vne iniuste querelle,
Ie n'ay que trop failly d'aymer vn infidelle,
De receuoir vn traistre, vn ingrat sous ma loy,
Et trouuer du merite en qui manquoit de foy.
Ciel, encore vne fois escoute mon enuie,
Oste m'en la memoire, ou le priue de vie,
Fay que de mon esprit ie le puisse bannir,
Ou ne l'auoir que mort dedans mon souuenir.
Que ie m'anime en vain contre vn objet aymable!
Tout criminel qu'il est, il me semble adorable,
Et mes souhaits qu'estouffe vn soudain repentir
En demandant sa mort n'y sçauroient consentir.
Restes impertinents d'vne flame insensée,
Ennemis de mon heur, sortez de ma pensée,
Ou si vous m'en peignez encore quelque traits,
Laissez-là ses vertus, peignez moy ses forfaits.

SCENE IV.

ANGELIQUE, PHYLIS.

ANGELIQUE.

Le croirois-tu, Phylis? Alidor m'abandonne.
PHYLIS.
Pourquoy non? ie n'y voy riē du tout qui m'estōne,
Rien qui ne soit possible, & de plus fort commun.
La constance est vn bien qu'on ne voit en pas-vn,
Tout se change icy bas, mais par tout bon remede.
ANGELIQUE.
Le Ciel n'en a point fait au mal qui me possede.

LA PLACE

PHYLIS.
Choify de mes Amants fans t'affliger fi fort,
Et n'aprehende pas de me faire grand tort,
I'en pourrois au befoin fournir toute la Ville
Qu'il m'en demeureroit encore plus de mille.

ANGELIQVE.
Tu me ferois mourir auec de tels propos,
Ah! laiffe-moy pluftoft foûpirer en repos,
Ma fœur.

PHYLIS.
Pleuft au bon Dieu que tu vouluffes l'eftre.

ANGELIQVE.
Et quoy, tu ris encor! c'eft bien faire paroiftre...

PHYLIS.
Que ie ne fçaurois voir d'vn vifage affligé
Ta cruauté punie, & mon frere vangé.
Aprés tout ie cognoy quelle eft ta maladie,
Tu vois comme Alidor eft plein de perfidie,
Mais ie mets dans deux iours ma tefte à l'abandon,
Au cas qu'vn repentir n'obtienne fon pardon.

ANGELIQVE.
Aprés que cét ingrat me quitte pour Clarine!

PHYLIS.
De le garder long-temps elle n'a pas la mine,
Et i'eftime fi peu ces nouuelles amours,
Que ie te plege encor fon retour dans deux iours,
Et lors ne penfe pas, quoy que tu te propofes,
Que de tes volontez, deuant luy tu difpofes:
Prépare tes dédains arme-toy de rigueur,
Vne larme, vn foûpir te perceront le cœur,
Et ie feray rauie alors de voir vos flames
Brûler mieux que deuant, & rejoindre vos ames.
Mais i'en crains vn progrés à ta confufion,
Qui change vne fois, change à toute occafion,
Et nous verrons toufiours, fi Dieu le laiffe viure,
Vn change, vn repentir, vn pardon s'entrefuiure,
Ce dernier eft fouuent l'amorce d'vn forfait,
Et l'on ceffe de craindre vn couroux fans effet.

ROYALLE.

ANGELIQVE.

Sa faute a trop d'excés pour estre remissible,
Ma sœur, ie ne suis pas de la sorte insensible,
Et si ie presumois que mon trop de bonté
Peust iamais se resoudre à cette lascheté,
Qu'vn si honteux pardon peust suiure cette of-
  fence,
I'en preuiendrois le coup, m'en ostant la puissance,
Adieu, dans la colere où ie suis auiourd'huy,
I'accepterois plustost vn Barbare que luy.

SCENE V.

PHYLIS, DORASTE.

PHYLIS *frappant du pied à la porte de son logis & faisant sortir Doraste.*

IL faut donc se haster, qu'elle ne refroidisse.
Frere, quelque incognu t'a fait vn bon office,
Il ne tiendra qu'à toy, d'estre vn second Medor,
On a fait qu'Angelique...

DORASTE.

Et bien?

PHYLIS.

Hait Alidor.

DORASTE.

Elle hait Alidor! Angelique!

PHYLIS.

Angelique.

DORASTE.

D'où luy vient cette humeur? qui a les mis en
  picque?

PHYLIS.

Si tu prends bien ton temps, il y fait bon pour toy,

LA PLACE

Va, ne t'amuſe point à ſçauoir le pourquoy,
Parle au pere d'abord, tu ſçais qu'il te ſouhaite,
Et, s'il ne s'en dédit, tien l'affaire pour faite.

DORASTE.
Bien qu'vn ſi bon aduis ne ſoit à mépriſer,
Ie crains....

PHYLIS.
Lyſis m'aborde, & tu me veux cauſer!
Entre chez Angelique, & pouſſe ta fortune,
Quand ie vois vn Amant, vn frere m'importune.

SCENE VI.
LYSIS, PHYLIS.

LYSIS.
Comme vous le chaſſez!

PHYLIS.
Qu'euſt-il fait auec nous?
Mon entretien ſans luy te ſemblera plus doux,
Tu pourras t'expliquer auec moins de contrainte,
Me conter de quels feux tu te ſens l'ame atteinte,
Et ce que tu croiras propre à te ſoulager.
Regarde maintenant ſi ie ſçay t'obliger.

LYSIS.
Cette obligation ſeroit bien plus extréme,
Si vous vouliez traiter tous mes riuaux de meſme,
Et vous feriez bien plus pour mon contentement,
De ſouffrir auec vous vingt freres qu'vn Amant.

PHYLIS.
Nous ſommes donc, Lyſis, d'vne humeur bien con-
    traite, (frere,
I'y ſouffrirois pluſtoſt cinquante Amants qu'vn
Et puiſque nos eſprits ont ſi peu de rapport,
Ie m'étonne comment nous nous aymons ſi fort.

ROYALLE. 453
LYSIS.
Vous estes ma Maistresse, & moy sous vostre em-
  pire,
Ie dois suiure vos loix, encor que i'en souspire,
Et pour vous obeyr mes sentiments domptez
Se reglent seulement dessus vos volontez.
PHYLIS.
I'ayme des seruiteurs auec cette souplesse,
Et qui peuuent aymer en moy ce qui les blesse,
Si tu vois quelque iour tes feux recompensez,
Souuien-toy. Qu'est-cecy, Cleandre, vous pas-
  sez?

Cleandre va pour entrer chez Angelique &
Phylis l'arreste.

SCENE VII.

CLEANDRE, PHYLIS, LYSIS.

CLEANDRE.

IL me faut bien passer, puis que la place est
  prise.   PHYLIS.
Venez, cette raison est de mauuaise mise,
D'vn million d'Amants ie puis nourrir les feux,
Et n'aurois pas l'esprit d'en entretenir deux?
Sortez de cette erreur, & souffrant ce partage
Ne faites pas icy l'entendu dauantage.
CLEANDRE.
Le moyen que ie sois insensible à ce point?
PHYLIS.
Quoy? pour l'entretenir ne vous aymay-je point?
CLEANDRE.
Encor que vostre ardeur à la mienne responde,
Ie ne veux plus d'vn bien cõmun à tout le monde.

PHYLIS.
Si vous nommés ma flame vn bien commun à tous,
Ie n'ayme pour le moins personne plus que vous,
Cela vous doit suffire.
CLEANDRE.
Ouy bien à des volages,
Qui peuuent en vn iour adorer cent visages,
Mais ceux dont vn objet possede tous les soins
Se donnant tous entiers, n'en meritent pas moins.
PHYLIS.
De vray, si vous valiez beaucoup plus que les autres,
Ie deurois rejetter leurs vœux aupres des vostres,
Mais mille aussi bien faits ne sõt pas mieux traitez,
Et ne murmurent point contre mes volontez,
Est-ce à moy, s'il vous plaist, de viure à vostre mode?
Vostre amour en ce cas seroit fort incommode,
Loing de la receuoir, vous me feriez la loy:
Qui m'ayme de la sorte, il s'ayme, & non pas moy.
LYSIS à Cleandre.
Persiste en ton humeur, ie te prie, & conseille
A tous nos concurrens d'en prendre vne pareille.
CLEANDRE.
Tu seras bien-tost seul, s'ils veulent m'imiter.
PHYLIS
Quoy donc, c'est tout de bon que tu me veux quitter?
Tu ne dis mot, resueur, & pour toute replique
Tu tournes tes regards du costé d'Angelique.
Est-ce là donc l'objet de tes legeretez?
Veux-tu faire d'vn coup deux infidelitez,
Et que dans mon offense Alidor s'interesse?
Cleandre, c'est assés de trahir ta Maistresse,
Dans ta nouuelle flame épargne tes amis,
Et ne l'adresse point en lieu qui soit promis.
CLEANDRE.
De la part d'Alidor ie vay voir cette belle,
Laisse-m'en auec luy démesler la querelle,
Et ne t'informe point de mes intentions.

PHYLIS.

Puisqu'il me faut resoudre en mes afflictions,
Et que pour te garder i'ay trop peu de merite,
Du moins duant l'Adieu demeurons quitte à quit-
Que ce que i'ay du tien ie te le rende icy, (te,
Tu m'as offert des vœux, que ie t'en offre aussi,
Et faisons entre nous toutes choses égales.
LYSIS.
Et moy durant ce temps ie garderay les balles?
PHYLIS.
Ie te donne congé d'vne heure, si tu veux.
LYSIS.
Ie l'accepte, au hazard de le prendre pour deux.
PHYLIS. (m'ennuye.
Pour deux, pour quatre, soit, ne crain pas qu'il

SCENE VIII.

CLEANDRE, PHYLIS.

PHYLIS *arrestant Cleandre qui tasche de s'eschap-*
per pour entrer chez Angelique.

Mais ie ne consents pas cependant qu'on me
  fuye,
On ne sort d'auec moy qu'auecque mon congé,
Inhumain, est-ce ainsi que ie t'ay negligé? (fuite,
Quand tu m'offrois des vœux prenois-je ainsi la
Et rends-tu la pareille à ma iuste poursuite?
Auec tant de douceur tu te vis écouter,
Et tu tournes le dos quand ie t'en veux conter.
CLEANDRE.
Va te iouer d'vn autre auec tes railleries,
Ie ne puis plus souffrir de ces badineries,
Ne m'ayme point du tout, ou n'ayme rié que moy,

LA PLACE
PHYLIS.
Ie ne t'impose pas vne si dure loy,
Auec moy, si tu veux, ayme toute la terre,
Sans craindre que iamais ie t'en fasse la guerre,
Ie recognois assez mes imperfections,
Et quelque part que i'aye en tes affections,
C'est encor trop pour moy, seulement ne rejette
La parfaite amité d'vne fille imparfaite.
CLEANDRE.
Qui te rend obstinée à me persecuter?
PHYLIS.
Qui te rend si cruel que de me rejetter?
CLEANDRE.
Il faut que de tes mains vn Adieu me deliure.
PHYLIS.
Si tu sçais t'en aller ie sçauray bien te suiure,
Et quelque occasion qui t'améne en ces lieux,
Tu ne luy diras pas grand secret à mes yeux.
Ie suis plus incommode encor qu'il ne te semble,
Parlons pluftost d'accord & composons ensemble.
Hyer vn peintre excellent m'apporta mõ portrait,
Tandis qu'il t'en demeure encore quelque trait,
Qu'encor tu me cognois, & que de ta pensée
Mon image n'est pas tout à fait effacée,
Ne m'en refuse point ton petit iugement.
CLEANDRE.
Ie le tiens pour bien fait.
PHYLIS.
Plains-tu tant vn moment?
Et m'attachant à toy, si ie te desespere,
A ce prix trouues-tu ta liberté trop chere?
CLEANDRE.
Allons, puis qu'autrement ie ne te puis quitter,
A tel prix que ce soit, il me faut racheter.

Fin du second Acte.

ACTE III.

SCENE PREMIERE.
PHYLIS, CLEANDRE.

CLEANDRE.

N ce point il ressemble à ton humeur
volage
Qu'il reçoit tout le monde auec mes-
me visage;
Mais d'ailleurs ce portrait ne te res-
semble pas,
Veu qu'il ne me dit mot, & ne suit point mes pas.
PHYLIS.
En quoy que desormais ma presence te nuise,
La ciuilité veut que ie te reconduise.
CLEANDRE.
Mets enfin quelque borne à ta ciuilité,
Et suiuant nostre accord me laisse en liberté.

SCENE II.
DORASTE, PHYLIS, CLEANDRE.

DORASTE *sortant de chez Angelique.*

Tout est gaigné, ma sœur, la belle m'est acqui-
Iamais occasion ne se trouua mieux prise, (se,
Ie possede Angelique.
CLEANDRE.
Angelique!
DORASTE.
Oüy, tu peux
Aduertir Alidor du succés de mes vœux,
Et qu'au sortir du bal que ie donne chez elle
Demain vn sacré nœud me joint à cette belle.
Dy-luy qu'il se console, Adieu, ie vay pouruoir
A tout ce qu'il faudra preparer pour ce soir.
PHYLIS.
Nous voilà donc de bal? Dieu nous fera la grace
D'en trouuer là cinquante à qui donner ta place.
Va-t'en, si bon te semble, ou demeure en ces lieux,
Ie ne t'arrestois pas icy pour tes beaux yeux,
Mais iusqu'à maintenant i'ay voulu te distraire,
De peur que ton abord interrompist mon frere,
Quelque fin que tu sois, tien-toy pour affiné.

SCENE III.

CLEANDRE.

Ciel, à tant de malheurs m'auiez-vous destiné!
Faut-il que d'vn dessein si iuste que le nostre
La peine soit pour nous & les fruits pour vn autre,
Et que nostre artifice ait si mal succedé
Qu'il me desrobbe vn bien qu'Alidor m'a cedé?
Officieux amy d'vn Amant déplorable,
Que tu m'offres en vain cet objet adorable!
Qu'en vain de m'en saisir ton adresse entreprend!
Ce que tu m'as donné, Doraste le surprend,
Tandis qu'il me supplante, vne sœur me cajole,
Elle me tient les mains cependant qu'il me vole,
On me ioüe, on me braue, on me tuë, on s'en rit,
L'vn me vante son heur, l'autre son trait d'esprit,
L'vn & l'autre à la fois me perd, me desespere,
Et ie puis espargner, ou la sœur, ou le frere,
Estre sans Angelique, & sans ressentiment,
Auec si peu de cœur aymer si puissamment!
Que faisiez vous, mes bras? que faisiez vous, ma lame?
N'osiez-vous mettre au iour les secrets de mon ame?
N'osiez-vous leur monstrer ce qu'ils m'ont fait de mal?
N'osiez-vous descouurir à Doraste vn riual?
Cleandre, est-ce vn forfait que l'ardeur qui te presse?
Craignois-tu de rougir d'vne telle Maistresse?
Et cachois-tu l'excés de ton affection,
Par honte, par despit, ou par discretion?
Auec quelque raison, ou quelque violence,
Que l'vn de ces motifs t'obligeast au silence,
Pour faire à ce riual sentir quel est ton bras

Qq ij

L'interest d'vn amy ne suffisoit-il pas?
Pouuois-tu desirer d'occasion plus belle,
Que le nom d'Alidor à vanger ta querelle?
Si pour tes feux cachez tu n'oses t'esmouuoir,
Laisse leurs interests, suy ceux de ton deuoir,
On supplante Alidor, du moins en apparence,
Et sans ressentiment tu souffres cette offence,
Ton courage est muet & ton bras endormy,
Pour estre Amant discret tu parois lasche amy.
C'est trop abandonner ta renommée au blasme,
Il faut sauuer d'vn coup ton honneur & ta flame,
Et l'vn & l'autre icy marchent d'vn pas égal,
Soustenant vn amy tu t'ostes vn riual.
Ne differe donc plus ce que l'honneur commande,
Et luy gaigne Angelique afin qu'il te la rende,
Veux-tu pour le deffendre vne plus douce loy?
Si tu combats pour luy, les fruits en sont pour toy.
I'y suis tout resolu, Doraste, il la faut rendre,
Tu sçauras ce que c'est de supplanter Cleandre,
Tout l'Vniuers armé pour te la conseruer
De mes jaloux efforts ne te pourroit sauuer.
Qu'est-ce-cy, ma fureur? est-il temps de paroistre?
Quand tu manques d'objets tu commences à naistre!
C'estoit, c'estoit tantost qu'il falloit t'exciter,
C'estoit, c'estoit tantost qu'il falloit m'emporter,
Puisqu'vn riual present trop foible tu recules,
Tes mouuements tardifs deuiennent ridicules,
Et quoy qu'à ces transports promette ma valeur,
A peine les effets preuiendront mon malheur.
Pour rompre en honneste homme vn Hymen si funeste,
Ie n'ay plus desormais qu'vn peu de jour qui reste,
Autrement il me faut affronter ce riual,
Au peril de cent morts, au milieu de son bal,
Aucune occasion ailleurs ne m'est offerte,
Il luy faut tout quitter, ou me perdre en sa perte,
Il faut....

ROYALLE. 461

SCENE IV.
ALIDOR, CLEANDRE.

ALIDOR.

Et bien, Cleandre, ay-ie sçeu t'obliger?
CLEANDRE.
Pour m'auoir obligé, que ie vay t'affliger!
Doraste a pris le temps des dépits d'Angelique.
ALIDOR.
Aprés?
CLEANDRE.
Aprés cela, veux-tu que ie m'explique?
ALIDOR.
Qu'en a-t'il obtenu?
CLEANDRE.
Pardelà son espoir,
Si bien qu'aprés le bal qu'il luy donne ce soir, (me.
Leur Hymen accomply rend mon malheur extré-
ALIDOR.
En es-tu bien certain?
CLEANDRE.
I'ay tout sçeu de luy-mesme.
ALIDOR.
Que ie serois heureux si ie ne t'aymois point!
Cét Hymen auroit mis mon bonheur à son point,
La prison d'Angelique auroit rompu la mienne,
Quelque empire sur moy que son visage obtienne
Ma passion fust morte auec sa liberté,
Et trop vain pour souffrir qu'en sa captiuité
Les restes d'vn riual eussent fait mon seruage,
Elle eust perdu mon cœur auec son pucelage.
Pour forcer sa colere à de si doux effets

Qq iij

Quels efforts, cher amy, ne me suis-ie point faits?
Me feindre tout de glace, & n'estre que de flame,
La mépriser de bouche, & l'adorer dans l'ame,
I'ay souffert ce supplice, & me suis feint leger,
De honte & de despit de ne pouuoir changer;
Et ie voy prés du but où ie voulois pretendre
Les fruits de mon trauail n'estre pas pour Clean-
  dre!
A ces conditions mon bonheur me desplaist,
Ie ne puis estre heureux, si Cleandre ne l'est,
Ce que ie t'ay promis ne peut estre à personne,
Il faut que ie perisse, ou que ie te le donne,
I'auray trop de moyens à te garder ma foy,
Et malgré les Destins Angelique est à toy.
CLEANDRE.
Ne trouble point, amy, ton repos pour mon aise,
Crois-tu qu'à tes despens aucun bonheur me plai-
Sans que ton amitié fasse vn second effort   (se?
Voicy de qui i'auray ma Maistresse, ou la mort.
Si Doraste a du cœur, il faut qu'il la deffende,
Et que l'espée au poing il la gaigne, ou la rende.
ALIDOR.
Simple, par le chemin que tu penses tenir,
Tu la luy peux oster, mais non pas l'obtenir.
La suite des duels ne fut iamais plaisante,
C'estoit ces iours passez ce que disoit Theante.
Ie veux prendre vn chemin & plus court & plus
   seur,
Et sans aucun peril t'en rendre possesseur,
Va t'en donc, & me laisse auprés de cette belle
Employer le pouuoir qui me reste sur elle.
CLEANDRE.
Cher amy....
ALIDOR.
    Va t'en, dy-je, & par tes complimens
Cesse de t'opposer à tes contentemens,
Desormais en ces lieux tu ne fais que me nuire.

ROYALLE. 463
CLEANDRE.
Ie te vay donc laisser ma fortune à conduire,
Adieu, puissay-ie auoir les moyens à mon tour
De faire autant pour toy, que toy pour mon
  amour.
ALIDOR seul.
Que pour ton amitié ie vay souffrir de peines
Desià presque eschappé ie rentre dans ma chaisne,
Il faut encore vn coup, m'exposant à ses yeux,
Reprendre de l'amour afin d'en donner mieux.
Mais reprendre vn amour dont ie me veux deffaire,
Qu'est-ce qu'à mes desseins vn chemin tout contraire?
Allons y toutesfois, puisque ie l'ay promis,
Toute peine est fort douce à qui sert ses amis.

SCENE V.
ANGELIQVE dans son cabinet.

Quel malheur par tout m'accompagne!
  Qu'vn indiscret Hymen me vange à mes
    despens!
  Que de pleurs en vain ie répands,
Moins pour ce que ie perds, que pour ce que ie
  gaigne!
L'vn m'est plus doux que l'autre, & i'ay moins de tourment
Du forfait d'Alidor, que de son chastiment.
  Ce traistre alluma donc ma flame!
Ie puis donc consentir à ces tristes accords!
  Et par quelques puissants efforts
Que de tous sens ie tourne & retourne mon ame,
I'y trouue seulement, afin de me punir,
Le dépit du passé, l'horreur de l'aduenir.

SCENE VI.

ANGELIQVE, ALIDOR.

ANGELIQVE.

OV viens-tu, déloyal ? auec quelle impudence
Oses-tu redoubler mes maux par ta presence?
Ton plaisir dépend-il d'auoir veu mes douleurs?
Qui te fait si hardy de surprendre mes pleurs?
Est-il dit que tes yeux te mettront hors de doute,
Et t'aprendront combien ta trahison me couste?
Aprés qu'effrontément ton adueu m'a fait voir
Qu'Angelique sur toy n'eut iamais de pouuoir,
Tu te mets à genoux, & tu veux, miserable,
Que ton feint repentir m'en donne vn veritable?
Va, va, n'espere rien de ces submissions,
Porte les à l'objet de tes affections,
Ne me presente plus les traits qui m'ont déceuë,
N'attaque point mon cœur en me blessant la veuë,
Penses-tu que ie sois aprés ton changement
Ou sans ressouuenir, ou sans ressentiment?
S'il te souuient encor de ton brutal caprice,
Dy-moy, que viens-tu faire au lieu de ton suplice?
Garde vn exil si cher à tes legeretez,
Ie ne veux plus sçauoir de toy mes veritez.
Quoy? tu ne me dis mot! crois-tu que ton silence
Puisse de tes discours reparer l'insolence?
Des pleurs effacent-ils vn mépris si cuisant,
Et ne t'en desdis-tu, traistre, qu'en te taisant?
Pour triompher de moy, veux-tu pour toutes ar-
  mes
Employer des souspirs, & de muettes larmes?
Sur nostre amour passé c'est là trop te fier,

Du moins dy quelque chose à te iustifier,
Demande le pardon que tes regards m'arrachent,
Explique leurs discours, dy-moy ce qu'ils me ca-
  chent.
Que mon couroux est foible, & que leurs traits (puissants
Rendent des criminels aisément innocents!
Ie n'y puis resister, quelque effort que ie fasse,
Comme vaincuë, il faut que ie quitte la place.
   ALIDOR *la retenant.*
Ma chere ame, mon tout, quoy? vous m'abandon-
  nez!
C'est bien là me punir quand vous me pardonnez.
Ie sçay ce que i'ay fait, & qu'apres tant d'audace
Ie ne merite pas de iouyr de ma grace:
Mais demeurez du moins tant que vous ayez sçeu
Que par vn feint mespris vostre amour fut deçeu,
Que ie vous fus fidelle en dépit de ma lettre,
Qu'en vos mains seulement on la deuoit remettre,
Que mon dessein n'alloit qu'à voir vos mouue-
  ments,
Et iuger de vos feux par vos ressentiments.
Dites, quand ie la vis entre vos mains remise,
Changeay-ie de couleur? eus-je quelque surprise?
Ma parole plus ferme, & mon port asseuré
Ne vous monstroient-ils pas vn esprit preparé?
Que Clarine vous die à la premiere veuë
Si iamais de mon change elle s'est apperceuë;
Aussi mon compliment flatoit mal ses appas,
Il vous offençoit bien, mais ne l'obligeoit pas,
Et ses termes picquants mal conçeus pour luy
  plaire
Au lieu de son amour cherchoient vostre colere.
   ANGELIQVE.
Cesse de m'éclaircir dessus vn tel secret,
En te montrant fidelle il accroist mon regret,
Ie perds moins, si ie croy ne perdre qu'vn volage,
Et ie ne puis sortir d'erreur qu'à mon dommage.
Que me sert de sçauoir si tes vœux sont constants

Que te sert d'estre aymé quand il n'en est plus
    temps?
ALIDOR.
Aussi ne viens-ie pas pour regaigner vostre ame,
Preferez-moy Doraste, & deuenez sa femme,
Ie vous viens par ma mort en donner le pouuoir:
Moy viuant, vostre foy ne le peut receuoir,
Elle m'est engagée, & quoy que l'on vous die,
Sans crime elle ne peut durer moins que ma vie.
Mais voicy qui vous rend l'vne & l'autre à la fois.
ANGELIQVE.
Ah! ce cruel discours me reduit aux abois,
Dans ma prompte vangeance, à iamais miserable,
Que ie deteste en vain ma faute irreparable!
ALIDOR.
Si vous auez du cœur, on la peut reparer.
ANGELIQVE.
C'est demain qu'on nous doit pour iamais separer,
En ce piteux estat que veux-tu que ie fasse?
ALIDOR.
Ah! ce discours ne part que d'vn cœur tout de
    glace.
Non, non, resoluez vous, il vous faut à ce soir
Montrer vostre courage, ou moy mon desespoir:
Quittez auec le bal vos malheurs pour me suiure,
Ou soudain à vos yeux ie vay cesser de viure.
Mettrez-vous en ma mort vostre contentement?
ANGELIQVE.
Non, mais que dira-t'on d'vn tel enleuement?
ALIDOR.
Est-ce là donc le prix de vous auoir seruie?
Il y va de vostre heur, il y va de ma vie,
Et vous vous arrestez à ce qu'on en dira.
Mais faites desormais tout ce qu'il vous plaira,
Puisque vous consentez plustost à vos supplices
Qu'à l'vnique moyen de payer mes seruices,
Ma mort va me vanger de vostre peu d'amour,
Si vous n'estes à moy, ie ne veux plus du iour.

ANGELIQVE.

Retien ce coup fatal, me voilà resoluë,
Dessus mes volontez ta puissance absoluë
Peut disposer de moy, peut tout me commander.
Mon honneur en tes mains prest à se hazarder,
Par vn trait si hardy, quelque tort qu'il se fasse,
Y consent toutefois & ne veut qu'vne grace.
Accorde à ma pudeur que deux mots de ta main
Iustifient aux miens ma fuite & ton dessein,
Qu'ils puissent, me cherchant, trouuer icy ce gage,
Qui les rende asseurez de nostre mariage,
Que la sincerité de ton intention
Conserue, mise au iour, ma reputation,
Ma faute en sera moindre, & hors de l'impudence
Paroistra seulement fuir vne violence.

ALIDOR.

Ma Reyne, en fin par là vous me ressuscitez,
Agissez pleinement dessus mes volontez,
I'auois pour vostre honneur la mesme inquietude,
Et ne pourrois d'ailleurs, qu'auec ingratitude,
Voyant ce que pour moy vostre flame resout,
Dénier quelque chose à qui m'accorde tout.
Donnez-moy, sur le champ ie vous veux satisfaire.

ANGELIQVE.

Il vaut mieux que l'effet à tantost se differe,
Ie manque icy de tout, & i'ay peur, mon soucy,
Que quelqu'vn par malheur ne te surprenne icy.
Mon dessein genereux fait naistre cette crainte,
Depuis qu'il est formé i'en ay senty l'atteinte,
Va, quitte-moy, ma vie, & te coule sans bruit.

ALIDOR.

Adieu donc ma chere ame.

ANGELIQVE.

Adieu iusqu'à my-nuit.

Alidor s'en va & Angelique continuë.

Que promets-tu, pauure aueuglée?
A quoy t'engage icy ta folle passion?
Et de quelle indiscretion

Ne s'accompagne point ton ardeur desreglée?
Tu cours à ta ruine, & vas tout hazarder
Sur la foy de celuy qui n'en sçauroit garder.
 Ie me trompe, il n'est point volage,
I'ay veu sa fermeté, i'en ay crû ses souspirs,
 Et si ie flate mes desirs,
Vne si douce erreur n'est qu'à mon aduantage,
Me manquast-il de foy, ie la luy doibs garder,
Et pour perdre Doraste il faut tout hazarder.
ALIDOR *sortant de la porte d'Angelique & repas-*
sant sur le Theatre.

Cleandre, elle est à toy, i'ay fléchy son courage.
Que ne peut l'artifice, & le fard du langage?
Et si pour vn amy ces effets ie produis,
Lors que i'agis pour moy, qu'est-ce que ie ne puis?

SCENE VII.

PHYLIS.

D'Où prouient qu'Alidor sort de chez Ange-
 lique?
Auroit-il auec elle encor quelque pratique?
Son visage n'a rien que d'vn homme content,
Auroit-il regaigné cet esprit inconstant?
O qu'il feroit bon voir que cette humeur volage
Deux fois en moins d'vne heure eust changé de
 courage!
Que mon frere en tiendroit s'ils s'estoient mis
 d'accord!
Il faut qu'à le sçauoir ie fasse mon effort.
Ce soir ie sonderay les secrets de son ame,
Et si son entretien ne me trahit sa flame,
I'auray l'œil de si prés dessus ses actions
Que ie m'esclairciray de ses intentions.

SCENE

SCENE VIII.
PHYLIS, LYSIS.

PHYLIS.

Quoy? Lysis, ta retraitte est de peu de durée?
LYSIS.
L'heure de mon congé n'est qu'à peine expirée,
Mais vous voyant icy sans frere & sans amant...
PHYLIS.
N'en presume pas mieux pour ton contentement.
LYSIS.
Et d'où vient à Phylis vne humeur si nouuelle?
PHYLIS.
Vois-tu, ie ne sçay quoy me broüille la ceruelle,
Va, ne me conte rien de ton affection,
Elle en auroit fort peu de satisfaction.
LYSIS.
Puisque vous le voulez, Adieu, ie me retire.
PHYLIS.
Reserue pour le bal ce que tu me veux dire.
LYSIS.
Le bal! où le tient-on?
PHYLIS.
Là dedans.
LYSIS.
Il suffit,
De vostre bon aduis ie feray mon profit.

Fin du troisiéme Acte.

ACTE IV.

SCENE PREMIERE.

ALIDOR, CLEANDRE, troupe d'armez.

ALIDOR.

L'Acte est dans la nuict, & Alidor dit ce premier vers à Cleandre, & l'ayant fait retirer auec sa troupe il continuë seul.

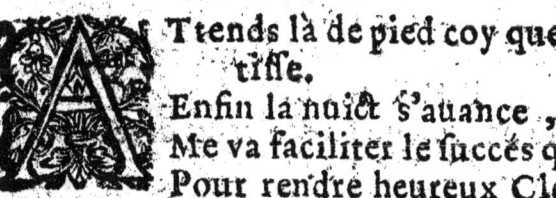

Ttends là de pied coy que ie t'en aduer-
tisse. (propice
Enfin la nuict s'auance, & son voile
Me va faciliter le succés que i'attends
Pour rendre heureux Cleandre, & mes
desirs contens.
Mon cœur las de porter vn ioug si tyrannique,
Ne sera plus qu'vne heure esclaue d'Angelique,
Ie vay faire vn amy possesseur de mon bien:
Aussi dans son bonheur ie rencontre le mien,
C'est moins pour l'obliger que pour me satisfaire,
Moins pour le luy dōner qu'afin de m'en deffaire.
Ce traict est vn peu lasche, & sent sa trahison,
Mais cette lascheté m'ouurira ma prison,
Ie veux bien à ce prix auoir l'ame traistresse,
Et que ma liberté me couste vne maistresse.

Que luy fais-ie apres tout qu'elle n'ait merité
Pour auoir malgré moy fait ma captiuité?
Qu'on ne m'accuse point d'aucune ingratitude,
Ce n'est que me vanger d'vn an de seruitude,
Que rompre son dessein comme elle a fait le mien,
Qu'vser de mon pouuoir comme elle a fait du sien,
Et ne luy pas laisser vn si grand auantage
De suiure son humeur, & forcer mon courage.
Le forcer! mais helas! que mon consentement
Par vn si doux effort fut surpris aisément!
Quel excés de plaisirs gousta mon imprudence
Auant que s'aduiser de cette violence!
Examinant mon feu qu'est-ce que ie ne pers!
Et qu'il m'est cher vendu de cognoistre mes fers!
Ie soupçonne desià mon dessein d'iniustice,
Et ie doute s'il est ou raison, ou caprice,
Ie crains vn pire mal apres ma guerison,
Et d'aller au supplice en rompant ma prison.
Alidor, tu consens qu'vn autre la possede!
Peux-tu bien t'exposer à des maux sans remede,
A de vains repentirs, d'inutiles regrets,
De steriles remords, & des bourreaux secrets,
Cependant qu'vn amy par tes lasches menées
Cueillira les faueurs qu'elle t'a destinées?
Ne romps point les effets de son intention,
Et laisse vn libre cours à ton affection, (se.
Fay ce beau coup pour toy, suy l'ardeur qui te pres-
Mais trahir ton amy! mais trahir ta maistresse!
Iamais fut-il mortel si malheureux que toy?
De tous les deux costez il y va de ta foy,
A qui la tiendras-tu? Mon esprit en déroute
Sur le plus fort des deux ne peut sortir de doute,
Ie n'en veux obliger pas vn à me haïr,
Et ne sçay qui des deux ou seruir, ou trahir.
Mais que mon iugement s'enueloppe de nuës!
Mes resolutions qu'estes-vous deuenuës?
Reuenez, mes desseins, & ne permettez pas
Qu'on triomphe de vous auec vn peu d'appas.

LA PLACE

Cleandre, elle est à toy, dedans cette querelle,
Angelique le perd, nous sommes deux contre elle,
Ma liberté conspire auecque tes ardeurs,
Les miennes desormais vont tourner en froideurs,
Et lassé de souffrir vn si rude seruage
I'ay l'esprit assez fort pour combatre vn visage.
Ce coup n'est qu'vn effet de generosité,
Et ie ne suis honteux que d'en auoir douté. Estre !
Amour, que ton pouuoir tasche en vain de paroi-
Fuy, petit insolent, ie veux estre le maistre,
Il ne sera pas dit qu'vn homme tel que moy
En despit qu'il en ait obeïsse à ta loy.
Ie ne me resoudray iamais à l'Hymenée
Que d'vne volonté franche & determinée,
Et celle qu'en ce cas ie nommeray mon mieux
M'en sera redeuable, & non pas à ses yeux,
Et ma flame . . .

SCENE II.

ALIDOR, CLEANDRE.

CLEANDRE.

Alidor.

ALIDOR.
Qui m'appelle ?

CLEANDRE.
Cleandre.

ALIDOR.
Qui te fait aduancer ? CLEANDRE
Ie me lasse d'attendre.

ALIDOR.
Laisse-moy, cher amy, le soin de t'aduertir
En quel temps de ce coin il te faudra sortir

ROYALLE.
CLEANDRE.
Minuit vient de sonner, & par experience
Tu sçais comme l'amour est plein d'impatience.
ALIDOR.
Va donc tenir tout prest à faire vn si beau coup,
Ce que nous attendons ne peut tarder beaucoup,
Ie liure entre tes mains cette belle maistresse
Si tost que i'auray pû luy rendre ta promesse.
Sans lumiere, & d'ailleurs s'asseurant en ma foy
Rien ne l'empeschera de la croire de moy.
Apres, acheue seul, ie ne puis sans supplice
Forcer icy mes bras à te faire seruice,
Et mon reste d'amour en cet enleuement
Ne peut contribuer que mon consentement.
CLEANDRE.
Amy, ce m'est assez.
ALIDOR.
    Va donc là bas attendre
Que ie te donne aduis du temps qu'il faudra pren-
 dre.
Encor vn mot, Cleandre, & qui t'importe fort.
Ta taille auec la mienne a si peu de rapport
Qu'Angelique soudain te pourra recognoistre,
Regarde apres ses cris si tu serois le maistre.
CLEANDRE.
Ma main dessus sa bouche y sçaura trop pouruoir.
ALIDOR.
Amy, separons-nous, ie pense l'entreuoir.
CLEANDRE.
Adieu, fay promptement.

Rr iij

SCENE III.
ALIDOR, ANGELIQUE.

ANGELIQUE.

St.

ALIDOR.
Ie l'entends, c'est elle.
ANGELIQVE.
Alidor, es-tu là?
ALIDOR.
Ie suis à vous, ma belle.
De peur d'estre cognu ie deffends à mes gens
De paroistre en ces lieux auant qu'il en soit temps:
Tenez.

Il luy donne la promesse de Cleandre.

ANGELIQVE.
Ie prends sans lire, & ta foy m'est si claire
Que ie la prends bien moins pour moy que pour mon pere,
Ie la porte à ma chambre, espargnons les discours,
Fais auancer tes gens, & depesche.

ALIDOR.
I'y cours:
Lors que de son honneur ie luy rends l'asseurance
C'est quand ie trompe mieux sa credule esperance,
Mais puisque au lieu de moy ie luy donne vn amy,
A tout prendre, ce n'est la tromper qu'à demy.

SCENE IV.

PHYLIS.

Angelique. C'est fait, mon frere en a dās l'aisle,
La voyant eschapper ie courois apres elle,
Mais vn maudit galand m'est venu brusquement
Seruir à la trauerse vn mauuais compliment,
Et par ses vains discours m'embarasser, de sorte
Qu' Angelique à son aise a sçeu gaigner la porte.
Sa perte est asseurée, & ce traistre Alidor
La posseda jadis, & la possede encor.
Mais iusques à ce point seroit-elle imprudente?
Il n'en faut point douter, sa perte est euidente,
Le cœur me le disoit le voyant en sortir,
Et mon frere dés lors se deuoit aduertir.
Ie te trahis, mon frere, & par ma negligence
Estant sans y penser de leur intelligence...

Alidor paroist auec Cleandre accompagné d'une troupe, & apres luy auoir monstré Phylis, qu'il croit estre Angelique, il se retire en vn coin du theatre, & Cleandre enleue Phylis, & luy met d'abord la main sur la bouche.

SCENE V.

ALIDOR.

On l'enleue, & mon cœur surpris d'vn vain regret
Fait à ma perfidie vn reproche secret,
Il tient pour Angelique, il la suit, le rebelle,
Parmy mes trahisons il veut estre fidelle,

LA PLACE

Ie le sens refuser sa franchise à ce prix,
Ie le sans malgré moy de nouueaux feux espris
Desaduouër mon crime, & pour mieux s'en defen-
Me demander son bien que ie cede à Cleandre. (dre
Helas! qui me prescrit cette brutale loy
De payer tant d'amour auec si peu de foy?
Qu'enuers cette beauté ma flame est inhumaine,
Si mon feu la trahit, que luy feroit ma haine?
Iuge, iuge, Alidor, en quelle extremité
Ne la va point ietter ton infidelité,
Escoute ses souspirs, considere ses larmes,
Et te laisse enfin vaincre à de si fortes armes,
Cours apres elle, & voy si Cleandre auiourd'huy
Pourra faire pour toy ce que tu fais pour luy.
Mais mon esprit s'esgare, & quoy qu'il se figure
Faut-il que ie me rende à des pleurs en peinture,
Et qu'Alidor de nuict plus foible que de iour
Redonne à la pitié ce qu'il oste à l'amour?
Ainsi donc mes desseins se tournent en fumée!
I'ay d'autres repentirs que de l'auoir aymée!
Suis-ie encor Alidor apres ces sentiments?
Et ne pourray-ie enfin regler mes mouuements?
Vaine compassion des douleurs d'Angelique,
Qui pensez triompher d'vn cœur melancolique,
Temeraire auorton d'vn impuissant remors,
Va, va porter ailleurs tes debiles efforts,
Apres de tels appas qui ne m'ont pû seduire,
Qui te fait esperer ce qu'ils n'ont sçeu produire?
Pour vn meschant souspir que tu m'as desrobé
Ne me presume pas encore succombé.
Ie sçay trop maintenir ce que ie me propose,
Et souuerain sur moy rien que moy n'en dispose.
En vain vn peu d'amour me desguise en forfait
Du bien que ie me veux le genereux effet,
De nouueau i'y consens, & prest à l'entreprendre

SCENE VI.
ANGELIQVE, ALIDOR.
ANGELIQVE.

IE demande pardon de t'auoir fait attendre,
D'autant qu'en l'escalier on faisoit quelque bruit,
Et qu'vn peu de lumiere en effaçoit la nuit,
Ie n'osois m'auancer de peur d'estre apperceuë.
Allons, tout est-il prest, personne ne m'a veuë:
De grace dépeschons, c'est trop perdre de temps,
Et les moments icy nous sont trop importants,
Fuyons viste, & craignons les yeux d'vn domestique.
Quoy, tu ne respons point à la voix d'Angelique?
ALIDOR.
Angelique! mes gens vous viennent d'enleuer,
Qui vous a fait si tost de leurs mains vous sauuer?
Quel soudain repentir, quelle crainte de blasme,
Et quelle ruse enfin vous desrobe à ma flame?
Ne vous suffit-il point de me manquer de foy,
Sans prendre encor plaisir à vous ioüer de moy?
ANGELIQVE.
Que tes gens cette nuit m'ayent veuë ou saisie!
N'ouure point ton esprit à cette fantaisie.
ALIDOR.
Autant que m'ont permis les ombres de la nuit
Ie l'ay veu de mes yeux.
ANGELIQVE.
Tes yeux t'ont donc seduit,
Et quelque autre sans doute apres moy descenduë,
Se trouue entre les mains dont i'estois attenduë.

Mais, ingrat, pour toy seul i'abandonne ces lieux,
Et tu n'accompagnois ma fuite que des yeux!
La belle preuue, helas! de ton amour extréme,
De remettre ce coup à d'autres qu'à toy-mesme!
I'estois donc vn larcin indigne de tes mains?

ALIDOR.
Quand vous aurez appris le fonds de mes desseins,
Vous n'attribuerez plus, voyant mon innocence,
A peu d'affection l'effet de ma prudence.

ANGELIQVE.
Pour oster tout soupçon, & tromper ton riual,
Tu diras qu'il falloit te monstrer dans le bal?
Foible ruse!

ALIDOR.
   Adioustez, & vaine, & sans adresse,
Puisque ie ne pouuois dementir ma promesse.

ANGELIQVE.
Quel estoit donc le but de ton intention?

ALIDOR.
D'attendre icy le coup de leur esmotion,
Et d'vn autre costé me iettant à la fuite
Diuertir de vos pas leur plus chaude poursuite.

ANGELIQVE *en pleurant.*
Mais enfin, Alidor, tes gens se sont mespris?

ALIDOR.
Dans ce coup de malheur, & confus, & surpris,
Ie voy tous mes desseins succeder à ma honte,
Permettez-moy d'aller mettre ordre à ce mescôte.

ANGELIQVE.
Cependant, miserable, à qui me laisses tu?
Tu frustresdõc mes vœux de l'espoir qu'ils ont eu?
Et ton manque d'amour de mes malheurs cõplice,
M'abandonnant icy me liure à mon supplice?
L'Hymen (ah! ce penser desia me fait mourir)
Me va ioindre à Doraste, & tu le peux souffrir!
Tu me peux exposer à cette tyrannie!
De l'erreur de tes gens ie me verray punie!

ALIDOR.

Iugez mieux de ma flame, & songez, mon espoir,
Qu'vn tel enleuement n'est plus en mon pouuoir,
I'en ay manqué le coup, & ce que ie regrette,
Mon carosse est party, mes gens ont fait retraite;
A Paris, & de nuit, vne telle beauté
Suiuant vn homme seul est mal en seureté,
Doraste, ou par malheur quelque pire surprise
De ces coureurs de nuit me feroit lascher prise.
De grace, mon soucy, passons encor vn iour.

ANGELIQVE.

Tu manques de courage aussi bien que d'amour,
Et tu me fais trop voir par cette resuerie
Le Chimerique effet de ta poltronnerie.
Alidor (quel amant!) n'ose me posseder.

ALIDOR.

Vn bien si precieux se doit-il hazarder?
Et ne pouuez-vous point d'vne seule iournée
Differer le malheur de ce triste Hymenée?
Peut-estre le desordre, & la confusion
Qui naistront dans le bal de cette occasion
Le remettront pour vous, & l'autre nuit ie iure..

ANGELIQVE.

Que tu seras encor ou timide, ou pariure.
Quand tu m'as resoluë à tes intentions,
Ingrat, t'ay-ie opposé tant de precautions?
Tu m'aymes, ce dis-tu? tu le fais bien paroistre
Remettant mon bonheur ainsi sur vn peut-estre.

ALIDOR.

Encor que mon amour apprehende pour vous,
Puisque vous le voulez, & bien, ie m'y resous,
Fuyons, hazardons tout. Mais on ouure la porte,
C'est Doraste qui sort, & nous suit à main forte.

Alidor s'eschappe & Angelique le veut suiure
mais Doraste l'arreste.

SCENE VII.

ANGELIQVE, DORASTE, LYCANTE, Troupe d'amis.

DORASTE.

Qvoy, ne m'attendre pas! c'est trop me desdai-
  gner,
Ie ne viens qu'à dessein de vous accompagner,
Car vous n'entreprenez si matin ce voyage
Que pour vous preparer à nostre mariage,
Encor que vous partiez beaucoup deuant le iour
Vous ne serez iamais assez tost de retour,
Vous vous esloignez trop, veu que l'heure nous
  presse,
Infidelle, est-ce là me tenir ta promesse?

ANGELIQVE.

Et bien c'est te trahir, penses-tu que mon feu
D'vn genereux dessein te fasse vn desadueu?
Ie t'acquis par despit, & perdrois auec ioye,
Mon desespoir à tous m'abandonnoit en proye,
Et lors que d'Alidor ie me vis outrager
Ie fis armes de tout afin de me vanger,
Tu t'offris par hazard, ie t'acceptay de rage,
Ie te donnay son bien, & non pas mon courage.
Ce change à mon despit iettoit vn faux appas,
Ie le nommois sa peine, & c'estoit mon trespas,
Ie prenois pour vangeance vne telle iniustice,
Et dessous ses couleurs i'adorois mon supplice.
Aueugle que i'estois ! mon peu de iugement
Ne se laissoit guider qu'à mon ressentiment,
Mais depuis Alidor m'a fait voir que son ame
En feignāt vn mespris n'auoit pas moins de flame,

ROYALLE.

Il a repris mon cœur en me rendant les yeux,
Et soudain mon amour m'a fait hayr ces lieux.

DORASTE.
Tu suiuois Alidor!

ANGELIQVE.
　　　　　　Ta funeste arriuée
En arrestant mes pas de ce bien m'a priuée,
Mais si...

DORASTE.
Tu le suiuois!

ANGELIQVE.
　　　　　　Ouy, fay tous tes efforts,
Luy seul aura mon cœur, tu n'auras que le corps.

DORASTE.
Impudente, effrontée autant comme traistresse,
De ce cher Alidor tiens-tu cette promesse?
Est-elle de sa main, pariure? de bon cœur
I'aurois cedé ma place à ce premier vainqueur,
Mais suiure vn incognu! me quitter pour Clean-

ANGELIQVE.　　　　　　(dre!
Pour Cleandre!

DORASTE.
　　　　　　I'ay tort, ie tasche à te surprendre,
Voy ce qu'en te cherchant m'a donné le hazard,
C'est ce que dans ta chambre a laissé ton depart,
C'est là qu'au lieu de toy i'ay trouué sur ta table
De ta fidelité la preuue indubitable,
Ly, mais ne rougy point, & me soustiens encor
Que tu ne fuis ces lieux que pour suiure Alidor.

BILLET DE CLEANDRE
à Angelique.

Angelique, reçoy ce gage
De la foy que ie te promets

Qu'vn prompt & sacré mariage
Vnira nos iours desormais,
Quittons ces lieux, chere maistresse,
Rien ne peut que ta fuite asseurer mon bonheur,
Mais laisse aux tiens cette promesse
Pour seureté de ton honneur,
Afin qu'ils en puissent apprendre,
Que tu suis ton mary, lors que tu suis Cleandre.

CLEANDRE.

ANGELIQVE.
Que ie suy mon mary lors que ie suy Cleandre!
Alidor est perfide, ou Doraste imposteur,
Ie voy la trahison, & doute de l'autheur:
Toutesfois ce papier suffit pour m'en instruire,
Ie le pris d'Alidor, mais ie le pris sans lire,
Et puisqu'à m'enleuer son bras se refusoit
Il ne pretendoit rien au larcin qu'il faisoit.
Le traistre! i'estois donc destinée à Cleandre!
Helas! mais qu'à propos le Ciel l'a fait mesprendre,
Et ne consentant point à ses lasches desseins
Met au lieu d'Angelique vne autre entre ses mains!

DORASTE.
Que parles-tu d'vne autre en ta place rauie?

ANGELIQVE.
I'en ignore le nom, mais elle m'a suiuie,
Et quelle qu'elle soit...

DORASTE.
Il suffit, n'en dy plus,
Apres ce que i'ay veu i'en sçay trop là dessus,
Autre n'est que Phylis entre leurs mains tombée,
Apres toy de la salle elle s'est desrobée,
I'arreste vne maistresse, & ie perds vne sœur,
Mais allons promptement apres le rauisseur.

SCENE VIII.

ANGELIQVE.

Dvre condition de mon malheur extréme,
Si i'ayme on me trahit, ie trahis si l'ô m'ayme.
Qu'accuseray-ie icy d'Alidor, ou de moy?
Nous manquons l'vn & l'autre également de foy,
Si i'ose l'appeller lasche, traiſtre, pariure,
Ma rougeur aussi-tost prendra part à l'iniure,
Et les meſmes couleurs qui peindront ses forfaits,
Des miens en meſme temps exprimeront les traits.
Mais quel aueuglement nos deux crimes égale
Puisque c'est pour luy seul que ie suis desloyale?
L'amour m'a fait trahir (qui n'en trahiroit pas?)
Et la trahison seule a pour luy des appas.
Son crime est sans excuse, & le mien pardonnable,
Il est deux fois, (que dy ie?) il est le seul coupable,
Il m'a prescrit la loy, ie n'ay fait qu'obeïr,
Il me trahit luy-mesme, & me force à trahir.
Deplorable Angelique, en malheurs sans seconde,
Que peux-tu desormais, que peux-tu faire au mon-
Si ton amour fidelle, & ton peu de beauté   (de,
N'ont pû te garantir d'vne desloyauté?
Doraſte tient ta foy, mais si ta perfidie
A iusque à te quitter son ame refroidie,
Suy, suy doresnauant de plus saines raisons,
Et ne t'expose plus à tant de trahisons,
Et tant qu'on ait pû voir la fin de ce mescontè,
Va cacher dans ta chambre, & tes pleurs & ta honte.

Fin du quatriéme Acte.

ACTE V.

SCENE PREMIERE.

CLEANDRE, PHYLIS.

CLEANDRE.

Ccordez moy ma grace auant qu'entrer chez vous.
PHYLIS.
Vous voulez donc enfin d'vn bien commun à tous? (de
Craignez-vous qu'à vos feux ma flame ne respon-
Et vous puis-je haïr si i'ayme tout le monde?
CLEANDRE.
Vostre bel esprit raille, & pour moy seul cruel
Du rang de vos amants separe vn criminel:
Toutefois mon amour n'est pas moins legitime,
Et mon erreur du moins me rend vers vous sans crime.
Soyez, quoy qu'il en soit, d'vn naturel plus doux,
L'Amour a pris le soin de me punir pour vous,
Les traits que cette nuit il trempoit dans vos larmes
Ont triomphé d'vn cœur inuincible à vos charmes.
PHYLIS.
Puisque vous ne m'aymez que par punition,
Vous m'obligez fort peu de cette affection.

CLEANDRE.

Apres vostre beauté sans raison negligée
Il me punit bien moins qu'il ne vous a vangée.
Auez-vous iamais veu dessein plus renuersé?
Quand i'ay la force en main, ie me trouue forcé,
Ie croy prendre vne fille, & suis pris par vn autre,
I'ay tout pouuoir sur vous & me remets au vostre,
Angelique me perd quand ie croy l'acquerir,
Ie gaigne vn nouueau mal quand ie pense guerir,
Dans vn enleuement ie hay la violence,
Ie suis respectueux apres cette insolence,
Ie commets vn forfait & n'en sçaurois vser,
Ie ne suis criminel que pour m'en accuser,
Ie m'expose à ma peine, & negligeant ma fuite
Ie m'offre à des perils que tout le monde euite,
Ce que i'ay pû rauir, ie le viens demander,
Et pour vous deuoir tout ie veux tout hazarder.

PHYLIS.

Vous ne me deurez rien, du moins si i'en suis creuë.

CLEANDRE.

Mais apres le danger où vous vous estes veuë,
Malgré tous vos mespris, les soins de vostre hon- (neur
Vous doiuent desormais resoudre à mon bonheur,
La moitié d'vne nuit passée en ma puissance
A d'estranges soupçons porte la mesdisance,
Cela sçeu, presumez comme on pourra causer.

PHYLIS.

Pour estouffer ce bruit il vous faut espouser,
Non pas, mais au contraire apres ce mariage
On presumeroit tout à mon desauantage,
Et vous voir refusé fera mieux croire à tous
Qu'il ne s'est rien passé que de iuste entre nous.
Toutefois, apres tout, mon humeur est si bonne
Que ie ne puis iamais desesperer personne.
Sçachez que mes desirs tousiours indifferents
Iront sans resistance au gré de mes parens,
Leur choix sera le mien, c'est vous parler sans
      feinte.

CLEANDRE.
Ie voy de leur costé mesmes sujets de crainte,
Si vous me refusez, m'escouteroient-ils mieux?
PHYLIS.
Le monde vous croit riche, & mes parens sont (vieux.
CLEANDRE.
Puis-je sur cet espoir...
PHYLIS.
Il vous faudroit tout dire.

SCENE II.
ALIDOR, CLEANDRE, PHYLIS.

ALIDOR.
Cleandre a-t'il enfin ce que son cœur desire?
Et ses amours changez par vn heureux ha-
De celuy de Phylis ont-ils pris quelque part? (zard

CLEANDRE.
Cette nuit tu l'as veuë en vn mespris extréme,
Et maintenant, amy, c'est encor elle-mesme,
Son orgueil se redouble estant en liberté,
Et deuient plus hardy d'agir en seureté:
I'espere toutefois, à quelque point qu'il monte,
Qu'à la fin...

PHYLIS.
Cependant que vous luy rendrez conte,
Ie vay voir mes parens que ce coup de malheur
A mon occasion accable de douleur;
Ie n'ay tardé que trop à les tirer de peine.

ALIDOR *retenant Cleandre qui la veut suiure.*
Est-ce donc tout de bon qu'elle t'est inhumaine?

ROYALLE. 487
CLEANDRE.
Il la faut suiure, Adieu. Ie te puis asseurer
Que ie n'ay pas sujet de me desesperer,
Va voir ton Angelique, & la conte pour tienne
Pourueu que son humeur soit pareille à la sienne.
ALIDOR.
Tu me la rends enfin?
CLEANDRE.
     Doraste tient sa foy,
Tu possédes son cœur, qu'auroit-elle pour moy?
Quelques charmans appas qui soient sur son visage
Ie n'y sçaurois auoir qu'vn fort mauuais partage,
Peut-estre elle croiroit qu'il luy seroit permis
De ne me rien garder ne m'ayant rien promis,
Ie m'exposerois trop à des maux sans remede.
Mais derechef, Adieu.

SCENE III.
ALIDOR.

Qv'ainsi tout me succéde!
Comme si ses desirs se regloient sur mes vœux,
Il accepte Angelique, & la rend quand ie veux,
Quand ie tasche à la perdre, il meurt de m'en déf-
 faire,
Quand ie l'ayme, elle cesse aussi-tost de luy plaire,
Mon cœur prest à guerir, le sien se trouue atteint,
Et mon feu rallumé, le sien se trouue esteint,
Il ayme quand ie quitte, il quitte alors que i'ayme,
Et sans estre riuaux nous aymons en lieu mesme.
C'en est fait, Angelique, & ie ne sçaurois plus
Rendre contre tes yeux des combats superflus,
De ton affection cette preuue derniere
Reprend sur tous mes sens vne puissance entiere,

Aueugle, cette nuit m'a redonné le iour.
Que i'éus de perfidie, & que ie vis d'amour!
Quand ie sçeus que Cleandre auoit manqué sa
    proye,
Que i'en eus de regret, & que i'en ay de ioye!
Plus ie t'estois ingrat, plus tu me cherissois,
Et ton ardeur croissoit plus ie te trahissois:
Aussi i'en fus honteux, & confus dans mon ame,
La honte & le remords rallumerent ma flame.
Que l'Amour pour nous vaincre a de chemins di-
    uers,
Et que malaisément on rompt de si beaux fers!
C'est en vain qu'on resiste aux traits d'vn beau vi-
    sage,
En vain à son pouuoir refusant son courage
On veut esteindre vn feu par ses yeux allumé,
Et ne le point aymer quand on s'en voit aymé:
Sous ce dernier appas l'Amour a trop de force,
Il iette dans nos cœurs vne trop douce amorce,
Et ce tyran secret de nos affections
Saisit trop puissamment nos inclinations.
Aussi ma liberté n'a plus rien qui me flate,
Le grand soin que i'en eus partoit d'vne ame in-
    grate,
Et mes desseins d'accord auecque mes desirs
A seruir Angelique ont mis tous mes plaisirs.
Ie ne m'obstine plus à meriter sa haine,
Ie me sens trop heureux d'vne si belle chaisne,
Ce sont traits d'esprit fort que d'en vouloir sortir,
Et c'est où ma raison ne peut plus consentir.
Mais helas! ma raison est-elle assez hardie
Pour me dire qu'on m'ayme apres ma perfidie?
Quelque secret instinct à mon bonheur fatal
Porte-t'il point ma belle à me vouloir du mal?
Que de mes trahisons elle seroit vangée
Si comme mon humeur la sienne estoit changée!
Mais qui la changeroit, puisqu'elle ignore encor
Tous les lasches complots du rebelle Alidor?

Que dy-ie? miserable! ah! c'est trop me mesprendre,
Elle en a trop appris du billet de Cleandre,
Son nom au lieu du mien en ce papier soubscrit
Ne luy monstre que trop le fonds de mon esprit.
Sur ma foy toutefois elle le prit sans lire,
Et si le Ciel vangeur comme moy ne conspire,
Elle s'y fie assez pour n'en auoir rien leu.
Entrons à tous hazards d'vn esprit resolu,
Desrobons à ses yeux le tesmoin de mon crime:
Que si pour l'auoir leu sa colere s'anime,
Et quelle veuille vser d'vne iuste rigueur,
Nous sçauons les chemins de regaigner son cœur.

SCENE IV.

DORASTE, LYCANTE.

DORASTE.

NE sollicite plus mon ame refroidie,
Ie mesprise Angelique apres sa perfidie,
Mon cœur s'est reuolté contre ses lasches traits,
Et qui n'a point de foy, n'a point pour moy d'attraits.
Veux-tu qu'on me trahisse, & que mon amour dure,
I'ay souffert sa rigueur, mais ie hay son pariure,
Et tiens sa trahison indigne à l'aduenir
D'occuper aucun lieu dedans mon souuenir.
Qu'Alidor la posséde, il est traistre comme elle,
Iamais pour ce suiet nous n'aurons de querelle,
I'aurois peu de raison de luy vouloir du mal
Pour m'auoir deliuré d'vn esprit desloyal,
Ma colere l'espargne, & n'en veut qu'à Cleandre,
Il verra que son pire estoit de se mesprendre,

LA PLACE

Et si ie puis iamais trouuer ce rauisseur
Il me rendra soudain & la vie & ma sœur.
LYCANTE.
Escoutez vn peu moins vostre ame genereuse,
Que feriez vous par là, qu'vne sœur mal-heureuse?
Les soins de son honneur que vous deuez auoir
Pour d'autres interests vous doiuent esmouuoir,
Apres que par hazard Cleandre l'a rauie,
Elle perdroit l'honneur, s'il en perdoit la vie,
On la croiroit son reste, & pour la posseder
Peu d'Amants sur ce bruit se voudroient hazarder.
Faites mieux, vostre sœur à peine peut pretendre
Vne fortune esgale à celle de Cleandre,
Que l'excez de ses biens vous le rendent chery,
Et de son rauisseur faites-en son mary,
Encor que son dessein ne fust pour sa personne,
Faites-luy retenir ce qu'vn hazard luy donne,
Ie croy que cét Hymen pour satisfaction
Plaira mieux à Phylis que sa punition.
DORASTE.
Nous consultôs en vain, ma poursuite estant vaine.
LYCANTE.
Nous le rencontrerons, n'en soyez point en peine,
Où que soit sa retraite, il n'est pas tousiours nuit,
Et ce qu'vn iour nous cache, vn autre le produit.
Mais Dieux! voilà Phylis qu'il a desia renduë.

SCENE V.
DORASTE, PHYLIS, LYCANTE.

DORASTE.

Ma sœur, ie te retrouue apres t'auoir perduë!
Et de grace, quel lieu recelle le voleur
Qui pour s'estre mespris à causé ton malheur?
Que son trespas...

PHYLIS.

Tout-beau, peut-estre ta colere
Au lieu de ton riual attaque ton beau-frere.
En vn mot tu sçauras qu'en cét enleuement
Mes larmes m'ont acquis Cleandre pour Amant,
Son cœur m'est demeuré pour peine de son crime,
Et veut faire d'vn rapt vn amour legitime.
Il fait tous ses efforts pour gaigner mes parens,
Et s'il les peut flechir, quand à moy, ie me rends,
Non pas, à dire vray, que son objet me tente,
Mais mon pere content ie suis assez contente.
Tandis par la fenestre ayant veu ton retour
Ie t'ay voulu sur l'heure apprendre cet amour,
Pour te tirer de peine, & rompre ta colere.

DORASTE.

Crois-tu que cét Hymen puisse me satisfaire?

PHYLIS.

Si tu n'es ennemy de mes contentemens
Ne pren mes interests que dans mes sentimens,
Ne fay point le mauuais si ie ne suis mauuaise.
Et quoy, ce qui me plaist, faut-il qu'il te desplaise?
En cette occasion, si tu me veux du bien,
Régle, plus moderé, ton esprit sur le mien.
Ie respecte mon pere, & le tiens assez sage

LA PLACE
Pour ne resoudre rien à mon desaduantage;
Si Cleandre le gaigne, & m'en peut obtenir,
Ie croy de mon deuoir...
LYCANTE.
Ie l'apperçoy venir,
Resoluez-vous, Monsieur, à ce qu'elle desire.

SCENE VI.

DORASTE, CLEANDRE,
PHYLIS, LYCANTE.

CLEANDRE.

SI tu n'es, mon soucy, d'humeur à te desdire,
Tout me rit desormais, i'ay leur consentement.
Mais excusez, Monsieur, le transport d'vn amant,
Et souffrez qu'vn riual confus de son offence
Pour en perdre le nom entre en vostre alliance;
Ne me refusez point vn oubly du passé,
Et son ressouuenir à iamais effacé,
Bannissant toute aigreur receuez vn beau-frere
Que vostre sœur accepte apres l'adueu d'vn pere.

DORASTE.

Quand i'aurois sur ce point des aduis differents,
Ie ne puis contredire au choix de mes parents,
Mais outre leur pouuoir, vostre ame genereuse
Et ce franc procedé qui rend ma sœur heureuse
Vous acquierent les biés qu'ils vous ont accordez,
Et me font souhaiter ce que vous demandez.
Vous m'auez obligé de m'oster Angelique,
Rien de ce qui la touche à present ne me picque,
Ie n'y prends plus de part apres sa trahison,
Ie l'aymay par malheur, & la hay par raison.
Mais la voicy qui vient de son Amant suiuie.

SCENE

SCENE VII.

ALIDOR, ANGELIQVE, DORASTE, CLEANDRE, PHYLIS, LYCANTE.

ALIDOR.

Finissez vos mespris, ou m'arrachez la vie.
ANGELIQVE.
Ne m'importune plus, infidelle. Ah! ma sœur,
Comme as-tu pû si tost tromper ton rauisseur?
PHYLIS *à Angelique.*
Il n'en a plus le nom, & son feu legitime
Authorisé des miens en efface le crime,
Le hazard me le donne, & changeant ses desseins
Il m'a mise en son cœur aussi-bien qu'en ses mains.
Son erreur fut soudain de son amour suiuie,
Et ie ne l'ay rauy qu'apres qu'il m'a rauie,
Iusques-là tes beautez ont possedé ses vœux,
Mais l'amour d'Alidor faisoit taire ses feux,
De peur de l'offencer te cachant son martire
Il me venoit conter ce qu'il ne t'osoit dire;
Mais la chance est tournée en cet enleuement,
Tu perds vn seruiteur, & i'y gaigne vn Amant.
DORASTE *à Phylis.*
Dy luy qu'elle en perd deux, mais qu'elle s'en con-
Puisqu'auec Alidor ie luy rends sa parole.   (sole,
à Angelique.
Satisfaites sans crainte à vos intentions,
Ie ne mets plus d'obstacle à vos affections,
Si vous faussez desia la parole donnée,
Que ne feriez-vous point apres nostre Hymenée?

Tt

Pour moy, malaisément on me trompe deux fois,
Vous l'aymiez, aymez-le, ie luy cede mes droits.
ALIDOR.
Puisque vous me pouuez accepter sans pariure,
Mon ame, se peut-il que vostre rigueur dure?
Suis-ie plus Alidor? vos feux sont-ils esteints?
Et quand mon amours croist produit-il vos desdains?
Voulez-vous....
ANGELIQVE.
Desloyal, cesse de me poursuiure,
Si ie t'ayme iamais ie veux cesser de viure,
Quel espoir mal conceu te rapproche de moy?
Aurois-ie de l'amour pour qui n'a point de foy?
DORASTE.
Quoy, le bannissez-vous parce qu'il vous ressemble?
Cette vnion d'humeurs vous doit vnir ensemble,
Pour ce manque de foy c'est trop le rejetter,
Il ne l'a pratiqué que pour vous imiter.
ANGELIQVE.
Cessez de reprocher à mon ame troublée
La faute où la porta son ardeur aueuglée,
Vous seul auez ma foy, vous seul à l'aduenir
Pouuez à vostre gré me la faire tenir:
Si toutefois apres ce que i'ay pû commettre
Vous me pouuez haïr iusqu'à me la remettre,
Vn Cloistre desormais bornera mes desseins,
C'est là que ie prendray des mouuements plus
 saints,
C'est là que loin du monde & de sa vaine pompe
Ie n'auray qui tromper, non plus que qui me trôpe.
ALIDOR.
Mon soucy.
ANGELIQVE.
Tes soucis doiuent tourner ailleurs.
PHYLIS *à Angelique.*
De grace pren pour luy des sentiments meilleurs;

ROYALLE.

DORASTE à *Phylis*.

Nous leur nuisons, ma sœur, hors de noſtre preſence
Elle ſe porteroit à plus de complaiſance,
L'amour ſeul aſſez fort pour la perſuader
Ne veut point d'autre tiers à les raccommoder.

CLEANDRE à *Doraſte*.

Mon amour ennuyé des yeux de tant de monde
Adore la raiſon où voſtre aduis ſe fonde.
Adieu belle Angelique, Adieu, c'eſt iuſtement
Que voſtre rauiſſeur vous cede à voſtre Amant.

DORASTE à *Angelique*.

Ie vous eus par deſpit, luy ſeul il vous merite,
Ne luy refuſez point ma part que ie luy quitte.

PHYLIS.

Si tu t'aymes, ma ſœur, fais-en autant que moy,
Et laiſſe à tes parens à diſpoſer de toy.
Ce ſont des iugements imparfaits que les noſtres.
Le Cloiſtre a ſes douceurs, mais le monde en a d'autres,
Qui pour auoir vn peu moins de ſolidité
N'accommodent que mieux noſtre fragilité.
Ie croy qu'vn bon deſſein dans le Cloiſtre te porte,
Mais vn deſpit d'amour n'en eſt pas bien la porte,
Et l'on court grand hazard d'vn cuiſant repentir
De ſe voir en priſon ſans eſpoir d'en ſortir.

CLEANDRE à *Phylis*.

N'acheuerez-vous point?

PHYLIS.

I'ay fait, & vous vay ſuiure.
Adieu, par mon exemple appren comme il faut viure,
Et pren pour Alidor vn naturel plus doux.

Cleandre, Doraſte, Phylis, & Lycante rentrent.

ANGELIQVE.

Rien ne rompra le coup à quoy ie me reſous.
Ie me veux exempter de ce honteux commerce
Où la deſloyauté ſi pleinement s'exerce,

Tt ij

Vn Cloiſtre eſt deſormais l'objet de mes deſirs,
L'ame ne gouſte point ailleurs de vrays plaiſirs.
Ma foy qu'auoit Doraſte engageoit ma franchiſe,
Et ie ne voy plus rien puiſqu'il me l'a remiſe
Qui me retienne au monde, ou m'arreſte en ce lieu,
Cherche vne autre à trahir, & pour iamais, Adieu.

SCENE VIII.

ALIDOR.

Qve par cette retraite elle me fauoriſe!
 Alors que mes deſſeins cédent à mes amours,
Et qu'ils ne ſçauroient plus défendre ma franchiſe,
Sa haine, & ſes refus viennent à leur ſecours.
 I'auois beau la trahir, vne ſecrette amorce
Rallumoit dans mon cœur l'amour par la pitié,
Mes feux en receuoient vne nouuelle force,
Et touſiours leur ardeur en croiſſoit de moitié.
 Ce que cherchoit par là mon ame peu ruſée,
De contraires moyens me l'ont fait obtenir:
Ie ſuis libre à preſent qu'elle eſt deſabuſée,
Et ie ne l'abuſois que pour le deuenir.
 Impuiſſant ennemy de mon indifference,
Ie braue, vain Amour, ton debile pouuoir,
Ta force ne venoit que de mon eſperance,
Et c'eſt ce qu'auiourd'huy m'oſte ſon deſeſpoir.
 Ie ceſſe d'eſperer, & commence de viure,
Ie vis doreſnauant puis que ie vis à moy,
Et quelques doux aſſauts qu'vn autre objet me li- (ure,
C'eſt de moy ſeulement que ie prendray la loy.
 Beautez, ne penſez point à reſueiller ma flame,
Vos regards ne ſçauroient aſſeruir ma raiſon,
Et ce ſera beaucoup emporté ſur mon ame
S'ils me font curieux d'apprendre voſtre nom,

ROYALLE.

Nous feindrons toutefois pour nous donner
  carriere,
Et pour mieux desguiser nous en prēdrons vn peu,
Mais nous sçaurons tousiours rebrousser en arrie-
Et quand il nous plaira nous retirer du jeu.   (re,
   Cependant Angelique enfermant dans vn Cloi-
  stre
Ses yeux dont nous craignions la fatale clarté,
Les murs qui garderont ces tyrans de paroistre
Seruiront de remparts à nostre liberté.
  Ie suis hors du peril qu'apres son mariage
Le bonheur d'vn jaloux augmente mon ennuy,
Et ne seray iamais sujet à cette rage
Qui naist de voir son bien entre les mains d'au-
  truy.
   Rauy qu'aucun n'en ait ce que i'ay pû preten-
  dre
Puisqu'elle dit au monde vn eternel Adieu,
Comme ie la donnois sans regret à Cleandre,
Ie verray sans regret qu'elle se donne à Dieu.

Fin du cinquiéme & dernier Acte.

MEDEE
TRAGEDIE.

A
MONSIEVR
P. T. N. G.

Ie vous donne Medée toute meschante qu'elle est, & ne vous diray rien pour sa iustification. Ie vous la donne pour telle que vous la voudrés prendre, sans tascher à preuenir, ou violenter vos sentiments par vn estalage des preceptes de l'art qui doiuent estre fort mal entendus,

& fort mal pratiqués, quand ils ne nous font pas arriuer au but que l'art se propose. Celuy de la Poësie Dramatique est de plaire, & les regles qu'elle nous prescrit ne sont que des adresses pour en faciliter les moyens au Poëte, & non pas des raisons qui puissent persuader aux spectateurs qu'vne chose soit agreable, quand elle leur déplaist. Icy vous trouuerez le crime en son char de triomphe, & peu de personnages sur la Scene dont les mœurs ne soient plus mauuaises que bonnes ; mais la peinture & la Poësie ont cela de commun entre beaucoup d'autres choses, que l'vne fait souuent de beaux portraits d'vne femme laide, & l'autre de belles imitations d'vne action qu'il ne faut pas imiter. Dans la portraicture il n'est pas question si vn visage est beau, mais s'il ressemble ; & dans la Poësie, il ne faut pas considerer si les mœurs sont vertueuses, mais si elles sont pareilles à celles de la personne qu'elle introduit. Aussi nous descrit-elle indifferemment les bonnes & les mauuaises actions sans nous proposer les dernieres pour

EPISTRE.

exemple, & si elle nous en veut faire quelque horreur, ce n'est point par leur punition qu'elle n'affecte pas de nous faire voir, mais par leur laideur qu'elle s'efforce de nous representer au naturel. Il n'est pas besoin d'aduertir icy le public que celles de cette Tragedie ne sont pas à imiter, elles paroissent assés à descouuert pour n'en faire enuie à personne. Ie n'examine point si elles sont vray-semblables, ou non, cette difficulté qui est la plus delicate de la Poesie, & peut-estre la moins entendüe, demanderoit vn discours trop long pour vne Epistre: il me suffit qu'elles sont authorisées ou par la verité de l'histoire, ou par l'opinion commune des Anciens. Elle vous ont agreé autrefois sur le Theatre, i'espere qu'elles vous satisferont encore aucunement sur le papier, & demeure

MONSIEVR,

Voſtre tres-humble seruiteur
CORNEILLE.

ACTEVRS.

CREON Roy de Corinthe.

ÆGEE Roy d'Athenes.

IASON Mary de Medée.

POLLVX Argonaute, amy de Iason.

CREVSE Fille de Creon.

MEDEE Femme de Iason.

CLEONE Gouuernante de Creüse.

NERINE Suiuante de Medée.

THEVDAS Domestique de Creon.

TROVPE des gardes de Creon.

La Scene est à Corinthe.

MEDEE

MEDEE
TRAGEDIE.

ACTE I.

SCENE PREMIERE.

POLLVX, IASON.

POLLVX.

Ve ie sens à la fois de surprise & de
ioyè!   (renoye,
Se peut-il qu'en ces lieux enfin ie vous
Que Pollux dans Corinthe ait rencon-
contré Iason?
IASON.
Vous n'y pouuiés venir en meilleure saison,
Et pour vous rendre encor l'ame plus estonnée
Preparés vous à voir mon second Hymenée.
POLLVX.
Quoy! Medée est donc morte, amy?
IASON.
Non, elle vit,
Mais vn objet nouueau la chasse de mon lit.

V u

MEDEE

POLLVX.

Dieux! & que fera-t'elle?

IASON.

Et que fit Hypsipile
Que pousser les esclats d'vn couroux inutile?
Elle jetta des cris, elle versa des pleurs,
Elle me souhaita mille & mille malheurs,
Me nomma mille fois homme sans conscience,
Il fallut apres tout qu'elle prist patience,
Medée en son malheur en pourra faire autant:
Qu'elle souspire, pleure, & me nomme inconstant,
Ie la quitte à regret, mais ie n'ay point d'excuse
Contre vn pouuoir plus fort qui me donne à Creüse.

POLLVX.

Creüse est donc l'objet qui nous vient d'enflamer?
Ie l'auois deuiné, sans l'entendre nommer,
Iason ne fit iamais de communes maistresses,
Il est né seulement pour charmer les Princesses,
Et haïroit l'Amour s'il auoit sous sa loy
Rangé de moindres cœurs que des filles de Roy.
Hypsipyle à Lemnos, sur le Phase Medée,
Et Creüse à Corinthe, autant vaut, possedée,
Font bien voir qu'en tous lieux sans le secours de Mars
Les sceptres sont acquis à ses moindres regards.

IASON.

Aussi ie ne suis pas de ces amants vulgaires,
J'accommode ma flame au bien de mes affaires,
Et sous quelque climat que me jette le sort,
Par maxime d'Estat ie me fay cet effort.
Nous voulant à Lemnos rafraischir dans la ville
Qu'eussions nous fait, Pollux, sans l'amour d'Hypsipyle?
Et depuis à Colchos que fit vostre Iason
Que cajoler Medée & gaigner la Toison?
Alors sans mon amour qu'estoit vostre vaillance?
Eust-elle du Dragon trompé la vigilance?

TRAGEDIE.

Ce peuple que la terre enfantoit tout armé,
Qui de vous l'eust deffait, si Iason n'eust aymé?
Maintenant qu'vn exil m'interdit ma patrie
Creüse est le sujet de mon idolatrie,
Et i'ay trouué l'adresse, en luy faisant la Cour,
De releuer mon sort sur les aisles d'amour.

POLLVX.
Que parlés vous d'exil? la haine de Pelie…

IASON.
Me fait, tout mort qu'il est, fuir de sa Thessalie.

POLLVX.
Il est mort!

IASON.
Escoutez, & vous sçaurés comment
Son trespas seul me force à cet esloignement.
Apres six ans passez depuis nostre voyage
Dans les plus grands plaisirs qu'on gouste au ma-
riage,
Mon pere tout caduc esmouuant ma pitié
Ie coniuray Medée au nom de l'amitié…

POLLVX.
I'ay sçeu comme son art forçant les Destinées
Luy rendit la vigueur de ses ieunes années,
Ce fut, s'il m'en souuient, icy que ie l'appris,
D'où soudain vn voyage en Asie entrepris
Fait que nos deux sejours diuisés par Neptune
Ie n'ay point sçeu depuis quelle est vostre fortune,
Ie n'en fay qu'arriuer.

IASON.
Aprenez donc de moy
Le sujet qui m'oblige à luy manquer de foy.
Malgré l'auersion d'entre nos deux familles
Du vieux tyran Pelie elle gaigne les filles,
Et leur feint de ma part tant d'outrages receus,
Que ces foibles esprits sont aysément deceus.
Elle fait amitié, leur promet des merueilles,
Du pouuoir de son art leur remplit les oreilles,
Et pour mieux leur monstrer comme il est infiny

V u ij

Leur eſtale ſur tout mon pere rajeuny.
Pour eſpreuue, elle égorge vn Belier à leurs veuës,
Le plonge en vn bain d'eaux & d'herbes inconnuës,
Luy forme vn nouueau ſang auec cette liqueur,
Et luy rend d'vn Agneau la taille & la vigueur.
Les ſœurs crient miracle, & chacune rauie
Conçoit pour ſon vieux pere vne pareille enuie,
Veut vn effet pareil, le demande & l'obtient,
Mais chacune à ſon but. Cependant la nuict vient,
Medée apres le coup d'vne ſi belle amorce
Prepare de l'eau pure & des herbes ſans force,
Redouble le ſommeil des gardes & du Roy.
La ſuite au ſeul recit me fait trembler d'effroy,
A force de pitié ces filles inhumaines
De leur pere endormy vont eſpuiſer les vaines,
Et leur amour credule à grands coups de couteau
Prodigue ce vieux ſang qui fait place au nouueau.
Le coup le plus mortel s'impute à grand ſeruice,
On nomme pieté ce cruel ſacrifice,
Et l'amour paternel qui fait agir leurs bras (pas.
Croiroit commettre vn crime à n'en commettre
Medée eſt eloquente à leur donner courage,
Chacune toutefois tourne ailleurs ſon viſage,
Et refuſant ſes yeux à conduire ſa main
N'oſe voir les effets de ſon pieux deſſein.

POLLVX.

A me repreſenter ce tragique ſpectacle
Qui fait vn parricide & promet vn miracle, (uoir
I'ay de l'horreur moy-meſme, & ne puis conce-
Qu'vn eſprit iuſque-là ſe laiſſe deceuoir.

IASON.

Ainſi mon pere Aeſon recouura ſa ieuneſſe,
Mais oyez le ſurplus. Ce grand courage ceſſe,
L'eſpouuente les prend, & Medée s'enfuit,
Le iour deſcouure à tous les crimes de la nuit,
Et pour vous eſpargner vn diſcours inutile,
Acaſte nouueau Roy fait mutiner la ville,

Nomme Iason l'autheur de cette trahison,
Et pour vanger son pere assiege ma maison.
Mais i'estois desia loin aussi bien que Medée,
Et ma famille enfin à Corinthe abordée,
Nous saluüons Creon, dont la benignité
Nous promet contre Acaste vn lieu de seureté.
Que vous diray-ie plus ? mon bonheur ordinaire
M'acquiert les volontés de la fille & du pere,
Si bien que de tous deux esgalement chery, (mary.
L'vn me veut pour son gendre, & l'autre pour
D'vn riual couronné les grandeurs souueraines,
La Majesté d'Ægée, & le sceptre d'Athénes,
N'ont rien à leur aduis de comparable à moy,
Et banny que ie suis, ie leur suis plus qu'vn Roy.
L'vn & l'autre pourtant de honte dissimule,
Et bien que pour Creüse vn pareil feu me brusle,
Du deuoir coniugal ie combats mon amour,
Et ie ne l'entretiens que pour faire ma Cour.
Acaste cependant menace d'vne guerre
Qui doit perdre Creon, & despeupler sa terre,
Puis changeant tout à coup ses resolutions
Il propose la paix sous des conditions.
Il demande d'abord, & Iason, & Medée,
On luy refuse l'vn, & l'autre est accordée,
Ie l'empesche, on debat, & ie fais tellement
Qu'enfin il se reduit à son bannissement.
De nouueau ie l'empesche, & Creon me refuse,
Et pour m'en consoler il m'offre sa Creüse.
Qu'eussay-ie fait, Pollux, en cette extrémité
Qui commettoit ma vie auec ma loyauté ?
Car sans doute, à quitter l'vtile pour l'honneste,
La paix s'en alloit faite aux despens de ma teste,
Ce mespris insolent des offres d'vn grand Roy
Liuroit aux mains d'Acaste & ma Medée & moy.
Ie l'eusse fait pourtant si ie n'eusse esté pere,
L'amour de mes enfans m'a fait l'ame legere,
Ma perte estoit la leur, & cet Hymen nouueau
Auec Medée & moy les tire du tombeau,

MEDEE
Eux seuls m'ont fait resoudre, & la paix s'est conclüe.
POLLVX.
Bien que de tous costez l'affaire resoluë
Ne laisse aucune place aux conseils d'vn amy,
Ie ne puis toutesfois l'approuuer qu'à demy.
Surquoy que vous fondiez vn traitement si rude,
C'est tousiours vers Medée vn peu d'ingratitude,
Ce qu'elle a fait pour vous est mal recompensé.
Il faut craindre apres tout son courage offencé,
Vous sçauez mieux que moy ce que peuuent ses charmes.
IASON.
Ce sont à sa fureur d'espouuentables armes,
Mais son bannissement nous en va garantir.
POLLVX.
Gardez d'auoir subjet de vous en repentir.
IASON.
Quoy qu'il puisse arriuer, amy, c'est chose faite.
POLLVX.
La termine le Ciel comme ie le souhaite,
Permettez cependant qu'afin de m'acquiter
I'aille trouuer le Roy pour l'en féliciter.
IASON.
Ie vous y conduirois, mais i'attends ma Princesse
Qui va sortir du Temple.
POLLVX.
   Adieu, l'amour vous presse,
Et ie serois marry qu'vn soin officieux
Vous fist perdre pour moy des temps si precieux.

TRAGEDIE. 511

SCENE II.
IASON.

Depuis que mon esprit est capable de flame
Iamais vn trouble égal ne confondit mon (ame.
Mon cœur qui se partage en deux affections
Se laisse deschirer à mille passions.
Ie dois tout à Medée, & ie ne puis sans honte
Et d'elle & de ma foy tenir si peu de conte:
Ie doibs tout à Creon, & d'vn si puissant Roy
I'en fais vn ennemy si ie garde ma foy.
I'ay regret à Medée, & i'adore Creüse,
Ie voy mon crime en l'vne, en l'autre mon excuse,
Et dessus mon regret mes desirs triomphants
Ont encor le secours du soin de mes enfans.
Mais la voicy qui vient, l'esclat d'vn tel visage
Du plus constant du monde attireroit l'hommage,
Et semble reprocher à ma fidelité
D'auoir osé tenir contre tant de beauté.

SCENE III.
IASON, CREVSE, CLEONE.
IASON.

Qve vostre zéle est long, & que d'impatience
Il donne à vostre amant qui meurt en vostre (absence!
CREVSE.
Ie n'auois pourtant rien à demander aux Dieux,
Ayant Iason à moy, i'ay tout ce que ie veux.

MEDEE

IASON.

Et moy puis-je esperer l'effet d'vne priere
Que ma flame tiendroit à faueur singuliere?
Au nom de nostre amour sauués deux ieunes fruits,
Que d'vn premier Hymen la couche m'a produits,
Employés vous pour eux, faites enuers vn pere
Qu'ils ne soient point compris en l'exil de leur mere,
C'est luy seul qui bannit ces petits malheureux,
Puisque dans les traités il n'est point parlé d'eux.

CREVSE.

J'auois desia pitié de leur tendre innocence,
Et vous y seruiray de toute ma puissance,
Pourueu qu'à vostre tour vous m'accordiés vn point
Que iusques à tantost ie ne vous diray point.

IASON.

Dites, & quel qu'il soit, que ma Reine en dispose.

CREVSE.

Si ie puis sur mon pere obtenir quelque chose,
Vous le sçaurés apres, ie ne veux rien pour rien.

CLEONE.

Vous pourrés au Palais suiure cét entretien,
On ouure chez Medée, ostez vous de sa veuë,
Vos presences rendroient sa douleur plus esmeuë,
Et vous seriez marris que cét esprit ialoux
Meslast son amertume à des plaisirs si doux.

SCENE IV.

MEDEE.

Souuerains protecteurs des loix de l'Hymenée,
Dieux, garands de la foy que Iason m'a donnée,
Vous qu'il prit à tesmoins d'vne immortelle ardeur
Quand par vn faux serment il vainquit ma pudeur,
Voyés de quel mespris vous traite son pariure,
Et m'aydés à vanger cette commune iniure;
S'il me peut auiourd'huy chasser impunément,
Vous estes sans pouuoir, ou sans ressentiment.
Et vous, troupe sçauante en mille barbaries,
Filles de l'Acheron, Pestes, Larues, Furies,
Noires sœurs, si iamais nostre commerce estroit
Sur vous & vos serpents me donna quelque droit,
Sortés de vos cachots auec les mesmes flames
Et les mesmes tourmens dont vous gesnés les ames,
Laissez-les quelque temps reposer dans leurs fers,
Pour mieux agir pour moy faites trefue aux Enfers,
Et m'apportés du fonds des antres de Mégere
La mort de ma riuale & celle de son pere,
Et si vous ne voulez mal seruir mon couroux
Quelque chose de pis pour mon perfide espoux:
Qu'il coure vagabond de Prouince en Prouince,
Qu'il face laschement la Cour à chaque Prince,
Banny de tous costez, sans biens, & sans appuy,
Accablé de frayeur, de misere, d'ennuy,
Qu'à ses plus grands malheurs aucun ne compatisse,
Qu'il ait regret a moy pour son dernier supplice,

MEDEE

Et que mon souuenir iusque dans le tombeau
Attache à son esprit vn eternel bourreau.
Iason me repudie! & qui l'auroit pû croire?
S'il a manque d'amour, manque t'il de memoire?
Me peut-il bien quitter apres tant de bienfaits?
M'ose t'il bien quitter apres tant de forfaits?
Sçachant ce que ie puis, ayant veu ce que i'ose,
Croit-il que m'offencer ce soit si peu de chose?
Quoy? mon pere trahy, les elements forcés,
D'vn frere dans la mer les membres dispersés,
Luy font-ils presumer mon audace espuisée?
Luy font-ils presumer qu'à mon tour mesprisée,
Ma rage contre luy n'ait par où s'assouuir,
Et que tout mon pouuoir se borne à le seruir?
Tu t'abuses, Iason, ie suis encor moy-mesme,
Tout ce qu'en ta faueur fit mon amour extréme
Ie le feray par haine, & ie veux, pour le moins,
Qu'vn forfait nous separe ainsi qu'il nous a ioints,
Que mon sanglât diuorce en meurtres, en carnage,
S'esgale aux premiers iours de nostre mariage,
Et que nostre vnion que rompt ton changement
Trouue vne fin pareille à son commencement.
Deschirer par morceaux l'enfant aux yeux du pere
N'est que le moindre effet qui suiura ma colere,
Des crimes si legers furent mes coups d'essay,
Il faut bien autrement monstrer ce que ie sçay,
Il faut faire vn chef-d'œuure, & qu'vn dernier ou-
    urage
Surpasse de bien loin ce foible apprentissage.
Mais pour executer tout ce que i'entreprends
Quels Dieux me fourniront des secours assez
    grands?
Ce n'est plus vous, Enfers, qu'icy ie sollicite,
Vos feux sont impuissans pour ce que ie medite.
Autheur de ma naissance, aussi-bien que du iour
Qu'à regret tu departs à ce fatal seiour,
Soleil, qui vois l'affront qu'on va faire à ta race,
Donne-moy tes cheuaux à conduire en ta place,

TRAGEDIE.

Accorde cette grace à mon desir boüillant,
Ie veux choir sur Corinthe auec ton char bruslant,
Mais ne crain pas de cheute à l'Vniuers funeste,
Corinthe consumée affranchira le reste,
Mon erreur volontaire aiustée à mes vœux
Arrestera sur elle vn deluge de feux,
Creon en est le Prince, & prend Iason pour gendre,
Il faut l'enseuelir dessous sa propre cendre,
Et brusler son pays, si bien qu'à l'aduenir
L'Isthme n'empesche plus les deux mers de s'vnir.

SCENE V.

MEDEE, NERINE.

MEDEE.

Et bien, Nerine, à quand, à quand cét Hyme-
 née?
En ont-il choisy l'heure? en sçais-tu la iournée?
N'en as-tu rien appris? n'as-tu point veu Iason?
N'apprehende-t'il rien apres sa trahison?
Croit-il qu'en cét affront ie m'amuse à me plain-
 dre?   (dre,
S'il cesse de m'aymer, qu'il commence à me crain-
Il verra, le perfide, à quel comble d'horrreur
De mes ressentimens peut monter la fureur.

NERINE.

Moderez les boüillons de cette violence,
Et laissez desguiser vos douleurs au silence,
Quoy, Madame! est-ce ainsi qu'il faut dissimuler,
Et faut-il perdre ainsi des menaces en l'air?
Les plus ardents transports d'vne haine cognuë
Ne sont qu'autant d'esclairs auortés dans la nuë,
Qu'autant d'aduis à ceux que vous voulez punir

Pour repousser vos coups, ou pour les preuenir.
Qui peut sans s'émouuoir supporter vne offence,
Peut mieux prendre à son point le temps de sa vangeance,
Et sa feinte douceur sous vn appas mortel
Méne insensiblement sa victime à l'autel.
MEDEE
Tu veux que ie me taise, & que ie dissimule!
Nerine, porte ailleurs ce conseil ridicule,
L'ame en est incapable en de moindres malheurs,
Et n'a point où cacher de si grandes douleurs.
Iason m'a fait trahir mon pays & mon pere,
Et me laisse au milieu d'vne terre estrangere,
Sans support, sans amis, sans retraite, sans bien,
La fable de son peuple, & la haine du mien,
Nerine, apres cela, tu veux que ie me taise!
Ne dois-ie point encor en tesmoigner de l'aise,
De ce Royal Hymen souhaiter l'heureux iour,
Et m'offrir pour seruante à son nouuel amour?
NERINE.
Madame, pensés mieux à l'esclat que vous faites,
Quelque iuste qu'il soit, regardez où vous estes,
Et songez qu'à grand peine vn esprit plus remis
Vous tient en seureté parmy vos ennemis.
MEDEE.
L'ame doit se roidir plus elle est menacée,
Et contre la fortune aller teste baissée,
La choquer hardiment, & sans craindre la mort
Se presenter de front à son plus rude effort,
Cette lasche ennemie a peur des grands courages,
Et sur ceux qu'elle abat redouble ses outrages.
NERINE.
Que sert ce grand courage où l'on est sans pouuoir?
MEDEE.
Il trouue tousiours lieu de se faire valoir.
NERINE.
Forcés l'aueuglement dont vous estes seduite
Pour voir en quel estat le sort vous a reduite,

Vostre

TRAGEDIE. 517

Vostre pays vous hait, vostre espoux est sans foy,
Dans vn si grand reuers que vous reste-t'il?
MEDEE.
Moy,
Moy, dy-ie, & c'est assez.
NERINE.
Quoy? vous seule, Madame!
MEDEE.
Ouy, tu vois en moy seule, & le fer, & la flame,
Et la terre, & la mer, & l'Enfer, & les Cieux,
Et le sceptre des Roys, & le foudre des Dieux.
NERINE.
L'impetueuse ardeur d'vn courage sensible
A vos ressentiments figure tout possible,
Mais il faut craindre vn Roy fort de tant de su-
jets.
MEDEE.
Mon pere qui l'estoit rompit-il mes projets?
NERINE.
Non, mais il fut surpris, & Creon se deffie,
Fuyés, qu'à ses soupçons il ne vous sacrifie.
MEDEE.
Las! ie n'ay que trop fuy, cette infidelité
D'vn iuste chastiment punit ma lascheté:
Si ie n'eusse point fuy pour la mort de Pelie,
Si i'eusse tenu bon dedans la Thessalie,
Il n'eust point veu Creüse, & cet objet nouueau
N'eust point de nos amours estouffé le flambeau.
NERINE.
Fuyez encor, de grace.
MEDEE.
Ouy, ie fuyray Nerine,
Mais auant de Creon on verra la ruine.
Ie braue la fortune, & toute sa rigueur
En m'ostant vn mary ne m'oste pas le cœur,
Sois seulement fidelle, & sans te mettre en peine
Laisse agir pleinement mon sçauoir, & ma hai-
ne.

X x

MEDEE

NERINE *seule.*

Madame. Elle s'enfuit au lieu de m'écouter,
Ces violens transports la vont precipiter,
Elle court à sa perte, & sa brutale enuie
Luy fait abandonner le soucy de sa vie.
Taschons encor vn coup d'en diuertir le cours,
Appaiser sa fureur c'est conseruer ses iours.

Fin du premier Acte.

TRAGEDIE.

ACTE II.

SCENE PREMIERE.
MEDEE, NERINE.

NERINE.

Bien qu'vn peril certain suiue voftre entreprife,
Asseurez vous sur moy, ie vous suis toute acquife,
Employez mon feruice aux flames, au poifon,
Ie ne refufe rien, mais efpargnez Iafon:
Voftre aueugle vangeance vne fois affouuie
Le regret de fa mort vous coufteroit la vie,
Et les coups violens d'vn rigoureux ennuy….

MEDEE.

Ceffe de m'en parler, & ne crain rien pour luy,
Ma fureur iufque-là n'oferoit me feduire,
Iafon m'a trop coufté pour le vouloir deftruire,
Mon couroux luy fait grace, & tout leger qu'il eft,
Noftre premiere ardeur fouftient fon intereft.
Ie croy qu'il m'ayme encore & qu'il nourrit en l'ame
Quelques reftes fecrets d'vne fi belle flame,
Il ne fait qu'obeyr aux volontez d'vn Roy
Qui l'arrache à Medée en defpit de fa foy.

X x ij

MEDEE
Qu'il viue, & s'il se peut, que l'ingrat me demeure,
Sinon, ce m'est assez que sa Creuse meure,
Qu'il viue cependant, & ioüysse du iour
Que luy conserue encor mon immuable amour.
Creon seul, & sa fille ont fait la perfidie,
Eux seuls termineront toute la Tragedie,
Leur perte acheuera cette fatale paix.
NERINE.
Contenés vous, Madame, il sort de son Palais.

SCENE II.
CREON, MEDEE, NERINE, Soldats.

CREON.
Qvoy! ie te vois encor! auec quelle impudence
Peux-tu sans t'effrayer soustenir ma presence?
Ignores-tu l'Arrest de ton bannissement?
Fais-tu si peu de cas de mon commandement?
Voyez comme elle s'enfle & d'orgueil & d'audace,
Ses yeux ne sont que feu, ses regards que menace,
Gardes, empeschez-la de s'approcher de moy.
Va, purge mes Estats d'vn tel monstre que toy,
Deliure mes sujets & moy-mesme de crainte.
MEDEE.
Dequoy m'accuse-t'on? quel crime, quelle plainte
Vous porte à me chasser auecque tant d'ardeur?
CREON.
Ah l'innocence mesme, & la mesme candeur!
Medée est vn miroir de vertu signalée,
Quelle inhumanité de l'auoir exilée!

TRAGEDIE.

Barbare, as-tu si tost oublié tant d'horreurs?
Repasse tes forfaits auecque tes erreurs,
Et de tant de pays nomme quelque contrée
Dont tes meschancetez te permettent l'entrée.
Toute la Thessalie en armes te poursuit,
Ton pere te deteste, & l'Vniuers te fuit.
Me dois-ie en ta faueur charger de tant de haines,
Et sur mon peuple & moy faire tomber tes peines?
Va pratiquer ailleurs tes noires actions,
I'ay racheptè la paix à ces conditions.
MEDEE.
Lasche paix, qu'entre vous sans m'auoir escoutée
Pour m'arracher mon bien vous auez complotée,
Paix, dont le deshonneur vous demeure eternel.
Quiconque sans l'oüir condamne vn criminel,
Bien qu'il eust mille fois merité son supplice,
D'vn iuste chastiment il fait vne iniustice.
CREON.
Au regard de Pelie, il fut bien mieux traité,
Auant que l'égorger tu l'auois escouté?
MEDEE.
Escouta-t'il Iason quand sa haine couuerte
L'enuoya sur nos bords se liurer à sa perte,
Car comment voulez vous que ie nôme vn dessein
Au dessus de sa force & du pouuoir humain?
Apprenez quelle estoit cette illustre conqueste,
Et de combien de morts i'ay garanty sa teste.
Il falloit mettre au ioug deux Taureaux furieux,
Des tourbillons de feu s'eslançoient de leurs yeux,
Et leur maistre Vulcain poussoit par leur haleine
Vn long embrazement dessus toute la pleine:
Eux domptez, on entroit en de nouueaux hazards,
Il falloit labourer les tristes champs de Mars,
Et des dents d'vn serpent ensemencer leur terre,
Dont la sterilité fertile pour la guerre
Produisoit à l'instant des escadrons armés
Contre le laboureur qui les auoit semés.
Mais quoy qu'eust fait contre eux vne valeur par- (faite,

La toison n'estoit pas au bout de leur deffaite,
Vn Dragon enyuré des plus mortels poisons
Qu'enfantent les pechez de toutes les saisons,
Vomissant mille traits de sa gueule enflammée,
La gardoit beaucoup mieux que toute cette armée.
Iamais Estoile, Lune, Aurore, ny Soleil
Ne virent abaisser sa paupiere au sommeil.
Ie l'ay seule assoupy, seule, i'ay par mes charmes
Mis au ioug les Taureaux, & deffait les Gensdar-
Si lors à mon deuoir mon desir limité (mes,
Eust conserué ma honte & ma fidelité,
Si i'eusse eu de l'horreur de tant d'enormes fautes,
Que deuenoit Iason & tous vos Argonautes?
Sans moy ce vaillant Chef que vous m'auez rauy
Fust pery le premier & tous l'auroient suiuy.
Ie ne me repents point d'auoir par mon adresse
Sauué le sang des Dieux, & la fleur de la Grece;
Zethez, & Calaïs, & Pollux, & Castor,
Et le charmant Orphée, & le sage Nestor,
Tous vos Heros enfin tiennent de moy la vie,
Ie vous les verray tous posseder sans enuie,
Ie vous les ay sauuez, ie vous les cede tous,
Ie n'en veux qu'vn pour moy, n'en soyez point
      jaloux,
Pour de si bons effets laissez-moy l'infidelle,
Il est mon crime seul, si ie suis criminelle,
Aymer cet inconstant c'est tout ce que i'ay fait,
Si vous me punissez, rendez-moy mon forfait;
Est-ce vser comme il faut d'vn pouuoir legitime
De me faire coupable & iouyr de mon crime?
      CREON.
Va te plaindre à Colchos.
      MEDEE.
           Le retour m'y plaira,
Que Iason m'y remette ainsi qu'il m'en tira,
Ie suis preste à partir sous la mesme conduite
Qui de ces lieux aymez precipita ma fuite.
O d'vn iniuste affront les coups les plus cruels!

TRAGEDIE.

Vous faites différēce entre deux criminels!
Vous voulez qu'on l'honore, & que de deux com-(plices
L'vn ait vostre Couronne, & l'autre des supplices.

CREON.

Cesse de plus mesler ton interest au sien,
Ton Iason pris à part est trop homme de bien,
Le separant de toy sa deffense est facile.
Iamais il n'a trahy son pere, ny sa ville,
Iamais sang innocent n'a fait rougir ses mains,
Iamais il n'a presté son bras à tes desseins,
Son crime, s'il en a, c'est de t'auoir pour femme;
Laisse-le s'affranchir d'vne honteuse flame,
Rends luy son innocence en t'esloignant d'icy,
Emporte auecque toy son crime & mon soucy,
Tes herbes, tes poisons, ton cœur impitoyable,
Tout ce qui me fait craindre, & rend Iason coupa-(ble.

MEDEE.

Peignés mes actions plus noires que la nuict,
Ie n'en ay que la honte, il en a tout le fruict.
C'est à son interest que ma sçauante audace
Immola son tyran par les mains de sa race,
Ioignés y mon pays & mon frere, il suffit
Qu'aucun de tant de maux ne va qu'a son profit.
Mais vous les sçauiés tous quand vous m'auez re-(ceuë,
Vostre simplicité n'a point esté deceuë,
En ignoriés vous vn quand vous m'auez promis
Vn rempart asseuré contre mes ennemis?
Ma main seignoit encor du meurtre de Pelie,
Quand dessous vostre foy vous m'auez recueillie,
Et vostre cœur sensible à la compassion
Malgré tous mes forfaits prist ma protection.
Si l'on me peut depuis imputer quelque crime,
C'est trop peu que l'exil, ma mort est legitime:
Sinon, à quel propos me traitez-vous ainsi?
Ie suis coupable ailleurs, mais innocente icy.

CREON.

Ie ne veux plus icy d'vne telle innocence,
Ny souffrir en ma Cour ta fatale presence.
Va....

MEDEE.
Dieux, iuſtes vangeurs!
CREON.
Va, dy-ie, en d'autres lieux
Par tes cris importuns ſolliciter les Dieux.
Laiſſe nous tes enfans, ie ferois trop ſeuere
Si ie les puniſſois des crimes de leur mere,
Et bien que ie le peuſſe auec iuſte raiſon
Ma fille les demande en faueur de Iaſon.
MEDEE.
Barbare humanité qui m'arrache à moy-meſme,
Et feint de la douceur pour m'oſter ce que i'ayme!
Si Creüſe & Iaſon ainſi l'ont ordonné,
Qu'ils me rendent le ſang que ie leur ay donné.
CREON.
Ne me replique plus, ſuy la loy qui t'eſt faite,
Prepare ton depart, & penſe à ta retraite,
Pour en deliberer, & choiſir le quartier,
De grace ma bonté te donne vn iour entier.
MEDEE.
Quelle grace!
CREON.
Soldats, remettez-la chez elle,
Sa conteſtation ſe rendroit eternelle.

Medee rentre & Creon continuë.

Quel indomptable eſprit! quel arrogant maintien
Accompagnoit l'orgueil d'vn ſi long entretien!
A-t'elle rien fléchy de ſon humeur altiere?
A-t'elle pû deſcendre à la moindre priere?
Et le ſacré reſpect de ma condition
En a-t'il arraché quelque ſoubmiſſion?

TRAGEDIE.

SCENE III.
CREON, IASON, CREVSE, CLEONE, Soldats.

CREON.

TE voilà sans riuale, & mon pays sans guerre,
Ma fille, c'est demain qu'elle sort de ma terre,
Nous n'auons desormais que craindre de sa part,
Acaste est satisfait d'vn si proche depart,
Et si tu peux calmer le courage d'Aegée
Qui voit par nostre choix son ardeur negligée,
Fais estat que demain nous asseure à iamais
Et dedans & dehors vne profonde paix.

CREVSE.

Ie ne croy pas, Monsieur, que ce vieux Roy d'Athenes
Voyant aux mains d'autruy le fruit de tant de peines,
Mesle tant de foiblesse à son ressentiment,
Que ses premiers boüillons s'appaisent aisément.
I'espere toutefois qu'auec vn peu d'adresse
Ie pourray le resoudre à perdre vne maistresse,
Dont l'aage peu sortable & l'inclination
Respondoient assez mal à son affection.

IASON.

Il doit vous tesmoigner par son obeyssance
Combien sur son esprit vous auez de puissance,
Et s'il s'obstine à suiure vn iniuste couroux,
Nous sçauons, ma Princesse, en rabatre les coups,
Et nos preparatifs contre la Thessalie
Ont trop dequoy punir sa flame & sa folie.

CREON.

Nous n'en viendrons pas là, regarde seulement

MEDEE

A le payer d'estime & de remerciment.
Ie voudrois pour tout autre vn peu de raillerie;
Vn vieillard amoureux merite qu'on en rie:
Mais on ne traite point les Roys auec mespris,
On leur doit du respect quoy qu'ils ayét entrepris.
Remets, si tu le veux, sur moy toute l'affaire,
Quelques raisons d'Estat le pourront satisfaire,
Et pour m'y preparer plus de facilité
Sur tout ne le reçoy qu'auec ciuilité.

SCENE IV.

IASON, CREVSE, CLEONE.

IASON.

Qve ne vous dois-ie point pour cette preference
Où mes desirs n'osoient porter mon esperance?
C'est bien me tesmoigner vn amour infiny
De mespriser vn Roy pour vn pauure banny.
A toutes ses grandeurs preferer ma misere!
Tourner en ma faueur les volontez d'vn pere!
Garantir mes enfans d'vn exil rigoureux!

CREVSE.

Qu'a pû faire de moindre vn courage amoureux?
La Fortune a monstré dedans vostre naissance
Vn trait de son enuie, ou de son impuissance,
Elle deuoit vn sceptre au sang dont vous naissez,
Et sans luy vos vertus le meritoient assez.
L'Amour qui n'a pû voir vne telle iniustice
Supplée à son defaut, ou punit sa malice,
Et vous donne au plus fort de vos aduersitez
Le sceptre que i'attends, & que vous meritez.
La gloire m'en demeure, & les races futures

TRAGEDIE.

Contant noſtre Hymenée entre vos aduantures,
Vanteront à iamais mon amour genereux
Qui d'vn ſi grand Heros rompt le ſort malheureux.
Apres tout cependant, riés de ma foibleſſe.
Preſte de poſſeder le Phénix de la Grece,
La fleur de nos guerriers, le ſang de tant de Dieux,
La robbe de Medée a donné dans mes yeux,
Mon caprice à ſon luſtre attachant mon enuie
Sans elle trouue à dire au bonheur de ma vie,
C'eſt ce qu'ont pretendu mes deſſeins releuez
Pour le prix des enfans que ie vous ay ſauuez.

IASON.

Que ce prix eſt leger pour vn ſi bon office!
Il y faut toutefois employer l'artifice,
Ma ialouſe en fureur n'eſt pas femme à ſouffrir
Que ma main l'en deſpoüille afin de vous l'offrir,
Des treſors dont ſon pere eſpuiſe la Scythie
C'eſt tout ce qu'elle a pris quand elle en eſt ſortie.

CREVSE.

Qu'elle a fait vn beau choix! iamais eſclat pareil
Ne ſema dans la nuit les clartés du Soleil,
Les perles auec l'or confuſément meſlées,
Mille pierres de prix ſur ſes bords eſtalées
D'vn meſlange diuin eſblouyſſent les yeux,
Iamais rien d'approchant ne ſe fit en ſes lieux;
Pour moy, tout auſſi-toſt que ie l'en vis parée
Ie ne fis plus d'eſtat de la Toiſon dorée,
Et deuſſiez-vous vous-meſme en eſtre vn peu ia-
  loux,
I'en eus preſques enuie auſſi-toſt que de vous.
Pour appaiſer Medée & reparer ſa perte,
L'eſpargne de mon pere entierement ouuerte
Luy met à l'abandon tous les treſors du Roy,
Pourueu que cette robbe, & Iaſon ſoient à moy.

IASON.

N'en doutés point, ma Reine, elle vous eſt acquiſe,
Ie vay chercher Nerine, & par ſon entremiſe
Obtenir de Medée auec dexterité

MEDEE

Ce que refuseroit son courage irrité.
Pour elle, vous sçauez que ie fuy ses approches,
Ie ne m'expose point à ses vaines reproches,
Et ie me cognois mal, ou dans nostre entretien
Son couroux s'allumant allumeroit le mien.
Ie n'ay point vn esprit complaisant à sa rage
Iusques à supporter sans replique vn outrage,
Or iugez à quel point iroient mes desplaisirs
De reculer par là l'effet de vos desirs.
Mais sans plus de discours d'vne maison voisine
Ie vay prendre le temps que sortira Nerine,
Souffrez pour auancer vostre contentement
Que malgré mon amour ie vous quitte vn momēt.

CLEONE.
Madame, i'apperçoy venir le Roy d'Athenes.

CREVSE.
Allez donc, vostre veuë augmenteroit ses peines.

CLEONE.
Souuenez vous de l'air dont il le faut traiter.

CREVSE.
Ma bouche accortement sçaura s'en acquiter.

SCENE V.
ÆGEE, CREVSE, CLEONE.

ÆGEE.

Svr vn bruit qui m'estonne & que ie ne puis croire
Madame, mon amour ialoux de vostre gloire
Vient sçauoir s'il est vray que vous soyez d'accord
Par ce honteux Hymen de l'Arrest de ma mort.
Vostre peuple en fremit, vostre Cour en murmure,
Et tout Corinthe en fin s'impute à grande iniure,

Qu'vn

TRAGEDIE.

Qu'vn fugitif, vn traistre, vn meurtrier de Rois
Luy donne à l'auenir des Princes & des loix.
Il ne peut endurer que l'horreur de la Grece
Pour prix de ses forfaits espouse sa Princesse,
Et qu'il faille adiouster à vos tiltres d'honneur,
Femme d'vn assassin, & d'vn empoisonneur.

CREVSE.

Laissez agir, grand Roy, la raison sur vostre ame,
Et ne le chargez point des crimes de sa femme.
I'espouse vn malheureux, & mon pere y consent,
Mais Prince, mais vaillant, & sur tout, innocent.
Non pas que ie ne faille en cette preference,
De vostre rang au sien ie sçay la difference:
Mais si vous cognoissez l'amour, & ses ardeurs,
Iamais pour son objet il ne prend les grandeurs,
Aduoüez que son feu n'en veut qu'à la personne,
Et qu'en moy vous n'aymiez rien moins que ma
   Couronne.
Souuent ie ne sçay quoy qu'on ne peut exprimer
Nous surprend, nous emporte, & nous force d'ay-
   mer,
Et souuent sans raison les objets de nos flames
Frappét nos yeux ensemble, & saisissent nos ames.
Ainsi nous auons veu le souuerain des Dieux
Au mespris de Iunon aymer en ces bas lieux,
Venus quitter son Mars, & negliger sa prise,
Tantost pour Adonis, & tantost pour Anchise,
Et c'est peut-estre encore auec moins de raison
Que, bien que vous m'aymiez, ie me donne à Iason.
D'abord dans mon esprit vous eustes ce partage,
Ie vous estimay plus, & l'aymay dauantage.

ÆGEE.

Gardez ces complimens pour de moins enflamés,
Et ne m'estimez point qu'autát que vous m'aymés.
Que me sert cet adueu d'vne erreur volontaire?
Si vous croyez faillir, qui vous force à le faire?
N'accusez point l'amour, ny son aueuglement,
Quand on cognoist sa faute, on peche doublement.

X y

CREVSE.

Puis donc que vous trouués ma faute inexcusable,
Ie ne veux plus, Monsieur, me confesser coupable.
L'amour de mon pays & le bien de l'Estat
Me deffendoient l'Hymen d'vn si grand Potentat.
Il m'eust fallu soudain vous suiure en vos Prouinces,
Et priuer mes sujets de l'aspect de leurs Princes,
Vostre sceptre pour moy n'est qu'vn pompeux exil;
Que me sert son esclat, & que me donne-t'il?
M'esleue t'il d'vn rang plus haut que souueraine?
Et sans le posseder suis-ie pas desià Reyne?
Graces aux Immortels, dans ma condition
I'ay dequoy m'assouuir de cette ambition,
Ie ne veux point changer mon sceptre contre vn autre,
Ie perdrois ma Couronne en acceptant la vostre,
Corinthe est bon sujet, mais il veut voir son Roy,
Et d'vn Prince esloigné reietteroit la loy.
Ioignez à ces raisons qu'vn pere vn peu sur l'âge,
Dont ma seule presence adoucit le vefuage,
Ne sçauroit se resoudre à separer de luy
De ses debiles ans l'esperance, & l'appuy,
Et vous recognoistrés que ie ne vous prefere
Que le bien de l'Estat, mon pays, & mon pere.

ÆGEE.

Puisque mon mauuais sort à ce point me reduit,
Qu'au lieu de me seruir ma Couronne me nuit:
Pour diuertir l'effet de ce funeste oracle,
Ie dépose à vos pieds ce precieux obstacle.
Madame, à mes sujets donnez vn autre Roy,
De tout ce que ie suis ne retenez que moy.
Allez sceptre, grandeurs, Majesté, Diadéme,
Vostre odieux esclat desplaist à ce que i'ayme,
Ie hay ce nom de Roy qui s'oppose à mes vœux,
Et le tiltre d'esclaue est le seul que ie veux.

CREVSE.

Sans plus vous emporter à cette complaisance
Perdez mon souuenir auecque ma presence,

TRAGEDIE.

Et puisque mes charmes ont si peu de pouuoir
Que vostre emotion se redouble à me voir,
Afin de redonner le repos à vostre ame,
Souffrez que ie vous quitte.

ÆGEE *seul.*

Allez, allez, Madame,
Estaler vos appas, & vanter vos mespris
A l'infame sorcier qui charme vos esprits.
De cette indignité faites vn mauuais conte,
Riez de mon ardeur, riez de vostre honte.
Fauorisez celuy de tous vos Courtisans
Qui raillera le mieux le declin de mes ans.
Vous ioüirez fort peu d'vne telle insolence,
Mon amour outragé court à la violence,
Mes vaisseaux à la rade assez proches du port
N'ont que trop de soldats à faire vn coup d'effort,
La ieunesse ne manque & non pas le courage.
Les Rois ne perdent point les forces auec l'aage,
Et l'on verra peut-estre auant ce iour finy
Ma passion vangée & vostre orgueil puny.

Fin du second Acte.

ACTE III.

SCENE PREMIERE.

NERINE.

Malheureux instrument du malheur qui nous presse,
Que i'ay pitié de toy, déplorable Princesse!
Auant que le Soleil ait fait encore vn tour,
Ta perte ineuitable acheue ton amour.
Ton destin te trahit, & ta beauté fatale
Sous l'appas d'vn Hymen t'expose à ta riuale,
Ton sceptre est impuissant à vaincre son effort,
Et le iour de sa fuite est celuy de ta mort.
Celle qui de son fils saoula le Roy de Thrace
Eut bien moins que Medée & de rage, & d'audace.
Seule esgale à soy-mesme en sa vaste fureur,
Ses projets les plus doux me font trembler d'horreur,
Sa vangeance à la main elle n'a qu'à resoudre,
Vn mot du haut des Cieux fait descendre le foudre,
Les mers pour noyer tout n'attendent que sa loy,
La terre offre à s'ouurir sous le Palais du Roy,
L'air tient les vents tous prests à suiure sa colere,
Tant la nature esclaue a peur de luy desplaire,
Et si ce n'est assez de tous les Elements,
Les Enfers vont sortir à ses commandements.
Moy, bien que mon deuoir m'attache à son seruice,

TRAGEDIE.

Ie luy preste à regret vn silence complice,
D'vn loüable desir mon cœur sollicité
Luy feroit auec ioye vne infidelité:
Mais loin de s'arrester sa rage découuerte
A celle de Creüse adiousteroit ma perte,
Et mon funeste aduis ne seruiroit de rien (sien.
Qu'à confondre mon sang dans les boüillons du
D'vn mouuement contraire à celuy de mon ame
La crainte de la mort m'oste celle du blasme,
Ma peur me fait fidelle, & tasche d'auancer
Les desseins que ie veux & n'ose trauerser.

SCENE II.
IASON, NERINE.

IASON.

NErine, & bien, que fait nostre pauure exilée?
Tes sages entretiens l'ont-ils point consolée?
Ne peut-elle ceder à la necessité?

NERINE.

Elle a bien refroidy son animosité,
De moment en moment son ame plus humaine
Abaisse sa colere, & rabat de sa haine,
Desia son desplaisir ne vous veut plus de mal.

IASON.

Fay luy prendre pour tous vn sentiment esgal.
Toy qui de mon amour cognoissois la tendresse,
Tu peux cognoistre aussi quelle douleur me presse,
Ie me sens deschirer le cœur à son depart, (part,
Creuse en ses malheurs prend mesme quelque
Ses pleurs en ont coulé, Creon mesme en souspire,
Luy prefere à regret le bien de son Empire,
Et si dans son Adieu son cœur moins irrité
Pouuoit laisser agir sa liberalité,

Y y iij

MEDEE

Si iusques-là Medée appaisoit ses menaces
Qu'elle vouluſt partir auec ſes bonnes graces,
Ie ſçay (comme il eſt bon) que ſes treſors ouuerts
Luy ſeroient ſans reſerue entierement offerts,
Et malgré les malheurs où le ſort l'a reduite
Soulageroient ſa peine, & ſouſtiendroient ſa fuite.

NERINE.

Puiſqu'il faut ſe reſoudre à ce banniſſement,
Il faut en adoucir le meſcontentement,
Cette offre y peut ſeruir, & par elle i'eſpere
Auec vn peu d'adreſſe appaiſer ſa colere.
Mais d'ailleurs toutefois, n'attendez rien de moy,
S'il faut prendre congé de Creüſe & du Roy,
L'objet de voſtre amour, & de ſa ialouſie
De toutes ſes fureurs l'auroit toſt reſſaiſie.

IASON.

Pour monſtrer ſans les voir ſon courage appaiſé,
Ie te diray, Nerine, vn moyen fort aiſé.
Mais puis-ie m'aſſeurer deſſus ta confidence?
Oüy, de trop longue main ie cognois ta prudence.
On a banny Medée, & Creon tout d'vn temps
Ioignoit à ſon exil celuy de ſes enfans,
La pitié de Creüſe a tant fait vers ſon pere (mere,
Qu'ils n'auront point de part aux malheurs de leur
Elle luy doit par eux quelque remerciment,
Qu'vn preſent de ſa part ſuiue leur compliment:
Sa robbe dont l'eſclat ſied mal à ſa fortune,
Et n'eſt à ſon exil qu'vne charge importune,
Luy gaigneroit le cœur d'vn Prince liberal,
Et de tous ſes treſors l'abandon general.
Elle peut aiſément d'vne choſe inutile
Semer pour ſa retraite vne terre fertile,
Creüſe, ou ie me trompe, en a quelque deſir,
Et ie ne penſe pas qu'elle peuſt mieux choiſir.
Mais la voicy qui ſort, ſouffre que ie l'euite,
Puiſqu'à mon ſeul aſpect ie la voy qui s'irrite.

TRAGEDIE.

SCENE III.
MEDEE, IASON, NERINE.

MEDEE.

NE fuyez pas, Iason, de ces funestes lieux,
C'est à moy d'en partir, receuez mes Adieux:
Accoustumée à fuir, l'exil m'est peu de chose,
Sa rigueur n'a pour moy de nouueau que sa cause,
C'est pour vous que i'ay fuy, c'est vous qui me chassez.
Où me renuoyez vous, si vous me bannissez?
Iray-ie sur le Phase, où i'ay trahy mon pere,
Appaiser de mon sang les Manes de mon frere?
Iray-ie en Thessalie où le meurtre d'vn Roy
Pour victime auiourd'huy ne demande que moy?
Il n'est point de climat dont mon amour fatale
N'ait acquis à mon nom la haine generale, (main,)
Et ce qu'ont fait pour vous mon sçauoir & ma
M'a fait vn ennemy de tout le genre humain.
Ressouuien-t'en, ingrat, remets-toy dans la plaine
Que ces Taureaux affreux brusloiēt de leur haléine,
Reuoy ce champ guerrier dont les sacrés sillons
Esleuoient contre toy de soudains bataillons,
Ce Dragon qui iamais n'eut les paupieres closes,
Et lors prefere moy Creüse, si tu l'oses.
Qu'ay-ie espargné depuis qui fust en mō pouuoir?
Ay-ie aupres de l'amour escouté mon deuoir?
Pour jetter vn obstacle à l'ardante poursuite
Dont mon pere en fureur touchoit desià ta fuite,
Semay-ie auec regret mon frere par morceaux?
A cet objet piteux espandu sur les eaux

MEDEE

Mon pere trop sensible aux droits de la nature
Quitta tous autres soins que de sa sepulture,
Et par ce nouueau crime esmouuant sa pitié
I'arrestay les effets de son inimitié.
Bourrelle de mon sang, honte de ma famille,
Aussi cruelle sœur que desloyale fille,
Ces tiltres glorieux plaisoient à mes amours,
Ie les pris sans horreur pour conseruer tes iours.
Alors, certes, alors mon merite estoit rare,
Tu n'estois point honteux d'vne femme Barbare:
Quand à ton pere vsé ie rendis la vigueur,
I'auois encor tes vœux, i'estois encor ton cœur,
Mais cette affection mourant auec Pelie
Sous vn mesme tombeau se vit enseuelie,
L'ingratitude en l'ame, & l'impudence au front,
Vne Scythe en ton lit te fut lors vn affront,
Et moy, que tes desirs auoient tant souhaitée,
Le Dragon assoupy, la Toison emportée,
Ton tyran massacré, ton pere rajeuny,
Ie deuins vn obiet digne d'estre banny.
Tes desseins acheués i'ay merité ta haine,
Il t'a fallu sortir d'vne honteuse chaisne,
Et prendre vne moitié qui n'a rien plus que moy
Que le bandeau Royal que i'ay quitté pour toy.

IASON.

Ha ! que n'as-tu des yeux à lire dans mon ame,
Et voir les purs motifs de ma nouuelle flame?
Les tendres sentiments d'vn amour paternel
Pour sauuer mes enfans me rendent criminel,
Si l'on peut nommer crime vn malheureux diuorce
Où le soin que i'ay d'eux me reduit, & me force.
Toy-mesme, furieuse, ay-ie peu fait pour toy
D'arracher ton trespas aux vangeances d'vn Roy?
Sans moy ton insolence alloit estre punie,
A ma seule priere on ne t'a que bannie:
C'est rendre la pareille à tes grands coups d'effort,
Tu m'as sauué la vie, & i'empesche ta mort.

TRAGEDIE.

MEDEE.
On ne m'a que bannie! ô bonté souueraine!
C'est donc vne faueur & non pas vne peine!
Ie reçois vne grace au lieu d'vn chastiment!
Et mon exil encor doit vn remerciment!
Ainsi l'auare soif du brigand assouuie,
Il s'impute à pitié de nous laisser la vie,
Quand il n'esgorge point il croit nous pardonner,
Et ce qu'il n'oste pas il pense le donner.

IASON.
Tes discours dont Creon de plus en plus s'offen-
 ce
Le forceroient enfin à quelque violence,
Esloigne-toy d'icy tandis qu'il t'est permis,
Les Roys ne sont iamais de foibles ennemis.

MEDEE.
A trauers tes conseils ie vois assez ta ruse,
Ce n'est là m'en donner qu'en faueur de Creüse,
Ton amour desguisé d'vn soin officieux
D'vn obiet importun veut deliurer ses yeux.

IASON.
N'appelle point amour vn change inéuitable
Où Creüse fait moins que le sort qui m'accable.

MEDEE.
Peux-tu bien sans rougir desaduoüer tes feux?

IASON.
Et bien, soit, ses attraits captiuent tous mes vœux,
Toy qu'vn amour furtif soüilla de tant de crimes
M'oses-tu reprocher des ardeurs legitimes?

MEDEE.
Ouy, ie te les reproche, & de plus...

IASON.
                              Quels forfaits?!

MEDEE.
La trahison, le meurtre, & tous ceux que i'ay faits.

IASON.
Il manque encor ce point à mon sort déplorable
Que de tes cruautez on me face coupable.

MEDEE.
Tu presumes en vain de t'en mettre à couuert,
Celuy-là fait le crime à qui le crime sert,
Que chacun indigné contre ceux de ta femme
La traite en ses discours de meschante, & d'infame,
Toy seul, dont ses forfaits ont fait tout le bonheur,
Tien-la pour innocente, & deffends son honneur.

IASON.
I'ay honte de ma vie, & ie hay son vsage
Depuis que ie la dois aux effets de ta rage.

MEDEE.
La honte genereuse, & la haute vertu!
Si tu la hais si fort, pourquoy la gardes-tu?

IASON.
Au bien de nos enfans, dont l'aage foible & tendre
Contre tant de malheurs ne sçauroit se deffendre,
Deuiens en leur faueur d'vn naturel plus doux.

MEDEE.
Mon ame à leur sujet redouble son couroux.
Faut-il ce deshonneur pour comble à mes miseres
Qu'à mes enfans Creüse enfin donne des freres?
Tu vas mesler, impie, & mettre en rang pareil
Les neueux de Sysiphe auec ceux du Soleil!

IASON.
Leur grandeur soustiendra la fortune des autres,
Creüse & ses enfans conserueront les nostres.

MEDEE.
Ie l'empescheray bien, ce meslange odieux,
Qui deshonore ensemble & ma race & les Dieux.

IASON.
Lassez de tant de maux cedons à la Fortune.

MEDEE.
Ce corps n'enferme pas vne ame si commune,
Ie n'ay iamais souffert qu'elle me fist la loy,
Et tousiours ma fortune a dependu de moy.

IASON.
La peur que i'ay d'vn sçeptre...

TRAGEDIE.

MEDEE.
Ah cœur remply de feinte!
Tu masques tes desirs d'vn faux tiltre de crainte,
Vn sceptre pour ton change a seul de vrais appas.
IASON.
Voy l'estat où ie suis, i'ay deux Roys sur les bras,
Acaste à la campagne, & Creon dans la ville,
Que leur puis-ie opposer qu'vn courage inutile?
MEDEE.
Fuy les tous deux pour moy, fuy Medée à ton tour,
Sauue ton innocence auecque ton amour,
Fuy-les, ie n'arme pas ta dextre sanguinaire
Ny contre ton parent, ny contre ton beau-pere.
IASON.
Qui leur resistera s'ils viennent à s'vnir?
MEDEE.
Qui me resistera si ie te veux punir?
Desloyal, aupres d'eux crains-tu si peu Medée?
Que toute leur puissance en armes desbordée
Dispute contre moy ton cœur qu'ils m'ont surpris,
Et ne sois du combat que le iuge & le prix:
Ioins leur, si tu le veux, mon pere & la Scythie,
En moy seule ils n'auront que trop forte partie.
Bornes-tu mon pouuoir à celuy des humains?
Contre eux, quand il me plaist, i'arme leurs pro-
    pres mains,
Tu le sçais, tu l'as veu, quand ces fils de la Terre
Par leurs coups mutuels terminerent leur guerre.
Miserable, ie puis adoucir des taureaux,
La flame m'obeyt, & ie commande aux eaux,
L'Enfer tremble, & les Cieux, si-tost que ie les
    nomme,
Et ie ne puis toucher les volontez d'vn homme.
Ie t'ayme encor, Iason, malgré ta lascheté,
Ie ne m'offense plus de ta legereté,
Ie sens à tes regards décroistre ma colere,
De moment en moment ma fureur se modere,
Et ie cours sans regret à mon bannissement

Puisque i'en voy sortir ton establissement,
Ie n'ay plus qu'vne grace à demander en suite,
Souffre que mes enfans accompagnent ma fuite,
Que ie t'admire encor en chacun de leurs traits,
Que ie t'ayme & te baise en ces petits portraits,
Et que leur cher obiet entretenant ma flame
Te presente à mes yeux aussi-bien qu'à mon ame.

IASON.
Ah! repren ta colere, elle a moins de rigueur,
M'enleuer mes enfans c'est m'arracher le cœur,
Et Iupiter tout prest à m'escraser du foudre
Mon trespas à la main ne pourroit m'y resoudre,
C'est pour eux que ie change, & la Parque sans eux
Seule de nostre Hymen pourroit rompre les
    nœuds.

MEDEE.
Cét amour paternel qui te fournit d'excuses
Me fait souffrir aussi que tu me les refuses,
Ie ne t'en presse plus, & preste à me bannir
Ie ne veux plus de toy qu'vn leger souuenir.

IASON.
Ton amour vertueux fait ma plus grande gloire,
Ce seroit me trahir qu'en perdre la memoire,
Et le mien enuers toy qui demeure eternel
T'en laisse en cét Adieu le serment solemnel,
Puissent briser mon chef les traits les plus seueres
Que lancent des grands Dieux les plus aspres cole-
    res,
Qu'ils s'vnissent ensemble afin de me punir,
Si ie ne perds la vie auant ton souuenir.

SCENE

TRAGEDIE.

SCENE IV.
MEDEE, NERINE.

MEDEE.

I'y donneray bon ordre, il est en ta puissance
D'oublier mon amour, mais non pas ma van-
Ie la sçauray grauer en tes esprits glacez (geance,
Par des coups trop profonds pour en estre effacés.
Il ayme ses enfans, ce courage inflexible,
Son foible est descouuert, par eux il est sensible,
Par eux mon bras armé d'vne iuste rigueur
Va trouuer des chemins à luy percer le cœur.

NERINE.

Madame, espargnez-les, espargnez vos entrailles,
N'auancez point par là vos propres funerailles.
Contre vn sang innocent pourquoy vous irriter
Si Creüse en vos lags se vient precipiter?
Elle mesme s'y iette; & Iason vous la liure.

MEDEE.

Tu flates mes desirs.

NERINE.

    Que ie cesse de viure
Si ie vous ay rien dit contre la verité.

MEDEE.

Ah! ne me tien donc plus l'ame en perplexité.

NERINE.

Madame, il faut garder que quelqu'vn ne nous
Et du Palais du Roy descouure nostre ioye,(voye,
Vn dessein euenté succede rarement.

MEDEE.

Rentrons donc, & mettons nos secrets seurement.

Fin du troisiéme Acte.

ACTE IV.

SCENE PREMIERE.

MEDEE, NERINE.

MEDEE seule dans sa grotte Magique.

C'Est trop peu de Iason que ton œil me desrobbe,
C'est trop peu de mon lit, tu veux encor ma robbe,
Riuale insatiable, & c'est encor trop peu
Si la force à la main tu l'as sans mon aueu;
Il faut que par moy-mesme elle te soit offerte,
Que perdant mes enfans i'achepte encor leur perte,
Il en faut vn hommage à tes diuins attraits,
Et des remerciments au vol que tu me fais.
Tu l'auras, mon refus seroit vn nouueau crime,
Mais ie t'en veux parer pour estre ma victime,
Et sous vn faux semblant de liberalité
Saouler & ma vangeance & ton auidité.
Le charme est acheué, tu peux entrer, Nerine.

Nerine sort, & Medée continuë.

Mes maux dans ces poisons trouuent leur medecine,
Voy combien de serpens à mon commandement
D'Afrique iusqu'icy n'ont tardé qu'vn moment,

TRAGEDIE.

Et contraints d'obeyr à mes clameurs funestes,
Sur ce present fatal ont deschargé leurs pestes.
L'amour à tous mes sens ne fut iamais si doux
Que ce triste appareil à mon esprit jaloux.
Ces herbes ne sont pas d'vne vertu commune,
Moy-mesme en les cueillant ie fis paslir la Lune,
Quand les cheueux flottants, le bras & le pied nu,
I'en despoüillay iadis vn climat inconnu,
Voy mille autres venins, cette liqueur espaisse
Mesle du sang de l'Hydre auec celuy de Nesse,
Python eut cette langue, & ce plumage noir
Est celuy qu'vne Harpye en fuyant laissa choir.
Par ce tison Althée assouuit sa colere,
Trop pitoyable sœur, & trop cruelle mere!
Ce feu tomba du Ciel auecque Phaëton.
Cet autre vient des flots du pierreux Phlegeton,
Et celuy-cy iadis remplit en nos contrées
Des Taureaux de Vulcain les gorges ensoufrées.
Enfin tu ne vois là, poudres, racines, eaux,
Dont le pouuoir mortel n'ouurist mille tōbeaux,
Ce present deceptif a beu toute leur force,
Et bien mieux que mon bras vangera mon diuorce,
Les traistres apprendront à se iöuer à moy.
Mais d'où prouient ce bruit dans le Palais du Roy?

NERINE.

Du bonheur de Iason, & du malheur d'Ægée,
Madame, peu s'en faut qu'il ne vous ait vangée.
Ce genereux vieillard indigné que ses feux
Prés de vostre riuale ayent perdu tant de vœux,
Et que sur sa Couronne & sa perseuerance
L'exil de vostre espoux ait eu la preference,
A tasché par la force à repousser l'affront
Que ce nouuel Hymen luy porte sur le front.
Comme cette beauté, pour luy toute de glace,
Sur les bords de la mer contemploit la bonace,
Il la voit mal suiuie, & prend vn si beau temps
A rendre ses desirs & les vostres contents.
De ses meilleurs soldats vne troupe choisie

MEDEE

Le fuit dans ce deſſein, Creüſe en eſt ſaiſie,
L'effroy qui la ſurprend la iette en paſmoiſon,
Et tout ce qu'elle peut, c'eſt de nommer Iaſon.
Ses gardes à l'abord font quelque reſiſtance,
Et le peuple leur preſte vne foible aſſiſtance,
Mais l'obſtacle leger de ces debiles cœurs
Laiſſoit honteuſement Creüſe à leurs vainqueurs,
Deſia preſque en leur bord elle eſtoit enleuée.

MEDEE.

I'en deuine la fin, mon traiſtre l'a ſauuée.

NERINE.

Oüy, Madame, & de plus Ægée eſt priſonnier,
Voſtre eſpoux à ſon myrthe adiouſte ce laurier,
Mais apprenez comment.

MEDEE.

N'en dy pas dauantage,
Ie ne veux point ſçauoir ce qu'a fait ſon courage,
Il ſuffit que ſon bras a trauaillé pour nous,
Et rend vne victime à mon iuſte couroux.
Nerine, mes douleurs auroient peu d'allegeance
Si cet enleuement l'oſtoit à ma vangeance.
Pour quitter ſon pays en eſt-on malheureux?
Ce n'eſt pas ſon exil, c'eſt ſa mort que ie veux,
Elle auroit trop d'honneur de n'auoir que ma peine,
Et de verſer des pleurs pour eſtre deux fois Reine.
Tant d'inuiſibles feux enfermez dans ce don,
Que d'vn tiltre plus vray i'appelle ma ranſon,
Produiront des effets bien plus doux à ma haine.

NERINE.

Par là vous vous vangez, & ſa perte eſt certaine,
Mais contre la fureur de ſon pere irrité,
Où penſez vous trouuer vn lieu de ſeureté?

MEDEE.

Si la priſon d'Ægée a ſuiuy ſa deffaite,
Vois-tu pas qu'en l'ouurant ie m'ouure vne retraite,
Et que briſant ſes fers, cette obligation
Engage ſa couronne à ma protection?

TRAGEDIE.

Despesche seulement, & cours vers ma riuale
Luy porter de ma part cette robbe fatale,
Méne luy mes enfans, & fay-les, si tu peux,
Presenter par leur pere à l'objet de ses vœux.

NERINE.

Mais, Madame, porter cette robbe empestée
Que de tant de poisons vous auez infectée,
C'est pour vostre Nerine vn trop funeste employ,
Auant que sur Creüse ils agiroient sur moy.

MEDEE.

Ne crain pas leur vertu, mon charme la modere,
Et luy deffend d'agir que sur elle & son pere,
Pour vn si grand effet prends vn cœur plus hardy,
Et sans me repliquer fay ce que ie te dy.

SCENE II.

CREON, POLLVX, Soldats.

CREON.

Nous deuons bien cherir cette valeur parfaite
Qui de nos rauisseurs nous donne la deffaite,
Inuincible Heros, c'est à vostre secours
Que ie dois desormais le bonheur de mes iours,
C'est vous dont le courage, & la force, & l'adresse
Rend à Creon sa fille, à Iason sa maistresse,
Met Ægée en prison, & son orgueil à bas,
Et fait mordre la terre à ses meilleurs soldats.

POLLVX.

Grand Roy, l'heureux succez de cette deliurance
Vous est beaucoup mieux deu qu'à mon peu de vaillance,
C'est vous seul & Iason dont les bras indomptés
Portoyent auec effroy la mort de tous costés,
Pareils à deux Lyons dont l'ardante furie

Despeuple en vn moment toute vne bergerie.
L'exemple glorieux de vos faits plus qu'humains
Eschauffoit mon courage, & côduisoit mes mains,
Et vous voyant faucher ces testes criminelles
I'ay suiuy, mais de loin, des actions si belles.
Qui pourroit reculer en combatant sous vous?
Et qui n'auroit du cœur à seconder vos coups?

CREON.

Vostre valeur qui souffre en cette repartie
Oste toute croyance à vostre modestie.
Mais puisque le refus d'vn honneur merité
N'est pas vn petit trait de generosité,
Ie vous laisse en iouyr. Autheur de la victoire,
Ainsi qu'il vous plaira departez-en la gloire,
Comme elle est vostre bien, vous pouuez la don-
ner.   (ner!
Que prudemment les Dieux sçauent tout ordon-
Voyez, braue guerrier, comme vostre arriuée
Au iour de nos malheurs se trouue reseruée,
Et qu'au point que le sort osoit nous menacer
Ils nous ont enuoyé dequoy le terrasser.
Digne sang de leur Roy, Demy-dieu magnanime,
Dont la vertu ne peut receuoir trop d'estime,
Qu'auons-nous plus à craindre, & quel destin ja-
loux,
Tant que nous vous aurons, s'osera prendre à nous?

POLLVX.

Apprehendez pourtant, grand Prince.

CREON.

                              Et quoy?

POLLVX.   Medée

Qui par vous de son lit se voit dépossedée.
Ie crains qu'il ne vous soit malaisé d'empescher
Qu'vn gendre valeureux ne vous couste bien cher.
Apres l'assassinat d'vn Monarque & d'vn frere,
Peut-il estre de sang qu'elle espargne, ou reuere?
Accoustumée au meurtre, & sçauante en poison,
Voyez ce qu'elle a fait pour acquerir Iason,

TRAGEDIE.

Et ne presumez pas, quoy que Iason vous die,
Que pour le conseruer elle soit moins hardie.
CREON.
C'est dequoy mon esprit n'est plus inquieté,
Par son bannissement i'ay fait ma seureté,
Elle n'a que fureur & que vangeance en l'ame,
Mais en si peu de temps que peut faire vne femme?
Ie n'ay prescrit qu'vn iour de terme à son depart.
POLLVX.
C'est peu pour vne femme, & beaucoup pour son (art,
Sur le pouuoir humain ne reglés pas les charmes.
CREON.
Quelques puissants qu'ils soyent, ie n'en ay point d'alarmes,
Et quand bien ce delay deuroit tout hazarder,
Ma parole est donnée & ie la veux garder.

SCENE III.
CREON, POLLVX, CLEONE.

CREON.
Que font nos amoureux, Cleone?
CLEONE.
La Princesse,
Sire, aupres de Iason reprend son allegresse,
Et ce qui sert beaucoup à son contentement,
C'est de voir que Medée est sans ressentiment.
CREON.
Et quel Dieu si propice a calmé son courage?
CLEONE.
Iason & ses enfans qu'elle vous laisse en gage.
La grace que pour eux Madame obtient de vous
A calmé les transports de son esprit jaloux.

MEDEE

Le plus plus riche present qui fust en sa puissance
A ses remerciments ioint sa recognoissance,
Sa robbe sans pareille, & sur qui nous voyons
Du Soleil son ayeul briller mille rayons,
Que la Princesse mesme auoit tant souhaitée,
Par ces petits Heros luy vient d'estre apportée,
Et fait voir clairement les merueilleux effets
Qu'en vn cœur irrité produisent les bienfaits.

CREON.

Et bien, qu'en dites vous ? qu'auons nous plus à
POLLVX. (craindre?
Si vous ne craignez rien, que ie vous trouue à
CREON. (plaindre?
Vn si rare present montre vn esprit remis.

POLLVX.

I'eus tousiours pour suspects les dons des ennemis,
Ils font assez souuent ce que n'ont pû leurs armes,
Ie cognoy de Medée & l'esprit & les charmes,
Et veux bien m'exposer aux plus cruels trespas
Si ce rare present n'est vn mortel appas.

CREON.

Ses enfans si cheris qui nous seruent d'ostages
Nous peuuent-ils laisser quelque sorte d'ombrages?

POLLVX.

Peut-estre que contre eux s'estend sa trahison,
Qu'elle ne les prend plus que pour ceux de Iason,
Et qu'elle s'imagine, en haine de leur pere,
Que n'estant plus sa femme, elle n'est plus leur mere.
Sire, renuoyez-luy ce don pernicieux,
Et ne vous chargez point d'vn poison precieux.

CLEONE.

Madame cependant en est toute rauie,
Et de s'en voir parée elle brusle d'enuie.

POLLVX.

Où le peril esgale, & passe le plaisir,
Il faut se faire force, & vaincre son desir,

TRAGEDIE.

Iason dans son amour a trop de complaisance
De souffrir qu'vn tel don s'accepte en sa presence.
CREON.
Sans rien mettre au hazard, ie sçauray dextrement
Accorder vos soupçons & son contentement.
Nous verrons dés ce soir sur vne criminelle
Si ce present nous cache vne embusche mortelle.
Nise pour ses forfaits destinée à mourir
Ne peut par cette espreuue iniustement perir,
Heureuse si sa mort nous rendoit ce seruice
De nous en descouurir le funeste artifice.
Allons-y de ce pas, & ne consumons plus
De temps, ny de discours en debats superflus.

SCENE IV.

ÆGEE *en prison*.

STANCES.

Demeure affreuse des coupables,
   Lieux maudits, funeste seiour,
   Dont auparauant mon amour
    Les sceptres estoient incapables,
Redoublés puissamment vostre mortel effroy,
Et ioignez à mes maux vne si viue atteinte,
Que mon ame chassée, ou s'enfuyant de crainte,
Desrobe à mes vainqueurs le supplice d'vn Roy.

   Le triste bonheur où i'aspire!
   Ie ne veux que haster ma mort,
   Et n'accuse mon mauuais sort,
    Que de souffrir que ie respire,
Puisqu'il me faut mourir, que ie meure à mõ choix,
Le coup m'en sera doux s'il est sans infamie,

Prendre l'ordre à mourir d'vne main ennemie
C'eſt mourir à mon gré beaucoup plus d'vne fois.

   Pauure Prince, l'on te meſpriſe,
   Quand tu t'arreſtes à ſeruir,
   Si tu t'efforces de rauir,
   Ta priſon ſuit ton entrepriſe;
Ton amour qu'on deſdaigne, & ton vain attentat
D'vn eternel affront vont ſoüiller ta memoire,
L'vn t'a deſia couſté ton repos & ta gloire,
L'autre te va couſter ta vie, & ton Eſtat.

   Deſtin, qui punis mon audace,
   Tu n'as que de iuſtes rigueurs,
   Et s'il eſt d'aſſez tendres cœurs
   Pour compatir à ma diſgrace,
Mon feu de leur tendreſſe eſtouffe la moitié:
Veu qu'à bien comparer mes fers auec ma flame,
Vn vieillard amoureux merite plus de blaſme,
Qu'vn Monarque en priſon n'eſt digne de pitié.

   Cruel autheur de ma miſere,
   Peſte des cœurs, tyran des Rois,
   Dont les imperieuſes loix
   N'eſpargnent pas meſmes ta mere,
Amour, contre Iaſon tourne ton trait fatal,
Au pouuoir de tes dards ie remets ma vangeance,
Atterre ſon orgueil, & montre ta puiſſance
A perdre eſgalement l'vn & l'autre riual.

   Qu'vne implacable ialouſie
   Suiue ſon nuptial flambeau,
   Que ſans ceſſe vn objet nouueau
   S'empare de ſa fantaiſie,
Que Corinthe à ſa veuë accepte vn autre Roy,
Qu'il puiſſe voir ſa race à ſes yeux eſgorgée,
Et pour dernier malheur, qu'il ait le ſort d'Ægée,
Et deuienne à mon aage amoureux comme moy.

TRAGEDIE. 551

SCENE V.

ÆGEE, MEDEE, NERINE.

ÆGEE.

Mais d'où vient ce bruit sourd ? quelle pasle lumiere
Dissipe ces horreurs, & frappe ma paupiere?
Mortel, qui que tu sois, destourne icy tes pas,
Et de grace m'apprends l'Arrest de mon trespas,
L'heure, le lieu, le genre, & si ton cœur sensible
A la compassion peut se rendre accessible,
Donne-moy les moyens d'vn genereux effort
Qui des mains des bourreaux affranchisse ma mort.

MEDEE.

Ie viens t'en affranchir, ne craignez plus, grand Prince,
Ne pensez qu'à reuoir vostre chere Prouince.

Elle donne vn coup de baguette sur la porte de la prison qui s'ouure aussi-tost, & en ayant tiré Ægée elle en donne encore vn sur ses fers qui tombent.

Ces portes ne sont pas pour tenir contre moy.
Cessez, indignes fers, de captiuer vn Roy,
Est-ce à vous à presser les bras d'vn tel Monarque?
Et vous, recognoissez Medée à cette marque,
Et fuyez vn tyran, dont le forcenement
Ioindroit vostre supplice à mon bannissement,
Auec la liberté reprenés le courage.

ÆGEE.

Ie les reprends tous deux pour vous en faire hommage,
Princesse, de qui l'art propice aux malheureux
Oppose vn tel miracle à mon sort rigoureux.
Disposez de ma vie, & du sceptre d'Athenes,

MEDEE

Ie dois & l'vn & l'autre à qui brise mes chaisnes,
Vostre diuin secours me tire de danger,
Mais ie n'en veux sortir qu'afin de vous vanger:
Madame, si iamais auec vostre assistance
Ie puis toucher les lieux de mon obeyssance,
Vous me verrez suiuy de mille bataillons
Iusques dessus ces murs planter mes pauillons,
Punir leur traistre Roy de vous auoir bannie,
Dedans le sang des siens noyer sa tyrannie,
Et remettre en vos mains & Creüse & Iason,
Pour vanger vostre exil plustost que ma prison.

MEDEE.

Ie veux vne vangeāce, & plus haute, & plus prom- (pte,
Ne l'entreprenez pas, vostre offre me fait honte:
Emprunter le secours d'aucun pouuoir humain
D'vn reproche eternel diffameroit ma main.
En est-il apres tout aucun qni ne me cede?
Qui force la nature a-t'il besoin qu'on l'ayde?
Laissez moy le soucy de vanger mes ennuis,
Et par ce que i'ay fait iugez ce que ie puis.
L'ordre en est tout dōné, n'en soyez point en peine,
C'est demain que mon art fait triompher ma hai-
Demain ie suis Medée, & ie tire raison (ne,
De mon bannissement & de vostre prison.

ÆGEE.

Quoy, Madame, faut-il que mon peu de puissance
Empesche les deuoirs de ma reconnoissance?
Mon sceptre ne peut-il estre employé pour vous?
Et vous seray-ie ingrat autant que vostre espoux?

MEDEE.

Si ie vous ay seruy, tout ce que i'en souhaite,
C'est de trouuer chez vous vne seure retraite,
Où de mes ennemis menaces, n'y presens,
Ne puissent plus troubler le repos de mes ans.
Non pas que ie les craigne, eux & toute la Terre
A leur confusion me liureroient la guerre,
Mais ie hay ce desordre, & n'ayme pas à voir
Qu'il me faille pour viure vser de mon sçauoir.

ÆGEE.

TRAGEDIE.
ÆGEE.
L'honneur de receuoir vne si grande hostesse
De mes malheurs passez efface la tristesse.
Disposez d'vn pays qui viura sous vos loix,
Si vous l'aymez assez pour luy donner des Rois,
Si mes ans ne vous font mespriser ma personne,
Vous y partagerez mon lit & ma Couronne;
Sinon, sur mes sujets faites estat d'auoir,
Ainsi que sur moy-mesme, vn absolu pouuoir.
Allons, Madame, allons, & par vostre conduite
Faites la seureté que demande ma fuite.
MEDEE.
Ma vangeance n'auroit qu'vn succez imparfait,
Ie ne me vange pas si ie n'en voy l'effet,
Ie dois à mon couroux l'heur d'vn si doux specta- (stacle,
    cle,
Allez, Prince, & sans moy ne craignez point d'ob-
Ie vous suiuray demain par vn chemin nouueau.
Nerine deuant vous portera ce flambeau,
Sa secrette vertu qui vous fait inuisible
Rendra vostre depart de tous costez paisible.
Icy, pour empescher l'alarme que le bruit
De vostre deliurance auroit bien-tost produit,
Vn fantosme pareil & de taille & de face,
Tandis que vous fuyrez, remplira vostre place.
Partez sans plus tarder, Prince chery des Dieux,
Et quittez pour iamais ces detestables lieux.
ÆGEE.
I'obeys sans replique, & ie pars sans remise.
Puisse d'vn prompt succés vostre grande entreprise
Combler nos ennemis d'vn mortel desespoir,
Et me donner bien-tost l'honneur de vous reuoir.
MEDEE.
Auparauant que vous ie seray dans Athénes,
Cependant pour le prix de ces legeres peines
Ayez soin de Nerine, & songez seulement
Qu'en elle vous pouuez m'obliger puissamment.

Fin du quatriéme Acte.

Aaa

ACTE V.

SCENE PREMIERE.
MEDEE, THEVDAS.

THEVDAS.

AH déplorable Prince! ah fortune cruelle!
Que ie porte à Iason vne triste nouuelle!
MEDEE luy donnant vn coup de baguette qui le fait demeurer immobile.

Arreste, miserable, & m'apprends quel effet
A produit chez le Roy le present que i'ay fait.

THEVDAS.
Dieux! ie suis dans les fers d'vne inuisible chaisne!

MEDEE.
Depesche, ou ces longueurs attireront ma haine,
Ma verge qui desià t'empesche de courir
N'a que trop de vertu pour te faire mourir,
Garde toy seulement d'irriter ma colere,
Et pense que ta mort dépend de me desplaire.

THEVDAS.
Apprenez vn effet le plus prodigieux
Que iamais la vangeance ait offert à nos yeux.
Vostre robbe a fait peur, & sur Nise esprouuée
En despit des soupçons sans peril s'est trouuée,

TRAGEDIE.

Et cette espreuue a sçeu si bien les asseurer,
Qu'incontinent Creüse a voulu s'en parer.
Cette pauure Princesse à peine l'a vestuë,
Qu'elle sent aussi-tost vne ardeur qui la tuë,
Vn feu subtil s'allume, & ses brandons espars
Sur vostre don fatal courent de toutes parts,
Et Cleone, & le Roy s'y iettent pour l'esteindre,
Mais (ô nouueau sujet de pleurer & de plaindre!)
Ce feu saisit le Roy, ce Prince en vn moment
Se trouue enueloppé du mesme embrasement.
MEDEE.
Courage, enfin il faut que l'vn & l'autre meure.
THEVDAS.
La flame disparoist, mais l'ardeur leur demeure,
Et leurs habits charmez malgré nos vains efforts
Sont des brasiers secrets attachez à leurs corps,
Qui veut les despoüiller eux-mesmes les déchire,
Et l'aide qu'on leur donne est vn nouueau martyre.
MEDEE.
Que dit mon desloyal? que fait-il là dedans?
THEVDAS.
Iason sans rien sçauoir de tous ces accidents
S'acquite des deuoirs d'vne amitié ciuile
A conuoyer Pollux hors des murs de la ville,
Qui court à grande haste aux nopces de sa sœur
Dont bien-tost Menelas doit estre possesseur,
Et i'allois luy porter ce funeste message.
MEDEE *luy donnant vn autre coup de baguette.*
Va, tu peux maintenant acheuer ton voyage.

Aaa ij

SCENE II.
MEDEE.

ESt-ce assez, ma vangeance, est-ce assez de deux morts?
Consulte auec loisir tes plus ardents transports.
Des bras de mon perfide arracher vne femme
Est-ce pour assouuir les fureurs de mon ame?
Que n'a-t'elle desia des enfans de Iason
Sur qui plus plainement vanger sa trahison?
Suppléons y des miens, immolons auec ioye
Ceux qu'à me dire Adieu Creüse me renuoye,
Nature, ie le puis sans violer ta loy,
Ils viennent de sa part & ne sont plus à moy.
Mais ils sont innocens : aussi l'estoit mon frere,
Ils sont trop criminels d'auoir Iason pour pere,
Il faut que leur trespas redouble son tourment.
Il faut qu'il souffre en pere, aussi-bien qu'en Amant. (dace,
Mais quoy ! i'ay beau contre eux animer mon au-
La pitié la combat, & se met en sa place,
Puis cedant tout à coup la place à ma fureur,
I'adore les projets qui me faisoient horreur,
De l'amour aussi-tost ie passe à la colere,
Des sentiments de femme, aux tendresses de mere.
Cessez doresnauant, pensers irresolus, (stre
D'espargner des enfans que ie ne verray plus.
Chers fruits de mon amour, si ie vous ay fait nai-
Ce n'est pas seulement pour caresser vn traistre,
Il me priue de vous; & ie l'en vay priuer.
Mais ma pitié retourne, & reuient me brauer,
Ie n'execute rien, & mon ame esperduë
Entre deux passions demeure suspenduë.

TRAGEDIE.

N'en deliberons plus, mon bras en resoudra,
Ie vous perds, mes enfans, mais Iason vous perdra,
Il ne vous verra plus. Creon sort tout en rage,
Allons à son trespas joindre ce triste ouurage.

SCENE III.
CREON, Domestiques.

CREON.

Loin de me secourir, vous croissez mes tour-
  ments,
Le poison à mon corps vnit mes vestements,
Et ma peau qu'auec eux vostre pitié m'arrache
Pour suiure vostre main de mes os se détache.
Voyez comme mon sang en coule en mille lieux,
Ne me deschirez plus, bourreaux officieux,
Fuyez, ou ma fureur vne fois desbordée
Dans ces pieux deuoirs vous prendra pour Medée.
C'est auancer ma mort que de me secourir,
Ie ne veux que moy-mesme à m'ayder à mourir.
Quoy, vous continuez! canailles infidelles,
Plus ie vous le deffends, plus vous m'estes rebel-
  les!
Traistres, vous sentires encor ce que ie puis,
Ie seray vostre Roy tout mourant que ie suis,
Si mes commandements ont trop peu d'efficace
Ma rage pour le moins me fera faire place,
Il faut ainsi payer vostre cruel secours.

Il se deffait d'eux & les chasse à coups d'espée.

MEDEE

SCENE IV.
CREON, CREVSE, CLEONE.

CREVSE.

OV fuyez-vous de moy, cher autheur de mes
  iours?
Fuyez-vous l'innocente, & malheureuse source
D'où prennent tant de maux leur effroyable cour-
  se?
Ce feu qui me consume & dehors, & dedans,
Punit-il point assez mes souhaits imprudents?
Ie ne puis excuser mon indiscrette enuie
Qui donne le trespas à qui ie dois la vie,
Mais soyez satisfait des rigueurs de mon sort,
Et cessez d'adiouster vostre haine à ma mort.
L'ardeur qui me deuore & que i'ay meritée,
Surpasse en cruauté l'Aigle de Promethée,
Et ie croy qu'Ixion au choix des chastiments
Prefereroit sa roüe à mes embrazements.

CREON.
Si ton ieune desir eut beaucoup d'imprudence,
Ma fille, i'y deuois opposer ma défence,
Ie n'impute qu'à moy l'excés de mes malheurs,
Et i'ay part en ta faute ainsi qu'en tes douleurs.
Si i'ay quelque regret, ce n'est pas à ma vie
Que le declin des ans m'auroit bien-tost rauie,
La ieunesse des tiens si beaux, si florissants,
Me porte bien des coups plus vifs, & plus pres-
Ma fille, c'est donc là ce Royal Hymenée (sants.
Dont nous pensions toucher la pompeuse iournée!
L'impiteuse Clothon en porte le flambeau,
Et pour lit nuptial il te faut vn tombeau!

TRAGEDIE.

Ah rage, defefpoir, Deftins, feux, poifons, charmes,
Tournez tous contre moy vos plus cruelles armes,
S'il faut vous affouuir par la mort de deux Rois
Faites en ma faueur que ie meure deux fois,   (ce
Pourueu que mes deux morts emportent cette gra-
De laiffer ma Couronne à mon vnique race,
Et cet efpoir fi doux qui m'a toufiours flaté
De reuiure à iamais en fa pofterité.

CREVSE.

Cleone, fouftenez, les forces me defaillent,
Et ma vigueur fuccombe aux douleurs qui m'af-
    faillent,
Le cœur me va manquer, ie n'en puis plus, helas,
Ne me refufez point ce funefte foulas,
Monfieur, & fi pour moy quelque amour vous de-
    meure,
Entre vos bras mourants permettez que ie meure,
Mes pleurs arrouferont vos mortels defplaifirs,
Ie mefleray leurs eaux à vos bruflants foûpirs.
Ah ie brufle, ie meurs, ie ne fuis plus que flame,
De grace haftez vous de receuoir mon ame.
Quoy, vous me refufés!

CREON.

                Oüy, ie ne verray pas
Comme vn lafche tefmoin ton indigne trefpas,
Il faut, ma fille, il faut que ma main me deliure
De l'infame regret de t'auoir pû furuiure,
Inuifible ennemy, fors auecque mon fang.
Il fe tuë d'vn poignard.

CREVSE.

Courez à luy, Cleone, il fe perce le flanc.

CREON.

Retourne, c'en eft fait. Ma fille, Adieu, i'expire,
Et ce dernier foufpir met fin à mon martyre,
Ie laiffe à ton Iafon le foin de nous vanger.

CREVSE.

Vain & trifte confort, foulagement leger,
Mon pere….

MEDEE

CLEONE.
Il ne vit plus, sa grande ame est partie.
CREVSE.
Donnez donc à la mienne vne mesme sortie,
Apportez-moy ce fer qui de ses maux vainqueur
Est desjà si sçauant à trauerser le cœur.
Ah! ie sens fers, & feux, & poison tout ensemble,
Ce que souffroit mō pere à mes peines s'assemble;
Helas que de douceur auroit vn prompt trespas!
Depeschez vous, Cleone, aydez mon foible bras.
CLEONE.
Ne desesperez point, les Dieux plus pitoyables
A nos iustes clameurs se rendront exorables,
Et vous conserueront, en despit du poison,
Et pour Reine à Corinthe, & pour femme à Iason.
Il arriue, & surpris il change de visage,
Ie lis dans sa pasleur vne secrette rage,
Et son estonnement va passer en fureur.

SCENE V.

IASON, CREVSE, CLEONE, THEVDAS.

IASON.

Qve voy-ie icy, bons Dieux! quel spectacle
 d'horreur!
Quelque part que mes yeux portent ma veuë er-
 rante,
Ie vois, ou Creon mort, ou Creüse mourante.
Ne t'en va pas, belle ame, attends encor vn peu,
Et le sang de Medée esteindra tout ce feu,
Pren le triste plaisir de voir punir son crime;

TRAGEDIE.

De te voir immoler cette infame victime,
Et que ce Scorpion sur la playe escrasé
Fournisse le remede au mal qu'il a causé.

CREVSE.

Il n'en faut point chercher au poison qui me tuë,
Laisse-moy le bon-heur d'expirer à ta veuë,
Souffre que j'en iouysse en ce dernier moment,
Mon trespas fera place à ton ressentiment.
Le mien cede à l'ardeur dont ie suis possedée,
I'ayme mieux voir Iason que la mort de Medée.
Approche, cher amant, & retien ces transports,
Mais garde de toucher ce miserable corps,
Ce brasier que le charme, ou respand, ou modere,
A negligé Cleone, & deuoré mon pere,
Au gré de ma riuale il est contagieux.
Iason, ce m'est assez de mourir à tes yeux,
Empesche les plaisirs qu'elle attend de ta peine,
N'attire point ces feux esclaues de sa haine.
Ah quel aspre tourment! quels douloureux abois!
Et que ie sens de morts sans mourir vne fois!

IASON.

Quoy? vous m'estimez donc si lasche que de viure,
Et de si beaux chemins sont ouuerts pour vous sui-
  ure?
Ma Reine, si l'Hymen n'a pû ioindre nos corps,
Nous ioindrons nos esprits, nous ioindrons nos
  deux morts,
Et l'on verra Charon passer chez Radamante
Dans vne mesme barque & l'Amant, & l'Amante.
Helas! vous receuez par ce present charmé
Le deplorable prix de m'auoir trop aymé,
Et puisque cette robbe a causé vostre perte
Ie dois estre puny de vous l'auoir offerte,
Trop heureux si sa force agissant en mes mains
Eust de nostre ennemie euenté les desseins,
Et destournant sur moy ses trames desloyales
Mon ame eust satisfait pour deux ames Royales.
Mais ce poison m'espargne, & ces feux impuissants

Refufent de finir les douleurs que ie fens.
Il faut donc que ie viue, & vous m'eftes rauie!
Iuftes Dieux, quel forfait me condamne à la vie?
Eft-il quelque tourment plus grand pour mon
    amour
Que de la voir mourir, & de fouffrir le iour?
Non, non, fi par ces feux mon attente eft trompée,
I'ay dequoy m'affranchir au bout de mon efpée,
Et l'exemple du Roy de fa main transperfé,
Qui nage dans les flots du fang qu'il a verfé,
Inftruit fuffifamment vn genereux courage
Des moyens de brauer le Deftin qui l'outrage.
CREVSE.
Si Creüfe eut iamais fur toy quelque pouuoir,
Ne t'abandonne point aux coups du defefpoir;
Vy pour fauuer ton nom de cette ignominie
Que Creüfe foit morte, & Medée impunie:
Vy pour garder le mien en ton cœur affligé,
Et du moins ne meurs point que tu ne fois vangé.
Adieu, donne la main, que malgré ta ialoufe
I'emporte chez Pluton le nom de ton efpoufe.
Ah douleurs ! c'en eft fait, ie meurs à cette fois,
Et perds en ce moment la vie auec la voix.
Si tu m'aymes . . .
IASON.
           Ce mot luy couppe la parole,
Et ie ne fuiuray pas fon ame qui s'enuole !
Mon efprit retenu par fes commandements
Referue encor ma vie à de pires tourments!
O honte ! mes regrets permettent que ie viue,
Et ne fecourent pas ma main qu'elle captiue,
Leur atteinte eft trop foible, & dans vn tel mal-
    heur
Ie fuis trop peu touché pour mourir de douleur.
Pardonne, chere efpoufe, à mon obeyffance,
Mon defplaifir mortel défere à ta puiffance,
Et de mes iours maudits tout preft de triompher,
De peur de te defplaire, il n'ofe m'eftouffer.

TRAGEDIE.

Ne perdons point de temps, courons chez la sor-
　ciere
Deliurer par sa mort mon ame prisonniere.
Vous autres cependant enleuez ces deux corps,
Contre tous ses Demons mes bras sont assez forts,
Et la part que vostre ayde auroit en ma vangeance
Ne m'en permettroit pas vne entiere allegeance;
Preparez seulement des gesnes, des bourreaux,
Deuenez inuentifs en supplices nouueaux,
Qui la fassent mourir tant de fois sur leur tombe
Que son coupable sang leur vaille vne Hecatombe;
Et si cette victime en mourant mille fois
N'appaise point encor les Manes de deux Roys,
Ie seray la seconde, & mon esprit fidelle
Ira gesner là bas son ame criminelle,
Ira faire assembler pour sa punition
Les peines de Titye à celles d'Ixion.

Cleona & le reste emportent les corps de Creon & de Creu-
　se, & Iason continuë seul.

Mais leur puis-ie imputer ma mort en sacrifice?
Elle m'est vn plaisir, & non pas vn supplice,
Mourir, c'est seulement auprés d'eux me ranger,
C'est rejoindre Creüse, & non pas la vanger.
Instruments des fureurs d'vne mere insensée,
Indignes reiettons de mon amour passée,
Quel malheureux destin vous auoit reseruez
A porter le trespas à qui vous a sauuez?
C'est vous, petits ingrats, que malgré la nature
Il me faut immoler dessus leur sepulture,
Que la sorciere en vous commence de souffrir,
Que son premier tourment soit de vous voir mou-
　rir.
Toutefois, qu'ont-ils fait qu'obeyr à leur mere?

SCENE VI.

MEDEE, IASON.

MEDEE *en haut sur vn balcon.*

LAsche, ton desespoir encor en delibere?
Leue les yeux, perfide, & recognoy ce bras
Qui t'a desia vangé de ces petits ingrats.
Ce poignard que tu vois vient de chasser leurs ames,
Et noyer dans leur sang les restes de nos flames.
Heureux pere, & mary ; ma fuite & leur tombeau
Laissent la place vuide à ton Hymen nouueau.
Resiouy-t'en, Iason, va posseder Creüse,
Tu n'auras plus icy personne qui t'accuse,
Ces gages de nos feux ne feront plus pour moy
De reproches secrets à ton manque de foy.

IASON.

Horreur de la nature, execrable Tygresse.

MEDEE.

Va, bien-heureux amant, caioler ta maistresse,
A cét objet si cher tu dois tous tes discours,
Parler encor à moy c'est trahir tes amours.
Va luy, va luy conter tes rares aduantures,
Et contre mes effets ne combats point d'iniures.

IASON.

Quoy? tu m'oses brauer, & ta brutalité
Pense encor eschaper à mon bras irrité?
Tu redoubles ta peine auec cette insolence.

MEDEE.

Et que peut contre moy ta debile vaillance?
Mon art faisoit ta force, & tes exploits guerriers
Tiennent de mon secours ce qu'ils ont de lauriers.

IASON.

TRAGEDIE.

IASON.

Ah, c'est trop en souffrir, il faut qu'vn prompt supplice
De tant de cruautez à la fin te punisse.
Sus, sus, brisons la porte, enfonçons la maison.
Que des bourreaux soudain m'en facent la raison,
Ta teste respondra de tant de barbaries.

MEDEE *en l'air dans vn char tiré par deux Dragons.*

Que sert de t'emporter à ces vaines furies?
Espargne, cher espoux, des efforts que tu perds,
Voy les chemins de l'air qui me sont tous ouuerts,
C'est par là que ie fuis, & que ie t'abandonne
Pour courir à l'exil que ton change m'ordonne.
Suy moy, Iason, & trouue en ces lieux desolés
Des postillons pareils à mes Dragons aislés.
Enfin ie n'ay pas mal employé la iournée
Que la bonté du Roy de grace m'a donnée,
Mes desirs sont contents, mon pere & mon pays,
Ie ne me repens plus de vous auoir trahis,
Auec cette douceur i'en accepte le blasme.
Adieu, pariure, apprends à cognoistre ta femme,
Souuien-toy de sa fuite, & songe vne autrefois
Lequel est plus à craindre, ou d'elle, ou de deux
   Rois.

SCENE VII.
IASON.

O Dieux! ce char volant disparu dans la nuë
La desrobbe à sa peine aussi-bien qu'à ma veuë,
Et son impunité triomphe arrogamment
Des projets auortez de mon ressentiment.
Creüse, enfans, Medée, Amour, haine, vangeance,
Où dois-je desormais chercher quelque allegeance,
Où suiure l'inhumaine, & dessous quels climats
Porter les chastiments de tant d'assassinats?
Va, furie execrable, en quelque coin de terre
Que t'emporte ton char, i'y porteray la guerre,
I'apprendray ton sejour de tes sanglants effets,
Et te suluray par tout au bruit de tes forfaits.
Mais que me seruira cette vaine poursuite,
Si l'air est vn chemin tousiours libre à ta fuite,
Si tousiours tes Dragons sont prests à t'enleuer,
Si tousiours tes forfaits ont dequoy me brauer?
Malheureux, ne perds point côtre vne telle audace
De ta iuste fureur l'impuissante menace,
Ne cours point à ta honte, & fuy l'occasion
D'accroistre sa victoire & ta confusion.
Miserable, perfide, ainsi donc ta foiblesse
Espargne la sorciere & trahit ta Princesse?
Est-ce-là le pouuoir qu'ont sur toy ses desirs,
Et ton obeyssance à ses derniers soûpirs?
Vange toy, pauure Amant, Creüse le commande,
Ne luy refuse point vn sang qu'elle demande,
Escoute les accens de sa mourante voix,
Et vole sans rien craindre à ce que tu luy dois.
A qui sçait bien aymer, il n'est rien d'impossible,

TRAGEDIE.

Eusses-tu pour retraite vn roc inaccessible,
Tygresse, tu mourras, & malgré ton sçauoir
Mon amour te verra sousmise à son pouuoir,
Mes yeux se repaistront des horreurs de ta peine,
Ainsi le veut Creüse, ainsi le veut ma haine.
Mais quoy! ie vous escoute, impuissantes chaleurs!
Allez, n'adioustez plus de comble à mes malheurs,
Entreprendre vne mort que le Ciel s'est gardée,
C'est preparer encor vn triomphe à Medée.
Tourne auec plus d'effet sur toy-mesme ton bras,
Et puny-toy, Iason, de ne la punir pas.
Vains trnasports, où sans fruit mon desespoir s'a-
    muse,
Cessez de m'empescher de rejoindre Creüse.
Ma Reine, ta belle ame en partant de ces lieux
M'a laissé la vangeance, & ie la laisse aux Dieux,
Eux seuls, dont le pouuoir esgale la iustice,
Peuuent de la sorciere acheuer le supplice,
Trouue-le bon, chere ombre, & pardonne à mes
    feux
Si ie te vay reuoir plustost que tu ne veux.
    Il se tuë.

Fin du cinquiéme & dernier Acte.

L'ILLVSION
COMIQVE
COMEDIE.

A
MADAMOISELLE
M. F. D. R.

ADAMOISELLE,

Voicy vn étrange monstre que ie vous dédie. Le premier Acte n'est qu'vn Prologue, les trois suiuants font vne Comedie imparfaite, le dernier est vne Tragedie, & tout cela cousu ensemble fait vne Comedie. Qu'on en nomme l'inuention bijarre & extrauagante tant qu'on voudra, elle est nouuelle, & souuent la grace de la nouueauté parmy nos François n'est pas vn petit degré de bonté. Son succez ne m'a point fait de honte

EPISTRE.

sur le Theatre, & i'ose dire que la representation de cette piece capricieuse ne vous a point déplu, puisque vous m'avés commandé de vous en adresser l'Epistre quand elle iroit sous la presse. Quelques-vns ont trouué à redire au cinquiéme Acte, que Clindor & Isabelle estants devenus Comediens, y representent vne Histoire qui a tant de rapport avec la leur, qu'on s'imagine que c'en est la suite, & ces Messieurs n'entendants pas assez la finesse du Theatre, attribuent cette conformité à peu d'inuention, quoy qu'elle ne soit qu'vn coup d'adresse. Il falloit que le pere de Clindor à qui le Magicien fait voir la vie de son fils fust conduit par cet artifice dans vne veritable douleur, afin que apres auoir recognu la tromperie, sa surprise en fust plus grande, & son retour du desplaisir à la ioye plus agreable. Vous trouuerés bon que i'aye icy pris le temps d'en aduertir ceux qui en ont besoin, & m'obligerés de croire que ie seray toute ma vie,

MADAMOISELLE,

Vostre tres-humble & tres-fidelle seruiteur
CORNEILLE.

ACTEVRS.

ALCANDRE Magicien.
PRIDAMANT pere de Clindor.
DORANTE amy de Pridamant.
MATAMORE Capitan Gascon, amoureux d'Isabelle.
CLINDOR suiuant du Capitan & amant d'Isabelle.
ADRASTE Gentilhomme amoureux d'Isabelle.
GERONTE pere d'Isabelle.
ISABELLE fille de Geronte.
LISE seruante d'Isabelle.
GEOLIER de Bordeaux.
PAGE du Capitan.
CLINDOR representant THEAGENE Seigneur Anglois.
ISABELLE representant HYPPOLITE femme de Theagene.
LISE representant CLARINE suiuãte d'Hyppolite.
ROSINE Princesse d'Angleterre femme de Florilame.
ERASTE Escuyer de Florilame.
TROVPE de Domestiques d'Adraste.
TROVPE de Domestiques de Florilame.

La Scene est en Touraine, en vne campagne proche de la grotte du Magicien.

L'ILLVSION COMIQVE
COMEDIE.

ACTE I.

SCENE PREMIERE.

PRIDAMANT, DORANTE.

DORANTE.

Ce grand Mage dont l'art commande à
    la nature
N'a choisy pour palais que cette grotte
    obscure; (sejour
La nuit qu'il entretient sur cét affreux
N'ouurant son voile espais qu'aux rayons d'vn
    faux iour,
De leur esclat douteux n'admet en ces lieux sombres

L'ILLVSION

Que ce qu'en peut souffrir le commerce des ombres.
N'auancés pas, son art au pied de ce rocher
A mis dequoy punir qui s'en ose approcher,
Et cette large bouche est vn mur inuisible,
Où l'air en sa faueur deuient inaccessible,
Et luy fait vn rempart, dont les funestes bords
Sur vn peu de poussiere estalent mille morts.
Ialoux de son repos, plus que de sa deffense,
Il perd qui l'importune, ainsi que qui l'offence,
Si bien que ceux qu'amene vn curieux desir
Pour consulter Alcandre, attendent son loisir.
Chaque iour il se monstre, & nous touchons à l'heure
Que pour se diuertir il sort de sa demeure.

PRIDAMANT.

I'en attends peu de chose, & brusle de le voir,
I'ay de l'impatience & ie manque d'espoir,
Ce fils, ce cher obiet de mes inquietudes,
Qu'ont esloigné de moy des traitemens trop rudes,
Et que depuis dix ans ie cherche en tant de lieux,
A caché pour iamais sa presence à mes yeux.
Sous ombre qu'il prenoit vn peu trop de licence,
Contre ses libertés ie roidis ma puissance,
Ie croyois le reduire à force de punir,
Et ma seuerité ne fit que le bannir.
Mon ame vit l'erreur dont elle estoit seduite,
Ie l'outrageois present & ie pleuray sa fuite,
Et l'amour paternel me fit bien-tost sentir
D'vne iniuste rigueur vn iuste repentir.
Il l'a fallu chercher, i'ay veu dans mon voyage
Le Pô, le Rin, la Meuse, & la Seine, & le Tage,
Tousiours le mesme soin trauaille mes esprits,
Et ces longues erreurs ne m'en ont rien appris.
En fin au desespoir de perdre tant de peine,
Et n'attendant plus rien de la prudence humaine,
Pour trouuer quelque borne à tant de maux souf-
I'ay desia sur ce point consulté les Enfers, (ferts,

COMIQVE.

J'ay veu les plus fameux en ces noires sciences
Dont vous dites qu'Alcandre a tant d'experiences,
On en faisoit l'estat que vous faites de luy,
Et pas vn d'eux n'a pû soulager mon ennuy.
L'Enfer deuient muet quand il me faut respondre,
Ou ne me respond rien qu'afin de me confondre.

DORANTE.

Ne traités pas Alcandre en homme du commun,
Ce qu'il sçait en son art n'est connu de pas-vn.
Ie ne vous diray point qu'il commande au tonner-
re,
Qu'il fait enfler les mers, qu'il fait trembler la ter-(re,
Que de l'air qu'il mutine en mille tourbillons
Contre ses ennemis il fait des bataillons,
Que de ses mots sçauants les forces inconnuës
Transportent les rochers, font descendre les nuës,
Et briller dans la nuit l'esclat de deux Soleils,
Vous n'auez pas besoin de miracles pareils.
Il suffira pour vous qu'il lit dans les pensées,
Qu'il cognoist l'aduenir & les choses passées,
Rien n'est secret pour luy dans tout cét Vniuers,
Et pour luy nos destins sont des liures ouuerts,
Moy-mesme ainsi que vous, ie ne pouuois le croire,
Mais si-tost qu'il me vit il me dit mon histoire,
Et ie fus estonné d'entendre le discours
Des traits les plus cachez de mes ieunes amours.

PRIDAMANT.

Vous m'en dites beaucoup.

DORANTE.

J'en ay veu dauantage.

PRIDAMANT.

Vous essayez en vain de me donner courage,
Mes soins, & mes trauaux verront sans aucun
fruict
Clorre mes tristes iours d'vne eternelle nuict.

DORANTE.

Depuis que l'ay quitté le seiour de Bretaigne
Pour venir faire icy le noble de campagne,

Et que deux ans d'amour par vne heureuse fin
M'ont acquis Siluerie & ce Chasteau voisin,
De pas-vn, que ie sçache, il n'a deçeu l'attente,
Quiconque le consulte, en sort l'ame contente,
Croyez-moy, son secours n'est pas à negliger:
D'ailleurs il est rauy quand il peut m'obliger,
Et i'ose me vanter qu'vn peu de mes prieres
Vous obtiendra de luy des faueurs singulieres.

PRIDAMANT.
Le sort m'est trop cruel pour deuenir si doux.

DORANTE.
Esperez mieux, il sort, & s'auance vers nous,
Regardez-le marcher, ce visage si graue
Dont le rare sçauoir tient la nature esclaue
N'a sauué toutefois des rauages du temps
Qu'vn peu d'os & de nerfs qu'ont descharné cent (ans)
Son corps malgré son aage a les forces robustes,
Le mouuement facile, & les demarches iustes,
Des ressorts incognus agitent le vieillard,
Et font de tous ses pas des miracles de l'art.

SCENE II.
ALCANDRE, PRIDAMANT, DORANTE.

DORANTE.
Grand Demon du sçauoir de qui les doctes veilles
Produisent chaque iour de nouuelles merueilles,
A qui rien n'est secret dans nos intentions,
Et qui vois, sans nous voir, toutes nos actions;
Si de ton art diuin le pouuoir admirable
Iamais en ma faueur se rendit secourable,

COMIQVE.

De ce pere affligé foulage les douleurs,
Vne vieille amitié prend part en ses malheurs,
Rennes, ainsi qu'à moy, luy donna la naissance,
Et presque entre ses bras i'ay passé mon enfance,
Là de son fils & moy nasquit l'affection,
Nous estions pareils d'aage & de condition.

ALCANDRE.

Dorante, c'est assez, ie sçay ce qui l'améne,
Ce fils est auiourd'huy le sujet de sa peine.
Veillard, n'est-il pas vray que son esloignement
Par vn iuste remors te gesne incessamment?
Qu'vne obstination à te monstrer seuere
L'a banny de ta veuë, & cause ta misere?
Qu'en vain au repentir de ta seuerité
Tu cherches en tous lieux ce fils si maltraité?

PRIDAMANT.

Oracle de nos iours, qui connois toutes choses,
En vain de ma douleur ie cacherois les causes,
Tu sçais trop quelle fut mon iniuste rigueur,
Et vois trop clairement les secrets de mon cœur.
Il est vray, i'ay failly, mais pour mes iniustices
Tant de trauaux en vain sont d'assez grands sup-
    plices,
Donne enfin quelque borne à mes regrets cuisants,
Rends-moy l'vnique appuy de mes debiles ans,
Ie le tiendray rendu si i'en sçay des nouuelles,
L'amour pour le trouuer me fournira des aisles,
Où fait-il sa retraite? en quels lieux dois-ie aller?
Fust-il au bout du monde, on m'y verra voler.

ALCANDRE.

Commencés d'esperer, vous sçaurez par mes char- (mes
Ce que le Ciel vangeur refusoit à vos larmes,
Vous reuerrez ce fils plain de vie & d'honneur,
De son bannissement il tire son bonheur,
C'est peu de vous le dire, en faueur de Dorante
Ie veux vous faire voir sa fortune esclatante.
Les nouices de l'art auecque leurs encens (sants,
Et leurs mots incognus qu'ils feignent tous puis-

C c c

Leurs herbes, leurs parfums, & leurs ceremonies,
Apportent au meſtier des longueurs infinies,
Qui ne ſont, apres tout, qu'vn miſtere pipeur
Pour ſe faire valoir & pour vous faire peur.
Ma baguette à la main i'en feray dauantage.

Il donne vn coup de baguette, & on tire vn rideau derriere lequel ſont en parade les plus beaux habits des Camediens.

Iugez de voſtre fils par vn tel equipage.
Et bien ? celuy d'vn Prince a-t'il plus de ſplendeur?
Et pouuez-vous encor douter de ſa grandeur?

PRIDAMANT.
D'vn amour paternel vous flatez les tendreſſes,
Mon fils n'eſt point de rang à porter ces richeſſes,
Et ſa condition ne ſçauroit endurer
Qu'auecque tant de pompe il oſe ſe parer.

ALCANDRE.
Sous vn meilleur deſtin ſa fortune rangée,
Et ſa condition auec le temps changée,
Perſonne maintenant n'a dequoy murmurer
Qu'en public de la ſorte il oſe ſe parer.

PRIDAMANT.
A cet eſpoir ſi doux i'abandonne mon ame,
Mais parmy ces habits ie voy ceux d'vne femme,
Seroit-il marié?

ALCANDRE.
Ie vay de ſes amours
Et de tous ſes hazards vous faire le diſcours.
Toutefois, ſi voſtre ame eſtoit aſſez hardie,
Sous vne illuſion vous pourriez voir ſa vie,
Et tous ſes accidens deuant vous exprimez
Par des ſpectres pareils à des corps animés,
Il ne leur manquera ny geſte, ny parole.

PRIDAMANT.
Ne me ſoupçonnes point d'vne crainte friuole,
Le portrait de celuy que ie cherche en tous lieux
Pourroit-il par ſa veuë eſpouuenter mes yeux?

COMIQVE. 579

ALCANDRE à Dorante.
Mon Caualier, de grace il faut faire retraite,
Et souffrir qu'entre nous l'histoire en soit secrete.
PRIDAMANT.
Pour vn si bon amy ie n'ay point de secrets.
DORANTE.
Il nous faut sans replique accepter ses Arrests.
Ie vous attends chez moy.
ALCANDRE.
Ce soir, si bon luy semble,
Il vous apprendra tout quand vous serez ensemble.

SCENE III.

ALCANDRE, PRIDAMANT.

ALCANDRE.

Vostre fils tout d'vn coup ne fut pas grand Seigneur,
Toutes ses actions ne vous font pas honneur,
Et ie serois marry d'exposer sa misere
En spectacle à des yeux autres que ceux d'vn pere.
Il vous prit quelque argent, mais ce petit butin
A peine luy dura du soir iusqu'au matin,
Et pour gaigner Paris, il vendit par la pleine
Des breuets à chasser la fiéure & la migraine,
Dit la bonne aduenture, & s'y rendit ainsi.
Là, comme on vit d'esprit, il en vescut aussi,
Dedans Sainct Innocent il se fit Secretaire,
Apres montant d'estat, il fut Clerc d'vn Notaire,
Ennuyé de la plume, il le quitta soudain,
Et fit dancer vn Singe au faux-bourg Sainct Germain.

Ccc ij

Il se mit sur la rime, & l'essay de sa veine
Enrichit les chanteurs de la Samaritaine:
Son style prit apres de plus beaux ornemens,
Il se hazarda mesme à faire des Romants,
Des chansons pour Gautier, des pointes pour
　　Guillaume,
Depuis il trafiqua de chapelets de bausme,
Vendit du Mitridate en maistre Operateur,
Reuint dans le Palais & fut Solliciteur:
Enfin iamais Buscon, Lazarille de Tormes,
Sayauedre & Gusman ne prirent tant de formes.
C'estoit là pour Dorante vn honneste entretien!
　　　　PRIDAMANT.
Que ie vous suis tenu de ce qu'il n'en sçait rien!
　　　　ALCANDRE.
Sans vous faire rien voir, ie vous en fais vn conte
Dont le peu de longueur espargne vostre honte.
Las de tant de mestiers sans honneur, & sans fruit,
Quelque meilleur destin à Bordeaux l'a conduit,
Et là, comme il pensoit au choix d'vn exercice,
Vn braue du pays l'a pris à son seruice.
Ce guerrier amoureux en a fait son Agent,
Cette commission l'a remeublé d'argent,
Il sçait auec adresse en portant les paroles
De la vaillante dupe atraper les pistolles,
Mesmes de son Agent il s'est fait son riual,
Et la beauté qu'il sert ne luy veut point de mal.
Lors que de ses amours vous aurez veu l'histoire,
Ie vous le veux monstrer plain d'esclat & de gloi-
　　re,
Et la mesme action qu'il pratique auiourd'huy.
　　　　PRIDAMANT.
Que desià cet espoir soulage mon ennuy!
　　　　ALCANDRE.
Il a caché son nom en battant la campagne,
Et s'est fait de Clindor le sieur de la Montagne,
C'est ainsi que tantost vous l'entendrez nommer,
Voyez tout sans rien dire, & sans vous alarmer.

Ie tarde vn peu beaucoup pour voſtre impatience,
N'en conceuez pourtant aucune défiance,
C'eſt qu'vn charme ordinaire a trop peu de pou-
  uoir
Sur les ſpectres parlans qu'il faut vous faire voir.
Entrons dedans ma grotte, afin que i'y prepare
Quelques charmes nouueaux pour vn effect ſi rare.

Fin du premier Acte.

ACTE II.

SCENE PREMIERE.

ALCANDRE, PRIDAMANT.

ALCANDRE.

Voy qui s'offre à vos yeux, n'en ayez point d'effroy,
De ma grotte sur tout ne sortez qu'apres moy,
Sinon, vous estes mort. Voyez desià paroistre
Sous deux fantolmes vains vostre fils & son Maistre.

PRIDAMANT.
O Dieux ! ie sens mon ame apres luy s'enuoler.
ALCANDRE.
Faites luy du silence, & l'escoutez parler.

SCENE II.

MATAMORE, CLINDOR.

CLINDOR.

Qvoy, Monsieur, vous refuez! & cette ame hautaine (peine!
Apres tant de beaux faits semble estre encor en
N'estes-vous point lassé d'abatre des guerriers?
Souspirez-vous apres quelques nouueaux lauriers?

MATAMORE.

Il est vray que ie refue, & ne sçaurois resoudre
Lequel ie dois des deux le premier mettre en pou-
    dre; (gor.
Du grand Sophy de Perse, ou bien du grand Mo-

CLINDOR.

Et de grace, Monsieur, laissez les viure encor,
Qu'adiousteroit leur perte à vostre renommée?
Et puis, quand auriez vous rassemblé vostre armée?

MATAMORE.

Mon armée! ah poltron! ah traistre! pour leur mort
Tu crois donc que ce bras ne soit pas assez fort?
Le seul bruit de mon nom renuerse les murailles,
Deffait les escadrons, & gaigne les batailles,
Mon courage inuaincu contre les Empereurs
N'arme que la moitié de ses moindres fureurs,
D'vn seul commandement que ie fais aux trois
    Parques
Ie dépeuple l'Estat des plus heureux Monarques,
Le foudre est mon canon, les Destins mes soldats,
Ie couche d'vn reuers mille ennemis à bas,
D'vn souffle ie reduis leurs projets en fumée,
Et tu m'oses parler cependant d'vne armée!
Tu n'auras plus l'honneur de voir vn second Mars,

L'ILLVSION

Ie vay t'aſſaſſiner d'vn ſeul de mes regards,
Veillaque. Toutefois, ie ſonge à ma maiſtreſſe,
Ce penſer m'adoucit. Va, ma colere ceſſe,
Et ce petit Archer qui dompte tous les Dieux
Vient de chaſſer la Mort qui logeoit dans mes yeux.
Regarde, i'ay quitté cette effroyable mine
Qui maſſacre, deſtruit, briſe, bruſle, extermine,
Et penſant au bel œil qui tient ma liberté
Ie ne ſuis plus qu'amour, que grace, que beauté.

CLINDOR.

O Dieux! en vn moment que tout vous eſt poſſible!
Ie vous vois auſſi beau que vous eſtiés terrible,
Et ne croy point d'objet ſi ferme en ſa rigueur
Qu'il puiſſe conſtamment vous refuſer ſon cœur.

MATAMORE.

Ie te le dis encor, ne ſois plus en alarme,
Quand ie veux, i'eſpouuente, & quand ie veux, ie charme,
Et ſelon qu'il me plaiſt, ie remplis tour à tour
Les hommes de terreur, & les femmes d'amour.
Du temps que ma beauté m'eſtoit inſeparable,
Leurs perſecutions me rendoient miſerable,
Ie ne pouuois ſortir ſans les faire paſmer,
Mille mouroient par iour à force de m'aymer,
I'auois des rendés-vous de toutes les Princeſſes,
Les Reines à l'enuy mandioient mes careſſes,
Celle d'Ethiopie, & celle du Iapon
Dans leurs ſoûpirs d'amour ne meſloient que mon nom,
De paſſion pour moy deux Sultanes troublerent,
Deux autres pour me voir du Serrail s'échapperét,
I'en fus mal quelque temps auec le grãd Seigneur.

CLINDOR.

Son meſcontentemét n'alloit qu'à voſtre honneur.

MATAMORE.

Ces pratiques nuiſoient à mes deſſeins de guerre,
Et pouuoient m'empeſcher de conquerir la Terre:
D'ailleurs i'en deuins las, & pour les arreſter
I'enuoyay le Deſtin dire à ſon Iupiter,

COMIQVE. 585

Qu'il trouuast vn moyen que fist cesser les flames,
Et l'importunité dont m'accabloient les Dames,
Qu'autrement, ma colere iroit dedans les Cieux
Le degrader soudain de l'Empire des Dieux,
Et donneroit à Mars à gouuerner son foudre :
La frayeur qu'il en eut le fit bien-tost resoudre,
Ce que ie demandois fut prest en vn moment,
Et depuis, ie suis beau, quand ie veux seulement.
CLINDOR.
Que i'aurois sans cela de poulets à vous rendre!
MATAMORE.
De quelle que ce soit garde-toy bien d'en prendre,
Sinon de… tu m'entends, que dit-elle de moy?
CLINDOR.
Que vous estes des cœurs & le charme, & l'effroy,
Et que si quelque effet peut suiure vos promesses,
Son sort est plus heureux que celuy des Déesses.
MATAMORE.
Escoute, en ce temps là dont tantost ie parlois,
Les Déesses aussi se rengeoient sous mes loix,
Et ie te veux conter vne estrange aduanture
Qui ietta du desordre en toute la Nature,
Mais desordre aussi grand qu'on en voye arriuer.
Le Soleil fut vn iour sans se pouuoir leuer,
Et ce visible Dieu que tant de monde adore, (rore,
Pour marcher deuant luy ne trouuoit point d'Au-
On la cherchoit par tout, au lit du vieux Tithon,
Dans les bois de Cephale, au Palais de Memnon,
Et faute de trouuer cette belle fourriere,
Le iour iusque à midy se passa sans lumiere.
CLINDOR.
Où se pouuoit cacher la Reine des clartez?
MATAMORE.
Par-bieu, ie la tenois encore à mes costez, (bre,
Aucun n'osa iamais la chercher dans ma cham-
Et le dernier de Iuin fut vn iour de Decembre,
Car enfin supplié par le Dieu du sommeil
Ie la rendis au monde, & l'on vit le Soleil.

CLINDOR.

Cét estrange accident me reuient en memoire,
I'estois lors en Mexique, où i'en apris l'histoire,
Et i'entendis conter que la Perse en couroux
De l'affront de son Dieu, murmuroit contre vous.

MATAMORE.

I'en ouys quelque chose, & ie l'eusse punie,
Mais i'estois engagé dans la Transsiluanie,
Où ses Ambassadeurs qui vindrent l'excuser
A force de presents me sçeurent appaiser.

CLINDOR.

Que la clemence est belle en vn si grand courage!

MATAMORE.

Contemple, mon amy, contemple ce visage:
Tu vois vn abregé de toutes les vertus.
D'vn monde d'ennemis sous mes pieds abbatus,
Dont la race est perie, & la terre deserte,
Pas vn qu'à son orgueil n'a iamais deu sa perte.
Tous ceux qui font hommage à mes perfections
Conseruent leurs estats par leurs submissions.
En Europe, où les Rois sont d'vne humeur ciuile,
Ie ne leur raze point de chasteau ny de ville,
Ie les souffre regner : mais chez les Africains,
Par tout où i'ay trouué des Rois vn peu trop vains,
I'ay destruit les pays auecque les Monarques:
Et leurs vastes deserts en sont de bonnes marques,
Ces grands sables, qu'à peine on passe sans horreur
Sont d'assez beaux effects de ma iuste fureur.

CLINDOR.

Reuenons à l'amour, voicy vostre maistresse.

MATAMORE.

Ce diable de riual l'accompagne sans cesse.

CLINDOR.

Où vous retirez-vous?

MATAMORE.

Ce fat n'est pas vaillant,
Mais il a quelque humeur qui le rend insolent,
Peut-estre qu'orgueilleux d'estre auec cette belle

COMIQVE.

Il seroit assez vain pour me faire querelle.]
CLINDOR.
Ce seroit bien courir luy-mesme à son malheur.
MATAMORE.
Lors que i'ay ma beauté, ie n'ay point ma valeur.
CLINDOR.
Cessez d'estre charmant, & faites vous terrible.
MATAMORE.
Mais tu n'en preuois pas l'accident infaillible,
Ie ne sçaurois me faire effroyable à demy,
Ie tuërois ma maistresse auec mon ennemy.
Attendons en ce coin l'heure qui les separe.
CLINDOR.
Comme vostre valeur vostre prudence est rare.

SCENE III.

ADRASTE, ISABELLE.

ADRASTE.

Helas! s'il est ainsi quel malheur est le mien,
Ie souspire, i'endure, & ie n'auance rien,
Et malgré les transports de mon amour extréme,
Vous ne voulez pas croire encor que ie vous ayme.
ISABELLE.
Ie ne sçay pas, Monsieur, dequoy vous me blasmez,
Ie me cognois aymable & croy que vous m'aymés.
Dans vos souspirs ardents i'en voy trop d'apparen-
    ce,   (rance,
Et quand bien de leur part i'aurois moins d'asseu-
Pour peu qu'vn honneste homme ait vers moy de
    credit,
Ie luy fais la faueur de croire ce qu'il dit.
Rendez-moy la pareille, & puisqu'à vostre flame

Ie ne déguise rien de ce que i'ay dans l'ame,
Faites moy la faueur de croire sur ce point,
Que bien que vous m'aymiez, ie ne vous ayme
   point.
          ADRASTE.
Cruelle, est-ce là donc ce que vos iniustices
Ont reserué de prix à de si longs seruices?
Et mon fidelle amour est-il si criminel
Qu'il doiue estre puny d'vn mespris eternel?
          ISABELLE.
Nous donnons bien souuent de diuers noms aux
   choses,
Des espines pour moy, vous les nommez des roses,
Ce que vous appellez seruice, affection,
Ie l'appelle supplice, & persecution:
Chacun dans sa croyance également s'obstine,
Vous pensez m'obliger d'vn feu qui m'assassine,
Et la mesme action à vostre sentiment
Merite recompense, au mien vn chastiment.
          ADRASTE.
Donner vn chastiment à des flames si sainctes,
Dont i'ay receu du Ciel les premieres atteintes!
Ouy, le Ciel au moment qu'il me fit respirer
Ne me donna de cœur que pour vous adorer,
Mon ame prit naissance auecque vostre idée,
Auant que de vous voir vous l'auez possedée,
Et les premiers regards dont m'ayent frappé vos
   yeux
N'ont fait qu'executer l'ordonnance des Cieux,
Que vous saisir d'vn bien qu'ils auoient fait tout
          ISABELLE.   (vostre.
Le Ciel m'eust fait plaisir d'en enrichir vn autre.
Il vous fit pour m'aymer, & moy pour vous haïr,
Gardons-nous bien tous deux de luy desobeïr.
Apres tout, vous auez bonne part à sa haine,
Ou de quelque grand crime il vous donne la peine,
Car ie ne pense pas qu'il soit supplice esgal
D'estre forcé d'aymer qui vous traite si mal.
                          ADRASTE.

COMIQVE.

ADRASTE.
Puisque ainsi vous iugez que ma peine est si dure,
Prenez quelque pitié des tourments que i'endure.
ISABELLE.
Certes i'en ay beaucoup, & vous plains d'autant
    plus
Que ie voy ces tourments passer pour superflus,
Et n'auoir pour tout fruit d'vne longue souffrance,
Que l'incommode honneur d'vne triste constance.
ADRASTE.
Vn pere l'authorise, & mon feu maltraité
Enfin aura recours à son authorité.
ISABELLE.
Ce n'est pas le moyen de trouuer vostre conte,
Et d'vn si beau dessein vous n'aurez que la honte.
ADRASTE.
I'espere voir pourtant auant la fin du iour
Ce que peut son vouloir au defaut de l'amour.
ISABELLE.
Et moy i'espere voir, auant que le iour passe,
Vn Amant accablé de nouuelle disgrace.
ADRASTE.
Et quoy! cette rigueur ne cessera iamais?
ISABELLE.
Allez trouuer mon pere, & me laissez en paix.
ADRASTE.
Vostre ame au repentir de sa froideur passée
Ne la veut point quitter sans estre vn peu forcée,
I'y vay tout de ce pas, mais auec des serments
Que c'est pour obeyr à vos commandements.
ISABELLE.
Allez continuer vne vaine poursuite.

                                          Ddd

SCENE IV.
MATAMORE, ISABELLE, CLINDOR.

MATAMORE.

ET bien? dés qu'il m'a veu comme a-t'il pris la fuite?
Ma-t'il bien sçeu quitter la place au mesme instāt?

ISABELLE.
Ce n'est pas honte à luy, les Rois en font autant,
Au moins si ce grand bruit qui court de vos merueilles
N'a trompé mon esprit en frapant mes oreilles.

MATAMORE.
Vous le pouuez bien croire, & pour le tesmoigner,
Choisissez en quels lieux il vous plaist de regner,
Ce bras tout aussi-tost vous conqueste vn Empire,
I'en iure par luy-mesme, & cela, c'est tout dire.

ISABELLE.
Ne prodigués pas tant ce bras tousiours vainqueur,
Ie ne veux point regner que dessus vostre cœur,
Toute l'ambition que me donne ma flame
C'est d'auoir pour sujets les desirs de vostre ame.

MATAMORE.
Ils vous sont tous acquis, & pour vous faire voir
Que vous auez sur eux vn absolu pouuoir,
Ie n'escouteray plus cette humeur de conqueste,
Et laissant tous les Rois leurs Couronnes en teste,
I'en prendray seulement deux ou trois pour valets
Qui viendront à genoux vous rendre mes poulets.

ISABELLE.
L'esclat de tels suiuants attireroit l'enuie

COMIQVE

Sur le rare bonheur où ie coule ma vie,
Le commerce discret de nos affections
N'a besoin que de luy pour ces commissions.
MATAMORE.
Vous auez, Dieu me sauue, vn esprit à ma mode,
Vous trouuez comme moy la grandeur incōmode,
Les sceptres les plus beaux n'ont rien pour moy
    d'exquis,
Ie les rends aussi-tost que ie les ay conquis,
Et me suis veu charmer quantité de Princesses,
Sans que iamais mon cœur les vouluft pour mai-
ISABELLE. (stresses.
Certes en ce point seul ie manque vn peu de foy,
Que vous ayez quitté des Princesses pour moy!
Qu'elles n'ayent pû blesser vn cœur dont ie dispose!
MATAMORE.
Ie croy que la Montagne en sçaura quelque chose.
Viença. Lors qu'en la Chine, en ce fameux tour-
    noy,
Ie donnay dans la veuë aux deux filles du Roy,
Sçeus-tu rien de leur flame, & de la ialousie
Dont pour moy toutes deux eurent l'ame saisie?
CLINDOR.
Par vos mespris enfin l'vne & l'autre mourut,
I'estois lors en Egypte, où le bruit en courut,
Et ce fut en ce temps que la peur de vos armes
Fit nager le grand Caire en vn fleuue de larmes.
Vous veniez d'assommer dix Geans en vn iour,
Vous auiez desolé les pays d'alentour, (gnes,
Rasé quinze Chasteaux, applany deux monta-
Fait passer par le feu villes, bourgs, & campagnes,
Et deffait vers Damas cent mille combatans.
MATAMORE.
Que tu remarques bien & les lieux & les temps!
Ie l'auois oublié.
ISABELLE.
    Des faits si plains de gloir
Vous peuuent-il ainsi sortir de la memoire?

D d d ij

L'ILLVSION

MATAMORE.
Trop plaine des lauriers remportez sur les Rois,
Ie ne la charge point de ces menus exploits.

SCENE V.

MATAMORE, ISABELLE, CLINDOR, PAGE.

PAGE.

Monsieur.

MATAMORE.

Que veux tu, Page?

PAGE.

Vn Courrier vous demande.

MATAMORE.

D'où vient-il?

PAGE.

De la part de la Reine d'Islande.

MATAMORE.

Ciel, qui sçais comme quoy i'en suis persecuté,
Vn peu plus de repos auec moins de beauté,
Fay qu'vn si long mespris enfin la desabuse.

CLINDOR *à Isabelle.*

Voyez ce que pour vous ce grand guerrier refuse.

ISABELLE.

Ie n'en puis plus douter.

CLINDOR.

Il vous le disoit bien.

MATAMORE.

Elle m'a beau prier, non, ie n'en feray rien,
Et quoy qu'vn fol espoir ose encor luy promettre,
Ie luy vais enuoyer sa mort dans vne lettre.
Trouuez-le bon, ma Reine, & souffrez cependant
Vne heure d'entretien de ce cher confident,

Qui comme de ma vie il sçait toute l'histoire
Vous fera voir sur qui vous auez la victoire.
ISABELLE.
Tardez encore moins, & par ce prompt retour
Ie iugeray quelle est enuers moy vostre amour.

SCENE VI.
CLINDOR, ISABELLE.
CLINDOR.
Ivgez plustost par là l'humeur du personnage,
Ce Page n'est chez luy que pour ce badinage,
Et venir d'heure en heure aduertir sa Grandeur,
D'vn Courrier, d'vn Agent, ou d'vn Ambassadeur.
ISABELLE.
Ce message me plaist bien plus qu'il ne luy semble,
Il me défait d'vn fou, pour nous laisser ensemble.
CLINDOR.
Ce discours fauorable enhardira mes feux
A bien vser d'vn temps si propice à mes vœux.
ISABELLE.
Que m'allez vous conter?
CLINDOR.
Que i'adore Isabelle,
Que ie n'ay plus de cœur, ny d'ame que pour elle,
Que ma vie....
ISABELLE.
Espargnez ces propos superflus,
Ie les sçay, ie les croy, que voulez vous de plus?
Ie neglige à vos yeux l'offre d'vn diadéme,
Ie dédaigne vn riual, en vn mot ie vous ayme.
C'est aux commencemens des foibles passions
A s'amuser encor aux protestations,

L'ILLVSION

Il suffit de nous voir au point où sont les nostres,
Vn coup d'œil vaut pour vous tout le discours des autres.

CLINDOR.
Dieux! qui l'eust iamais creu, que mon sort rigoureux
Se rendit si facile à mon cœur amoureux!
Banny de mon pays par la rigueur d'vn pere,
Sans support, sans amis, accablé de misere,
Et reduit à flater le caprice arrogant
Et les vaines humeurs d'vn maistre extrauagant,
En ce piteux estat, ma fortune si basse
Trouue encor quelque part en vostre bonne grace,
Et d'vn riual puissant les biens & la grandeur,
Obtiennent moins sur vous que ma sincere ardeur.

ISABELLE.
C'est comme il faut choisir, & l'amour veritable
S'attache seulement à ce qu'il void d'aimable.
Qui regarde les biens, ou la condition,
N'a qu'vn amour auare, ou plain d'ambition,
Et souille laschement par ce meslange infame
Les plus nobles desirs qu'enfante vne belle ame.
Ie sçay bien que mon pere a d'autres sentiments,
Et mettra de l'obstacle à nos contentements,
Mais l'amour sur mon cœur a pris trop de puissance
Pour escouter encor les loix de la naissance,
Mon pere peut beaucoup, mais bien moins que ma foy,
Il a choisy pour luy, ie veux choisir pour moy.

CLINDOR.
Confus de voir donner à mon peu de merite…

ISABELLE.
Voicy mon importun, souffrés que ie l'euite.

COMIQVE.

SCENE VII.
ADRASTE, CLINDOR.

ADRASTE.

Qve vous estes heureux, & quel malheur me suit!
Ma maistresse vous souffre, & l'ingrate me fuit,
Quelque goust qu'elle prenne en vostre compagnie
Si tost que i'ay paru mon abord l'a bannie.

CLINDOR.

Sans qu'elle ait veu vos pas s'adresser en ce lieu,
Lasse de mes discours elle m'a dit Adieu.

ADRASTE.

Lasse de vos discours! vostre humeur est trop bon-(ne,
Et vostre esprit trop beau pour ennuyer personne.
Mais que luy contiez vous qui pust l'importuner?

CLINDOR.

Des choses qu'aisément vous pouuez deuiner,
Les amours de mō maistre, ou plustost ses sottises,
Ses conquestes en l'air, ses hautes entreprises.

ADRASTE.

Voulez-vous m'obliger? vostre maistre, ny vous
N'estes pas gens tous deux à me rendre jaloux,
Mais si vous ne pouuez arrester ses saillies,
Diuertissez ailleurs le cours de ses folies.

CLINDOR.

Que craignez-vous de luy, dont tous les compli-(mens
Ne parlent que de morts & de saccagements,
Qu'il bat, terrasse, brise, estrangle, brusle, assom-(me?

ADRASTE.

Pour estre son valet ie vous trouue honneste hōme,
Vous n'auez point la mine à seruir sans dessein
Vn fanfaron plus fou que son discours n'est vain.

Quoy qu'il en soit, depuis que ie vous voy chez elle
Toufiours de plus en plus ie l'efprouue cruelle.
Ou vous feruez quelque autre, ou voftre qualité
Laiffe dans vos projets trop de temerité,
Ie vous tiens fort fufpect de quelque haute adreffe:
Que voftre maiftre en fin faffe vne autre maiftreffe,
Ou s'il ne peut quitter vn entretien fi doux,
Qu'il fe ferue du moins d'vn autre que de vous.
Ce n'eft pas qu'apres tout les volontez d'vn pere
Qui fçait ce que ie fuis ne terminent l'affaire,
Mais purgez-moy l'efprit de ce petit foucy,
Et fi vous vous aymez, banniffez-vous d'icy,
Car fi ie vous voy plus regarder cette porte,
Ie fçay comme traiter les gens de voftre forte.

CLINDOR.
Me croyez-vous baftant de nuire à voftre feu?

ADRASTE.
Sans replique, de grace, ou vous verrez beau ieu,
Allez, c'eft affez dit.

CLINDOR.
    Pour vn leger ombrage
C'eft trop indignement traiter vn bon courage.
Si le Ciel en naiffant ne m'a fait grand feigneur,
Il m'a fait le cœur ferme & fenfible à l'honneur,
Et ie fuis homme à rendre vn iour ce qu'on me prefte.

ADRASTE.
Quoy! vous me menaffez!

CLINDOR.
    Non, non, ie fay retraite,
D'vn fi cruel affront vous aurez peu de fruit,
Mais ce n'eft pas icy qu'il faut faire du bruit.

SCENE VIII.

ADRASTE, LYSE.

ADRASTE.

CE beliſtre inſolent me fait encor brauade.
LYSE.
A ce conte, Monſieur, voſtre eſprit eſt malade?
ADRASTE.
Malade! mon eſprit!
LYSE.
Ouy, puiſqu'il eſt jaloux
Du malheureux Agent de ce Prince des foux.
ADRASTE.
Ie ſuis trop glorieux & croy trop d'Iſabelle
Pour craindre qu'vn valet me ſupplante auprés d'elle,
Ie ne puis toutefois ſouffrir ſans quelque ennuy
Le plaiſir qu'elle prend à rire auecque luy.
LYSE.
C'eſt dénier enſemble & confeſſer la debte.
ADRASTE.
Nomme, ſi tu le veux, ma boutade indiſcrete,
Et trouue mes ſoupçons bien ou mal à propos,
Ie l'ay chaſſé d'icy pour me mettre en repos.
En effet, qu'en eſt-il?
LYSE.
Si i'oſe vous le dire,
Ce n'eſt plus que pour luy qu'Iſabelle ſouſpire.
ADRASTE.
Lyſe, que me dis-tu?
LYSE.
Qu'il poſſede ſon cœur,

L'ILLVSION

Que jamais feux naiſſans n'eurent tant de vigueur,
Qu'ils meurent l'vn pour l'autre, & n'ont qu'vne
    ADRASTE.   (penſée.

Trop ingrate beauté, deſloyalle, inſenſée,
Tu m'oſes donc ainſi preferer vn maraut?
    LYSE.

Ce riual orgueilleux le porte bien plus haut,
Et ie vous en veux faire entiere confidence.
Il ſe dit Gentilhomme, & riche.
    ADRASTE.
        Ah! l'impudence!
    LYSE.

D'vn pere rigoureux fuyant l'authorité
Il a couru long temps d'vn & d'autre coſté,
En fin manque d'argent peut-eſtre, ou par caprice,
De noſtre Rodomont il s'eſt mis au ſeruice,
Où choiſi pour Agent de ſes folles amours
Iſabelle a preſté l'oreille à ſes diſcours.
Il a ſi bien charmé cette pauure abuſée,
Que vous en auez veu voſtre ardeur meſpriſée,
Mais parlez à ſon pere, & bien-toſt ſon pouuoir
Remettra ſon eſprit aux termes du deuoir.
    ADRASTE.

Ie viens tout maintenant d'en tirer aſſeurance
De receuoir les fruits de ma perſeuerance,
Et deuant qu'il ſoit peu nous en verrons l'effet,
Mais eſcoute, il me faut obliger tout à fait.
    LYSE.

Où ie vous puis ſeruir i'oſe tout entreprendre.
    ADRASTE.

Peux-tu dãs leurs amours me les faire ſurprendre?
    LYSE.

Il n'eſt rien plus aiſé, peut-eſtre dés ce ſoir.
    ADRASTE.

Adieu donc, ſouuien-toy de me les faire voir,
Cependant prens cecy ſeulement par auance.
    LYSE.

Que le galand alors ſoit froté d'importance.

COMIQVE.

ADRASTE.

Croy-moy qu'il se verra, pour te mieux contenter,
Chargé d'autant de bois qu'il en pourra porter.

SCENE IX.

LYSE.

L'Arrogant croit desia tenir ville gaignée,
Mais il sera puny de m'auoir desdaignée.
Par ce qu'il est aymable, il fait le petit Dieu,
Et ne veut s'adresser qu'aux filles de bon lieu,
Ie ne merite pas l'honneur de ses carresses:
Vrayment c'est pour son nez, il luy faut des maistresses,
Ie ne suis que seruante, & qu'est-il que valet?
Si son visage est beau, le mien n'est pas trop laid,
Il se dit riche & noble, & cela me fait rire,
Si loin de son pays qui n'en peut autant dire?
Qu'il le soit, nous verrons ce soir, si ie le tiens,
Dancer sous le cotret sa noblesse & ses biens.

L'ILLVSION

SCENE X.
ALCANDRE, PRIDAMANT

ALCANDRE.

Le cœur vous bat vn peu.
PRIDAMANT.
Ie crains cette menace.
ALCANDRE.
Lyse ayme trop Clindor pour causer sa disgrace.
PRIDAMANT.
Elle en est mesprisée & cherche à se vanger.
ALCANDRE.
Ne craignez point, l'amour la fera bien changer.

Fin du second Acte.

ACTE

ACTE III.

SCENE PREMIERE.
GERONTE, ISABELLE.

GERONTE.

Appaisez vos soûpirs & tarissez vos larmes,
Contre ma volonté ce sont de foibles armes, (vos douleurs
Mon cœur quoy que sensible à toutes
Escoute la raison & neglige vos pleurs,
Ie cognois vostre bien beaucoup mieux que vous mesme.
Orgueilleuse, il vous faut, ie pense, vn diadéme,
Et ce ieune Baron auec que tout son bien
Passe encore chez vous pour vn homme de rien!
Que luy manque apres tout ? bien fait de corps & d'ame,
Noble, courageux, riche, adroit, & plain de flame,
Il vous fait trop d'honneur.

ISABELLE.
Ie sçay qu'il est parfait,
Et recognoy fort mal les honneurs qu'il me fait:
Mais si vostre bonté me permet en ma cause
Pour me iustifier de dire quelque chose,
Par vn secret instinct que ie ne puis nommer

E e e

I'en fais beaucoup d'eſtat & ne le puis aymer.
De certains mouuements que le Ciel nous inſpire
Nous font aux yeux d'autruy ſouuent choiſir le pire, (cœur
C'eſt luy qui d'vn regard fait naiſtre en noſtre
L'eſtime, ou le meſpris, l'amour, ou la rigueur.
Il attache icy bas auec des ſympathies
Les ames que ſon choix a là haut aſſorties,
On n'en ſçauroit vnir ſans ſes auis ſecrets,
Et cette chaiſne manque où manquent ſes decrets.
Aller contre les loix de cette prouidence,
C'eſt le prendre à partie, & blaſmer ſa prudence,
L'attaquer en rebelle, & s'expoſer aux coups
Des plus aſpres malheurs qui ſuiuent ſon couroux.

GERONTE.

Impudente, eſt-ce ainſi que l'on ſe iuſtifie?
Quel maiſtre vous apprend cette Philoſophie?
Vous en ſçauez beaucoup, mais tout voſtre ſçauoir
Ne m'empeſchera pas d'vſer de mon pouuoir.
Si le Ciel pour mon choix vous donne tant de haine,
Vous a-t'il miſe en feu pour ce grand Capitaine?
Ce guerrier valeureux vous tient-il dans ſes fers,
Et vous a-t'il domptée auec tout l'Vniuers?
Ce fanfaron doit-il releuer ma famille?

ISABELLE.

Et de grace, Monſieur, traittez mieux voſtre fille.

GERONTE.

Quel ſujet donc vous porte à me deſobeïr?

ISABELLE.

Mon heur & mon repos que ie ne puis trahir;
Ce que vous appellez vn heureux Hymenée,
N'eſt pour moy qu'vn Enfer, ſi i'y ſuis condamnée.

GERONTE.

Ah qu'il en eſt encor de mieux faites que vous
Qui ſe voudroient bien voir dans vn Enfer ſi doux!
Apres tout, ie le veux, cedez à ma puiſſance.

COMIQVE.

ISABELLE.
Faites vn autre essay de mon obeyssance.
GERONTE.
Ne me repliquez plus, quand i'ay dit, ie le veux,
Rentrez, c'est desormais trop contesté nous deux.

SCENE II.

GERONTE.

Qv'à present la ieunesse a d'estranges manies!
Les regles du deuoir luy sont des tyrannies,
Et les droits les plus saincts deuiennent impuissants
A l'empescher de courre apres son propre sens.
Mais c'est l'humeur du sexe, il ayme à contredire
Pour secouër s'il peut le ioug de nostre empire,
Ne suit que son caprice en ses affections,
Et n'est iamais d'accord de nos eslections.
N'espere pas pourtant, aueugle & sans ceruelle,
Que ma prudence cede à ton esprit rebelle.
Mais ce fou viendra-t'il tousiours m'embarrasser,
Par force, ou par adresse il me le faut chasser.

SCENE III.

GERONTE, MATAMORE, CLINDOR.

MATAMORE *à Clindor.*

N'Auras tu point enfin pitié de ma fortune!
Le grand Visir encor de nouueau m'importune,

Eee ij

L'ILLVSION

Le Tartare d'ailleurs m'appelle à son secours,
Narsingue & Calicut m'en pressent tous les iours,
Si ie ne les refuse, il me faut mettre en quatre.
CLINDOR.
Pour moy, ie suis d'auis que vous les laissiez battre,
Vous employeriez trop mal vos inuincibles coups,
Si pour en seruir vn vous faisiez trois jaloux.
MATAMORE.
Tu dis bien, c'est assez de telles courtoisies,
Ie ne veux qu'en Amour donner des jalousies.
Ah, Monsieur, excusez si faute de vous voir,
Bien que si près de vous, ie manquois au deuoir,
Mais quelle émotion paroist sur ce visage?
Où sont vos ennemis que i'en face vn carnage?
GERONTE.
Monsieur, graces aux Dieux, ie n'ay point d'en-
nemis.
MATAMORE.
Mais graces à ce bras qui vous les a sousmis.
GERONTE.
C'est vne grace encor que i'auois ignorée.
MATAMORE.
Depuis que ma faueur pour vous s'est declarée,
Ils sont tous morts de peur, ou n'ont osé bransler.
GERONTE.
C'est ailleurs maintenant qu'il vous faut signaler.
Il fait beau voir ce bras plus craint que le tonnerre
Demeurer si paisible en vn temps plain de guerre,
Et c'est pour acquerir vn nom bien releué
D'estre dans vne ville à battre le paué!
Chacun croit vostre gloire à faux tiltre vsurpée,
Et vous ne passez plus que pour traisneur d'espée.
MATAMORE.
Ah ventre! il est tout vray que vous auez rai-
son,
Mais le moyen d'aller si ie suis en prison?
Isabelle m'arreste, & ses yeux plains de charmes
Ont captiué mon cœur & suspendu mes armes.

COMIQVE.
GERONTE.
Si rien que son sujet ne vous tient arresté
Faites vostre equipage en toute liberté,
Elle n'est pas pour vous, n'en soyez point en peine,
MATAMORE.
Ventre! que dites vous? ie la veux faire Reyne.
GERONTE.
Ie ne suis pas d'humeur à rire tant de fois
Du crotesque recit de vos rares exploits,
La sottise ne plaist qu'alors qu'elle est nouuelle;
En vn mot, faites Reyne vne autre qu'Isabelle;
Si pour l'entretenir vous venez plus icy....
MATAMORE.
Il a perdu le sens de me parler ainsi.
Pauure homme, sçais-tu bien que mon nom effroyable
Met le grand Turc en fuite, & fait trembler le Diable,
Que pour t'aneantir ie ne veux qu'vn moment?
GERONTE.
I'ay chez moy des valets à mon commandement,
Qui se cognoissant mal à faire des brauades
Respondroient de la main à vos Rodomontades.
MATAMORE *à Clindor*.
Dy-luy ce que i'ay fait en mille & mille lieux.
GERONTE.
Adieu, moderez-vous, il vous en prendra mieux:
Bien que ie ne sois pas de ceux qui vous haïssent,
I'ay le sang vn peu chaud, & mes gens m'obeïssent.

L'ILLVSION

SCENE IV.
MATAMORE, CLINDOR.

MATAMORE.

REspect de ma maistresse, incommode vertu,
Tiran de ma vaillance, à quoy me reduis-tu?
Que n'ay-ie eu cent riuaux en la place d'vn pere
Sur qui sans t'offencer laisser choir ma colere?
Ah visible Demon, vieux spectre descharné,
Vray support de Satan, medaille de damné,
Tu m'oses donc bannir & mesme auec menaces,
Moy de qui tous les Rois briguent les bonnes graces!

CLINDOR.
Tandis qu'il est dehors allez dés auiourd'huy
Causer de vos amours & vous mocquer de luy.

MATAMORE.
Cadediou, ses valets feroient quelque insolence.

CLINDOR.
Ce fer a trop dequoy dompter leur violence.

MATAMORE.
Oüy, mais les feux qu'il iette en sortant de prison
Auroient en vn moment embrazé la maison,
Deuoré tout à l'heure ardoises, & goutieres,
Faîtes, lattes, cheurons, montants, courbes, filieres,
Entretoises, sommiers, colomnes, soliueaux,
Parnes, soles, appuis, iambages, traueteaux,
Portes, grilles verroux, serrures, tuilles, pierre,
Plomb, fer, plastre, ciment, peintures, marbre, verre,
Caues, puits, courts, perrons, salles, chambres, greniers,
Offices, cabinets, terrasses, escaliers,

COMIQVE.

Iuge vn peu quel desordre aux yeux de ma char-
  meuse.
Ces feux estoufferoient son ardeur amoureuse,
Va luy parler pour moy, toy qui n'es pas vaillant,
Tu puniras à moins vn valet insolent.
CLINDOR.
C'est m'exposer...
MATAMORE.
           Adieu, ie vois ouurir la porte,
Et crains que sans respect cette canaille sorte.

SCENE V.
CLINDOR, LYSE.
CLINDOR.
LE souuerain poltron, à qui pour faire peur
  Il ne faut qu'vne feüille, vne ombre, vne va-
    peur,
Vn vieillard le maltraite, il fuit pour vne fille,
Et tremble à tous moments de crainte qu'on l'e-
Lyse, que ton abord doit estre dangereux, (strille,
Il donne l'espouuante à ce cœur genereux,
Cet vnique vaillant, la fleur des Capitaines,
Qui dompte autant de Rois qu'il captiue de Rei-
  nes.
LYSE.
Mon visage est ainsi malheureux en attraits, (prés.
D'autres charment de loin, le mien fait peur de
CLINDOR.
S'il fait peur à des fous, il charme les plus sages,
Il n'est pas quantité de semblables visages,
Si l'on brusle pour toy, ce n'est pas sans sujet,
Ie ne cognus iamais vn si gentil objet, (railleuse,
L'esprit beau, prompt, accort, l'humeur vn peu
L'embonpoint rauissant, la taille auantageuse,

L'ILLVSION

Les yeux doux, le teint vif, & les traits delicats,
Qui seroit le brutal qui ne t'aymeroit pas?
LYSE
De grace, & depuis quãd me trouuez vous si belle?
Voyez bien, ie suis Lyse, & non pas Isabelle.
CLINDOR
Vous partagez vous deux mes inclinations,
J'adore sa fortune, & tes perfections.
LYSE
Vous en embrassez trop, c'est assez pour vous d'v-
Et mes perfections cedent à sa fortune.   (ne,
CLINDOR
Bien que pour l'espouser ie luy donne ma foy,
Penses-tu qu'en effet ie l'ayme plus que toy?
L'Amour & l'Hymenée ont diuerse methode,
L'vn court au plus aymable, & l'autre au plus com-
   mode.
Ie suis dans la misere, & tu n'as point de bien,
Vn rien s'assemble mal auec vn autre rien:
Mais si tu mesnageois ma flame auec adresse,
Vne femme est sujette, vne amante est maistresse,
Les plaisirs sont plus grands à se voir moins sou-
   uent,
La femme les achepte, & l'amante les vend,
Vn amour par deuoir bien aisément s'altere,
Les nœuds en sont plus forts quand il est volon-
   taire,
Il hait toute contrainte, & son plus doux appas
Se gouste quand on ayme, & qu'on peut n'aymer
Seconde auec douceur celuy que ie te porte. (pas
LYSE
Vous me cognoissés trop pour m'aymer de la sor-
Et vous en parlez moins de vostre sentiment (te,
Qu'à dessein de railler par diuertissement.
Ie prends tout en riant comme vous me le dites,
Allez continuer cependant vos visites.
CLINDOR
Vn peu de tes faueurs me rendroit plus content,

COMIQVE.
LYSE.
Ma maistresse là haut est seule, & vous attend.
CLINDOR.
Tu me chasses ainsi!
LYSE.
Non, mais ie vous enuoye
Aux lieux où vous trouuez vostre heur & vostre (ioye.
CLINDOR.
Que mesme tes desdains me semblent gracieux!
LYSE.
Ah, que vous prodiguez vn temps si precieux!
Allez.
CLINDOR.
Souuien toy donc...
LYSE.
De rien que m'ait pû dire...
CLINDOR.
Vn amant...
LYSE.
Vn causeur qui prend plaisir à rire?

SCENE VI.
LYSE.

L'Ingrat, il trouue enfin mon visage charmant,
Et pour me suborner il contrefait l'amant,
Qui hait ma sainte ardeur m'ayme dans l'infamie,
Me desdaigne pour femme, & me veut pour amie,
Perfide, qu'as-tu veu dedans mes actions
Qui te deust enhardir à ces pretentions?
Qui t'a fait m'estimer digne d'estre abusée,
Et iuger mon honneur vne conqueste aisée?
I'ay tout pris en riant, mais c'estoit seulement
Pour ne t'aduertir pas de mon ressentiment,

Qu'eust produit son esclat que de la deffiance?
Qui cache sa colere asseure sa vangeance,
Et ma feinte douceur te laissant esperer
Te iette dans les rets que i'ay sçeu preparer.
Va traistre, ayme en tous lieux, & partage ton ame,
Choisy qui tu voudras pour maistresse & pour femme,
Donne à l'vne ton cœur, donne à l'autre ta foy,
Mais ne croy plus tromper Isabelle, ny moy.
Ce long calme bientost va tourner en tempeste,
Et l'orage est tout prest à fondre sur ta teste,
Surpris par vn riual dans ce cher entretien
Il vangera d'vn coup son malheur & le mien.
Toutefois qu'as-tu fait qui te rende coupable?
Pour chercher sa fortune est-on si punissable?
Tu m'aymes, mais le bien te fait estre inconstant,
Au siecle où nous viuons qui n'en feroit autant?
Oublions les proiets de sa flame maudite,
Et laissons-le iouyr du bonheur qu'il merite.
Que de pensers diuers en mon cœur amoureux,
Et que ie sens dans l'ame vn combat rigoureux!
Perdre qui me cherit! espargner qui m'affronte!
Ruyner ce que i'ayme! aymer qui veut ma honte!
L'amour produira-t'il vn si cruel effet?
L'insolent rira-t'il de l'affront qu'il m'a fait?
Mon amour me seduit, & ma haine m'emporte,
L'vne peut tout sur moy, l'autre n'est pas moins forte.
N'escoutons plus l'amour pour vn tel suborneur,
Et laissons à la haine asseurer mon honneur.

COMIQVE.

SCENE VII.
MATAMORE.

LEs voilà, sauuons-nous. Non, ie ne voy personne,
Auançons hardiment. Tout le corps me frissonne,
Ie les entends, fuyons. Le vent faisoit ce bruit,
Coulons nous en faueur des ombres de la nuit.
Vieux resueur, malgré toy i'attends icy ma Reine.
Ces diables de valets me mettent bien en peine,
De deux mille ans & plus ie ne tremblay si fort,
C'est trop me hazarder, s'ils sortent, ie suis mort,
Car i'ayme mieux mourir que leur donner bataille,
Et profaner mon bras contre cette canaille.
Que le courage expose à d'estranges dangers!
Toutefois en tout cas ie suis des plus legers,
S'il ne faut que courir, leur attente est dupée,
I'ay le pied pour le moins aussi bon que l'espée.
Tout de bon ie les voy, c'est fait, il faut mourir,
I'ay le corps tout glacé, ie ne sçaurois courir,
Destin, qu'à ma valeur tu te monstres contraire!
C'est ma Reine elle mesme auec mon Secretaire.
Tout mon corps se desglace, escoutons leurs discours,
Et voyons son adresse à traiter mes amours.

SCENE VIII.

CLINDOR, ISABELLE, MATAMORE.

ISABELLE.

Tout se prepare mal du costé de mon pere,
Ie ne le vy iamais d'vne humeur si seuere,
Il ne souffrira plus vostre maistre, ny vous,
Nostre Baron d'ailleurs est deuenu ialoux,
Et c'est aussi pourquoy ie vous ay fait descendre,
Dedans mon cabinet ils nous pourroient surpren-
Icy nous causerons eu plus de seureté,   (dre,
Vous pourrez vous couler d'vn & d'autre costé,
Et si quelqu'vn suruient, ma retraite est ouuerte.

CLINDOR.

C'est trop prendre de soin pour empescher ma per-
ISABELLE.   (te.
Ie n'en puis prendre trop pour conseruer vn bien
Sans qui tout l'Vniuers ensemble ne m'est rien.
Ouy, ie fay plus d'estat d'auoir gaigné vostre ame,
Que si tout l'Vniuers me cognoissoit pour Dame.
Vn riual par mon pere attaque en vain ma foy,
Vostre amour seul a droit de triompher de moy,
Des discours de tous deux ie suis persecutée,
Mais pour vous ie me plais à me voir maltraitée:
Il n'est point de tourments qui ne me semblent
    doux,
Si ma fidelité les endure pour vous.

CLINDOR.

Vous me rendez confus, & mon ame rauie
Ne vous peut en reuanche offrir rien que ma vie,
Mon sang est le seul bien qui me reste en ces lieux,

Trop

COMIQVE.

Trop heureux de le perdre en seruant vos beaux
  yeux.
Mais si mon astre vn iour changeant son influence
Me donne vn accés libre aux lieux de ma naissan-
  ce,
Vous verrez que ce choix n'est pas tant inégal,
Et que tout balancé ie vaux bien mon riual. (dre
Cependant, mon soucy, permettez-moy de crain-
Qu'vn pere & ce riual ne veuillent vous contrain-
  dre.

ISABELLE.

I'en sçay bien le remede, & croyez qu'en ce cas
L'vn aura moins d'effet, que l'autre n'a d'appas,
Ie ne vous diray point où ie suis resoluë,
Il suffit que sur moy ie me rends absoluë, (l'air,
Que leurs plus grands efforts sont des efforts en
Et que...

MATAMORE.

  C'est trop souffrir, il est temps de parler.

ISABELLE.

Dieux! on nous escoutoit.

CLINDOR.

    C'est nostre Capitaine,
Ie vay bien l'appaiser, n'en soyez pas en peine.

SCENE IX.

MATAMORE, CLINDOR.

MATAMORE.

AH traistre?

CLINDOR.

 Parlés bas, ces valets...

MATAMORE.

     Et bien, quoy?

Fff

L'ILLVSION

CLINDOR.
Ils fondront tout à l'heure & sur vous & sur moy.

MATAMORE *le tirant à vn coin du Theatre.*
Viença, tu sçais ton crime, & qu'à l'objet que j'ayme,
Loin de parler pour moy, tu parlois pour toy-mesme.

CLINDOR.
Oüy, i'ay pris vostre place, & vous ay mis dehors.

MATAMORE.
Ie te donne le choix de trois ou quatre morts.
Ie vay d'vn coup de pointe briser comme verre,
Ou t'enfoncer tout vif au centre de la terre,
Ou te fendre en dix parts d'vn seul coup de reuers,
Ou te jetter si haut au dessus des esclairs
Que tu sois déuoré des feux élementaires,
Choisy donc promptement, & songe à tes affaires.

CLINDOR.
Vous mesme choisissez.

MATAMORE.
Quel choix proposes-tu?

CLINDOR.
De fuir en diligence, ou d'estre bien battu.

MATAMORE.
Me menacer encor! ah ventre, quelle audace!
Au lieu d'estre à genoux & d'implorer ma grace!
Il a donné le mot, ses valets vont sortir,
Ie m'en vay commander aux mers de t'engloutir.

CLINDOR.
Sans vous chercher si loin vn si grand cimetiere,
Ie vous vay de ce pas jetter dans la riuiere.

MATAMORE.
Ils sont d'intelligence, ah teste.

CLINDOR.
Point de bruit,
J'ay desià massacré dix hommes cette nuit,
Et si vous me faschez, vous en croistrez le nombre.

MATAMORE.

Cadediou ce coquin a marché dans mon ombre,
Il s'est fait tout vaillant d'auoir suiuy mes pas:
S'il auoit du respect, i'en voudrois faire cas.
Escoute, ie suis bon, & ce seroit dommage
De priuer l'Vniuers d'vn homme de courage,
Demande-moy pardon, & quitte cet objet
Dont les perfections m'ont rendu son sujet;
Tu cognois ma valeur, esprouue ma clemence.

CLINDOR.

Plustost, si vostre amour a tant de vehemence,
Faisons deux coups d'espée au nom de sa beauté.

MATAMORE.

Parbieu tu me rauis de generosité,
Va, pour la conquerir n'vse plus d'artifices,
Ie te la veux donner pour prix de tes seruices,
Plains-toy doresnauant d'auoir vn maistre ingrat.

CLINDOR.

A ce rare present d'aise le cœur me bat,
Protecteur des grands Roys, guerrier trop magna-   (nime,
Puisse tout l'Vniuers bruire de vostre estime.

SCENE X.

ISABELLE, MATAMORE, CLINDOR.

ISABELLE.

IE rends graces au Ciel de ce qu'il a permis
Qu'à la fin sans combat ie vous voy bons amis.

MATAMORE.

Ne pensez plus, ma Reine, à l'honeur que ma flame
Vous deuoit faire vn iour de vous prendre pour
  femme;

Fff ij

L'ILLVSION

Pour quelque occasion i'ay changé de dessein,
Mais ie vous veux donner vn homme de ma main,
Faites-en de l'estat, il est vaillant luy-mesme,
Il commandoit sous moy.

ISABELLE.
Pour vous plaire, ie l'ayme.

CLINDOR.
Mais il faut du silence à nostre affection.

MATAMORE.
Ie vous promets silence & ma protection,
Auoüez vous de moy par tous les coins du monde,
Ie suis craint à l'égal sur la terre & sur l'onde,
Allez, viuez contens sous vne mesme loy.

ISABELLE.
Pour vous mieux obeyr ie luy donne ma foy.

CLINDOR.
Commandez que sa foy soit d'vn baiser suiuie.

MATAMORE.
Ie le veux.

SCENE XI.

GERONTE, ADRASTE, MATAMORE, CLINDOR, ISABELLE, LYSE, Troupe de Domestiques.

ADRASTE.
CE baiser te va couster la vie,
Suborneur.

MATAMORE.
Ils ont pris mon courage en deffaut.

Cette porte est ouuerte, allons gaigner le haut.
Il entre chez Isabelle, apres qu'elle & Lyse y sont entries.
CLINDOR.
Traistre, qui te fais fort d'vne troupe brigande,
Ie te choisiray bien au milieu de la bande.
GERONTE.
Dieux! Adraste est blessé, courez au medecin,
Vous autres cependant arrestez l'assassin.
CLINDOR.
Helas! ie cede au nombre, Adieu, chere Isabelle,
Ie tombe au precipice où mon destin m'appelle.
GERONTE.
C'en est fait, emportez ce corps à la maison,
Et vous, conduisez tost ce traistre à la prison.

SCENE XII.
ALCANDRE, PRIDAMANT.

PRIDAMANT.
Helas! mon fils est mort.
ALCANDRE.
Que vous auez d'alarmes!
PRIDAMANT.
Ne luy refusez point le secours de vos charmes.
ALCANDRE.
Vn peu de patience, & sans vn tel secours
Vous le verrez bien-tost heureux en ses amours.

Fin du troisiéme Acte.

ACTE IV.

SCENE PREMIERE.
ISABELLE.

Enfin le terme approche, vn iugement inique
Doit faire agir demain vn pouuoir ty-
rannique, (Amant,
A son propre assassin immoler mon
Et faire vne vangeance au lieu d'vn chastiment.
Par vn decret iniuste autant comme seuere
Demain doit triompher la haine de mon pere,
La faueur du pays, l'authorité du mort,
Le malheur d'Isabelle, & la rigueur du sort.
Helas! que d'ennemis, & de quelle puissance,
Contre le foible appuy que donne l'innocence,
Contre vn pauure incognu, de qui tout le forfait
Est de m'auoir aymée, & d'estre trop parfait!
Oüy, Clindor, tes vertus & ton feu legitime
T'ayant acquis mon cœur ont fait aussi ton crime,
Contre elles vn jaloux fit son traistre dessein,
Et receut le trespas qu'il portoit dans ton sein.
Qu'il eust valu bien mieux à ta valeur trompée
Offrir ton estomach ouuert à son espée,
Puisque loin de punir ceux qui t'ont attaqué
Les loix vont acheuer le coup qu'ils ont manqué,
Tu fusses mort alors, mais sans ignominie,

Ta mort n'eust point laissé ta memoire ternie,
On n'eust point veu le foible opprimé du puissant,
Ny mon pays soüillé du sang d'vn innocent,
Ny Themis endurer l'indigne violence,
Qui pour l'assassiner, emprunte sa balance.
Helas! & dequoy sert à mon cœur enflamé,
D'auoir fait vn beau choix & d'auoir bien aymé,
Si mon amour fatal te conduit au supplice
Et m'appreste à moy-mesme vn mortel precipice!
Car en vain apres toy l'on me laisse le iour,
Ie veux perdre la vie en perdant mon amour,
Prononçant ton Arrest, c'est de moy qu'on dispose,
Ie veux suiure ta mort puisque i'en suis la cause,
Et le mesme moment verra par deux trespas
Nos esprits amoureux se reioindre là bas.
Ainsi, pere inhumain, ta cruauté deceuë
De nos saintes ardeurs verra l'heureuse issuë,
Et si ma perte alors fait naistre tes douleurs,
Aupres de mon amant ie riray de tes pleurs,
Ce qu'vn remors cuisant te coustera de larmes
D'vn si doux entretien augmentera les charmes,
Ou s'il n'a pas assez dequoy te tourmenter,
Mon ombre chaque iour viendra t'espouuenter,
S'attacher à tes pas dans l'horreur des tenebres,
Presenter à tes yeux mille images funebres,
Ietter dans ton esprit vn eternel effroy,
Te reprocher ma mort, t'appeller apres moy,
Accabler de malheurs ta languissante vie,
Et te reduire au point de me porter enuie.
Enfin ...

L'ILLVSION

SCENE II.
ISABELLE, LYSE.
LYSE.

Qvoy, chacun dort, & vous estes icy!
Ie vous iure, Monsieur en est en grand soucy.
ISABELLE.
Quand on n'a plus d'espoir, Lyse, on n'a plus de crainte,
Ie trouue des douceurs à faire icy ma plainte,
Icy ie vis Clindor pour la derniere fois,
Ce lieu me redit mieux les accents de sa voix,
Et remet plus auant dans ma triste pensée,
L'aymable souuenir de mon amour passée.
LYSE.
Que vous prenés de peine à grossir vos ennuis!
ISABELLE.
Que veux-tu que ie face en l'estat où ie suis?
LYSE.
De deux amants parfaits dont vous estiés seruie
L'vn est mort, & demain l'autre perdra la vie,
Sans perdre plus de temps à souspirer pour eux,
Il en faut trouuer vn qui les vaille tous deux.
ISABELLE.
Impudente, oses-tu me tenir ces paroles?
LYSE.
Quel fruict esperez-vous de vos douleurs friuoles?
Pensez-vous pour pleurer & ternir vos appas
Rappeller vostre amant des portes du trespas?
Songez plustost à faire vne illustre conqueste,
Ie sçay pour vos liens vne ame toute preste,
Vn homme incomparable.

COMIQVE.

ISABELLE.
Oste-toy de mes yeux.
LYSE.
Le meilleur iugement ne choisiroit pas mieux.
ISABELLE.
Pour croistre mes douleurs faut-il que ie te voye?
LYSE.
Et faut-il qu'à vos yeux ie déguise ma ioye?
ISABELLE.
D'où te vient cette ioye ainsi hors de saison?
LYSE.
Quand ie vous l'auray dit, iugez si i'ay raison.
ISABELLE.
Ah, ne me conte rien.
LYSE.
Mais l'affaire vous touche.
ISABELLE.
Parle-moy de Clindor, ou n'ouure point la bouche.
LYSE.
Ma belle humeur qui rit au milieu des malheurs
Fait plus en vn moment qu'vn siecle de vos pleurs,
Elle a sauué Clindor.
ISABELLE.
Sauué Clindor!
LYSE.
Luy-mesme,
Et puis aprés cela iugez si ie vous ayme.
ISABELLE.
Et de grace, où faut-il que ie l'aille trouuer?
LYSE.
Ie n'ay que commencé, c'est à vous d'acheuer.
ISABELLE.
Ah, Lyse!
LYSE.
Tout de bon, seriez-vous pour le suiure?
ISABELLE.
Si ie suiurois celuy sans qui ie ne puis viure?
Lyse, si ton esprit ne le tire des fers

Ie l'accompagneray iusques dans les Enfers,
Va, ne m'informe plus si ie suiurois sa fuite.
LYSE.
Puisqu'à ce beau dessein l'amour vous a reduite
Escoutez où i'en suis, & secondez mes coups,
Si vostre amant n'eschappe il ne tiendra qu'à vous.
La prison est fort proche...
ISABELLE.
Et bien?
LYSE.
Ce voisinage
Au frere du Concierge a fait voir mon visage,
Et comme c'est tout vn que me voir & m'aymer,
Le pauure malheureux s'en est laissé charmer.
ISABELLE.
Ie n'en auois rien sceu!
LYSE.
I'en auois tant de honte,
Que ie mourois de peur qu'on vous en fist le conte,
Mais depuis quatre iours vostre amant arresté
A fait que l'allant voir ie l'ay mieux escouté.
Des yeux & du discours flattant son esperance
D'vn mutuel amour i'ay formé l'apparence,
Quand on ayme vne fois, & qu'on se croit aymé,
On fait tout pour l'objet dont on est enflamé,
Par là i'ay sur son ame asseuré mon empire,
Et l'ay mis en estat de ne m'oser dédire.
Quand il n'a plus douté de mon affection,
I'ay fondé mes refus sur sa condition,
Et luy, pour m'obliger iuroit de s'y desplaire,
Mais que mal-aisément il s'en pouuoit deffaire,
Que les clefs des prisons qu'il gardoit auiourd'huy
Estoient le plus grand bien de son frere & de luy.
Moy, de prendre mon temps, que sa bonne fortune
Ne luy pouuoit offrir d'heure plus opportune,
Que pour se faire riche & pour me posseder
Il n'auoit seulement qu'à s'en accommoder,
Qu'il tenoit dans les fers vn Seigneur de Bretaigne

COMIQVE. 623

Desguisé sous le nom du sieur de la Montaigne,
Qu'il falloit le sauuer, & le suiure chez luy,
Qu'il nous feroit du bien & seroit nostre appuy.
Il demeure estonné, ie le presse, il s'excuse,
Il me parle d'amour, & moy ie le refuse,
Ie le quitte en colere, il me suit tout confus,
Me fait nouuelle excuse, & moy nouueau refus.

ISABELLE.
Mais en fin?

LYSE.
            I'y retourne, & le trouue fort triste,
Ie le iuge esbranslé, ie l'attaque, il resiste.
Ce matin, en vn mot le peril est pressant,
C'ay-ie dit, tu peux tout, & ton frere est absent.
Mais il faut de l'argent pour vn si long voyage,
M'a-t'il dit, il en faut pour faire l'esquipage,
Ce Caualier en manque.

ISABELLE.
                    Ah, Lyse, tu deuois
Luy faire offre en ce cas de tout ce que i'auois,
Perles, bagues, habits.

LYSE.
            I'ay bien fait encor pire,
I'ay dit que c'est pour vous que ce captif souspire,
Que vous l'aymiez de mesme & fuiriez auec nous.
Ce mot me l'a rendu si traitable & si doux,
Que i'ay bien recognu qu'vn peu de ialousie
Touchant vostre Clindor brouilloit sa fantaisie,
Et que tous ces delais prouenoient seulement
D'vne vaine frayeur qu'il ne fust mon amant.
Il est party soudain apres vostre amour sceu,
A trouué tout aisé, m'en a promis l'issuë,
Qu'il alloit y pouruoir, & que vers la my-nuit
Vous fussiez toute preste a desloger sans bruit.

ISABELLE.
Que tu me rends heureuse!

LYSE.
            Adioustez-y, de grace,

L'ILLVSION

Qu'accepter vn mary pour qui ie suis de glace
C'est me sacrifier à vos contentements.

ISABELLE.
Aussi...

LYSE.
Ie ne veux point de vos remerciments,
Allez ployer bagage & n'espargnez en somme
Ny vostre cabinet, ny celuy du bon-homme;
Ie vous vends ses tresors, mais à fort bon marché,
I'ay desrobé ses clefs depuis qu'il est couché,
Ie vous les liure.

ISABELLE.
Allons faire le coup ensemble.

LYSE.
Passés-vous de mon ayde.

ISABELLE.
Et quoy! le cœur te tremble?

LYSE.
Non, mais c'est vn secret tout propre à l'esueiller,
Nous ne nous garderions ià mais de babiller.

ISABELLE.
Folle, tu ris tousiours.

LYSE.
De peur d'vne surprise
Ie dois attendre icy le Chef de l'entreprise,
S'il tardoit à la ruë, il seroit recognu,
Nous vous yrons trouuer dés qu'il sera venu,
C'est là sans raillerie.

ISABELLE.
Adieu donc, ie te laisse,
Et consents que tu sois auiourd'huy la maistresse.

LYSE.
C'est du moins.

ISABELLE.
Fay bon guet.

LYSE.
Vous, faites bon butin.

SCENE

COMIQVE. 625

SCENE III.
LYSE.

Ainsi, Clindor, ie fay moy seule tō destin, (ure,
Des fers où ie t'ay mis c'est moy qui te deli-
Et te puis à mon choix faire mourir, ou viure.
On me vangeoit de toy par delà mes desirs,
Ie n'auois de dessein que contre tes plaisirs,
Ton sort trop rigoureux m'a fait changer d'enuie,
Ie te veux asseurer tes plaisirs & ta vie,
Et mon amour esteint, te voyant en danger,
Renaist pour m'aduertir que c'est trop me vanger.
I'espere aussi, Clindor, que pour recognoissance
Tu reduiras pour moy tes vœux dans l'innocence.
Qu'vn mary me tenant en sa possession
Sa presence vaincra ta folle passion,
Ou que si cette ardeur encore te possede
Ma maistresse aduertie y mettra bon remede.

SCENE IV.
MATAMORE, ISABELLE, LYSE.

ISABELLE.
Quoy! chez nous, & de nuit!
MATAMORE.
L'autre iour...
ISABELLE.
Qu'est-ce cy

Ggg

L'ILLVSION

L'autre iour? est-il temps que ie vous trouue icy?
LYSE.
C'est ce grand Capitaine, où s'est-il laissé prendre?
ISABELLE.
En montant l'escalier ie l'en ay veu descendre.
MATAMORE.
L'autre iour au defaut de mon affection,
I'asseuray vos appas de ma protection.
ISABELLE.
Apres?
MATAMORE.
On vint icy faire vne broüillerie,
Vous rentrastes voyant cette forfanterie,
Et pour vous proteger ie vous suyuis soudain.
ISABELLE.
Vostre valeur prit lors vn genereux dessein.
Depuis?
MATAMORE.
Pour conseruer vne Dame si belle,
Au plus haut du logis i'ay fait la sentinelle.
ISABELLE.
Sans sortir?
MATAMORE.
Sans sortir.
LYSE.
C'est à dire en deux mots,
Qu'il s'est caché de peur dans la chābre aux fagots.
MATAMORE.
De peur?
LYSE.
Oüy, vous tremblez, la vostre est sans égale.
MATAMORE.
Parce qu'elle a bon pas, i'en fay mon Bucephale,
Lors que ie la domptay ie luy fis cette loy,
Et depuis, quand ie marche, elle tremble sous moy.
LYSE.
Vostre caprice est rare à choisir des montures.

COMIQVE.
MATAMORE.
C'est pour aller plus viste aux grandes auentures.
ISABELLE.
Vous en exploitez bien, mais changeons de discours.
Vous auez demeuré là dedans quatre iours?
MATAMORE.
Quatre iours.
ISABELLE.
Et vescu?
MATAMORE.
De Nectar, d'Ambrosie.
LYSE.
Ie croy que cette viande aysément rassasie?
MATAMORE.
Aucunement.
ISABELLE.
En fin, vous estiez descendu...
MATAMORE.
Pour faire qu'vn amant en vos bras fust rendu,
Pour rompre sa prison, en fracasser les portes,
Et briser en morceaux ses chaisnes les plus fortes.
LYSE.
Aduoüés franchement que pressé de la faim
Vous veniez bien plustost faire la guerre au pain.
MATAMORE.
L'vn & l'autre parbieu. Cette Ambrosie est fade,
I'en eus au bout d'vn iour l'estomac tout malade,
C'est vn mets delicat, & de peu de soustien, (bien,
A moins que d'estre vn Dieu l'on n'en viuroit pas
Il cause mille maux, & dés l'heure qu'il entre
Il allonge les dents & restressit le ventre.
LYSE.
Enfin c'est vn ragoust qui ne vous plaisoit pas?
MATAMORE.
Quitte pour chaque nuit faire deux tours en bas,
Et là m'accommodant des reliefs de cuisine
Mesler la viande humaine auecque la diuine.

Ggg ij

ISABELLE.
Vous auiez apres tout dessein de nous voler.
MATAMORE.
Vous mesmes apres tout m'osez vous quereller?
Si ie laisse vne fois eschaper ma colere...
ISABELLE.
Lyse, fay-moy sortir les valets de mon pere.
MATAMORE.
Vn sot les attendroit.

SCENE V.

ISABELLE, LYSE.

LYSE.

Vous ne le tenez pas.
ISABELLE.
Il nous auoit bien dit que la peur a bon pas.
LYSE.
Vous n'auez cependant rien fait, ou peu de chose?
ISABELLE.
Rien du tout, que veux-tu? sa rencontre en est
  cause.
LYSE.
Mais vous n'auiez alors qu'à le laisser aller.
ISABELLE.
Mais il m'a recognuë & m'est venu parler:
Moy, qui seule & de nuit craignois son insolence,
Et beaucoup plus encor de troubler le silence,
I'ay creu, pour m'en deffaire & m'oster de soucy,
Que le meilleur estoit de l'amener icy.   (lante,
Voy, quand i'ay ton secours, que ie me tiens vail-
Puisque i'ose affronter cette humeur violente.

COMIQVE. 629
LYSE.
I'en ay ry comme vous, mais non sans murmurer,
C'est bien du temps perdu.
ISABELLE.
Ie le vay reparer.
LYSE.
Voicy le conducteur de nostre intelligence,
Sçachez auparauant toute sa diligence.

SCENE VI.
ISABELLE, LYSE, LE GEOLIER.

ISABELLE.
ET bien, mon grand amy, brauerons-nous le sort,
Et viens-tu m'apporter, ou la vie, ou la mort?
Ce n'est plus qu'en toy seul que mon espoir se fon-
LE GEOLIER. (de.
Madame, grace aux Dieux, tout va le mieux du monde,
Il ne faut que partir, i'ay des cheuaux tous prests,
Et vous pourrez bié-tost vous mocquer des Arrests.
ISABELLE.
Ah que tu me rauis, & quel digne salaire
Pourray-je presenter à mon Dieu tutelaire?
LE GEOLIER.
Voicy la recompense où mon desir pretend.
ISABELLE.
Lyse, il faut se resoudre à le rendre content.
LYSE.
Oüy, mais tout son apprest nous est fort inutile,
Comment ouurirons-nous les portes de la ville?
LE GEOLIER. (bourgs.
On nous tient des cheuaux en main seure aux faux-

Ggg iij

L'ILLVSION

Et ie sçais vn vieux mur qui tombe tous les iours,
Nous pourrons aisément sortir par ses ruines.

ISABELLE.
Ah! que ie me trouuois sur d'estranges espines!

LE GEOLIER.
Mais il faut se haster.

ISABELLE.
Nous partirons soudain,
Vien nous ayder là haut à faire nostre main.

SCENE VII.
CLINDOR *en prison.*

AYmables souuenirs de mes cheres delices,
Qu'on va bien-tost changer en d'infames sup-
    plices,
Que malgré les horreurs de ce mortel effroy
Vous auez de douceurs, & de charmes pour moy!
Ne m'abandonnez point, soyez-moy plus fidelles,
Que les rigueurs du sort ne se monstrent cruelles,
Et lors que du trespas les plus noires couleurs
Viendront à mon esprit figurer mes malheurs,
Figurez aussi-tost à mon ame interdite
Combien ie fus heureux pardelà mon merite:
Lors que ie me plaindray de leur seuerité,
Redites-moy l'excez de ma temerité,
Que d'vn si haut dessein ma fortune incapable
Rendoit ma flame iniuste, & mon espoir coupable,
Que ie fus criminel quand ie deuins amant,
Et que ma mort en est le iuste chastiment.
Quel bonheur m'accompagne à la fin de ma vie!
Isabelle, ie meurs pour vous auoir seruie,
Et de quelque trenchant que ie souffre les coups,
Ie meurs trop glorieux, puisque ie meurs pour
    vous.

COMIQVE.

Helas! que ie me flate, & que i'ay d'artifice,
Pour desguiser la honte & l'horreur d'vn supplice!
Il faut mourir enfin, & quitter ces beaux yeux
Dont le fatal amour me rend si glorieux,
L'ombre d'vn meurtrier cause encor ma ruine,
Il succomba viuant, & mort il m'assassine,
Son nom fait contre moy ce que n'a pû son bras,
Mille assassins nouueaux naissent de son trespas,
Et ie voy de son sang fecond en perfidies
S'esleuer contre moy des ames plus hardies,
De qui les passions s'armant d'autorité
Font vn meurtre public auec impunité.
Demain de mon courage ils doiuēt faire vn crime,
Donner au desloyal ma teste pour victime,
Et tous pour le pays prennent tant d'interest,
Qu'il ne m'est pas permis de douter de l'Arrest.
Ainsi de tous costez ma perte estoit certaine,
I'ay repoussé la mort, ie la reçoy pour peine,
D'vn peril euité ie tombe en vn nouueau,
Et des mains d'vn riual en celles d'vn bourreau.
Ie fremis au penser de ma triste auanture,
Dans le sein du repos ie suis à la torture,
Au milieu de la nuit & du temps du sommeil
Ie voy de mon trespas le honteux appareil,
I'en ay deuant les yeux les funestes ministres,
On me lit du Senat les mandemens sinistres,
Ie sors les fers aux pieds, i'entends desia le bruit
De l'amas insolent d'vn peuple qui me suit,
Ie voy le lieu fatal où ma mort se prepare,
Là mon esprit se trouble, & ma raison s'egare.
Ie ne descouure rien propre à me secourir,
Et la peur de la mort me fait desia mourir.
Isabelle, toy seule en resueillant ma flame
Dissipes ces terreurs, & rasseures mon ame,
Aussi-tost que ie pense à tes diuins attraits,
Ie vois esuanoüir ces infames portraits;
Quelques rudes assauts que le malheur me liure,
Garde mon souuenir & ie croiray reuiure.

L'ILLVSION

Mais d'où vient que de nuit on ouure ma prison?
Amy, que viens-tu faire icy hors de saison?

SCENE VIII.

CLINDOR, LE GEOLIER.

LE GEOLIER.

Les Iuges assemblez pour punir vostre audace
Meus de compassion en fin vous ont fait grace.

CLINDOR.

M'ont fait grace, bons Dieux!

LE GEOLIER.

Ouy, vous mourrez de nuit.

CLINDOR.

De leur compassion est-ce là tout le fruit?

LE GEOLIER.

Que de cette faueur vous tenez peu de conte!
D'vn supplice public c'est vous sauuer la honte.

CLINDOR.

Quels encens puis-ie offrir aux maistres de mon sort,
Dont l'Arrest me fait grace & m'enuoye à la mort?

LE GEOLIER.

Il la faut receuoir auec meilleur visage.

CLINDOR.

Fay ton office, amy, sans causer dauantage.

LE GEOLIER.

Vne troupe d'Archers là dehors vous attend,
Peut-estre en les voyant serez-vous plus content.

COMIQVE.

SCENE IX.
CLINDOR, ISABELLE, LYSE, LE GEOLIER.

ISABELLE.

Lyse, nous l'allons voir.

LYSE.
Que vous estes rauie!

ISABELLE.
Ne le serois-ie point de receuoir la vie?
Son destin & le mien prennent vn mesme cours,
Et ie mourrois du coup qui trancheroit ses iours.

LE GEOLIER.
Monsieur, cognoissez-vous beaucoup d'Archers
semblables?

CLINDOR.
Ma chere ame, est-ce vous? surprises adorables!
Trompeur trop obligeant! tu disois bien vrayment
Que ie mourrois de nuit, mais de contentement.

ISABELLE.
Mon heur.

LE GEOLIER.
Ne perdons point le temps à ces caresses,
Nous aurons tout loisir de baiser nos maistresses.

CLINDOR.
Quoy, Lyse est donc la sienne!

ISABELLE.
Escoutez le discours
De vostre liberté qu'ont produit leurs amours.

LE GEOLIER.
En lieu de seureté le babil est de mise,
Mais icy ne songeons qu'à nous oster de prise.

ISABELLE.

Sauuons nous, mais auant promettez-nous tous
   deux
Iusqu'au iour d'vn Hymen de moderer vos feux,
Autrement nous rentrons.

CLINDOR.
              Que cela ne vous tienne,
Ie vous donne ma foy.

LE GEOLIER.
              Lyse, reçoy la mienne.

ISABELLE.
Sur vn gage si bon i'ose tout hazarder.

LE GEOLIER.
Nous nous amusons trop, hastons nous d'euader.

SCENE X.

ALCANDRE, PRIDAMANT.

ALCANDRE.

NE craignez plus pour eux ny perils, ny dis-
   graces,
Beaucoup les poursuiuront, mais sans trouuer leurs
   traces.

PRIDAMANT.
A la fin ie respire.

ALCANDRE.
         Apres vn tel bon-heur
Deux ans les ont môtez en haut degré d'honneur,
Ie ne vous diray point le cours de leurs voyages,
S'ils ont trouué le calme, ou vaincu les orages,
Ny par quel art non plus ils se sont esleuez,
Il suffit d'auoir veu comme ils se sont sauuez,
Et que sans vous en faire vne histoire importune,

Ie vous les vay monstrer en leur haute fortune.
Mais puisqu'il faut passer à des effets plus beaux,
Rentrons pour éuoquer des fantosmes nouueaux.
Ceux que vous auez veus representer de suite
A vos yeux estonnez leur amour & leur fuite
N'estant pas destinez aux hautes functions
N'ont point assez d'esclat pour leurs conditions.

Fin du quatriéme Acte.

L'ILLVSION

ACTE V.

SCENE PREMIERE.

ALCANDRE, PRIDAMANT.

PRIDAMANT.

Qv'Isabelle est changée, & qu'elle est esclatante!
ALCANDRE.
Lyse marche apres elle & luy sert de suiuante,
Mais derechef sur tout n'ayez aucun effroy,
Et de ce lieu fatal ne sortez qu'apres moy,
Ie vous le dis encor, il y va de la vie.
PRIDAMANT.
Cette conditiou m'en ostera l'enuie.

SCENE

COMIQVE.

SCENE II.

ISABELLE *representant Hyppolite*,
LYSE *representant Clarine*.

LYSE.

CE diuertissement n'aura-t'il point de fin?
Et voulez-vous passer la nuit dans ce jardin?
ISABELLE.
Ie ne puis plus cacher le sujet qui m'améne,
C'est grossir mes douleurs que de taire ma peine,
Le Prince Florilame...
LYSE.
Et bien? il est absent.
ISABELLE.
C'est la source des maux que mon ame ressent.
Nous sommes ses voisins, & l'amour qu'il nous porte
Dedans son grand jardin nous permet cette porte,
La Princesse Rosine & mon perfide espoux
Durant qu'il est absent en font leur rendés-vous;
Ie l'attends au passage, & luy feray cognoistre
Que ie ne suis pas femme à rien souffrir d'vn traistre.
LYSE.
Madame, croyez moy, loin de le quereller
Vous feriez beaucoup mieux de tout dissimuler,
Ce n'est pas bien à nous d'auoir des jalousies,
Vn homme en court plustost apres ses fantaisies,
Il est tousiours le maistre, & tout nostre discours
Par vn contraire effet l'obstine en ses amours.
ISABELLE.
Ie dissimuleray son adultere flame!
Vne autre aura son cœur, & moy le nom de femme!

Hhh

L'ILLVSION.

Sans crime d'vn Hymen peut-il rompre la loy?
Et ne rougit-il point d'auoir si peu de foy?

LYSE.

Cela fut bon jadis, mais au temps où nous sommes,
Ny l'Hymen, ny la foy n'obligent plus les hommes,
Madame, leur honneur a des regles à part,
Où le nostre se perd, le leur est sans hazard,
Et la mesme action entr'eux & nous commune
Est pour nous deshonneur, pour eux bonne fortu- (ne.
La chasteté n'est plus la vertu d'vn mary;
La Princesse du vostre a fait son fauory,
Sa reputation croistra par ses caresses,
L'honneur d'vn galand homme est d'auoir des maistresses.

ISABELLE.

Oste-moy cet honneur, & cette vanité.
De se mettre en credit par l'infidelité,
Si pour haïr le change, & viure sans amie
Vn homme comme luy tombe dans l'infamie,
Ie le tiens glorieux d'estre infame à ce prix,
S'il en est mesprisé, j'estime ce mespris,
Le blasme qu'on reçoit d'aymer trop vne femme
Aux maris vertueux est vn illustre blasme.

LYSE.

Madame, il vient d'entrer, la porte a fait du bruit.

ISABELLE.

Retirons nous qu'il passe.

LYSE.

Il vous voit, & vous suit.

SCENE III.

CLINDOR *representant Theagene,*
ISABELLE *representant Hyppolite,*
LYSE *representant Clarine.*

CLINDOR.

Vous fuyez, ma Princesse, & cherchez des remises,
Sont-ce-là les faueurs que vous m'auiez promises?
Où sont tant de baisers dont vostre affection
Deuoit estre prodigue à ma reception?
Voicy l'heure & le lieu, l'occasion est belle,
Ie suis seul, vous n'auez que cette Damoiselle,
Dont la dexterité ménagea nos amours,
Le temps est precieux, & vous fuyez tousiours!
Vous voulez, ie m'asseure, auec ces artifices
Que les difficultez augmentent nos delices,
A la fin ie vous tiens, quoy, vous me repoussez!
Que craignez-vous encor? mauuaise, c'est assez,
Florilame est absent, ma jalouse endormie.

ISABELLE.
En estes-vous bien seur?

CLINDOR.
Ah, fortune ennemie!

ISABELLE.
Ie veille, desloyal, ne croy plus m'aueugler,
Au milieu de la nuit ie ne voy que trop clair:
Ie voy tous mes soupçons passer en certitudes,
Et ne puis plus douter de tes ingratitudes,
Toy-mesme par ta bouche as trahy ton secret,
O l'esprit aduisé pour vn amant discret!

Hhh ij

Et que c'eſt en amour vne haute prudence
D'en faire auec ſa femme entiere confidence!
Où ſont tant de ſermens de n'aymer rien que moy?
Qu'as-tu fait de ton cœur? qu'as-tu fait de ta foy?
Lors que ie la receus, ingrat, qu'il te ſouuienne
De combien differoient ta fortune & la mienne,
De combien de riuaux ie deſdaignay les vœux,
Ce qu'vn ſimple ſoldat pouuoit eſtre auprés d'eux,
Quelle tendre amitié ie receuois d'vn pere;
Ie le quittay pourtant pour ſuiure ta miſere,
Et ie tendis les bras à mon enleuement
Ne pouuant eſtre à toy de ſon conſentement.
En quelle extremité depuis ne m'ont reduite
Les hazards dont le ſort a trauerſé ta fuite;
Et que n'ay-ie ſouffert auant que le bonheur
Eſleuaſt ta baſſeſſe à ce haut rang d'honneur?
Si pour te voir heureux ta foy s'eſt relaſchée,
Rends-moy dedans le ſein dont tu m'as arrachée.
Ie t'ayme, & mon amour m'a fait tout hazarder,
Non pas pour tes grādeurs, mais pour te poſſeder.

CLINDOR.

Ne me reproche plus ta fuite, ny ta flame,
Que ne fait point l'Amour quand il poſſede vne ame?
Son pouuoir à ma veuë attachoit tes plaiſirs,
Et tu me ſuiuois moins que tes propres deſirs.
I'eſtois lors peu de choſe, oüy, mais qu'il te ſou-
    uienne
Que ta fuite eſgala ta fortune à la mienne,
Et que pour t'enleuer c'eſtoit vn foible appas
Que l'eſclat de tes biens qui ne te ſuiuoient pas.
Ie n'eus de mon coſté que l'eſpée en partage,
Et ta flame du tien fut mon ſeul auantage:
Celle-là m'a fait grand en ces bords eſtrangers,
L'autre expoſa ma teſte en cent & cent dangers.
Regrette maintenant ton pere, & ſes richeſſes,
Faſche-toy de marcher à coſté des Princeſſes,
Retourne en ton pays auecque tous tes biens
Chercher vn rang pareil à celuy que tu tiens.

Qui te manque apres tout ? dequoy peux-tu te plaindre?
En quelle occasion m'as-tu veu te contraindre?
As-tu receu de moy, ny froideurs, ny mespris?
Les femmes, à vray dire, ont d'estranges esprits;
Qu'vn mary les adore, & qu'vne amour extréme
A leur bigearre humeur se soûmette luy-mesme,
Qu'il les comble d'honneurs & de bons traite-
Qu'il ne refuse rien à leurs contentements; (ments,
Fait-il la moindre bréche à la foy coniugale,
Il n'est point à leur gré de crime qui l'esgale,
C'est vol, c'est perfidie, assassinat, poison,
C'est massacrer son pere, & brusler sa maison,
Et jadis des Titans l'effroyable supplice
Tomba sur Encelade auec moins de iustice.

ISABELLE.

Ie te l'ay desià dit que toute ta grandeur
Ne fut iamais l'objet de ma sincere ardeur,
Ie ne suiuois que toy quand ie quittay mon pere,
Mais puisque ces grandeurs t'ont fait l'ame legere,
Laisse mon interest, songe à qui tu les dois.
Florilame luy seul t'a mis où tu te vois,
A peine il te cogneut qu'il te tira de peine,
De soldat vagabond il te fit Capitaine,
Et le rare bonheur qui suiuit cet employ
Ioignit à ses faueurs les faueurs de son Roy.
Quelle forte amitié n'a-t'il point fait paroistre
A cultiuer depuis ce qu'il auoit fait naistre?
Par ses soins redoublés n'es-tu pas auiourd'huy
Vn peu moindre de rang, mais plus puissant que
Il eust gaigné par là l'esprit le plus farouche, (luy?
Et pour remerciment tu vas foüiller sa couche!
Dans ta brutalité trouue quelque raison,
Et contre ses faueurs deffens ta trahison.
Il t'a comblé de biens, tu luy voles son ame!
Il t'a fait grand Seigneur, & tu le rends infame!
Ingrat, c'est donc ainsi que tu rends les bien-faits?
Et ta recognoissance a produit ces effets?

CLINDOR.

Mon ame, (car encor ce beau nom te demeure
Et te demeurera iusqu'à tant que ie meure)
Crois-tu qu'aucun respect, ou crainte du trespas
Puisse obtenir sur moy ce que tu n'obtiens pas?
Dy que ie suis ingrat, appelle-moy pariure,
Mais à nos feux sacrez ne fay plus tant d'iniure,
Ils conseruent enc'r leur premiere vigueur,
Ie t'ayme, & si l'amour qui m'a surpris le cœur
Auoit pû s'estouffer au point de sa naissance,
Celuy que ie te porte eust eû cette puissance.
Mais en vain contre luy l'on tasche à resister,
Toy-mesme as esprouué qu'on ne le peut dompter,
Ce Dieu qui te força d'abandonner ton pere,
Ton pays, & tes biens pour suiure ma misere,
Ce Dieu mesme à present malgré moy me reduit
A te faire vn larcin des plaisirs d'vne nuit.
A mes sens desréglez souffre cette licence,
Vne pareille amour meurt dans la iouïssance,
Celle dont la vertu n'est point le fondement
Se destruit de soy-mesme & passe en vn moment.
Mais celle qui nous joint est vne amour solide,
Où l'honneur a son lustre, où la vertu preside,
Dont les fermes liens durent iusqu'au trépas,
Et dont la iouïssance a de nouueaux appas.
Mon ame, derechef pardonne à la surprise
Que ce tyran des cœurs a faite à ma franchise,
Souffre vne folle ardeur qui ne viura qu'vn iour,
Et n'affoiblit en rien vn coniugal amour.

ISABELLE.

Helas! que i'ayde bien à m'abuser moy-mesme!
Ie voy qu'on me trahit & ie croy que l'on m'ayme,
Ie me laisse charmer à ce discours flateur,
Et i'excuse vn forfait dont i'adore l'autheur.
Pardonne, cher espoux, au peu de retenuë
Où d'vn premier transport la chaleur est venuë,
C'est en ces accidents manquer d'affection
Que de les voir sans trouble, & sans émotion.

Puisque mon teint se fane, & ma beauté se passe,
Il est bien iuste aussi que ton amour se lasse,
Et mesme ie croiray que ce feu passager
En l'amour coniugal ne pourra rien changer.
Songe vn peu toutefois à qui ce feu s'adresse,
En quel peril te iette vne telle maistresse:
Dissimule, déguise, & sois Amant discret,
Les grands en leur amour n'ont iamais de secret,
Ce grand train qu'à leurs pas leur grandeur pro-
   pre attache   (se cache,
N'est qu'vn grand corps tout d'yeux à qui rien ne
Et dont il n'est pas vn qui ne fist son effort
A se mettre en faueur par vn mauuais rapport.
Tost, ou tard, Florilame apprendra tes pratiques,
Ou de sa deffiance, ou de ses domestiques,
Et lors (à ce penser ie frissonne d'horreur)
A quelle extremité n'ira point sa fureur?
Puisqu'à ces passe-temps ton humeur te conuie,
Cours aprés tes plaisirs, mais asseure ta vie,
Sans aucun sentiment ie te verray changer,
Pourueu qu'à tout le moins tu changes sans danger.
CLINDOR.
Encor vne fois donc tu veux que ie te die
Qu'auprés de mon amour ie mesprise ma vie?
Mon ame est trop atteinte, & mon cœur trop blessé
Pour craindre les perils dont ie suis menacé,
Ma passion m'aueugle, & pour cette conqueste
Croit hazarder trop peu de hazarder ma teste,
C'est vn feu que le temps pourra seul moderer,
C'est vn torrent qui passe & ne sçauroit durer.
ISABELLE.
Et bien, cours au trespas, puisqu'il a tant de char-
   mes,
Et neglige ta vie, aussi bien que mes larmes,
Penses-tu que ce Prince, apres vn tel forfait,
Par ta punition se tienne satisfait?
Qui sera mon appuy lors que ta mort infame
A sa iuste vangeance exposera ta femme,

Et que sur la moitié d'vn perfide estranger
Vne seconde fois il croira se vanger?
Non, ie n'attendray pas que ta perte certaine
Attire encor sur moy les restes de ta peine,
Et que de mon honneur gardé si cherement
Il fasse vn sacrifice à son ressentiment.
Ie preuiendray la honte où ton malheur me liure,
Et sçauray bien mourir, si tu ne veux pas viure.
Ce corps dont mon amour t'a fait le possesseur
Ne craindra plus bien-tost l'effort d'vn rauisseur,
I'ay vescu pour t'aymer, mais non pour l'infamie
De seruir au mary de ton illustre amie.
Adieu, ie vay du moins, en mourant deuant toy,
Diminuer ton crime & desgager ta foy.

CLINDOR.

Ne meurs pas, chere espouse, & dans vn second
    change
Voy l'effet merueilleux où ta vertu me range.
M'aymer malgré mon crime, & vouloir par ta mort
Euiter le hazard de quelque indigne effort!
Ie ne sçay qui ie dois admirer dauantage
Ou de ce grand amour, ou de ce grand courage,
Tous les deux m'ont vaincu, ie reuiés sous tes loix,
Et ma brutale ardeur va rendre les abois.
C'en est fait, elle expire, & mon ame plus saine
Vient de rompre les nœuds de sa honteuse chaîne,
Mon cœur, quand il fut pris, s'estoit mal deffendu,
Perds-en le souuenir.

ISABELLE.

    Ie l'ay desia perdu.

CLINDOR.

Que les plus beaux obiets qui soyent dessus la terre
Conspirent desormais à me faire la guerre,
Ce cœur inexpugnable aux assauts de leurs yeux
N'aura plus que les tiens pour maistres & pour
Que leur attraits vnis...   (Dieux,

LYSE.

    La Princesse s'auance.

Madame.

CLINDOR.
Cachez-vous, & nous faites silence.
Escoute-nous, mon ame, & par nostre entretien
Iuge si son obiet m'est plus cher que le tien.

SCENE IV.

CLINDOR representant Theagene,
ROSINE.

ROSINE.

DEsbarassée en fin d'vne importune suite
Ie remets à l'Amour le soin de ma conduite;
Et pour trouuer l'autheur de ma felicité
Ie prends vn guide aueugle en cette obscurité.
Mais que son espaisseur me desrobbe la veuë!
Le moyen de le voir, ou d'en estre apperceuë?
Voicy la grande allée, il deuroit estre icy,
Et i'entreuoy quelqu'vn. Est-ce toy, mon soucy?

CLINDOR.
Madame, ostez ce mot dont la feinte se iouë,
Et que vostre vertu dans l'ame desauouë,
C'est assez desguisé, ne dissimulez plus
L'horreur que vous auez de mes feux dissolus.
Vous auez voulu voir iusqu'à quelle insolence
D'vne amour desreglée iroit la violence,
Vous l'auez veu, Madame; & c'est pour la punir
Que vos ressentimens vous font icy venir.
Faites sortir vos gens destinez à ma perte,
N'espargnez point ma teste, elle vous est offerte,
Ie veux bien par ma mort appaiser vos beaux yeux,
Et ce n'est pas l'espoir qui m'améne en ces lieux.

ROSINE.

Donc au lieu d'vn amour remply d'impatience,
Ie ne rencontre en toy que de la deffiance?
As-tu l'esprit troublé de quelque illusion?
Est-ce ainsi qu'vn guerrier tremble à l'occasion?
Ie suis seule, & toy seul, d'où te vient cét ombra-
   ge?
Te faut-il de ma flame vn plus grand tesmoignage?
Croy que ie suis sans feinte à toy iusqu'a la mort.

CLINDOR.

Ie me garderay bien de vous faire ce tort,
Vne grande Princesse a la vertu plus chere.

ROSINE.

Si tu m'aymes, mon cœur, quitte cette Chimere.

CLINDOR.

Ce n'en est point, Madame, & ie croy voir en vous
Plus de fidelité pour vn si digne espoux.

ROSINE.

Ie la quitte pour toy, mais, Dieux, que ie m'abuse,
De ne voir pas encor qu'vn ingrat me refuse! (deur
Son cœur n'est plus que glace, & mon aueugle ar-
Impute à deffiance vn excés de froideur.
Va traistre, va pariure, apres m'auoir seduite
Ce sont là des discours d'vne mauuaise suite,
Alors que ie me rends dequoy me parles-tu?
Et qui t'améne icy me prescher la vertu?

CLINDOR.

Mon respect, mon deuoir, & ma recognoissance
Dessus mes passions ont eu cette puissance.
Ie vous ayme, Madame, & mon fidelle amour,
Depuis qu'on l'a veu naistre a creu de iour en iour,
Mais que ne dois-ie point au Prince Florilame?
C'est luy dont le respect triomphe de ma flame,
Apres que sa faueur m'a fait ce que ie suis...

ROSINE.

Tu t'en veux souuenir pour me combler d'ennuis.
Quoy, son respect peut plus que l'ardeur qui te
   brusle?

COMIQUE.

L'incomparable amy, mais l'amant ridicule,
D'adorer vne femme & s'en voir si chery,
Et craindre au rendés-vous d'offencer vn mary!
Traistre, il n'en est plus temps, quand tu me fis paroistre
Cette excessiue amour qui commençoit à naistre,
Et que le doux appas d'vn discours suborneur
Auec vn faux merite attaqua mon honneur,
C'est lors qu'il te falloit à ta flame infidelle
Opposer le respect d'vne amitié si belle,
Et tu ne deuois pas attendre à l'écouter
Quand mon esprit charmé ne le pourroit gouster.
Tes raisons vers tous deux sont de foibles deffences,
Tu l'offençois alors, auiourd'huy tu m'offences,
Tu m'aymois plus que luy, tu l'aymes plus que moy,
Crois-tu donc à mon cœur dôner tousiours la loy,
Que ma flame à ton gré s'esteigne, ou s'entretienne,
Et que ma passion suiue tousiours la tienne?
Non, non, vsant si mal de ce qui t'est permis,
Loin d'en éuiter vn, tu fais deux ennemis,
Ie sçay trop les moyens d'vne vangeance aisée,
Phédre contre Hyppolite aueugla bien Thesée,
Et ma plainte armera plus de seuerité
Auec moins d'iniustice & plus de verité.

CLINDOR.

Ie sçay bien que i'ay tort, & qn'apres mon audace
Ie vous fais vn discours de fort mauuaise grace,
Qu'il sied mal à ma bouche, & que ce grand respect
Agit vn peu bien tard pour n'estre point suspect.
Mais pour souffrir plustost la raison dans mon ame
Vous auiez trop d'appas & mô cœur trop de flame,
Elle n'a triomphé qu'apres vn long combat.

ROSINE.

Tu crois donc triompher lors que ton cœur s'abbat,
Si tu nommes victoire vn manque de courage,

Appelle encor seruice vn si cruel outrage,
Et puisque me trahir c'est suiure la raison,
Dy-moy que tu me sers par cette trahison.
CLINDOR.
Madame, est-ce vous rendre vn si mauuais seruie
De sauuer vostre honneur d'vn mortel precipice?
Cet honneur qu'vne Dame a plus cher que les
    yeux....
ROSINE.
Cesse de m'estourdir de ces noms odieux.
N'as-tu iamais appris que ces vaines Chimeres
Qui naissent aux cerueaux des maris & des meres,
Ces vieux contes d'honneur n'ont point d'impres-
Qui puissent arrester les fortes passions?   (sions
Perfide, est-ce de moy que tu le dois apprendre?
Dieux! iusques où l'amour ne me fait point des-
    cendre?
Ie luy tiens des discours qu'il me deuroit tenir,
Et toute mon ardeur ne peut rien obtenir.
CLINDOR.
Par l'effort que ie fais à mon amour extréme,
Madame, il faut apprendre à vous vaincre vous
    mesme,
A faire violence à vos plus chers desirs,
Et preferer l'honneur à d'iniustes plaisirs,
Dont au moindre soupçon, au moindre vent con-
    traire
La honte & les malheurs sont la suite ordinaire.
ROSINE.
De tous ces accidents rien ne peut m'alarmer,
Ie consents de perir à force de t'aymer,
Bien que nostre commerce aux yeux de tous se ca-
    che:
Qu'il vienne en euidence, & qu'vn mary le sçache,
Que ie demeure en butte à ses ressentiments,
Que sa fureur me liure à de nouueaux tourments,
I'en souffriray plustost l'infamie eternelle,
Que de me repentir d'vne flame si belle.

SCENE

COMIQVE. 649

SCENE V.

CLINDOR representant Theagene, RO-
SINE, ISABELLE representant
Hyppolite, LYSE representant Clarine,
ERASTE, Troupe de Do-
mestiques de Florilame.

ERASTE.
Donnons, ils sont ensemble.
ISABELLE.
O Dieux ! qu'ay-ie entendu?
LYSE.
Madame, sauuons nous.
PRIDAMANT.
Helas ! il est perdu.
CLINDOR.
Madame, ie suis mort, & vostre amour fatale
Par vn indigne coup aux Enfers me deuale.
ROSINE.
Ie meurs, mais ie me trouue heureuse en mon tres-pas
Que du moins en mourant ie vay suiure tes pas.
ERASTE.
Florilame est absent, mais durant son absence
C'est là comme les siens punissent qui l'offence,
C'est luy qui par nos mains vous enuoye à tous deux
Ce iuste chastiment de vos lubriques feux.
ISABELLE.
Respons-moy, cher espoux, au moins vne parole,
C'en est fait, il expire, & son ame s'enuole.
Bourreaux, vous ne l'auez massacré qu'à demy,

Iii

Il vit encor en moy, saoulés son ennemy,
Achettez, assassins, de m'arracher la vie,
Sa haine sans ma mort n'est pas bien assouuie.
ERASTE.
Madame, c'est donc vous!
ISABELLE.
Oüy, qui cours au trespas.
ERASTE.
Vostre heureuse rencontre espargne bien nos pas:
Apres auoir deffait le Prince Florilame
D'vn amy desloyal & d'vne ingrate femme,
Nous auions ordre exprés de vous aller chercher.
ISABELLE.
Que voulez-vous de moy, traistres?
ERASTE.
Il faut marcher,
Le Prince dés long-temps amoureux de vos charmes,
Dans vn de ses chasteaux veut essuyer vos larmes.
ISABELLE.
Sacrifiez plustost ma vie à son courroux.
ERASTE.
C'est perdre temps, Madame, il veut parler à vous.
Icy on rabaisse vne toile qui couure le jardin et le reste des Acteurs, et Alcandre et Pridamant sortent de la grotte.

SCENE VI.
ALCANDRE, PRIDAMANT.
ALCANDRE.
Ainsi de nostre espoir la fortune se joüe,
Tout s'esleue, ou s'abaisse au branle de sa roüe,

Et son ordre inégal qui regit l'Vniuers
Au milieu du bonheur a ses plus grands reuers.
PRIDAMANT.
Cette réflexion mal propre pour vn pere
Consoleroit peut-estre vne douleur legere:
Mais apres auoir veu mon fils assassiné,
Mes plaisirs foudroyez, mon espoir ruiné,
I'aurois d'vn si grand coup l'ame bien peu blessée
Si de pareils discours m'entroient dans la pensée.
Helas! dans sa misere il ne pouuoit perir,
Et son bonheur fatal luy seul l'a fait mourir.
N'attendez pas de moy des plaintes dauantage,
La douleur qui se plaint cherche qu'on la soulage,
La mienne court apres son déplorable sort,
Adieu, ie vay mourir, puisque mon fils est mort.
ALCANDRE.
D'vn iuste desespoir l'effort est legitime,
Et de le destourner ie croirois faire vn crime,
Oüy, suiuez ce cher fils sans attendre à demain:
Mais espargnez du moins ce coup à vostre main,
Laissez faire aux douleurs qui rongent vos entrailles,
Et pour les redoubler voyez sés funerailles.

Icy on releue la toile, & tous les Comediens paroissent auec leur portier qui content de l'argent sur vne table & en prennent chacun leur part.

PRIDAMANT.
Que voy-ie? chez les morts conte-t'on de l'argent?
ALCANDRE.
Voyez si pas-vn d'eux s'y monstre negligent.
PRIDAMANT.
Ie voy Clindor, Rosine, ah Dieux, qu'elle surprise!
Ie voy leur assassin, ie voy sa femme, & Lyse.
Quel charme en vn momét estouffe leurs discords,
Pour assembler ainsi les viuants & les morts?
ALCANDRE.
Ainsi tous les Acteurs d'vne troupe Comique,
Leur Poéme recité partagent leur pratique,

Iii ij

L'vn tuë, & l'autre meurt, l'autre vous fait pitié,
Mais la Scene preside à leur inimitié,
Leurs vers font leur combat, leur mort suit leurs paroles,
Et sans prendre interest en pas vn de leurs roolles,
Le traistre & le trahy, le mort & le viuant,
Se trouuent à la fin amis comme deuant.
Vostre fils & son train ont bien sçeu par leur fuite
D'vn pere & d'vn Preuost éuiter la poursuite,
Mais tombant dans les mains de la necessité
Ils ont pris le Theatre en cette extremité.

PRIDAMANT.

Mon fils Comedien!

ALCANDRE.

                D'vn art si difficile
Tous les quatre au besoin en ont fait leur azile,
Et depuis sa prison, ce que vous auez veu,
Son adultere amour, son trespas impréueu,
N'est que la triste fin d'vne Piece Tragique
Qu'il expose auiourd'huy sur la Scene publique,
Par où ses compagnons & luy dans leur mestier
Rauissent à Paris vn peuple tout entier.
Le gain leur en demeure, & ce grand equipage
Dont ie vous ay fait voir le superbe estalage,
Est bien à vostre fils, mais non pour s'en parer
Qu'alors que sur la Scene il se fait admirer.

PRIDAMANT.

I'ay pris sa mort pour vraye, & ce n'estoit que feinte,
Mais ie trouue par tout mesmes sujets de plainte,
Est-ce là cette gloire & ce haut rang d'honneur
Où le deuoit monter l'excez de son bonheur?

ALCANDRE.

Cessez de vous en plaindre. A present le Theatre
Est en vn point si haut qu'vn chacun l'idolatre,
Et ce que vostre temps voyoit auec mespris
Est aujourd'huy l'amour de tous les bons esprits,
L'entretien de Paris, le souhait des Prouinces,

COMIQVE. 653

Le diuertissement le plus doux de nos Princes,
Les delices du peuple, & le plaisir des Grands,
Parmy leurs passe-temps il tiét les premiers rangs,
Et ceux dont nous voyons la sagesse profonde
Par ses illustres soins conseruer tout le monde
Trouuent dans les douceurs d'vn spectacle si beau
Dequoy se delasser d'vn si pesant fardeau.
Mesme nostre grand Roy, ce foudre de la guerre,
Dont le nom se fait craindre aux deux bouts de la
    Terre,
Le front ceint de lauriers, daigne bié quelquefois
Prester l'œil & l'oreille au Theatre François.
C'est là que le Parnasse estale ses merueilles,
Les plus rares esprits luy consacrent leurs veilles,
Et tous ceux qu'Apollon voit d'vn meilleur regard
De leurs doctes trauaux luy donnét quelque part.
S'il faut par la richesse estimer les personnes,
Le Theatre est vn fief dont les rentes sont bonnes,
Et vostre fils rencontre en vn mestier si doux
Plus de biens & d'honneur qu'il n'eust trouué chez
    vous.
Défaites vous enfin de cette erreur commune,
Et ne vous plaignez plus de sa bonne fortune.
      PRIDAMANT.
Ie n'ose plus m'en plaindre, & voy trop de com-
    bien
Le mestier qu'il a pris est meilleur que le mien.
Il est vray que d'abord mon ame s'est esmeuë,
I'ay creu la Comedie au point où ie l'ay veuë,
I'en ignorois l'esclat, l'vtilité, l'appas,
Et la blasmois ainsi ne la cognoissant pas,
Mais depuis vos discours mon cœur plain d'alle-
    gresse
A banny cette erreur auecque sa tristesse,
Clindor a trop bien fait.
      ALCANDRE.
      N'en croyez que vos yeux.

L'ILLVSION COMIQVE.

PRIDAMANT.
Demain pour ce sujet i'abandonne ces lieux,
Ie vole vers Paris, cependant, grand Alcandre,
Quelle graces icy ne vous dois-ie point rendre?

ALCANDRE.
Seruir les gens d'honneur est mõ plus grand desir,
I'ay pris ma récompense en vous faisant plaisir,
Adieu, ie suis content puisque ie vous voy l'estre.

PRIDAMANT.
Vn si rare bien-fait ne se peut recognoistre,
Mais, grand Mage, du moins croyez qu'à l'aduenir
Mon ame en gardera l'eternel souuenir.

FIN.

Imprimé à Roüen par Laurens Maurry.

www.ingramcontent.com/pod-product-compliance
Lightning Source LLC
Chambersburg PA
CBHW050326240426
43673CB00042B/1549